구령상담전문가
구령상담목회

구령상담전문가 구령상담목회

초판 1쇄 발행 2025년 9월 1일
지은이　김 만 홍
펴낸이　김 만 홍
펴낸곳　도서출판 예지
주소　인천광역시 검단구 원당대로 840번길 21, 825동 1402호
등록　2005. 5. 12. 제 387-2005-10호
Copyright ⓒ 김만홍 2025
본서의 저작권은 저자에게 있습니다.
저작권법에 의하여 한국내에서 보호를 받는 저작물이므로
무단전재와 무단복제를 금합니다.
ISBN : 978-89-93387-50-6 03230

전화　구령상담세미나 요청 : 010-2393-9191
문서선교 후원통장 288-21-0001-224 국민은행 김만홍

공급처 : 하늘유통 031) 947-7777

구령상담전문가
구령상담목회

김만홍 지음

예 지

목 차

✦

✦ 추천사
웨스트민스터신학대학원대학교 전 총장 박형용 박사 ─── 10
횃불트리니티신학대학원대학교 명예총장 김상복 박사 ─── 12
웨스트민스터신학대학원대학교 신약학 김경식 교수 ─── 14

✦ 구령상담목회란? ─── 16

1 구령상담이란?
1. 구령상담목회의 중요성 ─── 23
2. 개인 구령상담사역자의 필요성 ─── 25
3. 구령상담목회의 유익 ─── 25
4. 구령상담을 누구에게 해야 하는가? ─── 31
5. 구원의 확신의 중요성 ─── 33

2 구령상담을 하는 이유

1. 하나님의 사랑 때문이다. — 38
2. 하나님의 명령 때문이다. — 40
3. 우리의 책임 때문이다. — 41
4. 잃어버린 영혼 때문이다. — 43
5. 영혼의 귀중함 때문이다. — 44
6. 지옥의 무서운 고통 때문이다. — 44
7. 큰 기쁨을 주기 때문이다. — 45

3 성경에 나타난 구령상담

1. 유대인의 관원 니고데모 — 46
2. 우물가의 여인 — 48
3. 재물이 많은 부자 청년 — 50
4. 십자가에 달린 강도 — 51
5. 에티오피아 사람 내시 — 52
6. 사역자 아볼로 — 53

4 구령상담사역자의 자격

1. 거듭난 경험이 있어야 한다. — 55
2. 하나님과 올바른 관계를 맺어야 한다. — 55
3. 영혼을 사랑해야 한다. — 56
4. 순수한 동기로 해야 한다. — 56
5. 성령님을 온전히 의뢰해야 한다. — 57
6. 복음을 체계적으로 전해야 한다. — 57
7. 영혼을 분별할 수 있어야 한다. — 58
8. 겸손한 사람이 되어야 한다. — 59

5 구령상담에서 진단이란?

1. 구원간증 — 61
2. 구원받은 증거 — 67
3. 성경에 나타난 변화 — 70
4. 신학자들의 견해 — 72
5. 구원받은 사람의 변화 — 75
6. 영적인 의사 — 86
7. 진단 질문 — 88
8. 구원이 아닌 것 — 91
9. 거짓 믿음과 참된 믿음 — 95
10. 구원을 주지 못하는 것 — 102

6 구령상담에서 구원을 요청하는 태도

1. 큰 죄인이라는 사실을 철저하게 깨닫는다. — 110
2. 하나님께 긍휼을 구한다. — 110
3. 구원의 소중함을 깨닫는다. — 112
4. 복음의 진리를 거절하지 않는다. — 113
5. 영적인 갈망을 가진다. — 114

7 구령상담에서 구원상담문(복음제시)

1. 구원상담문 — 117
2. 속죄를 통한 구원상담문 — 140
3. 김창엽 박사 구원상담문 — 152
4. 교회를 출석하는 자 구원상담문 — 169
5. C2C 구원상담문 — 193

6. 전도폭발 구원상담문 — 200
7. 구원으로 시작하는 구원상담문 — 204
8. 하나님의 자녀가 되는 구원상담문 — 212
9. 의롭게 되는 구원상담문 — 219
10. 두 종류의 사람 구원상담문 — 234

8 구령상담에서 구원이란?

1. 성경이 소개하는 일반적인 구원 — 242
2. 구원이 이루어지는 전제조건 — 245
3. 구원 - 인간의 죄의 문제 해결 — 249
4. 구원 - 인간의 죽음의 문제 해결 — 265
5. 구원 - 인간의 지옥의 문제 해결 — 275

9 구령상담에서 죄를 해결하는 원리

1. 결국 인간의 죄가 문제다. — 291
2. 죄인임을 시인해야 한다. — 291
3. 죄를 해결할 수 없는 잘못된 방법 — 292
4. 진짜 죄를 해결하는 비결 — 296
5. 예수님께서 죄를 이미 단번에 다 해결하셨다. — 298
6. 예수님께서 죄를 해결하시려고 오셨다. — 300
7. 예수님께서 죄의 값을 다 치르셨다. — 304
8. 예수님께서 속량하심으로 죄를 해결하셨다. — 307
9. 예수님께서 중보자로서 죄를 해결하셨다. — 310
10. 예수님께서 자신의 보혈로 죄를 해결하셨다. — 313
11. 구약의 속죄함은 예수님의 속죄함을 보여주는 그림 — 317
12. 구약의 속죄함을 뛰어넘는 예수님의 속죄함 — 318

10 구령상담에서 구원을 위한 믿음이란?

1. 일상생활의 믿음이란? — 322
2. 구원을 얻는 참된 믿음이란? — 323
3. 하나님의 약속을 그대로 믿는다. — 325
4. 예수님을 개인적으로 믿는다. — 327

11 구령상담에서 생명 얻는 회개란?

1. 믿음과 가장 가까운 친구 회개 — 331
2. 죄를 시인하는 회개 — 333
3. 돌이키는 회개 — 334
4. 죄를 포기하는 회개 — 335
5. 태도의 변화인 회개 — 335
6. 지성과 감정과 의지를 동원한 회개 — 336
7. 회개하는 이유 — 337
8. 회개의 방법 — 338
9. 생명 얻는 회개와 성화를 위한 회개 — 339
10. 회개의 증거 — 340

12 구령상담에서 영접이란?

1. 영접은 예수 그리스도를 믿는 것 — 342
2. 영접은 삶의 주인으로 믿는 것 — 342
3. 영접은 예수님과 결혼하는 것 — 346
4. 영접은 예수님과 연합하는 것 — 350
5. 영접은 하나님의 기업을 물려받는 것 — 351

13 구령상담에서 구원의 다이아몬드

1. 칭의의 구원 ——— 353
2. 성화의 구원 ——— 357
3. 영화의 구원 ——— 361
4. 영원한 생명의 구원 ——— 365
5. 영원히 안전한 구원 ——— 370
6. 죄 용서함의 구원 ——— 378
7. 거듭남의 구원 ——— 380
8. 하나님의 자녀가 되는 구원 ——— 382

추천사

웨스트민스터신학대학원대학교 전 총장 박형용 박사

사람은 새로운 것을 좋아한다. 그런데 새롭다고 접했는데 시간이 잠시 지나면 옛것이 되어 실증하게 된다. 세상의 일들은 모두가 그렇다고 할 수 있다. 그러나 그리스도 안에서의 복음은 항상 새로운 것이다. 시간이 아무리 지나도 복음은 변하지 않고 항상 새롭게 다가온다. 그 이유는 성경이 변하지 않고 진리도 변하지 않기 때문이다. 금번에 이 새로운 복음에 대해 김만홍 목사께서 <위대한 복음> <성경에서 만나는 복음 스토리> 그리고 <구령상담목회> 등 세 권의 귀한 저서를 출간하셨다. 김만홍 목사의 세 권의 책은 몇 가지 특징을 가지고 있다.

첫째, 김만홍 목사의 저서는 먼저 복음을 확실하게 이해하고 전개한 저서이다. 저자는 복음을 설명하면서 성경 계시의 특징을 바로 깨닫고 성경 전체를 활용해서 복음을 설명한다. 따라서 저자는 복음을 설명하면서 성경에 서술된 예수 그리스도의 고난과 죽음 그리고 부활을 근거로 성취된 구속역사에 깊은 관심을 보인다. 성경은 도덕적인 삶을 중요하게 가르치지만, 단순히 인간의 도덕만을 가르치는 책이 아니다. 성경은 하나님이 인간의 죄 문제를 해결하시기 위해 과거에 어떤 일을 하셨고, 현재 어떤 일을 하시며, 그리고 앞으로 어떻게 역사를 마무리하실지를 알려주는 하나님의 계시이다. 따라서 본서는 성경의 중심 사상을 바로 깨닫고 저술한 귀한 책이다.

둘째, 저자 김만홍 목사는 세 권의 책을 통해 복음이 우리 삶에 미치는 다양한 면을 다루어 주셨다. 저자는 본서를 통해 복음이 어떻게 다양한 역할을 하는지 설명하고 그와 같은 복음의 다양한 역할이 인간의 다양한 삶의 영역에 어떻게 작용하는지를 잘 설명하고 있다. 그래서 저자는 "구령 상담"이라는 주제를 사용하여 복음과 인간 사이의 다리를 놓고 있다.

셋째, 김만홍 목사의 저서들은 한결같이 쉽게 저술되었다는 사실이다. 본서는 어려운 주제들을 쉽게 설명해 주었기 때문에 누구나 읽으면 이해할 수 있는 책들이다. 어떤 책은 쉬운 주제를 어렵게 설명하여 독자를 곤혹스럽게 만드는 경우가 있는데, 본서는 신학적인 어려운 주제들을 쉬운 언어로 풀어 설명했다는 점이 장점이기도 하다.

본 추천자는 이상의 몇 가지 이유로 본서를 적극적으로 추천한다. 성경의 본질을 알기를 원하는 사람이나 성경이 가르치는 복음의 탁월함을 알기를 원하는 사람들에게 이 책의 일독을 권한다.

– 웨스트민스터신학대학원대학교 전 총장 박형용 박사

추천사

횃불트리니티신학대학원대학교 명예총장 김상복 박사

한 회사가 여자를 조금만 더 아름답게 만들어 줄 수 있는 상품을 개발한다면 그 회사는 크게 성공할 수 있을 것입니다. 어느 여자를 막론하고 모든 여자는 아름답다는 말을 듣고 싶어 하니까요. 마찬가지로 누구나 좀 더 의미 있게 인생을 살고 싶어 하면서도 짧은 생애 가운데 별로 의미 없는 삶밖에 모르는 사람들에게 모든 것을 하나로 연결해 주시며 인생의 의미를 주시는 하나님과 하늘나라를 보여주고 영원한 생명을 소유하도록 만들어 준다면 그분은 큰일을 하는 사람입니다. 영원한 희망과 삶의 목표가 설정될 수 있기 때문입니다.

그런데 요즘 한창 인기 있는 주제인 내적치유를 현상학적이 아니고 경험적이 아니고 심리학적이 아니고 성경적으로 풀이하여 건전한 내적치유를 저서를 통해 한국교회에 제시해 주시고, 어린아이들에게 쉽게 그러면서도 재미있게 구원의 길을 보여주시고, 평신도 혁명을 부르짖으며 평신도 목회의 중요성을 깨우쳐 주시는 김만홍 목사님께서 다시 한번 〈구령상담:하늘나라 초대석〉을 펴내 주신 것을 고맙게 생각합니다.

김만홍 목사님의 신앙과 신학과 목회가 성경이 중심이 되어 있다는 데 호감을 일으킵니다. 그동안 교계에 널리 알려진 구원의 복음제시 내용을 종합적으로 그러면서도 누구나 이해할 수 있도록 쉽게 다시 풀어주셔서 교회 안 그리고 밖에 있는 모든 이들에게 인간을 향한 하나님의 계획과 인간의 가장 심각한 문제인 죄, 죄의 종착역인 지옥, 이 문제를 해결해 주시는 예수 그리스도, 믿음과 회개, 구원의 확신, 구원의 영원성, 신앙의 생활화, 전도자의 삶까지 포괄적으로 제시해 주는 이 책은 이미 믿고 있는 신앙인들에게나 새신자들에게 아직도 복음을 이해하지 못하는 모든 이들에게 유익한 저서가 될 것으로 생각합니다.

김만홍 목사님께서 심혈을 기우려 출간해 주신 책이 한국교회에 널리 사용되어 유익하게 되기를 바랍니다.

- 횃불트리니티신학대학원대학교 명예총장 할렐루야 교회 원로 목사 : 김상복 목사

추천사

웨스트민스터신학대학원대학교 신약학 김경식 교수

미국 트리니티 복음주의 신학교(Trinity Evangelical Divinity School)에서 가르치는 카슨(D. A. Carson) 교수는 "만일 목회자 가운데 복음이 무엇인지도 모르고, 어떻게 복음을 전하는지 방법도 모른다면 그런 사람은 목회자의 길을 그만두라"라고 경고한 적이 있다. 오늘 한국교회의 상황을 보면 이 경고가 남의 이야기가 아니다. 교회 안에 복음만으로 만족하는 사람이 많지 않고, 오히려 십자가 사랑만으로는 부족하다고 은근히 믿고 있는 사람들이 있기 때문이다. 또 다른 한편으로 복음이 답이라고 외치지만, 복음이라는 이름으로 포장된 가짜 복음이 판을 치고 있는 현실이 우리가 살아가고 있는 한국교회의 모습이기 때문이다.

이런 한국교회의 혼탁한 영적 상황에서 김만홍 목사님이 이번에 출간하시는 복음 시리즈는 반가운 일이다. 복음이면 충분하다는 김 목사님의 외침에서 나는 "내게는 우리 주 예수 그리스도의 십자가 외에는 결코 자랑할 것이 없나니"(갈 6:14)라는 사도 바울의 목소리를 듣는다. 김만홍 목사님의 복음 시리즈 첫 번째 책 <위대한 복음>에서 김 목사님이 외치는 가짜 복음을 경계하는 목소리를 듣는 일은 복음이라는 이름으로 가짜가 진짜처럼 포장되어 생명력을 잃어가고 있는 한국교회에 영적인 심폐소생술과 같은 일로 여겨져 감사하기만 하다.

김 목사님의 복음 시리즈 2권 <복음 스토리>는 신구약을 관통하는 주제가 예수 그리스도임을 설명하는 책이다. 성경의 큰 스토리라인(storyline)을 보지 못하고 성경을 지나치게 미시적인 관점에서 이해하는 사람들이 우리 주위에 많이 있다. 이들에게 하나님의 구원계획, 즉 복음 스토리를 조직신학의 틀과 함께 성경 신학적으로 풀어 설명함으로써 신구약 성경의 통일성을 설명하고 하나님의 구원 스토리를 거시적으로 보게 하는 유익이 이 책에 있다. 성경에 66권의 책들이 있는 것이 아니라 성경은 66장으로 된 한 권의 책이라는 김 목사님의 말씀이 이 책의 모든 것을 보여준다. 복음 시리즈 3권인 <구령상담 목회>도 기대가 되는 책이다. 추천인 본인도 영국에서 유학할 때 영국교회의 대단한 건물이 팔려서 술집과 나이트클럽으로 바뀌는 것을 직접 본 적이 있다. 유학 초기에 이 사실을 보고 가슴이 너무 아팠던 적이 있다. 그러나 유학이 끝나갈 때쯤, 하나님은 나에게 영국교회의 다른 모습과 소망을 보여주셨다. 그것은 복음의 생명력을 간직한 교회는 그 와중에도 사람들이 모여들고 복음의 능력으로 변화되고 성장하는 모습이었다. '예수님 한 분이면 충분합니다. 십자가 사랑 하나면 충분합니다.' 이것이 복음의 능력이고 생명력이다. 김만홍 목사님의 책은 바로 이 복음의 진정한 능력과 생명력을 다시 보게 한다. 영적인 인스턴트 음식만을 찾으며 천박한 가짜 복음에 중독된 한국교회 성도들과 목회자들에게 김만홍 목사님의 복음 시리즈 세 권의 책은 영적 건강을 챙겨주는 귀한 보약 그리고 해독제가 되리라 의심치 않는다.

- 웨스트민스터신학대학원대학교 신약학 김경식 교수

✦✦✦
구령상담목회란?

구령상담목회란, 사람들의 영혼을 구원하는 것을 중심으로 목회하고 일대일 개인 상담을 통해 구원의 확신을 심어주는 목회방식이다.
교회의 모든 성도를 일대일로 개인 구령상담을 하여서 전 교회 성도들이 모두 확실하게 구원을 받고 구원의 확신을 가져서 단 한 명의 성도라도 구원받지 못한 성도가 없도록 목회하는 방식이다.
단 한 명의 성도라도 지옥에 들어가는 영혼들이 없도록 구원의 문제를 확실하게 해결하여 그들이 참된 구원의 확신을 가질 수 있도록 돕는 목회다.

구령상담목회는 단순한 교회 성장 전략이 아니라 가장 근본적인 목회의 본질이다. 한 영혼을 온전한 구원으로 인도하는 것이 목회자의 가장 중요한 사명이기 때문이다.

오늘날 참으로 안타까운 현실은 교회 안에 있는 교인들 가운데 아직도 구원을 받지 못해서 구원의 확신이 없는 교인들이 있다는 것이다.
그 이유는 교회에 나온 새로운 방문자에게 일대일로 개인 구령상담을 하지 않기 때문이다.
요즘 많은 교회에서 새 가족 모임을 진행하여 그곳에서 복음을 소개해 구원 받을 수 있도록 도와주기도 하지만, 성도의 구원 문제는 마치 예수님의 사역처럼 잃어버린 영혼을 직접 만나 구원의 길을 안내하여 개인 구령상담을 해야 한다.

그래서 예수님께서 우물가의 여인이나 요한복음 3장에 등장하는 니고데모에게 일대일로 개인 구령상담을 하신 것처럼 구원의 문제는 구령상담자가 일대일로 개인 구령상담을 통해서 구원을 받을 수 있도록 도와주는 것이 필요하기에 구령상담목회가 필요하다.

한국기독교이단상담사협회 대표 진용식 목사는 <구령목회> PPT에서 구령목회가 무엇인지 세 가지로 정리하여 자세히 소개했다.

① 구령목회란 영혼을 구원하는 사역이다.
"죄로 인하여 영원한 형벌을 받아야 할 영혼을 건지는 일이며, 예수님의 십자가 구속의 보혈을 믿고 죄 사함을 받게 해주는 사역이며, 죄인으로서 받아 마땅한 죄의 형벌에 대한 심판을 면제받고 영생을 얻게 하는 사역이며, 죄인이 의인이 되어 천국에 들어가도록 하는 사역이다(눅 1:77, 요 5:24, 딤후 4:18)."

② 구령목회란 복음을 전하는 사역이다.
"따라서 구령상담을 통하여 죄인에게 복음을 전하여 영혼을 구원한다. 죄인이 예수 십자가 복음을 듣고 믿으면 구원을 받는다. 여기서 구령상담은 복음을 전하는 전도를 통해서 이루어진다(롬 1:16, 막 16:15-16, 고전 1:21)."

③ 구령목회란 죄인을 하나님과 화목 시키는 사역이다.
"하나님께서는 예수님을 화목제물로 보내셨다. 따라서 예수님은 화목제물이 되셔서 우리의 모든 죄를 속죄하셨다. 예수님의 속죄로 하나님과 화목되는 것이 구원이다. 죄인이 하나님과 화목하게 하는 말씀을 전하는 것이 구령상담이다(요일 4:10, 롬 3:25, 5:10, 고후 5:19)."

하나님께서 십자가 위에서 개인 구령상담사역에 필요한 완전한 복음을 만드셨다.

구령상담자는 구령상담에서 내담자이며 예수님께서 사랑하셔서 십자가에서 목숨까지 내주시어 사랑하신 영혼이며 반드시 구원을 받아야 할 영혼에게 예수님께서 십자가에서 완성하신 완전한 복음을 전해주어야 할 책임이 있다.

아직 구원받지 못한 사람은 구령상담자를 통하여 확실한 복음을 들을 권리가 있다. 이 세상에는 사도 바울이 갈라디아서 1장에서 지적한 대로 예수님께서 십자가에서 완성한 복음이 아니라 다른 복음이 있기 때문이다.

바울은 갈라디아서 1장 8절에서 다른 복음이란 "너희를 교란하여 그리스도의 복음을 변하게 하려 함이라"라고 지적했다. 여기서 다른 복음이란 사도들이 전해준 복음이 아니다. 그래서 사도 바울은 "우리가 너희에게 전한 복음 외에 다른 복음을 전하면 저주를 받을지어다"라고 선포한다.

다른 복음이란 예수님께서 십자가에서 완성하신 복음이 무엇인가 부족하다고 생각하여 무엇인가를 첨부시키고 있는데 그것이 인간이 만든 율법주의이요, 인간의 선행이요, 인간의 종교적인 어떤 의식이나 철학이며, 여러 가지 교육이나 다른 종교와 이단들의 구원교리다.

그 결과 하나님이 만드신 완전한 복음은 훼손되어 변질이 되고, 구멍이 나고, 왜곡되어 다른 복음이 된 것이다.

그래서 리처드 스턴스는 <구멍 난 복음>이라는 책을 저술했고, 침례신학대학교 박영철 교수는 <구멍 난 복음을 기워라>라는 책을 저술했다.
그러므로 완전한 복음은 훼손이 되고, 구멍이 나고, 일그러지고, 왜곡되고, 변질이 되어 다른 복음이 된 것이다.

그렇다면 구령상담을 하는 사역자는 무엇으로 구원의 확신이 없는 사람들에게 개인 구령상담을 할 수 있는가?

예수님께서 십자가에서 완성하신 완전한 복음으로 개인 구령상담목회를 할 수 있다. 모든 부분에 완벽하신 우리 하나님께서 예수 그리스도의 십자가를 통하여 구원에 필요한 완전한 복음을 만드셨기에 아무것도 부족하지 않다.

어떤 한계를 지닌 우리 인간이 만든 복음이 아니라 모든 부분에 완벽한 우리 하나님께서 죄에 빠진 인간을 구원하는 십자가의 완전한 복음을 만드셨기 때문에 우리는 하나님께서 만드신 십자가의 완전한 복음을 전하여 구령상담목회를 할 수 있다.

단 한 번의 실수도 없으시고, 단 한 번의 실패도 없으신 우리 하나님께서 십자가를 통하여 완전한 복음을 만드셨기 때문에 우리는 하나님께서 만드신 십자가의 완전한 복음으로 개인 구령상담목회를 할 수 있다.

우리는 하나님께서 만드신 십자가의 완전한 복음에 무엇인가를 첨가할 필요가 없어 완전한 복음이면 충분하다. 하나님이 만드신 완전한 복음으로 어떤 영혼이라도 개인 구령상담을 통하여 구원할 수 있기에 우리는 완전한 복음으로 개인 구령상담목회를 해야 한다.

완전한 복음으로 구령상담사역을 해야 하는 이유가 무엇인가?

❶ **완전한 복음만이 죄인을 구원하는 능력이기 때문이다.**
"내가 복음을 부끄러워하지 아니하노니 이 복음은 모든 믿는 자에게 구원을 주시는 하나님의 능력이 됨이라 먼저는 유대인에게요 그리고 헬라인에게로다"(롬 1:16)

❷ **완전한 복음만이 하나님의 의가 나타나고, 진정한 믿음을 갖게 하기 때문이다.**

우리가 완전한 복음을 전해야 우리의 죄 문제를 해결하는 하나님의 의가 나타나고 진정한 믿음을 갖게 한다.

"복음에는 하나님의 의가 나타나서 믿음으로 믿음에 이르게 하나니 기록된 바 오직 의인은 믿음으로 말미암아 살리라 함과 같으니라"(롬 1:17)

❸ **오늘날 사람들이 전하는 복음이 구멍이 나고 훼손이 되었기 때문이다.**

여기서 훼손된 복음이란 잃어버린 복음, 구멍 난 복음, 왜곡된 복음, 일그러진 복음, 짝퉁 복음, 다른 복음을 말한다. 그러므로 우리는 하나님이 만드신 십자가의 완전한 복음을 회복하여 오직 완전한 복음을 전해야 한다. 우리가 완전한 복음을 전해야 복음이 생명이 되고, 복음이 목적이 되고, 복음이 삶이 되고, 복음이 부활이 되기 때문이다.

❹ **완전한 복음을 전하는 구령상담목회가 하나님의 뜻대로 하는 사역이기 때문이다.**

많은 사람이 하나님의 사역을 한다고 말하면서 완전한 복음을 전하지 아니하고 다른 것을 전한다. 어떤 목회자는 윤리 도덕적인 목회를 하고, 어떤 목회자는 은사 운동이나 치유 사역을 강조하며, 또 어떤 목회자는 사람 중심의 인본주의 사역을 강조한다. 그러나 우리가 사역한 내용이 올바른 사역인지 지금은 드러나지 않지만, 우리 삶의 주인이 되시는 예수께서 오시면 우리가 사역한 내용이 불법인지 아니면 올바른 사역인지 다 드러난다.

그래서 예수께서는 마태복음 7장 21~23절에서 이렇게 말씀하셨다.

"나더러 주여 주여 하는 자마다 다 천국에 들어갈 것이 아니요 다만 하늘에 계신 내 아버지의 뜻대로 행하는 자라야 들어가리라 그 날에 많은 사람이 나더러 이르되 주여 주여 우리가 주의 이름으로 선지자 노릇 하며 주의 이름으로 귀신을 쫓아 내며 주의 이름으로 많은 권능을 행하지 아니하였나이까 하리니 그 때에 내가 그들에게 밝히 말하되 내가 너희를 도무지 알지 못하니 불법을 행하는 자들아 내게서 떠나가라 하리라"

그러므로 우리는 무엇보다도 아버지의 뜻대로 목회 사역을 해야 한다. 예수께서는 여기에 등장하는 사람들에게 왜 선지자 노릇을 하고 있다고 말하는가? 그들이 주의 이름으로 귀신을 쫓아내었고, 그들이 주의 이름으로 많은 권능을 행하였는데 예수께서 그들의 사역을 인정해 주지 않으시고 그들이 하는 사역이 왜 불법이라고 말씀하시는가?

그들이 하는 목회가 올바른 사역이 아니기 때문이다. 그들이 칭찬을 받지 못하고 책망을 받은 이유가 무엇인가? 그들이 천국에 들어가지 못하는 이유가 무엇인가? 그들이 하는 사역이 하나님의 뜻이 아닌 이유가 무엇인가?

그들이 한 사역은 복음으로 영혼을 구원하는 사역이 아니라 복음의 부가물들만 전하고 있었기 때문이다. 그들은 완전한 복음을 전하는 것이 아니라 복음의 부가물만 전하여 그들의 사역에서 핵심이 빠져 있기 때문이다.

그러므로 우리는 영적인 부모가 되어야 한다. 누가 영적인 부모인가? 영적인 부모는 구령상담목회를 통하여 복음으로 영혼을 낳고 양육을 통해 영혼들을 길러내는 목회사역자다. 그러므로 복음으로 영혼을 낳기 위해 개인 구령상담사역을 해야 한다. 그러므로 이 책에서 개인 구령상담이 무엇이며, 개인 구령상담을 해야 하는 이유가 무엇이며, 개인 구령상담에서 활용할 구원상담문이 무엇이며, 개인 구령상담을 어떻게 할 수 있는지 자세히 다룰 것이다. 구령상담목회를 기대해도 절대로 후회하지 않고 참된 목회의 본질을 알게 될 것이다.

1. 구령상담이란?

구령상담이란 무엇인가? 구령상담은 교회에 출석하는 사람들 가운데 구원의 확신이 없는 사람들이나 구원 문제에 갈등하는 사람들에게 복음을 전하여 구원으로 인도하는 상담이다. 구령상담은 개인 전도와 같다. 사실 전도란 영혼을 교회로 인도하는 정도가 아니라 '전도' 라는 말처럼 복음을 개인에게 확실하게 전하는 개인 구령상담이다. '전도'에서 '도'는 십자가의 도를 말하는 것이며 십자가의 도는 바로 복음이다. 그래서 사도 바울은 십자가의 도를 이렇게 소개했다.

"십자가의 도가 멸망하는 자들에게는 미련한 것이요 구원을 받는 우리에게는 하나님의 능력이라"(고전 1:18)

그러므로 전도란 개인에게 '십자가의 도'로 알려진 복음을 정확하게 전하여 그 영혼이 구원 받을 수 있도록 도와주는 상담이며, 개인의 구원 문제에 대해 상담한다. 교회에 출석하는 사람 중 구원의 확신이 없거나 구원 문제로 갈등하는 사람에게 복음을 전하여 정확하게 구원을 받고 구원의 확신을 가질 수 있도록 상담한다. 개인에게 일대일로 복음을 전하되 하나님 앞에서 자신의 죄로 인해 멸망 받을 수밖에 없다는 사실을 알려주고 자신의 죄를 깨닫게 하고, 죄의 결과로 주어지는 무서운 심판을 알게 하며, 자신의 죄를 슬퍼하고, 예수 그리스도의 십자가 복음을 통해 죄 문제를 해결하고, 예수 그리스도를 인격 대 인격으로 만나 영생을 얻도록 도와주는 상담이다. 그러나 구령상담자가 죄인을 구원하는 것이 아닌 구원에 필요한 말씀을 전할 때 성령께서 역사하셔서 하나님께서 친히 죄인을 구원하시며, 구령상담자는 안내자로 하나님께 쓰임을 받는다. 그렇다면 개인 구령상담이 중요한 이유가 무엇인가?

1. 구령상담목회의 중요성

목회자의 사역 가운데 가장 중요한 사역이 무엇인가? 여러 가지가 있겠지만 그래도 가장 중요한 사역은 영혼을 구원하는 구령상담사역이다. 그래서 필자는 신학대학원에서 구령상담사역을 연구하여 미국 달라스신학대학원(Dallas Theological Seminary)에서 조직신학을 전공한 장두만 교수의 지도로 <효과적인 구령상담에 관한 성서적 실제적 고찰>이라는 제목으로 논문을 발표했다. 웨스트민스터신학대학원대학교에서 교육학 박사학위 논문을 발표할 때도 구령상담을 미술치료에 적용한 프로그램을 개발하여 양육시설에서 청소년들을 대상으로 시행하여 <기독교 복음을 적용한 집단미술치료가 양육시설 청소년의 자기 성장에 미치는 영향>이라는 제목으로 논문을 발표했다. 구령상담사역이 목회에서 그만큼 소중하고 중요하기 때문이다. 개인 구령상담사역의 중요성은 예수님의 사역을 통해서 배울 수 있다. 신약성경에서 예수께서 하신 4대 사역이 있는데 그 내용은 가르치고, 전파하고, 치유하고, 구령하는 사역이었다.

"예수께서 온 갈릴리에 두루 다니사 그들의 회당에서 가르치시며 천국 복음을 전파하시며 백성 중의 모든 병과 모든 약한 것을 고치시니"(마 4:23)

① 예수께서는 대중인 수많은 무리를 만나면 – 무리에게 복음 전파하셨다.
② 예수께서는 소그룹인 제자들을 만나면 – 소그룹에서 제자들을 가르치셨다.
③ 예수께서는 병자와 약한 자를 만나면 – 치유하는 사역을 하셨다.
④ 예수께서는 개인을 만나면 – 개인 구령상담사역을 하셨다.

그러므로 요한복음 3장에서는 니고데모에게 복음을 전하는 개인 구령상담을 하셨다. 우리가 잘 알고 있는 요한복음 3장 16절도 니고데모라는 개인에게 복음을 전하면서 하신 말씀이다. 그리고 요한복음 4장에서는 우물가의 여인에게 복음을 전하는 개인 구령상담을 하셨다. 그리고 누가복음 19장에서는 삭개오에게 복음을 전하는 개인 구령상담을 하셨다. 그리고 예수께 성령님이 임하신 이유가 무엇인가?

"주의 성령이 내게 임하셨으니 이는 가난한 자에게 복음을 전하게 하시려고 내게 기름을 부으시고 나를 보내사 포로 된 자에게 자유를, 눈 먼 자에게 다시 보게 함을 전파하며 눌린 자를 자유롭게 하고"(눅 4:18)

여기서 예수께 성령이 임한 이유는 가난한 자에게 복음을 전하게 하시려고 성령이 임하셨다. 복음이 들어가면 영적으로 눈먼 자가 눈을 뜨고, 죄 짐에 눌려 있는 자가 자유롭게 되는 것처럼 우리는 개인 구령상담을 통해서 영혼을 구원할 수 있기 때문이다. 우리는 예수님의 사역을 통해서 개인 구령상담사역의 중요성을 배워야 한다. 성경에서 구령상담사역과 관계된 말씀은 고린도후서 5장 17~19절이다.

"그런즉 누구든지 그리스도 안에 있으면 새로운 피조물이라 이전 것은 지나갔으니 보라 새 것이 되었도다 모든 것이 하나님께로서 났으며 그가 그리스도로 말미암아 우리를 자기와 화목하게 하시고 또 우리에게 화목하게 하는 직분을 주셨으니 곧 하나님께서 그리스도 안에 계시사 세상을 자기와 화목하게 하시며 그들의 죄를 그들에게 돌리지 아니하시고 화목하게 하는 말씀을 우리에게 부탁하셨느니라"

여기서 누구나 예수 그리스도의 복음으로 구원을 받으면 새로운 피조물이 된다. 우리가 구원을 받으면 구원받기 전의 모든 것은 지나가고 새 사람으로 거듭난다. 또한 하나님께서는 예수 그리스도를 통하여 우리를 자기와 화목하게 하셨다. 그리고 그분은 우리에게 놀라운 직분을 주셨는데 그 직분이 바로 죄인을 하나님과 화목하게 하는 직분인 구령상담자다. 하나님께서는 세상을 자기와 화목하게 하시려고 예수님을 통하여 십자가에서 완전한 복음을 완성하셨다. 여기서 화목하게 하는 말씀이 바로 십자가의 복음이다. 화목하게 하는 말씀과 복음을 누구에게 부탁하셨는가?

"우리에게 부탁하셨느니라"

다시 말해서 하나님께서는 죄인을 하나님과 화목하게 하는 구령상담사역을 우리 목회자와 그리스도인들에게 부탁하셨다. 따라서 구령상담사역이 너무나 중요하기 때문에 우리는 목회자와 구령상담사역자로서 구령상담사역을 해야 한다. 그러므로 우리의 목회 현장에 개인 구령상담사역자가 필요하다.

2. 개인 구령상담사역자의 필요성

사도행전 8장 26~31절에서 초대교회의 일곱 집사 중에 빌립 집사가 성령의 인도하심에 따라 광야의 마차 안에서 에디오피아 사람 내시에게 복음을 전하며 개인 구령상담을 하였다. 그 당시 내시는 예루살렘 성전에 와서 예배를 드리고 돌아가는 길에 마차 안에서 성경을 읽고 있었는데 그 말씀이 바로 이사야 53장이었다. 그 상황에서 빌립은 내시에게 '읽는 것을 깨닫느뇨?' 하고 질문을 하자 내시는 빌립에게 "대답하되 지도해 주는 사람이 없으니 어찌 깨달을 수 있느냐 하고 빌립을 청하여 수레에 올라 같이 앉으라"(행 8:31)라고 말했다. 그런데 여기서 (지도해 주는 사람)이 바로 개인 구령상담사역자다. 사도 베드로도 탁월한 개인 구령상담사역자였는데 하나님의 인도하심에 따라 이방인이었던 백부장 고넬료 집으로 초대받아 그 집안에 모여 있는 모든 사람에게 구원받을 말씀을 전파했다(행 11:14). 그러므로 우리의 목회 사역과 교회 안에 어떤 영혼을 만나든지 개인적으로 복음을 전하여 구원으로 인도하는 개인 구령상담사역자가 절대적으로 필요하다.

3. 구령상담목회의 유익

모든 목회자는 목회 사역에서 구령상담목회의 중요성을 깨닫고 구령상담사역자를 길러내기 위하여 훈련해야 한다. 교회 안에 훈련된 구령상담사역자가 있을 때 효과적으로 복음을 전하여 그 교회가 부흥하고 성장할 수 있기 때문이다. 교회를 방문하는 모든 사람에게 효과적으로 구령상담을 하여 모든 성도가 구원의 확신을 가질 수 있다.

사실 오늘날 교회 안에도 잃어버린 영혼들이 있다. 우리가 전도 현장에 나가 교회 다니는 사람을 만나 그들에게 "당신이 오늘 이 세상을 떠난다면 천국에 들어갈 확실한 확신이 있습니까?"라고 질문해보면 구원의 확신이 없는 사람이 있다. 따라서 우리는 먼저 교회 안에 있는 잃어버린 영혼에 관심을 가져야 한다. 많은 사람이 교회에 다니고 예수를 믿는다고 하면서도 구원받지 못하고 종교 생활을 하는 사람들이 있기 때문이다.

그들은 구원받은 것으로 보이고, 구원받은 것같이 행동하고 구원받았다고 말하기도 하지만 실상은 구원받지 못하고 그냥 종교인으로 살아가는 사람이 많다. 그들의 진정한 문제가 무엇인가? 그들은 구원으로 인도하는 정확한 복음의 진리를 모른다. 많은 사람이 복음을 이야기하지만, 복음의 의미를 정확하게 모르거나 복음을 막연하게 알거나 아예 모르고 있거나 복음으로 구원을 어떻게 받을 수 있는지 모르고 있으니 이 얼마나 안타까운 현실인가?

그래서 장두만 박사는 <구원상담론>에서 이렇게 지적한다.

"사실 교회 밖에 있는 불신자도 문제지만, 교회에 다니면서 직분도 가지고 있고 열심히 활동도 하지만 거듭나지 않은 사람이 더 큰 문제다. 그들도 여전히 불신자이고, 거듭나야 할 대상이다. 거듭나지 못한 사람은 교회 밖에 있든지, 교회에 다니고 있든지 관계없이 모두 하나님의 진노 아래 있기 때문이다. 그들은 단지 기독교라는 종교를 믿는 종교인들이지 예수 그리스도와 인격적 관계를 맺은 사람들은 아니다. 기독교는 생명 그 자체이지, 단순히 종교는 아니다. 왜냐하면 종교는 인간이 하나님을 찾아가려는 노력이기 때문이다. 그런데도 대부분 교회에서 이들을 방치하고 있거나, 그냥 그리스도인으로 간주하고 있다."

그러므로 제임스 몽고메리 보이스도 구원받은 사람인지 아닌지에 관계없이 단지 교인 수만 증가시키기 위해 십자가 없는 기독교, 안일한 신앙으로 청중의 눈을 어둡게 하는 설교자들에게 경고했다.

"설교자는 비록 교회를 다니고 있는 교인일지라도 그들이 실제로는 구원받지 못한 상태일 수 있다는 점을 상기시켜 주어야 한다."

그러므로 모든 성도가 구원의 확신을 가질 수 있도록 십자가 복음에 관한 설교와 구령상담목회를 해야 한다. 그렇다면 교회에서 구령상담목회를 하지 않는 이유가 무엇인가? 그것은 교회에서 구원의 확신을 강조하지 않기 때문이다. 여기서 구원의 확신에 대하여 두 가지 입장이 있다.

① 구원의 확신이 신앙의 본질이라는 입장이다.
② 구원의 확신이 신앙의 열매라는 입장이다.

<구원의 확신이 신앙의 본질>이라고 믿으면 구원의 확신을 강조하고 교회에 출석하는 성도들이 진정으로 구원을 받았는지 살펴보고 구령상담을 통하여 구원의 확신을 가질 수 있도록 도와줄 것이다. 그러므로 모든 교회는 구령상담목회를 위해서 성도들을 구령상담사역자로 훈련해서 교회 안에서 구령상담 사역을 진행하여 모든 성도가 구원의 확신을 가질 수 있도록 도와주어야 한다. 하지만 <구원의 확신이 신앙의 열매>라고 믿으면 그냥 교인들이 교회를 오래 다니다 보면 저절로 구원의 확신을 가질 것이라고 여겨 구령상담사역을 하지 않는다. 그래서 교회에 다니는 성도들이 자신이 구원을 받은 것도 같고, 어느 때는 아직 구원받지 않은 것 같아 구원의 확신이 없다. 그러므로 교회를 다니는 사람 중에 구원받지 않은 사람이 있기에 우리는 교회 안에 있는 불신자에게 복음을 전하는 개인 구령상담을 해야 한다.

한국기독교이단상담사 협회장 진용식 목사는 <구령목회> PPT에서 구령상담목회의 유익 네 가지를 제시했다. 그 네 가지를 차례대로 살펴보면 다음과 같다.

❶ **성도의 수가 증가한다.**
목회자가 구령상담목회의 중요성을 알고 실천하면 하나님께서 그 교회에 영

혼들을 계속 보내주시기 때문이다. 초대 예루살렘 교회가 예수 그리스도의 복음을 전하는 일에 헌신할 때 하나님께서 구원받는 영혼을 날마다 더하여 주셨다. 교회가 영혼 구원에 관심을 가지고 계속 복음을 전하면 성도의 수가 증가하는 것은 당연하다. 영혼을 구령하는 교회는 구원받는 영혼들이 많아질 수밖에 없으며, 구령하는 목회자에게 많은 사람이 따르는 것은 마땅한 일이다.
"하나님을 찬미하며 또 온 백성에게 칭송을 받으니 주께서 구원 받는 사람을 날마다 더하게 하시니라, 하나님의 말씀이 점점 왕성하여 예루살렘에 있는 제자의 수가 더 심히 많아지고 허다한 제사장의 무리도 이 도에 복종하니라"(행 2:47, 6:7)

❷ 하나님을 기쁘시게 한다.

우리 예수께서는 복음을 전하여 영혼을 구원하는 것을 매우 기뻐하신다. 그러므로 교회를 담임하는 목회자가 구령상담목회의 중요성을 알고 구령상담사역을 감당하면 모든 성도가 구원의 확신을 가질 수 있다. 모든 성도가 구원의 확신이 있으면 그들의 신앙이 바르게 성장할 수 있다. 그들의 신앙이 바르게 성장하면 교회사역에도 헌신하여 구령상담사역에 동참하는 성도들은 신앙이 견고하여 흔들리지 않는다. 구령상담사역자로 헌신하고 쓰임 받을 때 최고의 신앙의 기쁨을 체험하게 된다. 구령상담사역자가 복음을 전하면 모두가 행복해진다. 구령상담사역을 통해 한 영혼이 하나님께 돌아오면 하늘에서는 잔치가 벌어진다.
"내가 너희에게 이르노니 이와 같이 죄인 한 사람이 회개하면 하늘에서는 회개할 것 없는 의인 아흔아홉으로 말미암아 기뻐하는 것보다 더하리라"(눅 15:7)

그러면 하늘에서는 누가 기뻐하는가? "한 사람이 회개하면 하늘에서는"이라는 말씀을 보면 하늘에서는 하나님 아버지께서 기뻐하신다. 우리 예수께서도 기뻐하신다. 우리 성령님께서도 기뻐하신다. 그리고 천사들도 기뻐하신다. 그리고 앞서간 성도들도 기뻐한다. 하지만 하늘에서만 기뻐하는 것이 아니라 이 땅에서도 기뻐한다. 누가 이 땅에서 기뻐하는가? 구령상담을 했던 구령상담사역자와 구원받은 사람도 기뻐한다. 그 영혼이 구원을 받으면 다른 성도들도 기뻐하게 된다. 그리고 교회의 담임목사님도 기뻐하고 하나님께서는 구령상담사역을 감당한 구령상담사역자를 바라보시고 기뻐하신다. 가장 큰 기쁨을 누리는 사람은 구령상담사역을 감당한 사역자다. 구령상담사역자가 복음을 전하여 상대방이 구원받는 모습을 보면 성령으로 충만해지고 기쁨이 넘치며 행복을 경험하게 된다.

❸ 성도들의 신앙이 바르게 성장한다.

구원받지 못한 영혼은 그 안에 참된 생명이 없기에 당연히 성장할 수 없다. 그 영혼이 복음으로 구원을 받아야 복음 안에서 성장할 수 있다. 교회를 다니지만 구원받지 못하면 성장하지 못하고 단지 종교인으로 살아갈 뿐이다. 하지만 구령상담목회를 통해 훈련된 구령상담사역자가 교회를 방문하는 모든 사람에게 구령상담을 통하여 정확한 복음을 전하여 그 영혼이 구원을 받으면 신앙이 바르게 성장한다.

❹ 목회의 보람과 기쁨이 된다.

사실 구령상담사역은 목회자의 최고의 보람이다. 사도 바울은 자신이 고린도 교회 성도들에게 복음을 전하여 성도들이 구원을 받았기에 그리스도 예수 안에서 자신이 복음으로써 고린도 교회 성도들을 낳아 영적인 아버지가 되었다고 말씀한다.
"그리스도 안에서 일만 스승이 있으되 아버지는 많지 아니하니 그리스도 예수 안에서 내가 복음으로써 너희를 낳았음이라"(고전 4:15)

따라서 구령상담사역이 <목회자의 자격증>이다. 많은 사람이 사도 바울의 사도 직분에 대하여 이의를 제기했을 때 바울은 예수께 부름을 받은 사도로써 고린도 교회 성도들에게 복음을 전하여 구령하였기에 다른 사람에게는 사도가 아닐지라도 너희에게는 사도라고 당당하게 말한다.
"다른 사람들에게는 내가 사도가 아닐지라도 너희에게는 사도이니 나의 사도 됨을 주 안에서 인친 것이 너희라"(고전 9:2)

따라서 교회 목회를 위한 목회자의 여러 가지 많은 준비 가운데 가장 중요한 준비가 구령상담을 할 수 있는 준비가 되어 있는 것이다. 구령상담을 할 수 없다면 <목회자의 가장 중요한 자격증>이 없는 것이다. 목회자가 구령상담을 통하여 성도들이 정확하게 구원을 받을 수 있도록 하였기 때문에 목회자가 구령상담사역을 감당하면 교회 안의 모든 성도에게 신뢰와 참된 존경을 받는다. 목회자의 구령상담을 통하여 성도들이 구원을 받으면 성도들은 당연히 목회자를 존경하고 신뢰하게 되는 것이다. 따라서 구령상담목회를 감당하는 목회자는 하늘의 상급과 면류관을 받게 된다.

그래서 사도 바울은 빌립보서 4장 1절에서 이렇게 말씀했다.
"나의 사랑하고 사모하는 형제들 나의 기쁨이요 면류관인 사랑하는 자들아 이와 같이 주안에 서라"
빌립보 교회 성도들은 바울의 기쁨이요 면류관이었다. 바울이 복음을 전해준 데살로니가 교회 성도들은 바울의 소망이요, 기쁨이요, 자랑의 면류관이었다. 그래서 바울은 데살로니가전서 2장 19~20절에서 이렇게 말했다.
"우리의 소망이나 기쁨이나 자랑의 면류관이 무엇이냐 그의 강림하실 때 우리 주 예수 앞에 너희가 아니냐 너희는 우리의 영광이요 기쁨이라"

그렇다면 우리 교회는 구령상담목회를 하고 있는가?
진용식 목사는 구령상담목회를 하는 교회와 구령상담목회를 하지 않는 교회의 차이점을 아주 명확하게 제시했다.
구령상담목회를 하지 않는 교회에는 구령상담을 할 수 있는 구원상담문(복음제시) 내용이 준비되어 있지 않다. 목회자는 성도 한 사람 한 사람의 구원에 관심이 없으며, 개인적으로 복음을 전하여 구원받게 하는 사역이 없다. 따라서 새롭게 구원받는 성도가 더해지지 않는다. 구원받는 성도들이 없기에 구원 간증도 없다. 목회자의 설교가 영혼을 구원하는 복음을 전하지 않고 삶에 관하여 집중되어 있다. 결과적으로 교인 중에 구원의 확신이 있는 성도가 많지 않다.

하지만 구령상담목회를 하는 교회에는 언제라도 구령상담을 할 준비 <복음 제시용 구원상담문>가 되어 있다.

목회자가 성도 한 사람 한 사람의 구원을 점검하고 확인한다. 그리고 명확한 구원의 확신이 있어야 교회의 성도가 되며 한 가족이 된다. 구령상담목회를 계속 감당함으로 새롭게 구원받는 사람이 계속 더해진다. 그리고 구원 간증이 계속 있다. 목회자의 설교가 복음에 집중되어 있다. 그리고 교회 안에 있는 성도들 대부분이 구원의 확신이 있다. 따라서 우리 교회가 구령상담목회를 하고 있는 교회인지 진단해보고 본서를 통해서 구령상담목회의 중요성을 자각하고 구령상담목회를 감당하는 교회로 거듭나기를 기도한다.

4. 구령상담을 누구에게 해야 하는가?

❶ 불신자를 대상으로 구령상담을 한다.

예수 그리스도를 모르는 불신자를 대상으로 복음을 전하여 예수 그리스도를 영접하도록 도와주는 상담이다. 예수께서는 온 천하에 다니며 만민에게 복음을 전파하라고 명령하셨다(막 16:15). 이들 만민 속에는 당연히 불신자가 포함된다. 하나님께서는 모든 성도에게 죄인이 하나님과 화목할 수 있도록 화목하게 하는 직분과 화목하게 하는 복음의 말씀까지 주셨다(고후 5:18-19). 이미 앞에서 구령상담이란 복음을 전하는 전도사역이라고 언급했다. 그런데 하나님께서는 전도를 통해서 믿지 않는 영혼을 구원하신다.

"하나님의 지혜에 있어서는 이 세상이 자기 지혜로 하나님을 알지 못하므로 하나님께서 전도의 미련한 것으로 믿는 자들을 구원하시기를 기뻐하셨도다"(고전 1:21)

❷ 교회 안에 있는 불신자를 대상으로 구령상담을 한다.

그렇다면 교회를 다니는 사람 중에 구원을 받지 못하고 구원의 확신이 없는 이유가 무엇인가?

"그것은 구령상담사역을 통해서 복음을 전해야 할 교회가 구령상담사역을 하지 않기 때문이다. 그리고 사람들이 복음에 관해 관심이 없고 알려고 하지 않기 때문이다. 많은 교회에서 목회자들이 쉴 새 없이 설교하지만, 복음의 진리를 선포하고 가르치는 목회자는 전체로 봤을 때 그리 많지 않다. 가벼운 설교, 신자들을 만족시키는 설교를 하지만, 진리를 외면하는 그들 덕분에 많은 신자가 진리에 대해 잘 모른다. 기독교의 핵심 진리에 대해서 잘 모른다. 문제는 가르치는 것만이 아니라 알려고도 하지 않는다. 모르면 알기 위해 노력해야 하지만 누구도 그러한 노력을 하지 않는다. 그 이유는 무엇을 알아야 할지 모르기 때문이며, 복음에 관해 관심이 없기 때문이다."

❸ 대중을 대상으로 구령상담을 한다.

구령상담사역의 전문가가 되면 구령상담사역을 하지 않는 교회로부터 강사로 초청되어 세미나를 인도하는 경우가 생긴다. 필자도 초청을 받아 오로지 구령상담의 내용으로 말씀사경회를 인도한 적이 있다. 또한 한국어린이교육선교회 강사로 전국에 있는 교회로부터 초청을 받아 여름성경학교 교사강습회에서 주일학교 교사를 대상으로 <어린이 구령상담>을 강의했다. 또한 1980년대에 서울 시내버스 안에서 사람들에게 복음을 전파하고 그중 한 사람에게 복음을 자세히 설명하여 전하므로 그 사람이 버스 안에서 구원을 받고 기뻐하는 모습을 여러 차례 목격하기도 했다. 따라서 대중을 대상으로 복음을 전하는 구령상담사역을 통해 구원받는 역사가 일어난다. 사도행전 2장에서 사도 베드로도 오순절에 모인 무리에게 복음을 전파하여 3,000명이 구원받는 역사가 일어나기도 했다.

❹ 이단에 빠진 사람을 대상으로 구령상담을 한다.

필자는 한국기독교이단상담사 협회에서 실시하는 이단상담사훈련을 2년 동안 받고 이단상담사 자격증을 취득하고 인천광역시 계양구 계산동에서 한국기독교이단인천계양상담소를 개설하고 이단상담을 실시하고 있다. 따라서 이단 교리에 미혹된 자들에게 예수 그리스도의 십자가 복음을 전하여 그들을 돌아오게 하는 구령상담을 실시하고 있다. 이단에 빠진 영혼도 구원해야 하기 때문이다. "내 형제들아 너희 중에 미혹되어 진리를 떠난 자를 누가 돌아서게 하면 너희가 알

것은 죄인을 미혹된 길에서 돌아서게 하는 자가 그의 영혼을 사망에서 구원할 것이며 허다한 죄를 덮을 것임이라"(약 5:19-20)

여기서 "미혹되어 진리를 떠난 자"가 바로 이단 교리에 미혹된 자들이다. 여기서 "미혹된 길에서 돌아서게 하는 것"이 바로 이단에 빠진 자를 예수 그리스도의 복음으로 구원하는 구령상담사역이다.

❺ 어린이를 대상으로 구령상담을 한다.

교회 안에 있는 교회학교 어린이를 대상으로 복음을 전하여 구원을 받게 하는 구령상담이다. 필자는 1999년 4월 10일에 쿰란출판사에서 <어린이 구원상담, 창수와 나누는 구원과 신앙이야기>라는 책을 출판했었다. 필자는 이 책에서 어린이 구원상담문 6가지 모델을 제시했으며, 어린이 구원상담에 필요한 다양한 내용을 소개했었다. 따라서 어린이도 구원이 필요하며, 어린이에게 알맞은 구령상담이 있어야 한다.

❻ 임종을 기다리는 환자를 대상으로 구령상담을 한다.

임종을 기다리고 있는 환자는 절대적으로 구원이 필요하다. 그 영혼이 구원을 받지 못하면 바로 지옥에 들어갈 운명에 처해 있기 때문이다. 사실 예수께서 십자가 위에서 돌아가실 때 옆에 있는 강도에게 복음을 전한 내용이 바로 임종 구령상담과 같다. 다행스러운 것은 비록 죽음을 앞에 두고 있는 환자라도 자신의 신체 중 마지막까지 살아 있는 기능이 귀로 듣는 기능이다. 그래서 다른 신체 기능이 떨어져 있어도 귀는 마지막까지 살아 있어 구령상담자가 전하는 복음을 들을 수 있다. 귀에 가까이 대고 복음을 전하며 복음을 이해했으면 눈을 깜빡이든지 손을 잡고 있으면서 손으로 반응하라고 하면 반응하는 경우가 있다.

5. 구원의 확신의 중요성

구원의 확신이란 구령상담사역자를 통해서 예수 그리스도의 십자가 복음을 정확하게 듣고, 예수께서 자신의 모든 죄를 용서하셨다는 사실을 진심으로 믿고 영접하여 죄 사함과 영생을 얻었다는 사실을 성령님을 통하여 확신하는 것이다. 그러므로 여기서 복음을 듣고, 들은 복음을 정확하게 믿고, 성령님의 역사로 "나는 예수께서 십자가에서 이루신 복음으로 확실하게 구원을 받았다"라는 구원의 확신이 생긴다.

이 세 가지를 차례대로 살펴보면 다음과 같다.

❶ 복음을 하나님의 말씀을 통해 정확하게 들어야 한다.

"너희가 거듭난 것은 썩어질 씨로 된 것이 아니요 썩지 아니할 씨로 된 것이니 살아 있고 항상 있는 하나님의 말씀으로 되었느니라, 너희에게 전한 복음이 곧 이 말씀이니라, 그가 그 피조물 중에 우리로 한 첫 열매가 되게 하시려고 자기의 뜻을 따라 진리의 말씀으로 우리를 낳으셨느니라, 그런즉 그들이 믿지 아니하는 이를 어찌 부르리요 듣지도 못한 이를 어찌 믿으리요 전파하는 자가 없이 어찌 들으리요"(벧전 1:23, 25, 약 1:18, 롬 10:14)
썩지 아니할 씨, 살아 있고 항상 있는 하나님의 말씀을 통해 복음을 들어야 한다. 진리의 말씀으로 거듭난다. '듣지도 못한 이를 어찌 믿으리요'라는 말씀처럼 복음을 정확하게 들어야 한다.

❷ 예수 그리스도를 영접해야 한다.

그런데 여기서 영접이란 그냥 손님을 초청하고 영접하듯이 마음에 초청하는 것이 아니다. 영접이라는 단어는 두 가지 있는데 하나는 '데코마이'라는 단어로 '영접하다, 모셔드리다'라는 뜻이고, 요한복음 1장에 사용된 영접이라는 단어는 '람바노'라는 단어로 '약속을 내 것으로 받아들이다, 온 마음을 다해서 취하다.'라는 뜻이다. 그러므로 요한복음 1장 12절에서 "영접하는 자 곧 그 이름을 믿는 자들에게는 하나님의 자녀가 되는 권세를 주셨으니"라는 말씀은 '곧'이라는 단어가 앞과 뒤가 같기에 영접이 바로 믿음이다. 예수님을 영접하는 것은 예수님께서 십자가에서 이루신 복음의 말씀을 믿음으로 받아들이는 것이다. 그래서 사도 바울도 고린도전서 15장 2절에서 구원의 조건을 말하면서 "너희가 만일 내가 전한 그 말을 굳게 지키고 헛되이 믿지 아니하였으면 그로 말미암아 구원을 받으리라"라고 말했다. 여기서 바울은 구원의 조건을 바울이 전한 복음의 말씀을 헛되이 믿지 아니하였다면 다시 말해서 정확하게 믿었다면 그 믿음을 통해서 구원을 받았다고 말씀한다. 그러므로 복음의 의미를 알지 못했는데 그냥 영접 기도를 통해서 예수님을 마음에 영접하면 구원을 받는다는 것은 잘못된 것이다.

❸ 성령께서 복음의 말씀을 깨닫게 하심으로 구원의 확신이 생긴다.

"예수께서 대답하시되 진실로 진실로 네게 이르노니 사람이 물과 성령으로 나지 아니하면 하나님의 나라에 들어갈 수 없느니라 육으로 난 것은 육이요 영으로 난 것은 영이니, 이는 우리 복음이 너희에게 말로만 이른 것이 아니라 또한 능력과 성령과 큰 확신으로 된 것임이라"(요 3:5-6, 살전 1:5)

그래서 이 세 가지 내용인 복음의 말씀을 듣는 것과 예수님께서 이루신 복음을 믿는 것과 성령으로 구원의 확신을 하게 되는 것을 잘 보여주는 말씀이 에베소서 1장 13절이다.

"그 안에서 너희도 진리의 말씀 곧 너희의 구원의 복음을 <듣고> 그 안에서 또한 <믿어> 약속의 <성령으로> 인치심을 받았으니"

그리고 구원의 확신을 알려주는 또 다른 말씀은 요한복음 5장 24절이다.

"내가 진실로 진실로 너희에게 이르노니 내 말을 <듣고> 또 나 보내신 이를 <믿는> 자는 <영생>을 얻었고 심판에 이르지 아니하나니 사망에서 <생명>으로 옮겼느니라"

❹ 구원의 확신은 구원받은 확실한 경험과 때가 있어야 한다.

물론 구원을 받은 날을 모를 수도 있지만 대부분 자신이 구원을 받은 확실한 경험과 때가 있어야 한다. 그래서 마틴 루터는 1513년에 거듭났고, 존 칼빈은 1533년에 중생했고, 파스칼도 1654년 11월 23일 거듭난 경험을 했고, 요한 웨슬레는 1738년 5월 24일 거듭난 경험을 했고, 찰스 피니도 1821년 10월 10일에 거듭남을 경험했고, 필자도 1980년 3월 2일에 거듭난 경험을 했다.

❺ **구원의 확신에 대한 여러 가지 견해가 있다.**
가톨릭에서는 신자들은 구원에 대해 확신할 수 없다고 가르친다. 하지만 종교개혁자들은 구원의 확신을 신앙의 가장 중요한 요소로 강조하며, 죄를 용서받았다는 적극적인 확신을 하지 못하는 사람은 참된 신앙을 소유하지 못한 사람이라고 주장했다. 그러나 세월이 흐르면서 구원의 확신을 신앙의 본질로 보는 것과 열매로 보는 것으로 나누어졌다. 그러나 이것은 아주 중요한 차이다.

❻ **구원의 확신이 없는 교인들이 나오게 된 원인은 무엇인가?**
그것은 마귀 사탄의 역사 때문이다. 마귀 사탄은 가짜를 만드는데 천재다. 사탄은 자신이 사탄이면서도 자기를 화려한 빛의 천사로 가장한다. 그는 가장 귀한 것들과 비교되는 가짜를 만든다. 이 세상에서 귀중하지 않은 걸레, 비닐우산, 손수건, 머리빗 등 가치 없고 하찮은 것은 가짜가 없다. 그러나 사람들은 다이아몬드, 롤렉스 시계, 지폐, 수표, 유명 업체 제품들, 웅담, 산삼, 녹용, 값비싼 양주, 여러 종류의 보석들을 가짜로 만든다. 이 세상에는 진짜와 가짜가 함께 공존한다. 사람들이 분별하지 못하도록 가짜를 더 진짜처럼 화려하게 만든다. 따라서 기독교의 진수라고 할 수 있는 구원이 가짜가 없겠는가? 분명히 이 세상에는 참된 진리와 비 진리가 함께 공존한다. 그러므로 마귀 사탄은 사람들이 참된 복음을 분별하지 못하도록 참된 복음의 진리를 가리고 있다.
"만일 우리의 복음이 가리었으면 망하는 자들에게 가리어진 것이라 그중에 이 세상의 신이 믿지 아니하는 자들의 마음을 혼미하게 하여 그리스도의 영광의 복음의 광채가 비치지 못하게 함이니 그리스도는 하나님의 형상이니라"(고후 4:3-4)
여기 망하는 자들에게는 복음이 가려져 있다. 이 세상의 신인 마귀 사탄이 사람들의 마음을 '혼미하게' 하여 참된 복음의 빛을 보지 못하게 만들기 때문이다. 여기서 '혼미'라는 단어는 어두울 혼과 미혹할 미로서 사람들의 마음이 어리둥절하여 사리를 분별하지 못함, 헛갈리게 함, 시각장애인이 되게 한다는 뜻이다. 그리하여 사람들의 마음의 눈이 가려져서 사망의 길을 참된 진리의 길로 착각하고 그 길을 가게 한다. 다음 구절은 이 점을 명확하게 뒷받침해준다.
"어떤 길은 사람이 보기에 바르나 필경은 사망의 길이니라 웃을 때에도 마음에 슬픔

이 있고 즐거움의 끝에도 근심이 있느니라"(잠 14:12-13)

이 말씀에 등장하는 사람은 참된 진리의 길을 찾았다고 즐거워하고 웃으며 그 길을 가고 있지만, 실상은 사망의 길이요, 슬픔의 길이요, 근심의 길이다. 어떤 사람이 미련한 사람인가? 잘못된 길을 가면서도 옳은 길로 간다고 착각하는 사람이다. 자신의 행위를 선한 것으로 여기는 사람이다. 그러나 지혜로운 사람은 참된 진리를 전하는 구령상담자의 권고를 받아들인다.

"미련한 자는 자기 행위를 바른 줄로 여기나 지혜로운 자는 권고를 듣느니라"(잠 12:15)

그러므로 존 맥아더는 예수를 믿는다고는 하면서도 진정으로 믿지 않는 사람들에 대해서 깊은 우려를 나타내고 있다.

"최근의 통계에 따르면, 세계인구 중 16억이 그리스도인이라고 한다. 그리고 이름 있는 여론 조사에 의하면, 미국인들 중 3분의 1에 해당하는 사람들이 거듭났다고 한다. 이 숫자는 수백만의 사람들이 비참하게도 속고 있음을 보여준다. 그들의 확신이라는 것은 저주스러울 정도로 거짓된 확신이다."

보수파 장로교회의 대표적 학자인 그레샴 메이천 박사도 「믿음이란 무엇인가?」에서 이 문제의 심각성을 지적했다.

"현대 신앙생활의 가장 큰 악 중의 하나는, 내가 보건대, 일정한 공식에 따라 '나는 예수를 나의 구세주로 영접한다.'라고 고백만 하면 그 고백의 진정한 의미를 이해하고 있다는 증거가 없음에도 불구하고 교회의 회원으로 받아들인다는 사실이다. 이런 관습의 결과, 예수 그리스도의 도덕적 성품에 대한 존경심 때문이라든지 인도주의적 사업에 종사하겠다는 막연한 목적으로 예수를 믿는 사람들을 수없이 교회에 받아들이고 있다. 교회 내에 있는 그런 사람 한 명이, 내가 믿기로는, 교회밖에 있는 10명보다 주님 일에 훨씬 더 많은 해악을 끼친다. 그래서 이런 잘못된 관습은 근본적으로 바뀌어야만 한다."

그러므로 모든 교회는 반드시 개인 구령상담사역과 구령상담목회를 해야 한다.

2. 구령상담을 하는 이유

1. 하나님의 사랑 때문이다(요 3:16, 롬 5:8).

하나님께서 사랑하시는 영혼을 우리도 사랑하여 그에게 복음을 전해주어야 한다. 우리가 잃어버린 영혼을 사랑하여 복음을 전할 때 그리스도는 우리를 통해서 잃어버린 영혼에게 나타나시는 것이다. 그들은 우리를 통하여 그리스도를 발견한다. 성경과 기독교의 핵심은 사랑이다. 성령의 열매도 첫째가 사랑이다. 하나님은 인간을 사랑의 대상으로 창조하셨다. 우리가 눈에 보이지 않는 하나님을 어떻게 사랑할 수 있는가? 그것은 눈에 보이는 사람들을 사랑하는 것으로 하나님을 사랑할 수 있다. 사랑이란 무엇인가? 사랑이란 상대의 필요를 채워주는 것이다. 그래서 예수님은 이렇게 말씀하셨다.
"내가 진실로 너희에게 이르노니 너희가 여기 내 형제 중에 지극히 작은 자 하나에게 한 것이 곧 내게 한 것이니라"(마 25:40)

이 말씀의 결론은 이렇다. 우리가 예수님의 이름으로 잃어버린 죄인들을 사랑하는 것이 바로 하나님을 사랑하는 것이다. 그러므로 우리가 그리스도의 사랑을 가지고 그들의 필요를 채워주지 않는다면 그리스도를 사랑할 수 없다. 우리는 먼저 복음을 통하여 그리스도의 사랑을 깨달은 다음에 그 사랑을 다른 사람들에게 전해주고 실천해야 한다. 이것이 우리를 향한 하나님의 뜻이다. 우리 인생의 진정한 목적이 무엇인가? 그리스도의 사랑을 통하여 다른 사람들의 필요를 충족시키는 것이다. 성경이 말하는 아가페의 사랑은 행동하는 사랑이다. 예수님은 십자가에서 우리를 위하여 죽음으로 우리의 필요를 채워주셨다. 사랑이란 상대방의 최상의 행복을 위하여 필요를 채워주는 것이다.

조셉 알드리치는 행동하는 사랑을 이렇게 제시했다.
"사랑은 행동하는 것이다. 즉 설거지한다든가, 부엌일을 한다든가, 청소하는 행동이다. 로맨틱한 것이 아니라 현실적이고 관찰할 수 있는 것이다. 죄인들은 우리가 그들의 말에 귀를 기울이거나 그들과 시간을 함께 보낼 때, 사랑받는 것을 느끼게 된다. 첫째로 사랑은 내면적인 '따스한 행복감' 이상의 것이다. 그것은 사람들 사이에 일어나는 만질 수 있고 볼 수 있는 현상이다. 사랑이 행동할 때 그것은 다른 사람들에게 보이고, 느껴지며, 경험될 수 있다. 둘째로 사랑은 체험될 때 불신자의 마음을 그리스도와 연결해 준다. 진정한 사랑의 관계는 불신자의 관심을 그리스도에게로 향하도록 한다. 그것이 불신자를 복음에 대한 부정적인 태도에서 긍정적인 태도로 바꾸는 열쇠이다. 하나님의 성령이 살아있는 편지를 쓰실 때 성장하고, 사랑하는 관계는 결과로 나타난다. 불신자가 그러한 편지를 읽을 때 그는 저자이신 하나님을 인정하게 되는 것이다. 셋째로 사랑은 그리스도인들이 택할 수도 있고, 피할 수도 있다. 즉 그리스도를 믿는 사람에게는 누구나 보장된 태도가 아니라는 것이다. 만일 사랑하면 모든 사람이 그것을 알게 된다. 신약의 저자들은 사랑의 필요성을 몇 번이고 강조하며 권면하고 있다. 우리는 사랑을 표현하는 실제적인 방법들을 가지고 있어야 한다. 우리는 복음 전도의 효과를 맺기 위하여 사랑하고 돌아보는 사람이 되어야 한다."

구령상담자의 진정한 행복이 어디에 있는가? 우리가 손을 뻗쳐서 다른 사람의 필요를 채워줄 때, 우리는 진정 행복을 경험하게 된다.
다음은 오스카 톰슨을 만나 사랑의 진정한 의미를 깨닫고 브렌다가 고백한 내용이다.
"오스카 박사님, 나는 과거에 나 중심의 삶을 추구했어요. 나는 세상에서 나의 지위를 얻으려고 안간힘을 썼으며 그리고 친구들 간에도 늘 갈등을 느꼈어요. 하지만 나는 사랑이 외부로 흘러갈 때 다른 사람들의 필요뿐 아니라 나의 필요도 충족된다는 사실을 체험했어요."

오스카 톰슨은 고독의 해결책을 이렇게 제시한다.
"당신은 고독을 느끼는가? 당신은 아무도 당신에게 관심을 표하지 않으며, 아무도 당신을 사랑하지 않는다고 생각하는가? 당신은 우울증에 걸려 있는가? 여기 놀라운 처방이 있다. 당신에게 가까이 허락한 인간관계 안으로 뛰어 들어가서 다른 사람의 필요를 채워주라. 이제 당신은 가서 다른 사람을 사랑하라. 나는 이 세상에서 가장 행복한 사람들은 하나님 사랑의 통로가 되는 분들이란 사실을 발견했다. 사랑은 필요를 채워주는 것이다. 사랑은 감정의 표현도 아니요, 느낌의 말도 아니다. 오히려 사랑은 지성적인 언어요, 의지나 뜻의 구사요, 행동적 묘사이다, 사랑은 행함이다. 사랑은 관계들을 수립하고, 사랑은 관계들을 유지하며, 사랑은 관계들을 성취하며, 사랑은 관계들을 주도한다. 사랑은 필요를 충족하는 것이다."

2. 하나님의 명령 때문이다(마 28:18-20).

우주의 왕이신 하나님께서 우리에게 복음을 전하여 영혼을 구원하라고 명령하셨다. 따라서 우리가 구령상담을 잘 할 수 있는 비결은 오직 하나님의 명령에 순종하는 것에 있다. 하나님께 순종하면 역사가 일어난다. 하나님의 백성들이 순종하니 요단강이 갈라지고, 순종하니 굳게 닫혀 있던 여리고 성이 무너졌다. 우리는 핑계와 변명을 버리고 하나님께 순종함으로 복음을 전하는 구령상담사역을 감당해야 한다. 순종하지 않는 사람은 복음을 전할 수 없다. 우리가 순종하면 하나님의 역사를 경험한다. 복음을 전하는 것은 은사가 아니라 사명이다. 그러므로 성경은 우리에게 이렇게 명령한다.
"하나님 앞과 살아 있는 자와 죽은 자를 심판하실 그리스도 예수 앞에서 그가 나타나실 것과 그의 나라를 두고 엄히 명하노니 너는 말씀을 전파하라 때를 얻든지 못 얻든지 항상 힘쓰라 범사에 오래 참음과 가르침으로 경책하며 경계하며 권하라, 군인들이 예수를 끌고 브라이도리온이라는 뜰 안으로 들어가서 온 군대를 모으고, 허락하지 아니하시고 그에게 이르시되 집으로 돌아가 주께서 네게 어떻게 큰 일을 행하사 너를 불쌍히 여기신 것을 네 가족에게 알리라 하시니"(딤후 4:1-2, 막 15:16, 5:19) 여기 하나님의 말씀은 우리가 영혼을 구원하기 위해서 구령상담자가 되어야 한다는 분명한 명령이다. 어떤 분이 명령을 내렸는가? 하늘과 땅의 모든 권세를 가지시고, 산 자와 죽은 자를 심판하실 하나님께서 명령을 내렸다. 하나님의 명령이 얼마나 엄한가? 이 명령을 살펴보면 구령상담사역자가 되지 못할 이유가 없다. 그러므로 영혼을 구원하기 위해서 구령상담사역자가 되지 않는 것은 하나님의 절대명령에 불순종하는 죄를 범하는 것이다. 하늘과 땅의 모든 권세를 가지신 예수님이 우리 삶의 주님이라면 우리가 복음을 전하는 것은 선택의 여지가 없다. 그 일은 해도 되고 안 해도 되는 것이 아니라 반드시 해야만 한다. 우리의 인생의 주인 되시는 그분이 이렇게 말씀하셨다.

"우리에게 명하사 백성에게 전도하되 하나님이 살아 있는 자와 죽은 자의 재판장으로 정하신 자가 곧 이 사람인 것을 증언하게 하셨고"(행 10:42)

그러므로 우리는 복음을 전하기 전에 우리 자신에게 물어보아야 한다.

"누가 나의 인생을 주관하고 있는가?"

"예수님은 진정으로 나의 주님이신가?"

그러므로 예수님을 주인으로 인정하는 사람은 복음을 전하여 구령상담사역을 감당할 수밖에 없다. 만약 예수님이 우리의 중심에 계시지 않는다면 어떻게 다른 사람에게 "예수님을 당신의 삶의 주인으로 믿고 영접하시오."라고 말하겠는가?

3. 우리의 책임 때문이다.

에스겔 3장 16~19절에 의하면 하나님은 우리를 영혼의 파수꾼으로 세웠다. 우리가 구원받은 하나님의 자녀라면 잃어버린 영혼에게 복음의 빚을 지고 있다. 누군가 우리에게 복음을 전해주어서 우리가 구원을 받았기 때문이다. 그러므로 우리도 잃어버린 영혼에게 복음을 전해주어야 할 책임이 있다. 우리는 우리 주변의 잃어버린 영혼에게 복음의 빚을 지고 있어서 우리가 복음을 전할 때 우리는 복음의 빚진 자로서 빚을 갚는다. 빚을 갚는 것은 매우 기쁜 일이다. 하나님은 복음의 빚진 자로서 우리가 복음을 전하지 않으면 우리 손에서 그 피의 대가를 찾으시겠다고 경고하셨다.

"가령 내가 악인에게 이르기를 악인아 너는 반드시 죽으리라 하였다 하자 네가 그 악인에게 말로 경고하여 그의 길에서 떠나게 하지 아니하면 그 악인은 자기 죄악으로 말미암아 죽으려니와 내가 그의 피를 네 손에서 찾으리라"(겔 33:8)

미국의 전 대통령 지미 카터는 복음을 열심히 전하는 성도였다. 그가 다니는 교회에서는 매년 복음 전도 집회가 있었는데, 그분은 매년 복음 전도 집회에 초대하기 위해서 14가정을 찾아가서 복음을 전했다. 그러므로 10년 동안 140가정을 방문했지만, 그분이 1966년에 주지사에 출마해 선거운동을 하면서 3개월 동안 무려 30만 명이 넘는 사람들을 만나 악수를 했기에 그 결과로 당선이 되었는데 나중에 성령님께서 마음에 들려주시는 음성을 들었다.
"나를 위해서는 3개월에 30만 명을 만나보면서 하나님을 위해서는 14년 동안 겨우 140가정에 복음을 전하였다니 이것은 참으로 부끄러운 일이다."
우리는 어떠한가? 우리의 가정과 우리의 사업을 위해 모든 정성을 다해 시간도 내고, 돈도 쓰고, 관심도 기울이면서 하나님께서 찾고 계시는 잃어버린 영혼을 구원하기 위해서는 무엇을 하고 있는가? 영원히 멸망할 수밖에 없는 불쌍한 영혼을 위해서 시간을 드리지 않고, 돈도 사용하지 않고, 관심을 기울이지 않는다면 우리가 진정으로 구원받은 하나님의 자녀라고 말할 수 있겠는가? 쉰들러 리스트라는 영화는 실화로서 '오스카 쉰들러'의 이야기를 다룬 내용이다. 쉰들러는 사업가로서 자신의 돈을 주고 유대인 1,100명을 자신의 공장에서 일을 시키겠다는 명목으로 아우슈비츠 수용소에서 구출해 낸다. 이 영화의 하이라이트는 마지막 장면인데 쉰들러가 유대인들을 더 구원해 내지 못한 것을 안타까워하는 내용이다. 그는 자신이 타고 다녔던 자동차를 바라보며 이렇게 말했다.
"내가 저 자동차만 팔았더라면 10명을 더 살렸을 텐데"
600만 명 중에서 1,100명은 비록 적은 수이지만 그래도 사람들을 구원하려는 열의가 대단했다. 우리도 이런 책임감을 느끼고 잃어버린 영혼들을 구원하기 위하여 개인 구령상담사역을 해야 한다. 우리 각자가 처한 장소에서 나의 영향권에 있는 사람들은 모두 나의 책임이라는 의식을 가지고 내 가족, 내 이웃, 직장 동료, 내 친구들은 내가 복음을 전하여 구원해야 한다는 사명감을 가지고 우리는 개인 구령상담을 해야 한다.

4. 잃어버린 영혼 때문이다.

예수께서는 잃어버린 영혼을 구원하시기 위해 이 세상에 오셨다(눅 19:10). 길을 잃어버린 아기는 스스로 집에 찾아올 수 없는 것처럼 잃어버린 영혼들도 누군가가 그를 찾아가서 도와주지 않으면 스스로 구원받을 수 없다. 하나님이 제일 기뻐하시는 것은 잃어버린 영혼이 회개하고 하나님께 돌아오는 것이다. 누가복음 15장 1~32절은 잃어버린 영혼이 말씀을 듣기 위하여 예수님께 가까이 나아 올 때, 그 당시 종교 지도자들이 기뻐하지 않고 오히려 원망하고 불평하였다.

예수님은 이러한 잘못을 깨우쳐 주기 위해 세 가지 비유를 들어 말씀하셨다. 잃어버린 영혼이 회개하고 하나님께 돌아오는 것을 하나님이 얼마나 기뻐하시는지 알려주셨다. 바리새인과 서기관들은 그 사실을 기뻐하지 않았다(눅 15:1-2), 잃어버린 아들의 비유에서는 집에 있던 탕자의 형도 기뻐하지 않았다. 잃어버린 아들이 회개하고 돌아왔을 때, 탕자의 형은 기뻐하기보다는 오히려 화를 낸다. 아버지는 돌아온 동생을 "이 네 동생"(눅 15:32)이라고 말하고, 그 집에 사는 종들도 "당신의 동생이"(눅 15:27)라고 말하지만, 이 못된 탕자의 형은 자기 동생을 자기 동생으로 인정하지 않고 "아버지의 살림을 창기와 함께 먹어버린 이 아들"이라고 말하면서 전혀 기뻐하지 않았으며, 오히려 화를 내었다. 그러나 하나님은 이 말씀을 통해서 잃어버린 영혼이 회개하고 돌아오면 하나님께서 기뻐하시고, 하늘에서는 큰 기쁨의 잔치가 벌어진다고 말씀하셨다. 그러므로 하나님께서 가장 기뻐하시는 사역은 잃어버린 영혼을 하나님께 돌아오게 하는 개인 구령상담사역이다. 그러므로 우리는 개인 구령상담을 열심히 실천해야 한다.

5. 영혼의 귀중함 때문이다.

예수님은 한 영혼이 천하보다 더 귀하다고 말씀하셨다. 그러므로 구원받지 못한 영혼이 구원받을 수 있도록 나의 노력과 시간과 물질을 투자하는 것은 가장 값진 투자다. 투자 중의 투자, 가장 값진 투자는 잃어버린 영혼을 위한 투자다. 그래서 성경은 이렇게 말씀한다.
"사람이 만일 온 천하를 얻고도 자기 목숨을 잃으면 무엇이 유익하리요 사람이 무엇을 주고 자기 목숨과 바꾸겠느냐"(막 8:36-37)
이 세상에서 가장 가치 있는 일은 가장 소중한 것을 위해 일하는 것이다. 이 세상에서 가장 소중한 것은 하나님과 그분의 말씀과 인간의 영혼밖에 없다. 그러므로 우리는 영원히 존재하는 하나님과 그분의 말씀과 인간의 영혼을 위해서 우리의 삶을 투자해야 한다. 영혼을 구원하기 위해서 우리의 삶을 투자해야 한다. 인간의 영혼은 너무나 소중하여 예수님께서도 인간의 영혼이 가장 가치 있다고 보셨기에 자신의 귀한 보혈을 흘리시고 우리를 속량하셨다. 우리를 속량하기 위해서 예수님의 거룩한 보혈이 흘렸다. 그러므로 인간의 영혼은 소중하여서 우리는 개인 구령상담을 통해 아주 소중한 영혼을 구원해야 한다.

6. 지옥의 무서운 고통 때문이다.

마가복음 9장 43~50절이나 누가복음 16장은 지옥의 무서운 고통을 잘 보여준다. 구원받지 못한 영혼의 마지막 운명이 지옥이라는 것을 안다면 그들에게 복음을 전하지 않을 수 없다. 우리는 예수님을 믿지 않는 사람들의 무서운 운명을 안다. 그들이 지옥에서 당하는 고통은 이루 말할 수 없을 정도로 고통스러워 목마름의 고통과 뜨거움의 고통은 인간의 상상을 초월한다. 이 무서운 지옥에서 영혼을 건지는 방법이 구령상담이다. 우리는 복음을 듣지 못하여 지옥에 들어가는 영혼들을 불쌍히 여기고, 그들이 불쌍하다고 생각하면 그들에게 지옥에 들어가지 않을 방법을 알려주어야 한다. 그들에게 복음을 전하지 않는 것은 멸망 받을 사람들에게 동정심을 가지지 않는 죄이며, 우리가 이웃을 내 몸같이 사랑하지 않는 죄이다. 이웃이 지옥에 간다는 사실을 알고 있다면 우리는 그들을 구원하기 위해 개인 구령상담을 해야 한다.

7. 큰 기쁨을 주기 때문이다.

"그러므로 나의 사랑하고 사모하는 형제들 나의 기쁨이요 면류관인 사랑하는 자들아 이와 같이 주안에 서라"(빌 4:1)
사도 바울은 자신이 복음을 전하여 세운 빌립보 교회를 바라볼 때마다 자부심과 기쁨이 있었다. 또한 데살로니가 교회의 성도들은 바울의 소망이요, 기쁨이요, 자랑의 면류관이었다.
"우리의 소망이나 기쁨이나 자랑의 면류관이 무엇이냐 그가 강림하실 때 우리 주 예수 앞에 너희가 아니냐 너희는 우리의 영광이요 기쁨이니라"(살전 2:19-20)

우리가 복음을 전하여 구원받고 성장한 영혼들은 하나님 앞에서 우리의 자랑이 될 수 있다. 우리가 복음을 전하면 반드시 기쁨으로 영혼의 열매를 거둘 수 있다.
"눈물을 흘리며 씨를 뿌리는 자는 기쁨으로 거두리로다 울며 씨를 뿌리러 나가는 자는 반드시 기쁨으로 그 곡식 단을 가지고 돌아오리로다"(시 126:5-6)

우리가 영혼들에게 복음을 전하여 그들이 구원받는 모습을 보게 되면 우리는 성령으로 충만해지고 기쁨이 넘치게 된다. 하지만 너무나 많은 그리스도인이 복음을 전하지 않고 영혼들을 구원하지 않기 때문에 비참하고 우울한 삶을 살아간다. 개인 구령상담을 하는 사역은 너무나 기쁜 일이기 때문에 우리는 개인 구령상담을 해야 한다.

3. 성경에 나타난 구령상담의 예

예수님과 사도들은 대중을 대상으로 복음을 선포하기도 했고, 개인적으로 복음을 전하여 그 영혼이 구원을 받도록 개인 구령상담을 해주는 일도 있었다. 복음서를 살펴보면 예수님께서 개인을 만나 말씀을 전하신 내용이 열 번이나 되는 것을 발견할 수 있다.

1. 유대인의 관원 니고데모(요 3:1-21)

예수님은 구원 문제에 갈등을 느끼고 밤에 찾아온 유대인의 관원 니고데모에게 개인 구령상담을 하셨다. 니고데모는 바리새인이요 유대인의 관원이요 이스라엘의 선생이요 경험이 많은 노인이었지만 거듭나는 진리에 대해 전혀 알지 못했다. 그가 거듭나지 못했기에 예수님은 그에게 이렇게 권면하셨다. "내가 네게 거듭나야 하겠다 하는 말을 놀랍게 여기지 말라"(요 3:7)

그래서 예수께서는 니고데모에게 모든 인간은 누구나 거듭나야만 하늘나라에 들어갈 수 있으며, 모세가 광야에서 뱀을 든 것 같이 예수님 자신도 십자가에 매달려야 함을 구체적으로 설명하시면서 개인 구령상담을 하셨다. 우리는 예수께서 누구에게 거듭나야 하겠다고 말씀하셨는지 이해할 필요가 있다. 예수님은 그 당시 매우 타락한 죄인이나 어떤 부도덕한 사람에게 '거듭나라'라고 말씀하신 것이 아니라 오히려 인격이 훌륭하고 도덕적으로도 흠이 없고 학식이 매우 많아 사람들에게 존경을 받는 니고데모에게 거듭나야 한다고 말씀하셨다. 종교적으로 아무리 선한 사람이라도 거듭나지 않으면 하늘나라에 들어갈 수 없기 때문이다. 그래서 예수님은 니고데모가 왜 거듭나야 하는지 말씀하셨다.

"육으로 난 것은 육이요 영으로 난 것은 영이니"(요 3:6)

여기 '육으로 난 것'은 부모로부터 죄인으로 태어나는 것이기에 육으로 난 사람은 복음으로 거듭나지 않으면 지옥에 들어갈 수밖에 없다. 하지만 영으로 난 것은 성령의 역사로 말미암아 영적으로 하나님의 자녀로 태어나 구원받는 것이다. 그러므로 예수님은 니고데모에게 자신을 믿어야 영생을 얻게 되며 하나님께서 자신을 보내신 것은 세상을 구원하기 위해서라는 것을 구체적으로 대화를 통해 설명하시면서 개인 구령상담을 하셨다(민 21:5-9).

"니고데모 선생, 잘 들어보시오. 광야의 놋 뱀 사건에서 이 놋 뱀은 인자인 나를 나타내는 것이요, 내가 놋 뱀처럼 세상의 모든 사람의 죄를 짊어지고 내가 십자가에 매달려야 하는 것이요, 하나님 아버지께서는 나에게 온 세상의 모든 죄를 십자가를 통해 지게 하시고 나를 믿는 자, 나를 의지하는 자, 나를 신뢰하는 자는 누구든지 멸망하지 않고 영생을 얻게 하려는 것이요"

예수께서 니고데모에게 이렇게 개인 구령상담을 하셨지만, 니고데모가 그 당시에 구원을 받았다는 기록은 없다. 예수께서 니고데모에게 이렇게 말한 것으로 보아 그 당시에는 받아들이지 않은 것으로 보인다.

"진실로 진실로 네게 이르노니 우리는 아는 것을 말하고 본 것을 증언하노라 그러나 너희가 우리의 증언을 받지 아니하는도다 내가 땅의 일을 말하여도 너희가 믿지 아니하거든 하물며 하늘의 일을 말하면 어떻게 믿겠느냐"(요 3:11-12)

사실 요한복음 2장 마지막 부분을 읽어보면 그 당시 많은 사람이 예수님을 진실로 믿지 않았다.

"유월절에 예수께서 예루살렘에 계시니 많은 사람이 그의 행하시는 표적을 보고 그의 이름을 믿었으나 예수는 그의 몸을 그들에게 의탁하지 아니하셨으니 이는 친히 모든 사람을 아심이요 또 사람에 대하여 누구의 증언도 받으실 필요가 없었으니 이는 그가 친히 사람의 속에 있는 것을 아셨음이니라"(요 2:23-25)

이 말씀에 의하면 그 당시 예루살렘에 있던 많은 사람이 예수께서 기적을 일으키시는 것을 보고 예수님을 믿었지만 정작 예수께서는 자신을 그들에게 의탁하시기를 거부하셨다. 예수께서 그들의 마음을 정확하게 볼 수 있었기 때문이다. 예수께서 그들을 바라보시고 그들이 믿는다고는 하지만 참된 믿음이 아니었기 때문에 자신을 그들에게 의탁하지 않으셨다. 그러므로 그 당시 예루살렘에 사는 사람들은 예수께서 하시는 기적을 보고 믿었지만 정작 예수께서 하신 말씀을 듣고 믿은 것은 아니었다. 그러므로 니고데모도 예수님의 표적을 보고는 믿었지만, 말씀을 듣고 믿지는 못한 것으로 보인다. 하지만 니고데모는 그 당시에는 구원을 받지 못했으나 나중에 구원받은 것으로 보인다. 나중에 니고데모가 예수 그리스도와 그의 제자들에게 우호적인 태도를 보이고 있기 때문이다.

"그 중의 한 사람 곧 전에 예수께 왔던 니고데모가 그들에게 말하되 우리 율법은 사람의 말을 듣고 그 행한 것을 알기 전에 심판하느냐, 일찍이 예수께 밤에 찾아왔던 니고데모도 몰약과 침향 섞은 것을 백 리트라쯤 가지고 온지라"(요 7:50-51, 19:39)

2. 우물가의 여인(요 4:1-42)

예수께서는 죄악 가운데 방황하면서 그 심령이 심히 갈급한 상태에 있던 사마리아 여인을 우물가에서 만나 그 영혼이 구원을 받을 수 있도록 개인 구령상담을 하셨다. 그런데 예수님은 그 여인을 개인 구령상담을 하시면서 어떤 일정한 법칙에 따라 그 여인을 구원으로 인도하셨다.

① 예수님은 먼저 주의를 끄는 행동을 하셨다.

예수님은 유대인이셨지만 사마리아 여인에게 "물을 좀 달라"고 부탁하시며 접근하셨다.
그래서 그 여인은 예수께 이렇게 질문한다.
"당신은 유대인으로서 어찌하여 사마리아 여자인 나에게 물을 달라 하나이까 하니 이는 유대인이 사마리아인과 상종하지 아니함이러라"(요 4:9)

② 예수님은 그 여인의 관심이 무엇인지 알고 공동관심사를 조성하셨다.

사마리아 여인이 물을 얻기 위해서 우물가에 왔기 때문에 예수께서도 생수에 관한 이야기를 통해 대화를 시작하셨다. 우리가 영혼들을 만나는 경우 비본질적인 것들은 빼고 곧 핵심으로 들어가는 경우가 있지만, 예수께서는 그런 식으로 접근하지 않으시고 먼저 공동관심사의 대화에서 서서히 영적인 문제로 초점을 돌리시고는 곧 관심을 불러일으키셨다.

"예수께서 대답하여 이르시되 네가 만일 하나님의 선물과 또 네게 물 좀 달라 하는 이가 누구인 줄 알았더라면 네가 그에게 구하였을 것이요 그가 생수를 네게 주었으리라"(요 4:10)

③ 예수께서는 그 여인에게 영적인 욕망을 갖게 하셨다.

"예수께서 대답하여 이르시되 이 물을 마시는 자마다 다시 목마르려니와 내가 주는 물을 마시는 자는 영원히 목마르지 아니하리니 내가 주는 물은 그 속에서 영생하도록 솟아나는 샘물이 되리라"(요 4:13-14)

결국 그 여인은 관심과 영적인 욕망을 가지고 예수께 생수를 요청한다.

"여자가 이르되 주여 그런 물을 내게 주사 목마르지도 않고 또 여기 물 길으러 오지도 않게 하옵소서"(요 4:15)

처음에는 예수께서 그 여인에게 물을 좀 달라고 접근하셨지만, 이제는 그 여인이 예수께 생수를 요청한다.

④ 예수께서는 그 여인의 죄를 자연스럽게 지적하셨다.

"이르시되 가서 네 남편을 불러 오라"(요 4:16)

사실 그 여인은 남편이 없었다. 지금 함께 사는 남자도 그 여인의 남편이 아니었다. 그 여인은 도덕적으로 바른 여인이 아니었기에 예수께서는 그 여인의 죄를 대면시켰다. 인간은 자신의 죄에 대한 인식이 없으면 구원을 받을 수 없기 때문이다. 그러므로 우리가 개인 구령상담을 잘하려면 죄를 충분히 다루어야 한다. 하나님 앞에서 죄가 얼마나 더러운 것이며, 죄의 대가와 죄의 형벌로 들어가는 지옥이 얼마나 무서운 곳이며, 죄가 관계적인 것으로 하나님과 인간의 관계를 파괴하는 것이라는 것을 철저하게 다루어야 한다.

⑤ 예수께서는 가장 시기적절할 때 자신이 메시아임을 밝히셨다.
사마리아 여인이 자신을 구원할 메시아를 기다리고 있다고 고백하자 예수께서는 자신이 그 메시아임을 밝히셨다.
"여자가 이르되 메시아 곧 그리스도라 하는 이가 오실 줄을 내가 아노니 그가 오시면 모든 것을 우리에게 알려 주시리이다 예수께서 이르시되 네게 말하는 내가 그라 하시니라"(요 4:25-26)
이처럼 예수께서는 개인적으로 사마리아 여인을 만나 대화를 통해서 복음을 전하여 구원을 받을 수 있도록 개인 구령상담을 하셨다.

3. 재물이 많은 부자 청년(마 19:16-26)

재물이 많은 부자 청년이 구원 문제로 예수님을 찾아와 개인 구령상담을 했지만, 그의 많은 재물 때문에 구원받지 못하고 근심하면서 예수님을 떠난다. 우리는 여기서 구원과 관련해서 몇 가지 교훈을 배울 수 있다.

① 그의 질문이 잘못되어 있었다.
"어떤 사람이 주께 와서 이르되 선생님이여 내가 무슨 선한 일을 하여야 영생을 얻으리이까"(마 19:16)
우리가 구원을 받는 것은 우리가 무엇을 해서 받는 것이 아니라 하나님의 은혜와 선물로 받기 때문이다. 그래서 예수께서는 만약 율법을 지켜서 구원을 받으려면 완벽해야 한다고 말씀하셨다.
"예수께서 이르시되 네가 온전하고자 할진대 가서 네 소유를 팔아 가난한 자들에게 주라 그리하면 하늘에서 보화가 네게 있으리라 그리고 와서 나를 따르라 하시니"(마 19:21)
그러자 부자 청년은 근심하면서 예수님을 떠나게 된다. 처음에도 영생을 얻기 위해서 왔지만, 이제는 물질 때문에 근심하면서 떠났다. 이것을 바라보고 놀라는 제자들에게 예수께서는 이렇게 말씀하셨다.

"제자들이 듣고 몹시 놀라 이르되 그렇다면 누가 구원을 얻을 수 있으리이까 예수께서 그들을 보시며 이르시되 사람으로는 할 수 없으나 하나님으로서는 다 하실 수 있느니라"(마 19:25-26)

<사람으로는 할 수 없으나 하나님으로서는 다 하실 수 있느니라>라는 말씀처럼 결국 구원은 우리가 이루는 것이 아니라 하나님이 하시는 사역이다.

② 인간은 누구나 한 가지 부족한 것이 있다.

"예수께서 이 말을 들으시고 이르시되 네게 아직도 한 가지 부족한 것이 있으니 네게 있는 것을 다 팔아 가난한 자들에게 나눠 주라 그리하면 하늘에서 네게 보화가 있으리라 그리고 와서 나를 따르라 하시니"(눅 18:22)

우리가 구원을 받는 데 있어서 누구나 한 가지 장애가 있기 마련이지만 우리는 그 장애를 극복하고 하나님께 나아가 구원을 받아야 한다.

③ 누구나 다 개인 구령상담에 성공하는 것은 아니다.

우리 예수께서 개인 구령상담을 했다고 다 구원을 받는 것은 아니다. 우리는 개인 구령상담에 실패했다고 낙심하지 말고 계속 배우고 실천해야 한다.

4. 십자가에 달린 강도(눅 23:39-43)

예수께서는 십자가에 달려 죽어 가시면서도 함께 십자가에 매달린 다른 강도에게 개인 구령상담을 하셨다. 이 경우는 개인 구령상담을 하는 데 많은 시간이 걸리지 않고 짧게 끝내셨다. 여기서 예수께서 하시는 개인 구령상담을 통하여 누구나 예수님을 의지하면 구원을 받을 수 있음을 보여주셨다. 어떤 사람이 자신은 너무 큰 죄를 지어서 믿지 못하겠다는 사람이 있다면 그 사람이 십자가에 달린 강도보다도 더 많은 죄를 지었겠는가?

여기 죄 많은 강도도 구원을 받았기 때문에 아무리 큰 죄를 지었더라도 누구나 예수님을 의지하면 구원을 받을 수 있다는 사실을 보여준다. 십계명이나 율법을 지켜야 구원을 받는다고 주장을 하는 사람이 있다면 여기 십자가의 강도는 율법을 지켜서 구원을 받은 것이 아니라 율법을 범하고도 구원을 받았다. 그는 교회 생활을 열심히 한 것도 아니요. 헌금을 많이 낸 것도 아니요. 봉사를 많이 실천한 것도 아니었다. 또한 너무 믿기에는 늦어서 구원받지 못하겠다는 사람이 있다면 여기 십자가의 강도는 죽음 직전에 지옥 문턱에서 예수님의 개인 구령상담을 통하여 구원을 받았다. 이처럼 우리 예수께서는 어려운 상황 속에서도 영혼을 구원하기 위해서 개인 구령상담을 하셨다.

5. 에티오피아 사람 내시(행 8:26-31)

예루살렘 성전에서 예배를 드릴 정도로 영적으로 갈급한 에티오피아 내시가 빌립 집사의 개인 구령상담을 통해서 구원을 받았다. 빌립 집사는 성령의 인도함을 받아 광야에서 에티오피아로 돌아가는 내시를 만나 마차 안에서 개인 구령상담을 하였다. 내시가 선지자 이사야의 말씀을 읽는 것을 듣고 "읽는 것을 깨닫느냐?"라고 가볍게 접근하자 그때 내시는 이렇게 대답했다.

"지도해 주는 사람이 없으니 어찌 깨달을 수 있느냐"(행 8:31)
여기 '지도해 주는 사람'이라는 사람은 '길 안내자'를 지칭한다. 어떤 사람이 여행을 하는데 길을 전혀 알지 못해도 좋은 안내자만 있다면 얼마든지 바른길로 갈 수 있다. 따라서 개인 구령상담사역자는 죄인을 예수께로 안내하는 안내자다. 개인 구령상담자가 구원을 주는 것이 아니라 예수께서 구원을 주는 것이며 우리는 단지 안내자라는 것을 명심해야 한다. 세 종류의 안내자가 있다.

① 본인이 가본 적이 없어서 길을 올바르게 안내할 수 없는 안내자다.

올바른 길을 알지도 못하면서 엉뚱한 길로 인도하는 안내자다. 이 사람은 본인이 구원을 받지 않았기에 소경이 소경을 인도하면 두 사람이 다 멸망한다.

② 본인이 그 길을 가본 적은 있으나 길을 안내하지는 못하는 사람이다.
이 사람은 본인은 구원을 받았지만 다른 사람을 어떻게 개인 구령상담을 하는지 모른다.

③ 본인이 그 길을 가본 적도 있고, 그 길을 잘 인도하는 안내자다.
이 사람은 본인이 정확하게 구원을 받았고 다른 사람도 구원을 받을 수 있도록 개인 구령상담을 잘 인도할 수 있는 사람이다. 우리는 이런 안내자가 되어야 한다. 그러므로 빌립 집사는 내시가 읽고 있는 이사야 53장 7~8절을 가지고 시작하여 여러 말씀을 통해서 예수 그리스도에 관해 설명하면서 복음을 전하여 내시를 구원으로 인도하는 개인 구령상담을 했다. 결국 내시는 구원을 받고 기쁜 마음으로 고향으로 돌아갔다.

6. 사역자 아볼로(행 18:24-28)

아볼로는 성경을 많이 알고 있었으나, 예수님 자신을 개인적으로 알기보다는 "예수에 관한 것"만 알고 있으면서도 그것을 열심히 전했다. 그러나 그는 예수를 전한 것이 아니라 주변 이야기만 전한 것이다. 그러므로 그가 전하는 내용은 정확한 핵심을 알지 못하고, 참된 알맹이가 빠진 것을 전했다. 하지만 영적인 통찰력과 분별력을 가진 아굴라와 브리스길라 부부는 아볼로가 설교하는 내용을 듣고 구원받지 못한 사람임을 알게 되었고, 아볼로와 개인적인 구령상담을 통해서 구원을 받을 수 있도록 도와주었다. 그러므로 영적인 분별력이 있는 개인 구령상담사역자는 상대방이 하는 말과 기도만 들어봐도 그 사람이 구원받은 사람인지 아닌지를 정확하게 알 수 있다.
우리는 이처럼 성경에서 개인 구령상담의 다양한 예들을 살펴보았다.

4. 구령상담사역자의 자격

모든 그리스도인은 본인이 거듭나는 순간부터 복음을 전하고 개인 구령상담을 해야 한다. 신앙이 성장한 다음에 개인 구령상담을 하는 것이 아니라 거듭난 직후부터 그 수준에 맞게 복음을 전해야 한다. 개인 구령상담사역자가 되기 위해서는 먼저 몇 가지 자격을 갖추어야 한다.

헨리에타 미어즈는 개인 구령상담사역자가 갖추어야 할 자격에 대해 이렇게 말한다.

"개인 구령상담사역자는 성령의 인도를 받는 사람이어야 한다. 개인 구령상담을 할 때만 아니라 모든 일에서 성령의 인도를 받아야 한다. 개인 구령상담사역자는 태어나는 것이 아니라 훈련으로 만들어진다. 훈련을 받을 의지만 있다면 누구나 개인 구령상담사역자가 될 수 있다. 개인 구령상담사역자는 자신이 있는 곳이 바로 출발점이다. 고향에서 선교사가 아니라면 바다 건너에서 선교사가 될 수 없다. 개인 구령상담사역자는 성령의 인도를 받되 성령의 인도하심에 민감해야 한다. 그분의 주도하심보다 앞서 나가지 말아야 한다. 성령께서는 개인 구령상담사역자의 마음뿐만 아니라 그가 성령님의 인도함을 받아 다가가는 상대방 안에서도 일하고 계심을 믿어야 한다. 그리고 상대방이 처한 자리에서 시작하되 상대방의 관심사와 지식에서 출발해야 한다. 상대방이 복음의 핵심에서 벗어나지 않게 해야 한다. 상대방을 논리적으로 설득하려 들지 말아야 한다. 상대방이 예수 그리스도가 아니라 복음의 지식을 받아들여서는 안 된다. 예수 그리스도께서 개인 구령상담사역자를 어떻게 구원해 주셨는지 말한다. 복음을 설명할 때는 상대방이 스스로 성경 구절을 읽게 해야 한다. 개인 구령상담사역자가 조바심을 내지 말고 성령 하나님께서 상대방의 마음에서 일하시게 해야 한다. 개인 구령상담사역자 자신이 아니라 성경 말씀과 성령 하나님을 의지하여 개인 구령상담을 해야 한다."

1. 거듭난 경험이 있어야 한다.

우리가 탁월한 개인 구령상담사역자가 되려면 먼저 자신이 구원받은 사실이 있어야 한다. 영적으로 거듭난 사실이 없다면 소경이 소경을 인도하는 것과 같다. 결국 개인 구령상담을 하는 사람이나 불신자 모두가 구덩이에 빠진다. 그래서 예수님은 이렇게 말씀하셨다.
"또 비유로 말씀하시되 맹인이 맹인을 인도할 수 있느냐 둘이 다 구덩이에 빠지지 아니하겠느냐"(눅 6:39)

그러므로 거듭난 사실이 없는 사람은 다른 사람에게 구원의 길을 보여줄 수 없다.

2. 하나님과 올바른 관계를 맺어야 한다.

본인이 거듭나긴 했지만, 본인의 삶이 예수님 보시기에 청결하지 못하고 죄 가운데 살아간다면 그런 개인 구령상담사역자는 하나님께 쓰임 받을 수 없다. 그래서 시인은 이렇게 말했다.
"내가 나의 마음에 죄악을 품었더라면 주께서 듣지 아니하시리라"(시 66:18)

그러므로 개인 구령상담사역자는 모든 은밀한 죄나 잘못된 생각까지도 예수께 자백하고 정결함을 받아야 한다. 하나님께 쓰임 받는 개인 구령상담사역자가 되려면 먼저 자신이 깨끗해야 한다. 사도 바울은 하나님께 쓰임 받는 사람을 이렇게 소개한다.
"그러므로 누구든지 이런 것에서 자기를 깨끗하게 하면 귀히 쓰는 그릇이 되어 거룩하고 주인의 쓰심에 합당하며 모든 선한 일에 준비함이 되리라"(딤후 2:21)

3. 영혼을 사랑해야 한다.

개인 구령상담사역자는 한 영혼이 천하보다 더 귀하다는 사실을 알고 그 영혼을 사랑해야 한다. 그 영혼에 대한 부담감을 가지고 눈물을 흘리며 기도해야 한다. 하나님은 영혼을 사랑하는 개인 구령상담사역자에게 영혼을 맡기신다. 한 영혼이 얼마나 소중한지 예수님은 이렇게 말씀하셨다.
"사람이 만일 온 천하를 얻고도 제 목숨을 잃으면 무엇이 유익하리요 사람이 무엇을 주고 제 목숨과 바꾸겠느냐"(마 16:26)
예수께서는 영혼들을 위해서 십자가에서 피 흘려 죽으셨다. 그분이 영혼을 사랑하신 것처럼 우리도 영혼을 사랑할 때 개인 구령상담사역자로 쓰임 받을 수 있다. 개인 구령상담사역자는 영혼을 불쌍히 여기는 사람이다. 사도 바울은 이렇게 고백한다.
"내가 그리스도 안에서 참말을 하고 거짓말을 아니하노라 나에게 큰 근심이 있는 것과 마음에 그치지 않는 고통이 있는 것을 내 양심이 성령 안에서 나와 더불어 증언하노니 나의 형제 곧 골육의 친척을 위하여 내 자신이 저주를 받아 그리스도에게서 끊어질지라도 원하는 바로라"(롬 9:1-3)
사도 바울은 자신의 형제들과 골육의 친척들이 지옥에 들어가는 것을 매우 안타까워했다. 비록 자신이 저주를 받아 예수님에게서 끊어져 지옥에 들어간다고 하더라도 그들이 구원을 받을 수 있다면 그것을 원한다고 말한다. 사도 바울은 진정으로 영혼을 사랑하는 연민의 정이 있었다. 그는 연민의 정을 가지고 영혼을 대했다. 우리도 구원받지 못한 영혼들을 불쌍히 여기는 마음이 있어야 개인 구령상담사역자로서 하나님께 쓰임 받을 수 있다.

4. 순수한 동기로 해야 한다.

우리는 개인 구령상담사역자로서 무능함을 깨닫고 예수께서 우리를 사용하시도록 간절히 기도해야 한다. 우리는 다른 사람에게 인정받기 위하여 복음을 전하는 것도 아니고, 나의 신앙을 자랑하거나 과시하기 위해서 전하는 것도 아니다. 오직 예수님을 기쁘게 해 드리기 위해서 영혼에게 복음을 전한다. 우리가 교만한 마음을 가질 때 하나님께 더는 쓰임 받지 못한다.

예수께서 우리를 사용하실 때, 우리는 쓰임 받는 것만으로도 만족하고 사용하시는 예수께 감사해야 한다. 예수님이 우리를 쓰시는 것이지 우리가 영혼을 구원시키는 것이 아니기 때문이다.

5. 성령님을 온전히 의뢰해야 한다.

우리가 예수님을 떠나서는 아무것도 할 수 없지만, 예수님을 통해서 모든 것을 할 수 있다(요 15:5, 빌 4:13). 우리의 지식과 지혜와 능력이나 언변으로는 다른 사람을 구원으로 인도하기보다 설득조차도 하기 어렵다. 우리의 무능함을 깨닫고 예수께서 우리를 사용하시도록 간절히 기도하고 예수님을 의지해야 한다. 사도 바울은 이렇게 고백했다.

"내가 너희에게 나아가 하나님의 증거를 전할 때에 말과 지혜의 아름다운 것으로 아니하였나니, 내 말과 내 전도함이 설득력 있는 지혜의 말로 하지 아니하고 다만 성령의 나타나심과 능력으로 하여"(고전 2:1, 4)

6. 복음을 체계적으로 전해야 한다.

나 자신이 구원을 받았어도 구원으로 인도하는 완전한 복음을 조리 있고 체계적으로 전하지 않으면 구원의 역사가 불가능하지는 않더라도 굉장히 어렵다. 그래서 복음을 제시하는 여러 가지 방법 가운데 가장 효과적인 방법을 잘 공부해서 그것을 체계적으로 전하는 게 중요하다. 개인 구령상담 훈련이 그래서 필요하다.

7. 영혼을 분별할 수 있어야 한다.

이 세상에는 두 종류의 사람으로 이미 구원받은 사람과 잃어버린 사람이 있다. 사실 그리스도 밖에 있는 사람은 누구나 다 잃어버린 사람이다. 우리는 종종 이 세상에서 성공한 사람을 만나면 기가 죽지만 그 사람이 구원을 받지 못했다면 아무리 많이 배우고 지위가 높은 사람이라도 그 사람은 잃어버린 불쌍한 사람이다. 우리는 세리장 삭개오를 대하는 예수님을 통해서 배워야 한다. 사실 세상에서 성공한 삭개오는 하나님이 필요 없는 것처럼 보였다. 그는 안락한 삶을 즐기는 물질주의자요 전통적인 도덕 규범과 종교적 관습을 무시하는 성공한 죄인이었다.

그 시대를 살아가는 사람들에게는 삭개오가 그다지 잃어버린 상태에 있는 것처럼 보이지 않았다. 그때 예수님은 삭개오가 살고 있던 여리고를 지나가시게 되었다. 그런데 이상한 일이 일어났다. 삭개오에게 그런 마음이 있으리라고는 아무도 생각하지 못했는데, 모든 것을 소유하고 있었던 삭개오가 어떤 갈망에 이끌려 거리로 달려 나와 마침내는 예수님을 보려고 나무 위로 올라갔다. 예수님은 지나가던 길을 멈추고 삭개오를 부르며 그를 만나 주셨고 구원해 주셨다. 예수님과 삭개오가 만났을 때 가장 중요한 점은 예수께서 그를 어떻게 보셨느냐는 것이다.
그분은 삭개오를 겉으로 보지 않으셨으며 깊이 보셨고, 잃어버린 죄인으로 보셨다.

우리도 관심을 가지고 사람들을 살펴보면 모든 것을 가진 것처럼 보이지만 내면의 필요가 채워지지 않은 사람들이 너무나 많다는 사실을 발견할 수 있다. 예수님이 삭개오를 보셨던 것처럼 우리도 사람들의 내면을 살펴보면 아주 비참한 모습을 발견할 수 있다. 우리가 진정한 관심을 가지고 상대방의 말을 들어보면 그들의 내면의 모습을 읽을 수 있다. 아마 사람들은 삭개오를 바라보고 심리적인 치료를 받아야 한다든가 사회적인 회복을 얻어야 한다고 생각했겠지만, 예수께서는 삭개오를 보고 그가 하나님으로부터 분리되어 잃어버린 사람으로 보셨다. 우리도 영적으로 그렇게 볼 수 있어야 그들에게 복음을 전할 수 있다.

사도 바울도 모든 사람을 볼 때 구원받은 사람과 구원받지 못한 사람으로 구분해서 보았다. 그러므로 사도 바울은 높고 천한 모든 사람에게 복음을 전할 수 있었다. 그러므로 그는 사도행전 26장에서 아그립바 왕에게도 복음을 전했다. 예수께서도 사도 바울이 복음을 이방인들과 여러 왕과 이스라엘 자손들에게 전할 사람이라고 소개하셨다.

"주께서 이르시되 가라 이 사람은 내 이름을 이방인과 임금들과 이스라엘 자손들에게 전하기 위하여 택한 나의 그릇이라"(행 9:15)

그러므로 사도 바울은 사람들을 대하는 원리를 가지고 있었다.
"그러므로 우리가 이제부터는 어떤 사람도 육신을 따라 알지 아니하노라 비록 우리가 그리스도도 육신을 따라 알았으나 이제부터는 그같이 알지 아니하노라"(고후 5:16)

사도 바울은 모든 사람을 바라볼 때 육신에 따라 평가하기보다는 그 사람의 상태를 영적으로 보았다. 그러므로 우리도 그리스도 밖에 있는 모든 사람은 불쌍한 죄인으로 보고 그들에게 관심을 두고 개인 구령상담을 통하여 구원의 복음을 전해주어야 한다. 그리고 우리가 그리스도 밖에 있는 사람은 누구나 지옥에 들어간다는 사실을 분명히 믿는다면 우리는 개인 구령상담을 통하여 복음을 전할 수밖에 없다. 그러므로 우리는 잃어버린 영혼들을 분별할 수 있어야 개인 구령상담을 잘 할 수 있다.

8. 겸손한 사람이 되어야 한다.

로살린 링커(Rosalind Rinker)는 개인 구령상담사역자의 겸손한 자세에 대해 이렇게 말했다.

"개인 구령상담이란 한 거지가 다른 거지에게 빵을 발견할 수 있는 곳을 말해 주는 것이다. 따라서 우리는 둘 다 거지이다. 상대방보다 더 거룩한 위치에 서 있는 거지는 없다. 빵을 발견한 거지일지라도 그의 발견이 계급적 지위를 변화시킬 수 없다. 우리가 개인 구령상담사역자로서 겸손한 자세를 취할 때 상대방이 우리에게 귀를 기울일 것이다. 그렇지 않다면 우리는 이미 상대방을 잃을 것이다."

겸손한 개인 구령상담사역자는 마음이 상한 자들에게 돌을 던지지 않는다. 이 세상의 문제는 인간이 인간을 비난하고 심판할 때 일어난다. 그러므로 겸손한 개인 구령상담사역자는 "내가 거룩하니 나를 바라보시오." 라는 태도로 죄인들에게 나아가지 않는다. 사도 바울은 성숙하고 겸손한 그리스도인의 태도를 소개했다.

"형제들아 사람이 만일 무슨 범죄한 일이 드러나거든 신령한 너희는 온유한 심령으로 그러한 자를 바로잡고 너 자신을 살펴보아 너도 시험을 받을까 두려워하라"(갈 6:1)

그러므로 개인 구령상담사역자는 우월감이나 다른 사람을 심판하는 자세로 복음을 전하지 않는다. 예수께서는 삭개오를 심판하지 않으셨다. 그분은 삭개오가 소외된 사람이라는 것을 알고 있었으나 그에게 지옥을 설교하지 않으시고, 단지 '삭개오야, 내려오너라. 내가 오늘 네 집에 유하여야겠다' 라고 말씀하셨다. 예수님의 사랑을 받은 삭개오는 그의 죄를 직시하게 되었고 구원을 찾게 되었다. 예수님은 심판하러 오신 것이 아니고 구원하러 오셨기 때문이다. 그러므로 우리도 다른 사람에게 나아가서 이렇게 말해야 한다.

"나도 당신과 마찬가지입니다. 우리는 모두 다 실패했습니다. 나는 당신과 같습니다. 나는 가면을 벗고 내 실패와 편견을 인정했습니다. 그러므로 내가 아니라 빛 되신 예수 그리스도를 당신에게 소개하기를 원합니다. 나는 온전한 사람이 못됩니다. 나는 아직 완전해진 것이 아닙니다. 그러나 예수님 덕분에 예전과는 많이 달라졌습니다."

이것이 개인 구령상담을 통해 복음을 전하는 개인 구령상담사역자의 진정한 태도다. 그리고 우리는 복음을 소개하는 사람이지 심판자가 아니다. 복음을 전하는 것은 우리의 책임이고, 심판을 하는 것은 하나님의 책임이라는 사실을 명심하고 우리는 개인 구령상담사역자로서 겸손해야 한다.

5. 구령상담의 진단

1. 구원 간증

횃불 트리니티 신학대학원 대학교 총장 김상복 목사는 <목회자 리더십>에서 자신이 경험한 구원에 대해 이렇게 간증했다(P. 15-21).

저는 자식이 매를 맞아도 죽도록 충성하는 것이 더 중요하다고 하는 그런 가정에서 자라났습니다. 부모님은 평양에 계시고 6.25가 터지자 저는 피난 나왔습니다. 부산에서 중학교를 졸업하고 서울에 올라와서 고등학교에 다녔습니다. 지금 중등부 같은 소년부에서 회장도 하고 고등부 때에도 교회에서 봉사했었습니다.
제가 왜 이 이야기를 하느냐 하면 중학생 때 부산남교회 중등부에 전도사님이 한 분 계셨는데, 얼마나 엄하신지 토요일에 철야 기도하는데 꼭 저를 불러서 자기 옆에 앉혀놓고 밤새 기도시키는 것입니다. 3년 동안 그렇게 훈련했습니다. 후에는 제가 그분을 원망했습니다. 왜? 나를 그렇게도 성경적으로 철저하게 만들어서 죄도 못 짓게 하니까 그랬죠. 한참 반항기에는 그런 생각까지 들었습니다. 지금은 정말 고맙고, 감사하게 생각합니다. 서울에서 혼자 고등학교에 다닐 때는 그것이 습관이 되어서 토요일만 되면 교회에 가서 철야를 했습니다.

그랬는데 제게 문제가 있었습니다. 목사님께서 예수님이 곧 재림하신다는 설교만 하면 저는 무서운 것이었습니다.
'재림하시면 안 되는데 주님 오시면 나는 오실 바에야 주일에 오셔야지. 예배를 드릴 때나, 부흥회할 때 오시든지'

왜? 주일만 지나면 또 방황하니까 그때 오시면 어떻게 합니까? 6. 25 직후에 한참 회개 운동이 나타날 때 대단했었습니다. 하도 회개하라고 해서 아무리 해도 이제는 할 것이 없는데, 목사님마다 모아 놓고 죄 이야기만 하시는데 회개 안 할 수는 없고 옛날 회개한 것이 생각나서 또 하고 했습니다. 어떨 때는 집에 가서 다 적어 봅니다. 3세 때, 5세 때, 다 적으니까 25개나 되었습니다. 그것을 들고 교회로 갑니다. 회개하라고 하면 1~5번까지 회개하고는 6번부터는 가지고 옵니다. 다 하면은 그다음 날 회개할 것이 없으니까요. 새벽기도에 가서는 6~10번까지 하고 순진한 소년이니까 목사님이 하라는 대로 하는 것입니다. 하도 죄 이야기를 많이 말씀하시니까 눈물로 죄의식 속에서 중. 고등학교 시절을 보냈습니다.

십 대로서의 죄의식 때문에 제 삶에 어둠이 찾아왔습니다. 주님이 재림하시면 나는 부족한 인간이어서 도저히 설 수 없을 것 같았고 그래서 주님께서 먼 훗날 오셨으면 좋겠다고 생각했습니다. 그러다 보니 재림에 대한 꿈을 꾸는데 악몽을 꿉니다. 예수님 이 재림하실 때는 구름 타고 오신다는데 제가 보는 예수님은 배를 타고 오십니다. 저 하늘에서 조그만 검은 점 같은 배가 점점 가까이 두둥실 내려와 높은 언덕에 내립니다. 그 배를 타려고 막 뛰어가는데 제자리걸음입니다. 다들 올라가 타고 몇 명만 남았는데 배가 떠나갑니다. 깨니까 꿈입니다.

악몽이 대학생 때까지 계속되었습니다. 중. 고등 학생부를 맡은 총각 집사가 되어서 성가대도 하고 그저 교회 일이라면 목사님이 시키는 대로 열심히 봉사했습니다. 문제는 어려서부터 성경을 배웠고 철저한 어머니 밑에서 컸고 고려신학교 중심으로 회개 운동이 일어날 때 그 속에서의 학생 활동을 그저 당연하다고 여기며 그것을 신앙으로 안 것입니다. 겉으로 보면 저만한 청년이면 되었다 싶으니까 대학을 졸업하자 집사를 시켰고 중. 고등부 학생을 맡긴 것 같습니다. 이만하면 내 가슴속에 평안함이 있어야 할 것 아니겠습니까?

지금 돌이켜 보면 그때 나에 대한 구원의 확신이 없었습니다. 성경도 알고

설교도 수없이 들었고, 교회학교에서 가르치고 성가대도 했지만, 구원의 도리를 정확하게 이해하거나 거기에 대해서 자신 있는 대답이 나에게 없었습니다. 예수님의 십자가, 갈보리, 보혈, 믿음 다 들었는데도 왜 나에게는 구원에 대한 확신이 없었는가? 아무도 나에게 구원의 문제에 대해, 복음에 대해 구체적으로 가르쳐 주신 분이 없었습니다.

대학교 2학년 때 목사님께서 세례받았느냐고 물어보셨습니다. 어릴 때 유아세례를 받은 적은 있는지는 모르겠으나 저 스스로 세례받은 적은 없다고 말하였습니다. '다음 주일에 세례받아라.' 하셔서 그냥 세례받았습니다. 그때만이라도 저를 불러서 앉혀놓고 나의 구원의 문제에 대해서 한 번만 확신을 시켜 주셨으면 그 고민과 방황이 오래가지 않았을 텐데. 어려서부터 성경은 여러 번 읽었지만, 죄를 회개하라는 설교와 죄의 문제에 대해서 도전하시는 목사님들의 설교는 많았지만 내 구원의 문제에 대해서 분명하게 말씀해주신 목사님에 대한 기억이 없습니다.

그렇게까지 철저한 교회에서 자라났는데도 예수님의 재림만 생각하면 얼마나 겁이 나고 두려웠는지, 자신을 얻기 위해 토요일마다 밤샘 기도를 한 것입니다. 그래서 추운 겨울에 담요도 없이 그냥 쪼그리고 철야 기도하는 도중에 예수님이 오시면 내가 이렇게까지 고생하는데 안 데리고 가 주실까? 그렇게 하는 것이 하나님을 잘 믿는 것으로 생각하며 위로받은 것입니다. 내 영생과 구원 문제에 대해서는 놓친 것입니다. 내 가슴속에 그것이 없었습니다. 결국 과거 저의 신앙생활의 고민과 고투는 지금 저의 목회 방향을 설정시켜 주었습니다.

지금은 그런 일이 많이 없습니다마는 미국 한인 교포교회에서 이런 일이 있었습니다. 제가 어느 교회에서 한 분을 만나서 "어떻게 해서 예수님을 믿게 되었습니까?"라고 물으니 "처음 이민 와서 교회에 가니까 얼마 되지 않아 목사님께서 전화로 우리 교회 집사 좀 하십시오. 해서 전 아직도 예수 믿는 것을 잘 모르는데요, 했는데도 괜찮으니까 집사를 하라고 했습니다."

그래서 집사를 했답니다. 그 목사님에게 물어보았습니다. 그랬더니 "예수님을 믿으라고 집사를 주었지. 집사를 하다 보면 예수 믿게 되니까." 왜 그렇게 합니까? 집사직을 주어야 교회를 나오니까? 그래서 교회 나오게도 하고 교회 나오다가 보면 예수 믿게 되니까? 순서가 뒤집힌 것입니다. 어떻게 신앙 고백이 없는 사람을 집사로 만들 수 있습니까?

한번은 어느 장로님을 만났는데 "목사님 제가 중생 좀 받아 보려고 아무리 애를 써도 그게 안 되네요?" 하시더군요. 그 장로님은 중생의 참 의미를 모르시는 것입니다. 또 다른 교회에서 가서 집회를 마치고 "오늘까지도 신앙에 자신이 없는 사람은 남으십시오. 저와 개인적으로 이야기를 합시다." 하고 한 명씩, 열 명 정도 남았는데, 개인 구령상담을 하고 구원에 이르는 복음을 전하였습니다. 맨 마지막 사람이 제게 "목사님, 나는 사실 이 도시에서 한인회장도 했고 이 교회의 안수 집사입니다. 작년에는 장로 피택도 받았습니다. 그런데 사실 저는 하나님을 안 믿는 사람입니다."
"그럼 어떻게 안수 집사님이 되셨습니까?"
"나는 하나님의 존재를 인정하지 않습니다. 그러나 한국 사람들이 모이려면 교회가 있어야 할 것 같아서 하나 만들었습니다. 또 교회가 운영되려면 돈도 내야하고 해서 제가 내서 교회를 시작했습니다. 교회에 가 보니까 예수 믿는 사람들이 자꾸 싸움만 해서 그 사람들 중간에서 조정하다 보니까 집사가 되데요. 계속 중간 역할을 하다 보니까 집사장이 되고 안수 집사가 되었는데 10년이 되었습니다. 작년에 장로 피택을 받았습니다마는 안수 집사까지는 하겠는데 장로는 양심에 가책을 받아서 못 하겠습니다. 어떻게 하면 좋겠습니까?"
이렇게 말하는 한인 교포가 있었습니다.

이것은 무엇을 말해 주는가? 한 교인을 바라볼 때 교회에 열심히 나오고 또 교회의 일을 많이 하면 저 사람은 예수를 잘 믿는다고 합니다. 혹 옛날에 누가 저를 보았다면, 근본적인 구원의 문제가 해결되지 않았지만 어려서부터

교회에서 전통적으로 해온 모든 교회 생활에 익숙해 있으니까 믿음이 좋다고 했을 것입니다.

제가 대학을 졸업하고 25세 되던 주일 아침이었습니다. 직장에 다녀서 주머니에 돈은 있고 총각이 하숙집에 가면 아무도 없으니까 친구들과 헤매고 돌아다니다가 으레 12시 정각에 돌아갑니다. 토요일도 겨우 택시 타고 집에 12시에 들어갔습니다. 다음날 주일 예배 시 성찬 예식 시간이 되었습니다. 목사님께서 성찬을 함부로 들면 큰일 난다고 하셨습니다. 으레 그전에는 성찬 차례가 오면 그냥 받아먹는 거지 뭐 했는데 그날은 못 먹겠다 싶었습니다. 맨 먼저 반주자부터 하는데 야단났습니다. 안 먹으면 '김 집사 왜 저러나? 무슨 지은 죄가 커서 그럴까? 지난주일 동안 무슨 짓을 해서 성찬도 안 드는가?' 하겠고 먹자니 못 먹겠고 야단났습니다. 10초밖에 안 되는 시간이었는데 거의 한 달이 지난 것 같았습니다.

그 갈등 속에 있는데 벌써 내 앞에 왔습니다. '난 도저히 예수 그리스도의 몸과 피를 받을 수 없다. 나 같은 영적인 형편에서 어떻게 그리스도의 성찬에 동참하겠는가. 못하겠다.' 하는데 하나님께서 그때 저에게 말씀하셨습니다. "내가 너를 구원해 주는 것은 네가 똑똑하고 착하고 선하고 경건한 청년이기 때문이 아니다. 네가 죄인이기 때문에 너를 은혜로 무조건 구원해 주는 것이다. 네 삶에 흠이 없고 부족이 없고 네가 하나도 잃어버린 것이 없이 다 회개했기 때문에 또 네가 밤샘 기도를 하고 교회학교에서 봉사해서 구원한 것이 아니다. 너 같은 인간임에도 불구하고 내가 너를 사랑하므로 영원한 영생을, 구원을 그저 값없이 선물로 주는 것이다."

하나님! 나 같은 사람도 구원하시는 것입니까?

저는 그 음성을 듣고 나 같은 죄인이기 때문에 그리스도의 찢기신 몸이 필요하다는 것을 알았습니다. 그래서 손을 뻗어서 그 성찬을 받아 입에 넣었는데, 그 순간 저는 제 몸에 전율을 느끼고 더는 피아노를 칠 수가 없었습니다. 저에게는 그때 성가대원도 없고 목사님도 안 계시고 우리 주님과 단둘밖에는 아무도 없었습니다. 창피하거나 누가 어떻게 생각하는 것이 나에게는 관심 밖이었습니다. 그 하나님의 은혜, 사랑이 제 영혼에 찾아왔습니다. 저는 그 자리에서 일어날 수가 없어서 울고 또 울었습니다. 그 하루가 지금도 생생합니다. 저는 25년 만에야 하나님의 은혜가 무엇인지 찾았습니다. '내 주 은혜 처음 받던 날 참 기쁜 날이 아닌가!' 제 삶에 그 시간이 주님 앞에서 구원의 은혜를 깨달은 바로 그 순간이었습니다.

그때부터 삶의 변화가 나타났습니다. 그때까지 제 삶은 죄의식과 방황, 갈등, 두려움으로 가득 차 있었습니다. 그러나 그 순간 이후로 제 가슴에는 평화가 왔고 놀라운 기쁨이 넘쳤으며, 그때까지 짊어져 온 짐이 그 시간에 쫙 풀렸습니다. 지금까지도 제 영혼의 가벼움을 느낍니다. 이제는 내 죄를 용서받은 감사와 찬송과 기쁨이 내 삶 속에 있을지언정 옛날 같은 것들은 다 없어졌습니다.

김상복 목사는 계속해서 <당신은 확실히 믿습니까?>에서 이렇게 말하고 있다.

"미국에서 보니까 집사님들이나 장로님들 가운데도 구원의 은혜를 모르는 분들이 있고 목사님들 가운데도 그런 분들이 계신 것을 보았습니다. 어떤 사람은 복음을 설명하면 '목사님 그렇습니까? 저는 교회를 십 년째 다니는데 그런 말은 처음 들었습니다.'라고 말합니다. 어느 목사님과 사모님과 이야기를 나눈 적이 있습니다. 약, 한 시간가량 이야기를 나누는데 대화 중에 무엇인가 빠져 있는 느낌이 들었습니다. 아무리 생각해 봐도 이분이 구원받지 못한 분 같았습니다. 그래서 복음을 전했더니 '목사님, 저는 그런 이야기를 처음 듣습니다.'라고 말하는 것입니다. 그리고 주님을 영접했습니다."

이것은 무엇을 말해 주는가? 얼마든지 구원받지 않고도 교회 생활을 할 수 있다는 것을 보여준다. 그러므로 우리는 개인 구령상담을 통해서 상대방이 진정으로 구원을 받았는지 진단할 수 있어야 한다. 그렇다면 어떻게 영혼을 진단하는가? 구원받은 증거로 진단한다. 구원받은 사람은 반드시 구원받은 증거가 있기 때문이다.

2. 구원받은 증거

한 사람이 참으로 예수님을 영접하고 구원을 받았는지 받지 못했는지 다른 사람이 알 수 있을까? 구원받는 것은 그 자체가 영적인 상태이고, 또 하나님과의 관계에 대한 변화이기 때문에 외적으로 보아서는 금세 알 수 없지만 구원받은 사람에게는 구원받은 직후부터 여러 가지 영적인 변화가 나타나기 때문에 그 변화의 증거들을 통해서 그 사람이 참으로 구원을 받았는지 받지 못했는지를 알 수 있다.

여기서 우리가 한 가지 주의해야 할 것은 인간의 한계 때문에 어떤 사람이 구원을 받았는지 아닌지를 100% 정확하게 알 수는 없다는 것이다. 하지만 병원의 의사가 숙련되어 감에 따라서 오진율이 줄어들듯이 개인 구령상담사역자도 계속 숙련되면 영적 오진율이 감소한다. 의사들은 대부분 환자가 병원에 오면 문진을 통해 환자의 병을 진단한다. 환자가 자신의 문제를 정확하게 모를 수 있어서 의사는 병의 증상을 잘 알고 진찰을 통해 진단해야 한다. 요로결석도 허리가 끊어질 듯이 아픈 증상이 있을 때 잘못된 의사는 장염이라고 진단을 내릴 수도 있다. 하지만 미리 요로결석의 증상이 어떠한지 잘 알고 있는 의사라면 소변검사와 엑스레이 검사를 통해 정확한 진단을 내릴 것이다.

그러므로 개인 구령상담사역자도 영적인 의사로서 그 사람이 진정으로 구원받은 사람인지 아니면 구원을 받지 않았는지를 진단해야 한다.
인간은 누구나 구원을 받으면 내적 변화와 외적 변화가 일어난다. 내적 변화는 즉각적으로 나타나고, 외적 변화는 즉각적으로 나타나는 일도 있고, 점진적으로 나타나는 경우가 더 많다.

1) 모든 변화가 다 구원인가?

누구나 구원을 받으면 변화되는 것은 분명하지만 모든 변화가 다 구원은 아니다. 우리는 사람이 구원을 받지 않고도 어떤 변화를 경험할 수 있다는 것을 이해해야 한다. 어떤 사람이 어떤 위기에 처해 있다가 이래서는 안 되겠다고 결단을 내리고 어떤 행동을 실행에 옮기면 구원을 받지 않고도 얼마든지 변화할 수 있다. 다른 종교를 믿어도 변화는 가능하다. 사랑하는 청춘남녀가 만나 사랑에 빠져도 변화는 가능하다. 그러므로 우리는 구원의 3시제를 이해해야 한다. 그것은 과거형의 구원인 칭의와 현재형의 구원인 성화와 미래형의 구원인 영화다. 이 구원의 3시제를 통해 우리는 변화를 온전히 이해할 수 있다.

① 과거형의 구원인 칭의는 죄의 형벌로부터 구원받는 것으로 이 구원은 우리의 영혼만 구원받는 것이지 몸이 구원받는 것은 아니다.
그러므로 우리의 몸은 여전히 죄의 영향을 받으며 나중에 죽으면 영혼은 천국에 들어가지만, 우리의 몸은 땅에 들어간다.

② 현재형의 구원인 성화는 죄의 세력으로부터 구원이다.
이 구원은 생활의 구원으로 점진적으로 서서히 이루어진다. 우리는 하루아침에 죄를 다 이기고 변화되는 것은 아니다.

③ 미래형의 구원인 영화는 죄의 존재로부터 구원으로 우리의 몸까지 죄로부터 완전히 구원받는다.
이때 우리의 몸은 장애까지도 다 풀리게 되어 영원히 구원이 완성된다. 그러므로 우리는 미래에 우리의 몸이 부활할 때 완벽하게 변화되고, 지금은 성화의 구원을 이루어나가고 있어 아직은 온전히 변화되는 것은 아니다.

2) 왜 변화가 일어나야 하는가?
구원받은 사람은 반드시 진실한 회개를 하고, 분명히 주님을 만난 순간이 있고, 주님을 만난 직후에 분명한 변화를 경험하고, 계속해서 변화된 삶을 살아간다. 성경은 우리가 구원을 받으면 변화된 삶을 살아간다고 상당히 명확하게 말한다.

❶ **하나님의 성령이 임했기 때문에 변화가 일어난다.**
"만일 너희 속에 하나님의 영이 거하시면 너희가 육신에 있지 아니하고 영에 있나니 누구든지 그리스도의 영이 없으면 그리스도의 사람이 아니라"(롬 8:9)

❷ **새로운 피조물이 되었기 때문에 변화가 일어난다.**
"그런즉 누구든지 그리스도 안에 있으면 새로운 피조물이라 이전 것은 지나갔으니 보라 새 것이 되었도다"(고후 5:17)
여기서 '새로운 피조물'은 새로운 창조를 뜻한다. 창세기 1장의 사건이 제1의 창조라면, 영혼이 구원받는 사건은 제2의 창조이며, 하나님의 말씀으로 새롭게 창조되는 기적이다. 구원받은 사람은 더는 죄인이 아니라 '이전 것은 지나갔으니'라는 말씀처럼 과거의 삶은 지나가고 구원받은 후 새사람으로서 새로운 삶을 살아간다. 그래서 구원받은 사람은 변화된 삶을 살아간다. 옛것과 새것은 분명히 다르지 않겠는가?

❸ **영적으로 죽었다가 다시 살아났기 때문에 변화가 일어난다.**
"그는 허물과 죄로 죽었던 너희를 살리셨도다"(엡 2:1)

❹ **마음의 눈이 시각장애인 상태에 있다가 영적으로 눈이 뜨이게 되었기 때문에 변화가 일어난다.**
"만일 우리의 복음이 가리었으면 망하는 자들에게 가리어진 것이라 그 중에 이 세상의 신이 믿지 아니하는 자들의 마음을 혼미하게 하여 그리스도의 영광의 복음의 광채가 비치지 못하게 함이니 그리스도는 하나님의 형상이니라"(고후 4:3-4)
구원받기 전에는 영적인 것을 볼 수 있는 영안이 없어 영적인 분별력이 없었고, 복음도 이해할 수 없었다. 마귀 사탄이 구원받지 않는 사람의 마음을 혼미케 하였기 때문이다. 여기 '혼미하게 하다'의 문자적 의미는 '헛갈리게 하다, 눈멀게 하다'는 뜻이다. 그러나 구원을 받으면 영적인 안목이 열려 영적인 눈을 뜨게 되고, 영적인 분별력이 생겨 변화된 삶을 살아간다. 시각장애인으로 인생을 살던 사람이 병원에서 안구 이식 수술을 해서 눈을 뜨게 되었다면 새로운 인생을 살지 않겠는가? 마찬가지로 구원받으면 새롭게 변화된 삶을 살아간다.

❺ 우리의 지식까지도 새로워졌기 때문에 변화가 일어난다.
"새 사람을 입었으니 이는 자기를 창조하신 이의 형상을 따라 지식에까지 새롭게 하심을 입은 자니라"(골 3:10)

3. 성경에 나타난 변화

성경은 예수님을 만나서 구원받은 사람들이 완전히 변화된 삶을 살았던 사실을 보여준다. 이제 성경에 등장하는 인물들이 어떻게 예수님을 만나 변화된 삶을 살게 되었는지 살펴보자.

❶ 세리장 삭개오(눅 19:1-10)의 변화
세리란 로마인을 위해 세금을 걷는 사람이다. 로마의 법에는 과세의 한도를 제안하는 법이 없었기 때문에 많은 세리는 무거운 세금을 부과했다. 제도를 악용하여 착취를 심하게 하여 그들은 악명이 높았는데 삭개오는 세리장이니, 우두머리로서 아마 지역의 모든 조세를 책임지고 많은 세리를 거느린 사람으로 소문난 죄인이었다. 예수께서 삭개오의 집으로 들어가자 사람들은 '예수님이 죄인의 집에 들어간다.'라고 비웃고 있었다.
"뭇 사람이 보고 수군거려 이로되 저가 죄인의 집에 유하러 들어갔도다 하더라"(눅 19:7)
그러한 삭개오가 예수님을 즐겁게 영접했을 때 예수님은 '오늘 구원이 이 집에 이르렀으니 이 사람도 아브라함의 자손이라'라고 축하해 주셨다. 삭개오는 구원받은 후 삶이 완전히 달라졌다. 돈에 가치를 두고 살던 그가 재산의 절반을 팔아 가난한 자들에게 주었다. 이것은 부자였던 삭개오로서 결코 쉬운 일이 아니었다(눅 19:2). 요즘 같은 시대에 부자라면 재산이 얼마나 있어야 하겠는가? 서울에서 2024년 기준으로 50억 정도는 넘어야 부자 측에 들어가지 않겠는가? 그러면 50억 중 절반인 25억을 팔아 나누어준다는 것이 쉬운 일이겠는가? 요즘 부자들 가운데 재산이 100억이 넘는 사람들도 많다. 그렇다면 그 100억의 반을 팔아서 나누어 줄 수 있겠는가? 그러나 삭개오는 가치관이 변화되어 자신의 재산의 절반을 팔아 가난한 사람들에게 나누어 주었다. 잘못된 방법으로 돈을 모아 왔던 그가 이제는 잘못된 방법으로 돈을 착취하면 4배나 배상하겠다고 약속했다. 그것은 앞으로 잘못된 방법으로는 돈을 벌지 않겠다는 약속이다. 삭개오는 이제 분명히 가치관이 변화되어 돈에 가치를 두고 살다가 더 소중한 영적인 가치를 발견했기 때문이다. 삭개오는 구원받고 즉시 그러한 변화를 보였다. 이 얼마나 놀라운 변화인가? 이처럼 구원받으면 변화가 일어난다.

❷ 수가성의 우물가 여인(요 4:1-42)의 변화

우물가의 여인은 구원을 받기 전에 어떻게 살았는가? 그녀는 도덕적으로 바른 여인이 아니었다. 과거에 남편이 다섯이나 있었고, 지금 있는 남자도 자기 남편이 아니었다(요 4:17-18). 그러한 여자이기 때문에 우물가에 사람들이 오지 않는 시간에 물을 길으러 왔다. 자신에게 문제가 있었기 때문에 사람들을 만나지 않고 외롭게 살았다. 그러던 그녀가 예수님을 만난 후 물동이를 내버려 두고 동네에 들어가서 사람들에게 나아갔다. 이것은 실로 엄청난 변화다. 사람들을 늘 피하던 그녀가 사람들을 적극적으로 만나게 되었다. 성경은 그녀의 변화를 분명하게 언급했다.

"사람들에게 이르되"(요 4:28)

이제 그녀는 변화되어 동네 사람들에게 말한다.

"내가 지금까지 살아오면서 행했던 모든 일을 낱낱이 다 알고 나에게 말한 분이 있어요. 그분이 그리스도 구세주가 아닐까요. 한번 와서 보시고 확인해 보세요."

쉬운 성경은 이렇게 표현한다.

"다 들 와서 좀 보세요. 나의 과거를 죄다 말해준 사람이 있어요. 그분이 그리스도가 아닐까요. 하자"(요 4:29)

이처럼 예수님을 만나면 변화된 삶을 살아간다.

❸ 사도 바울의 변화(행 9:1-22)

사도 바울은 과거에 교회와 예수 믿는 사람들을 핍박하는 사람이었지만 다메섹 도상에서 예수 그리스도를 만나고 변화된 삶을 살았다. 그가 예수를 만나고 일시적으로 눈이 멀었지만, 다메섹으로 들어가 아나니아에게 안수를 받고 눈을 떴다. 이것은 마치 영적으로 막혀 있던 것이 뚫리는 것과 같이 어떤 사람이 구원을 받고 영적으로 눈을 뜨게 되니 성경 말씀이 살아서 눈으로 속속 들어오는 것을 경험한다.

4. 신학자들의 견해

❶ 박형용은 <교의 신학 제5권, 구원론, p159>에서 이렇게 말했다.

"중생은 지식적, 감정적, 도덕적으로 즉시 모든 사람에게 영향을 미치는 홀연적인 변화다"

❷ 침례교 신학자 스트롱(A. H. Strong)은 구원받은 사람의 변화에 대해 이렇게 말했다.

"중생은 즉각적인 변화다. 중생은 점진적으로 서서히 이루어지는 일이 아니다. 변화를 준비하기 위한 하나님의 섭리와 성령의 역사는 점진적으로 일어날 수 있고, 중생이 있기 전과 후에 자신의 중생을 인식하는 것도 서서히 올 수도 있다. 그러나 중생 그 자체는 성령의 영향으로 인해 일어나는 순간적인 일이며, 한순간 영혼의 성향이 바뀌어 하나님에게 적대적이던 사람이 하나님을 사랑하는 사람이 된다"(Systematic Theology, p.826)

❸ 침례교 신학자 에릭슨(Millard J. Erickson)은 구원받은 사람의 변화에 대해 이렇게 말했다.

"첫째, 중생은 새로운 그 무엇, 즉, 사람의 자연적 성향의 전체적인 반전을 포함한다. 나아가서 중생 그 자체는 즉각적인 것 같이 보인다. 중생을 묘사하면서 그것이 단일한 행동이 아니라 하나의 과정이라는 암시를 하는 내용은 어디에서도 찾아볼 수 없다"(Christian Theology, pp. 956-57)

❹ 장로교 신학자 찰스 하지(Charles Hodge)는 구원받은 사람의 변화에 대해 이렇게 말했다.

"중생은 즉각적이어야 한다. 산 것과 죽은 것 사이에 중간 상태는 없다"(Systematic Theology, p.688)

❺ 장로교 신학자 위필드(B. B. Warfield)는 구원받은 사람의 변화에 대해 이렇게 말했다.

"중생이란 성령 하나님의 역사로 인해(딛 3:5, 엡 4:24) 영혼 속에 일어나는 근본적이고 완벽한 변화다(롬 12:2, 엡 4:23). 이로 말미암아 우리는 '새로운 사람'(엡 4:24, 골 3:10)이 되어, 더는 세상을 따라가는 것이 아니라 지식과 진리의 거룩함으로 하나님의 형상을 따라 다시 지은 바가 된 것이다"(Biblical and Theological Studies, p. 351).

❻ 장로교 신학자 벌콤(Louis Berkhof)은 구원받은 사람의 변화에 대해 이렇게 말했다.

"중생이란 새로운 영적 생명의 원리가 사람 안에 심어지는 것이며, 영혼의 지배적인 성향이 근본적으로 바뀌는 것이다. 중생은 인간 본성의 즉각적인 변화다. 즉시 전인적이며, 지적이며 감정적이며 도덕적으로 영향을 미친다"(Systematic Theology, p.468).

그러므로 예수를 믿어 구원받았다고 하면서도 근본적이고 즉각적인 내적 변화가 없다면 그 구원은 거짓이다. 사람이 거듭나면 내 노력이나 결심이나 결단 때문에 변화가 일어나는 것이 아니라 성령의 능력으로 말미암아 어느 한순간을 기점으로 하나님과의 관계가 변하고, 따라서 인격이 변하기 때문에 그 전과는 분명히 다른 삶을 살아간다. 하지만 하나님의 생명이 없는 사람은 진정한 변화가 일어나지 않는다. 삶은 콩에다가 적당한 온도를 조절하고 깨끗한 물을 아무리 많이 주어도 콩나물로 자라지 않는다. 어떤 사람이 구원을 받으면 그 즉시 "이것이 구원이구나?" 하고 깨달아진다. 마음속에 있는 하수도 구멍이 뻥 하고 뚫린다. 어깨에서 무거운 짐을 내려놓는 기분을 느낀다. 그리고 가슴이 뜨거워지고 눈물을 흘리며 하나님을 찬양하는 사람도 있다.

구원받은 사람은 구원받지 못한 사람과 분명히 다른 간증을 한다. 우리는 이런 간증과 그 후의 삶의 변화를 통해서 어떤 사람이 구원을 받았는지 상당히 정확하게 알 수 있다. 그러나 이것은 어디까지나 개인 구령상담의 경험을 통해서 배운 교훈을 말하는 것이지 절대적이라고 말하는 것은 아니다. 오직 하나님만이 어떤 사람이 구원받았는지를 100% 확실하게 아시기 때문이다. 이 부분에 우리는 인간의 한계를 인정해야 한다. 우리가 최선을 다 해도 어떤 경우에는 아주 애매해서 구원받았는지를 분간하기 어려운 일도 있다.

❼ 미국 댈러스 신학교 설립자 체이퍼(Lewis S. Chafer)와 댈러스 신학교 2대 총장인 왈부드(John F. Walvoord)는 구원받은 사람에게 나타나는 몇 가지 변화에 대해 이렇게 말했다.

"하나님에 대한 새로운 인식, 기도에 대한 새로운 인식, 성경에 대한 새로운 이해, 죄에 대한 새로운 인식, 불신자에 대한 새로운 관심, 다른 성도에 대한 새로운 사랑, 그리스도를 닮는 인격, 자신의 구원을 의식하는 것이다."(Major Bible Themes, pp. 214-16)

❽ 그로마키(Robert Gromacki)와 맥아더(John Macarthur)는 구원받은 사람에게 나타나는 특징을 이렇게 제시했다.

"하나님과의 교제 및 다른 성도와의 교제를 즐기는가? 죄에 대해 민감한가? 하나님의 말씀에 순종하는가? 악한 세상의 것들을 거부하는가? 그리스도의 재림을 고대하는가? 삶에서 죄가 점점 줄어드는가? 다른 그리스도인을 사랑하는가? 하나님으로부터 기도 응답이 있는가? 성령의 내적 증거를 체험하는가? 영적 진리와 오류를 구별할 수 있는 분별력이 있는가? 성경의 기본적인 교리가 믿어지는가? 신앙 때문에 받는 고난을 감수하는가?"(Is Salvation Forever?, pp. 177-184, Saved without a Doubt, pp. 67-91)

❾ 댈러스 신학교 찰스 라이리(Charles C. Ryric) 교수는 구원받은 사람에게 나타나는 변화를 간단하게 소개했다.

"그리스도를 닮은 인격, 선한 행실, 신실한 증인의 삶, 하나님에 대한 찬양, 풍성한 헌금이다"(So Great Salvation, pp. 49-50)

5. 구원받은 사람의 변화

❶ **죄에 대한 분명한 인식과 그 해결이 있다.**
구원받은 사람은 죄에서 구원을 받았기 때문에 죄가 무엇인지 알게 된다. 죄가 얼마나 무서운가를 알게 된다. 그 죄 때문에 하나님 아버지께서 사랑하는 독자 예수님을 희생시키셨다는 사실을 알게 된다. 하나님이 죄를 얼마나 싫어하시는가를 알게 된다. 원죄가 무엇이고 자범죄가 무엇이며, 지옥에 들어가는 결정적인 죄가 무엇인지도 분명하게 알게 된다. 사실 많은 사람은 죄가 무엇인지 모른다. 그저 죄라고 하면 근본적인 죄는 모르고 근본적인 죄 때문에 생기는 죄의 열매들을 생각한다. 자신이 살아오면서 범한 죄들만 생각한다. 그러나 구원을 받으면 죄가 무엇이고, 자신이 어떤 죄에서 구원을 받았으며, 그 죄 문제를 해결하였기 때문에 죄에서 해방된 사실을 안다.

❷ **내적인 평안과 기쁨이 있다**
기쁨과 평안은 구원받은 사람의 가장 큰 특징이다. 구원받기 전에는 마음에 평안함이 없던 사람도 구원을 받으면 마음에 참된 쉼을 얻고 평화가 넘치게 된다. 염려, 근심, 걱정이 사라지고 비록 외적인 조건은 환난과 핍박이 있어도 마음속에 기쁨이 넘치게 된다. 마치 지하수의 물이 밑에서 용솟음치며 올라

오듯이 마음속 깊은 곳에서 기쁨이 넘쳐난다. 예수께서는 하나님이 주시는 참된 평안을 이렇게 설명하셨다.

"평안을 너희에게 끼치노니 곧 나의 평안을 너희에게 주노라 내가 너희에게 주는 것은 세상이 주는 것과 같지 아니하니라 너희는 마음에 근심하지도 말고 두려워하지도 말라"(요 14:27)

그러므로 구원받은 사람은 세상의 기쁨과 비교할 수 없는 다른 차원의 기쁨이 넘쳐난다. 사도 바울은 구원받지 못한 죄인이 걸어가는 길에는 "파멸과 고생이 그 길에 있어 평강의 길을 알지 못하였고"(롬 3:16-17)라고 말했다. 죄인의 인생길은 참된 쉼이 없고, 평안함이 없고, 오히려 고생과 파멸만 있다. 하박국 선지자는 무엇 때문에 기뻐하였고 어떠한 상황에서 기뻐하였는가?

"비록 무화과나무가 무성하지 못하며 포도나무에 열매가 없으며 감람나무에 소출이 없으며 밭에 먹을 것이 없으며 우리에 양이 없으며 외양간에 소가 없을지라도 나는 여호와로 말미암아 즐거워하며 나의 구원의 하나님으로 말미암아 기뻐하리로다 주 여호와는 나의 힘이시라 나의 발을 사슴과 같게 하사 나를 나의 높은 곳으로 다니게 하시리로다 이 노래는 지휘하는 사람을 위하여 내 수금에 맞춘 것이니라"(합 3:17-19)

하박국 선지자가 겪었던 곤경을 우리 시대에 적용해보면 그는 완전히 망했다. 농사를 짓는 사람이라면 농사가 망했고, 사업을 하는 사람이라면 사업이 망했고, 장사하는 사람이라면 장사가 망했다. 그러한 곤경에서 하박국 선지자는 기뻐하였는데 사업에 성공해서가 아니라 하나님 때문에 기뻐하였고, 그분이 자신의 아버지가 된다는 사실 때문에 기뻐했고, 하나님이 자신을 구원하신 하나님이 되시기 때문에 기뻐했고, 자신이 구원을 받았기 때문에 기뻐했다. 사실 구원받은 사람은 모든 것이 다 망해도 망한 것이 아니다. 자신이 하나님의 자녀이기 때문에 어떤 상황에서도 망하지 않는다. 그래서 구원받으면 어떤 상황에서도 기뻐하며 평안을 누린다.

❸ 말씀에 대한 새로운 이해와 말씀을 사모한다.

다윗은 자신이 경험한 하나님 말씀의 맛에 이렇게 표현했다.

"주의 말씀의 맛이 내게 어찌 그리 단지요 내 입의 꿀보다 더 다니이다"(시 119:103) 성경은 너무나 방대한 책으로 신약은 27권, 구약은 39권, 모두 합하면 66권의 책이다. 방대한 성경을 이루기 위해 1,600년이라는 기간이 걸렸다. 구약 창세기를 모세가 기록한 때부터 사도 요한이 요한계시록을 기록한 때까지의 기간이 1,600년이 걸렸다. 이러한 성경이기 때문에 그것을 전부 이해하기는 어렵다. 특히 예언서의 경우는 더 어렵다. 성경은 기원후 100년경에 이미 기록이 끝났다. 성경 기록이 끝난 시점에서 오늘의 현대와의 시대적 간격이 무려 약 2,000년이나 된다. 성경이 기록된 당시와 오늘의 현대를 비교해 보면 모든 것이 달라지고 변했다. 사회, 문화, 언어, 풍습 등 다양하게 변해서 성경은 이해하기가 어려운 책이다.

그러나 구원을 받으면 말씀을 이해할 수 있는 이유는 성경의 진정한 저자이신 성령께서 구원받은 사람의 마음에 들어와 내재하시면서 말씀을 깨닫게 해주시기 때문이다. 그 성령께서 우리의 스승이 되신다는 사실을 성경에서 아주 명확하게 말씀했다.

"그러나 진리의 성령이 오시면 그가 너희를 모든 진리 가운데로 인도하시리니 그가 스스로 말하지 않고 오직 들은 것을 말하며 장래 일을 너희에게 알리시리라"(요 16:13)

그래서 구원받은 사람은 성경이 이해되고 깨닫게 되니 더욱 말씀을 사모하고, 성경 말씀을 열심히 읽고, 말씀을 듣기 위해서 예배에 열심히 참석하고, 말씀을 배우기 위해서 성경을 열심히 공부하고, 말씀을 다른 사람에게 전한다.

❹ 구원받지 못한 영혼에 관한 관심이 있다.

구원받은 사람은 자신이 어떤 처지에서 구원을 받았는지 알고 있어서 다른 영혼에게 관심을 가지고 복음을 전한다. 사람이 구원받지 못하면 행복한 삶을 살지 못하고 나중에는 무서운 지옥에서 하나님으로부터 영원히 분리되어 고통을 당한다는 것을 알기에 복음을 전하게 된다. 구원받은 사람은 다른 영혼에게 관심을 가지고 가장 놀라운 예수님을 소개하며, 가장 놀라운 하늘나라를 소개하게 된다.

❺ 하나님과 하나님의 자녀들을 사랑한다.

하나님의 사랑과 은혜로 구원을 받았기 때문에 당연히 하나님을 사랑하고 하나님의 자녀들인 형제자매들을 사랑하게 된다. 우리는 구원받기 전에 사랑이 무엇인지 몰랐지만, 예수님이 우리를 위해서 돌아가신 십자가의 사건을 통하여 사랑을 배우게 되었다. 다음 구절의 역사 속으로 들어가 보자.
"그가 우리를 위하여 목숨을 버리셨으니 우리가 이로써 사랑을 알고 우리도 형제들을 위하여 목숨을 버리는 것이 마땅하니라"(요일 3:16)

우리는 참되고 진실한 사랑을 십자가의 사건을 통하여 배웠다. 만약에 십자가의 사건이 없었다면 우리는 참된 사랑을 배우지도 못했을 것이다. 하나님은 십자가의 사건을 통해 우리에게 사랑이 무엇인지 가르쳐주셨다. 이보다 더 성경에서 말하는 선포가 또 있을까?
"하나님의 사랑이 우리에게 이렇게 나타난바 되었으니"(요일 4:9-10)
십자가의 사건이 없었다면 하나님의 사랑은 나타나지 않았을 것이다. 성경은 다시 선포한다.
"하나님이 자기의 독생자를 세상에 보내심은 저로 말미암아 우리를 살리려 하심이니라"
이 말씀에 의하면 우리는 죽어 있었다. 아니 영원한 사망인 지옥 형벌을 받을 수밖에 없는 처지에 놓여 있었지만, 하나님은 우리를 버려두지 않으시고, 오히려 관심을 가지고 우리를 살리려고 그 아들 독생자 예수님을 보내주셨다. 이것이 하나님의 사랑이다.

"사랑은 여기 있으니 우리가 하나님을 사랑한 것이 아니요 하나님이 우리를 사랑하사 우리 죄를 속하기 위하여 화목 제물로 그 아들을 보내셨음이니라"(요일 4:10)
이 얼마나 당당한 선포인가? '사랑은 여기 있으니' 당신이 진정한 사랑을 찾지 못했다면 이제 십자가에서 진실한 사랑을 찾아야 한다. 구원받은 사람은 하나님의 사랑을 깨닫고, 배우고, 믿은 사람들이기 때문에 우리도 하나님을 사랑하게 된다. 사랑은 사랑을 요구하기 때문이다. 누구나 진실한 사랑을 받으면 진실한 사랑을 실천할 수 있다.

"우리가 사랑함은 그가 먼저 우리를 사랑하셨음이라"(요일 4:19)
구원받은 사람은 하나님만 사랑하는 것이 아니라 하나님의 자녀들인 형제자매도 사랑하게 된다. 누가 하나님께 속한 사람인가? 누가 빛 가운데 거한 사람인가? 누가 사망에서 벗어나 생명에 들어간 사람인가? 반대로 누가 마귀에게 속한 사람인가? 누가 어둠 가운데 속한 사람인가? 누가 사망에 머물러 있는 사람인가? 누가 살인하는 자인가? 누가 눈이 멀었는가? 이 모든 차이는 '믿는 형제자매들을 사랑하는가? 사랑하지 못하는가?'의 차이에 있다. 다음 구절들은 이 점을 명확하게 뒷받침해준다.
"이러므로 하나님의 자녀들과 마귀의 자녀들이 드러나나니 무릇 의를 행하지 아니하는 자나 또는 그 형제를 사랑하지 아니하는 자는 하나님께 속하지 아니하니라, 빛 가운데 있다 하면서 그 형제를 미워하는 자는 지금까지 어둠에 있는 자요 그의 형제를 사랑하는 자는 빛 가운데 거하여 자기 속에 거리낌이 없으나 그의 형제를 미워하는 자는 어둠에 있고 또 어둠에 행하며 갈 곳을 알지 못하나니 이는 어둠이 그의 눈을 멀게 하였음이라, 우리는 형제를 사랑함으로 사망에서 옮겨 생명으로 들어간 줄을 알거니와 사랑하지 아니하는 자는 사망에 머물러 있느니라 그 형제를 미워하는 자마다 살인하는 자니 살인하는 자마다 영생이 그 속에 거하지 아니하는 것을 너희가 아는 바라, 우리가 하나님을 사랑하고 그의 계명들을 지킬 때에 이로써 우리가 하나님의 자녀를 사랑하는 줄을 아느니라"(요일 3:10, 2:9-11, 3:14-15, 5:2)

우리가 형제자매들을 사랑하는 것이야말로 구원받은 증거다. 진정한 사랑은 구원받은 사람들이 실천할 수 있다. 본래 인간은 참된 사랑을 실천할 수 없었다. 사랑은 하나님께 속한 것이기 때문에 우리가 구원을 받을 때 하나님의 사랑을 체험하고 배워서 그 사랑을 실천하게 되었다. 하나님은 사랑의 동기에 대해 말씀하신다.
"사랑하는 자들아 우리가 서로 사랑하자 사랑은 하나님께 속한 것이니 사랑하는 자마다 하나님으로부터 나서 하나님을 알고, 어느 때나 하나님을 본 사람이 없으되 만일 우리가 서로 사랑하면 하나님이 우리 안에 거하시고 그의 사랑이 우리 안에 온전히 이루어지느니라"(요일 4:7, 12)
그래서 구원받은 사람은 하나님뿐만 아니라 다른 사람도 사랑한다.

❻ 하나님의 뜻과 말씀을 따르고 순종한다.

우리가 구원을 받으면 예수님을 우리의 삶의 주인으로 모시고 섬기게 된다. 예수님을 삶의 주인으로 모신 사람은 하나님 말씀에 순종하게 된다. 그러나 자신이 구원을 받았다고 하면서 하나님을 따르지도 않고 하나님의 말씀에 순종하지 않는다면 그 구원은 참된 구원이 아니다. 이것은 우리가 천국 가는 자격을 얻기 위해서 순종하는 것이 아니라 은혜에 보답하는 마음으로 순종해야 한다. 기독교와 불교의 차이가 무엇일까? 기독교는 신앙생활을 처음에 시작할 때 엄청난 구원을 받고 시작한다. 하지만 불교는 그 구원을 얻기 위해서 시작한다. 선한 행동을 왜 하는가? 기독교는 구원을 받았기 때문에 감사해서 하나님께 보답하기 위해서 하지만 불교는 그 구원을 이루고 마지막 경지에 도달하기 위해서 한다. 그러나 중요한 것은 아무리 노력해도 도달할 수 없는 것이 불교의 구원이요, 인간의 종교다. 그래서 기독교는 독선처럼 보인다. 예수님은 다음 구절에서 위대한 선언을 하셨다.
"내가 유일한 길이다. 나 외에는 다른 길이 없다"(요 14:6)
사도 바울도 이 점에 대해 언급했다.
"천하 인간에 구원을 얻을 만한 다른 구원자를 주신 적이 없느니라"(행 4:12)
그래서 구원받은 사람은 삶 가운데서 하나님을 섬기고 하나님께 순종하게 된다. 다음 구절에 나오는 메시지에서 우리는 그 사실을 본다.
"우리가 그의 계명을 지키면 이로써 우리가 그를 아는 줄로 알 것이요 그를 아노라 하고 그의 계명을 지키지 아니하는 자는 거짓말하는 자요 진리가 그 속에 있지 아니하되 누구든지 그의 말씀을 지키는 자는 하나님의 사랑이 참으로 그 속에서 온전하게 되었나니 이로써 우리가 그의 안에 있는 줄을 아노라 그의 안에 산다고 하는 자는 그가 행하시는 대로 자기도 행할지니라"(요일 2:3-6)
만일 우리가 하나님의 계명을 지키지 않으면 우리는 하나님을 모르는 사람이다. 하나님을 모르면 당연히 구원받은 것이 아니다. 구원받은 사람은 하나님의 참된 사랑을 온전히 깨달았기 때문에 말씀에 순종하고 지키게 된다. 하지만 말씀을 순종하지 않는 사람은 거짓말하는 자요, 참된 진리가 없는 구원받지 못한 사람이다. 그래서 구원을 받았다면 말로 시인하는 것보다 행함으로 시인해야 한다. 다음 구절에 나오는 메시지에서 우리는 그 진리를 본다.

"그들이 하나님을 시인하나 행위로는 부인하니 가증한 자요 복종하지 아니하는 자요 모든 선한 일을 버리는 자니라"(딛 1:16)

❼ 다른 성도들과 교제를 즐긴다.

구원받은 사람은 다른 형제자매들을 사랑하고 함께 말씀을 나누며 서로 기도하며 교제를 즐긴다. 서로 영이 통하기 때문이다. 하지만 불신자는 진정한 교제가 안 된다. 서로 영이 다르기 때문이다. 불신자는 영적인 일에 대해서 이해가 되지 않고 깨닫지도 못한다. 다음의 말씀은 의심할 나위 없는 성경의 메시지다.

"육에 속한 사람은 하나님의 성령의 일들을 받지 아니하나니 이는 그것들이 그에게는 어리석게 보임이요, 또 그는 그것들을 알 수도 없나니 그러한 일은 영적으로 분별 되기 때문이라"(고전 2:14)

여기에서 말하는 '육에 속한 자'란 구원받지 못한 불신자를 말한다. 그러니 불신자와 신자는 서로 통할 리가 없다. 하지만 믿는 사람들은 서로 통한다. 그들은 하나님의 말씀을 믿고 배우기 때문에 성경에서 말하는 사고를 한다. 생각이 같고 관심이 같으며 행동도 같아서 교제가 이루어진다. 그러면 믿는 형제자매들만 사랑하고 믿지 않는 사람들은 사랑하지 말고 사귀지 말라는 뜻인가? 절대로 믿지 않는 사람을 무조건 사귀지 말라는 것은 아니다. 만약 그들을 사귀지 않으려면 세상 밖으로 나가야 한다. 다음 구절은 이 점을 뒷받침해준다.

"이 말은 이 세상의 음행하는 자들이나 탐하는 자들이나 속여 빼앗는 자들이나 우상 숭배하는 자들을 도무지 사귀지 말라 하는 것이 아니니 만일 그리하려면 너희가 세상 밖으로 나가야 할 것이라"(고전 5:10)

❽ **세상과 구별된 삶을 살아간다.**
하나님은 분명하게 말씀하고 계셨다.
"이 세상이나 세상에 있는 것들을 사랑하지 말라 누구든지 세상을 사랑하면 아버지의 사랑이 그 안에 있지 아니하니 이는 세상에 있는 모든 것이 육신의 정욕과 안목의 정욕과 이생의 자랑이니 다 아버지께로부터 온 것이 아니요 세상으로부터 온 것이라"(요일 2:15-16)

여기에 등장하는 '세상'이란 사람이 사는 세상이나 창조된 물질세계가 아니라 사탄에 의해 지배받고 하나님과 의를 거스른 죄 된 세상, 혹은 죄의 영역을 가리킨다. 이 말씀은 죄가 인간에게 어떻게 다가오는지 설명해 준다. 마귀 사탄은 옛날이나 지금이나 같은 방법으로 사람들을 유혹한다. 육신의 정욕과 안목의 정욕과 이생의 자랑으로 유혹한다. 육신의 정욕은 육신에 호소하는 것이요, 안목의 정욕은 우리의 눈에 호소하는 것이요, 이생의 자랑은 이 세상의 명예에 호소한다.

마귀 사탄은 일류의 조상 아담에게 같은 방법으로 유혹하였다. 육신의 정욕에 해당하는 '먹음직'하고, 안목의 정욕에 해당하는 '보암직'하고, 이생의 자랑에 해당하는 '지혜롭게 할 만큼 탐스럽기도 한 나무'를 통해서 유혹하고 공격하였다. 마태복음 4장에서 마귀 사탄은 예수님을 유혹할 때도 이 세 가지 방법을 사용했으나 예수님은 말씀에 무장되어 있어서 그 유혹을 물리치셨다. 오늘날도 같은 방법으로 마귀 사탄은 역사한다. 흔히 이 세 가지를 이성의 문제, 황금의 문제, 영광의 문제로 분류한다. 이성의 문제는 육신의 정욕에 호소하는 성적인 문제와 쾌락을 추구하는 부분에 사탄이 유혹한다. 황금의 문제는 물질과 부의 문제로 사탄이 유혹한다. 영광의 문제는 명예와 연관하여 유혹한다. 그래서 구원받은 사람은 이러한 세상과 구별된 삶을 살아간다.

❾ **죄를 습관적으로 범하지 않는다.**
구원받은 사람이 죄를 범할 수 있는가? 물론 죄를 범할 수 있다. 그러나 계속해서, 습관적으로 죄를 범한다면 그 사람의 구원은 문제가 있다. 하나님의 말

씀에 귀 기울여보라.

"하나님께로부터 난 자는 다 범죄하지 아니하는 줄을 우리가 아노라 하나님께로부터 나신 자가 그를 지키시매 악한 자가 그를 만지지도 못하느니라"(요일 5:18)
자신이 실수로 죄를 범하고, 자신이 죄를 지은 것을 안타까워하며, 그 죄를 자백할 수는 있지만 구원받은 사람은 고의로, 또는 습관적으로 죄를 계속 범할 수는 없다. 왜냐하면 죄가 얼마나 무서운가를 알기 때문이다. 그 죄 때문에 예수님이 죽으셨다는 것을 알기 때문이다. 사실 인간이 죄를 범하지 않았다면 예수님은 십자가에서 죽을 이유가 없었다. 하나님이 죄를 얼마나 싫어하시면 예수님이 세상 죄를 지셨을 때, 비록 예수님이 자신의 하나밖에 없는 독생자였지만 하나님 아버지는 그 순간은 예수님을 버리셨다. 당신은 예수님 고통의 절규를 들어보았는가? 그것도 큰 소리의 절규를! 예수님은 십자가에 매달려 크게 소리 지르셨다.

"엘리 엘리 라마 사박다니"
이것은 "나의 하나님 나의 하나님 어찌하여 나를 버리셨나이까?" (막 15:34)라는 뜻이다.
예수님이 돌아가시던 그 날 하늘은 빛을 내지 않았다. 아마 이것은 하나님 아버지가 아들을 사랑하시지만 죄는 미워하시기에, 그 순간 예수님이 세상 죄를 다 지셨기 때문에, 그 예수님에게서 얼굴을 돌렸다는 의미일 것이다. 성경은 이러한 사실을 입증해 준다.
"제 육시로부터 온 땅에 어둠이 임하여 제구시까지 계속되더니"(마 27:45)

하나님은 그만큼 죄를 싫어하시기 때문에 구원받은 사람은 죄를 미워하고, 멀리하며 습관적으로 죄를 범하지 않는다. 그러므로 자신은 구원받은 사람이라고 말은 하지만 계속 어둠 가운데 행하면 그 사람은 구원받은 사람이 아니다.
"만일 우리가 하나님과 사귐이 있다 하고 어둠에 행하면 거짓말을 하고 진리를 행하지 아니함이거니와 그가 빛 가운데 계신 것 같이 우리도 빛 가운데 행하면 우리가 서로 사귐이 있고 그 아들 예수의 피가 우리를 모든 죄에서 깨끗하게 하실 것이요"(요일 1:6-7)

어둠 속에서 행하는 것은 그리스도를 따르는 것이 아니며 생활 속에서 계속 죄를 범하는 것이다. 그러나 구원받은 사람은 어둠에서 빛으로 옮겨진 사람이다. 그러므로 더는 어둠 속에서 방황하지 않는다. 단호한 말씀이 아닌가?
"너희가 전에는 어둠이더니 이제는 주 안에서 빛이라 빛의 자녀들처럼 행하라, 형제들아 너희는 어둠에 있지 아니하매 그 날이 도둑 같이 너희에게 임하지 못하리니, 예수께서 또 말씀하여 이르시되 나는 세상의 빛이니 나를 따르는 자는 어둠에 다니지 아니하고 생명의 빛을 얻으리라"(엡 5:8, 살전 5:4, 요 8:12)
그러므로 구원받은 사람은 빛 가운데 행하기 때문에 죄를 습관적으로 범하지 않는다.

❿ 내적으로 그리스도가 계신다는 사실을 체험한다.

"그의 성령을 우리에게 주시므로 우리가 그 안에 거하고 그가 우리 안에 거하시는 줄을 아느니라"(요일 4:13)
구원받은 사람은 자신의 삶 가운데서 예수님과 동행하며 그분을 섬기고 그분의 인도를 받는다. 기도를 통하여 그분과 대화하며 삶 가운데서 그분이 함께 하시는 것을 체험하고 감사하게 된다. 구원받은 사람은 성령의 인도함도 받는다. 성령께서 인도해 주지 않고 전혀 성령을 체험하지 못한다면 과연 하나님의 자녀이겠는가? 바울은 이 점을 분명하게 말한다.
"성령이 친히 우리의 영과 더불어 우리가 하나님의 자녀인 것을 증언하시나니"(롬 8:16)
누가 과연 하나님의 아들인가? 하나님은 상당히 명확하게 말씀하신다.
"무릇 하나님의 영으로 인도함을 받는 사람은 곧 하나님의 아들이라"(롬 8:14)
구원받은 사람은 반드시 기도의 응답을 받는다. 자녀이기에 당연히 기도 응답을 받는다. 구원받은 사람은 세상으로부터 미움을 받는다. 하나님은 이러한 사실에 대해 말씀하신다.
"너희가 세상에 속하였으면 세상이 자기의 것을 사랑할 것이나 너희는 세상에 속한 자가 아니요 도리어 내가 너희를 세상에서 택하였기 때문에 세상이 너희를 미워하느니라"(요 15:19)

물론 세상과 타협하며 살아간다면 미움을 당하지 않을 수도 있다. 성경은 명확하게 말씀하신다.
"무릇 그리스도 예수 안에서 경건하게 살고자 하는 자는 박해를 받으리라"(딤후 3:12)

⑪ 삶에서 열매를 맺는다.

구원받은 사람은 자신의 삶 가운데서 하나님의 인격을 나타낼 책임이 있다. 열매를 맺는다는 것은 예수님이 우리 삶 속에서 그의 인격을 구현하시며 우리 안에다 그의 생활양식을 심어주시는 것이다. 구원받은 사람은 자신의 삶 속에서 맺을 수 있는 열매는 갈라디아서 5장 22절과 23절에 잘 나타나 있다. 구원받은 사람은 성령을 소유하고 있어서 말하는 단호한 말씀이 아닌가? "그의 성령을 우리에게 주시므로 우리가 그 안에 거하고 그가 우리 안에 거하시는 줄을 아느니라"(요일 4:13)

성령의 열매야말로 성령님이 내주하신다는 증거가 된다. 성령의 열매는 예수님의 인격을 잘 보여준다. 성령의 열매들은 다른 사람과의 관계를 통하여 맺을 수 있음을 보여준다.

사랑은 관계에서 주고받는 것이며 희락은 바른 관계의 결과다. 화평은 올바른 관계의 결과다. 오래 참음은 관계 유지를 위하여 사람에 대하여 오래 참는다. 자비는 관계를 맺을 때의 태도. 양선은 관계에서 나오는 착한 마음이며 충성은 관계의 방법으로 상대방에게 최선을 다하는 것이다. 온유는 관계 안에서 복종하려는 의지이며 절제는 관계의 통제다.

성령의 열매를 통하여 배울 수 있는 중요한 교훈은 어떤 사람이 진정으로 구원받은 사람인가를 구분해 준다. 성령의 열매가 성령을 소유한 사람이 보여줄 수 있는 특징들이기 때문이다. 구원을 받았다는 사람이 삶에서 참지 못하고, 절제하지 못하고, 기뻐하지 못하고, 사랑을 실천하지 않는다면 그 사람의 구원은 의심하지 않을 수 없다. 당신은 구원받은 사람으로서 삶 가운데 성령의 열매를 맺으며 인격적으로 아름답게 변화되고 있는가?

❷ **심판에 대한 두려움이 없다.**

구원받은 사람은 온전한 사랑을 체험했고, 그 온전한 사랑이 두려움을 내쫓기 때문에 심판에 대한 두려움이 없다. 온전한 사랑 안에는 두려움이 없다. 자신의 죄 문제를 다 처리한 의인이기 때문에 심판에 대한 두려움이 없다. 구원받은 사람은 분명히 심판이 없다(요 5:24). 그러면 누가 두려워하는가? 두려워하는 자는 사랑 안에서 온전히 이루지 못한 사람이기 때문에 죄의 형벌을 받을 수밖에 없다. 그분의 말씀에 귀 기울여보라.

"이로써 사랑이 우리에게 온전히 이루어진 것은 우리로 심판 날에 담대함을 가지게 하려 함이니 주께서 그러하심과 같이 우리도 이 세상에서 그러하니라 사랑 안에 두려움이 없고 온전한 사랑이 두려움을 내쫓나니 두려움에는 형벌이 있음이라 두려워하는 자는 사랑 안에서 온전히 이루지 못하였느니라"(요일 4:17-18)

진정으로 구원받은 사람은 자신의 삶에서 반드시 구원받은 증거를 나타낼 수 있어야 한다.

6. 영적인 의사

좋은 의사가 되려면 환자의 병에 대한 정확한 진단과 적절한 처방을 할 줄 알아야 한다. 개인 구령상담사역자도 영적인 의사로서 상대방을 정확한 진단과 적절한 상담을 해야한다. 그러므로 우리가 개인 구령상담을 하려면 상대방의 영적 상태를 바로 알아야 한다. 다시 말하면 영적인 진단을 바로 해야 한다는 말이다. 그 사람이 진정 주님을 만난 것인지 아니면 심각한 착각을 하고 있는지 가능하면 정확하게 알 필요가 있다. 그러기 위해서는 영적인 분별력이 있어야 하는데, 이것은 예수님과 깊은 교제, 영적 체험, 성경에 대한 깊은 이해, 오랫동안의 신앙생활과 다양한 개인 구령상담 경험 등을 통해 체득되는 것이다. 그러나 기본적인 원리를 먼저 알고 상대방을 진단해보면 많은 경우에 상대방의 영적인 상태를 분별할 수 있을 것이다.

우리는 영적인 의사로서 과연 상대방이 구원받은 사람인지 스스로 자신을 점검하도록 도와주어야 한다. 그러면 우리는 왜 이러한 영적인 진단을 해야 하는가? 이것은 우리 인간에게 있어서 가장 중요한 문제이기 때문이다. 우리의 영원한 생사가 여기에 달려 있다. 천국이냐 지옥이냐를 판가름하는 가장 중요한 문제다. 우리가 사랑하는 가장 가까운 사람들의 영원한 운명에 관한 문제다. 우리가 구원을 받아 하나님의 축복을 누리는 사람이 되느냐 아니면 망하는 자가 되어 영원히 잃어버린 자가 되느냐가 여기에 달려 있기 때문이다. "우리는 구원 받는 자들에게나 망하는 자들에게나 하나님 앞에서 그리스도의 향기니 이 사람에게는 사망으로부터 사망에 이르는 냄새요 저 사람에게는 생명으로부터 생명에 이르는 냄새라 누가 이 일을 감당하리요"(고후 2:15-16)

그러므로 구원의 문제는 영원한 생명이냐 영원한 사망이냐의 문제다. 그래서 성경은 이렇게 명령한다.
"너희는 믿음 안에 있는가 너희 자신을 시험하고 너희 자신을 확증하라 예수 그리스도께서 너희 안에 계신 줄을 너희가 스스로 알지 못하느냐 그렇지 않으면 너희는 버림 받은 자니라"(고후 13:5)
이보다 더 성경에서 말하는 명령이 또 어디 있겠는가? 여기서 '시험하라'라는 말은 자기 스스로 자신이 구원받은 사람인지 테스트해 보고, 점검해보라는 말이다. 그래서 모든 사람은 자신이 구원을 받았는지 스스로 확인해 보아야 한다.

"나는 과연 구원받은 사람인가?"
"나는 지금 죽어도 천국에 들어갈 수 있는가?"
"예수님이 정말 내 안에 살아 계시는가?"
"나는 언제 예수님을 인격적으로 만난 사실이 있는가?"
"언제 예수님이 나의 모든 죄를 해결해 주셨는가?"

그래서 사도 바울은 계속해서 이렇게 말한다.

"너희는 믿음 안에 있는가 너희 자신을 시험하고 너희 자신을 확증하라 예수 그리스도께서 너희 안에 계신 줄을 너희가 스스로 알지 못하느냐 그렇지 않으면 너희는 버림 받은 자니라"(고후 13:5)

만약 그 사람이 개인적으로 예수님을 만난 사실이 없다면 그 사람은 버림받은 사람이요, 하나님의 사랑에서 떨어진 사람이다. 그 결과 그 사람은 지옥에 들어갈 수밖에 없다. 그러므로 어떤 사람이 "나는 구원을 받았다, 나는 예수님을 믿는다, 나는 천국에 갈 수 있는 확신이 있다"라고 하더라도 그 대답을 액면 그대로 받아들이지 말고 상대방이 어떻게 구원을 받았는지 구원 간증을 해달라고 정중하게 요청할 필요가 있다.

"선생님이 어떻게 구원을 받았는지 제가 선생님의 구원 간증을 한번 들어볼 수 있겠습니까?"

그때 그 사람이 참으로 구원받은 사람이라면 자신이 어떻게 구원을 받았는지 그리고 자신이 구원받은 이후에 어떻게 변화되었는지 기꺼이 들려줄 것이다. 그러면 구원이 아닌 경우는 어떤 것들이 있는가?

7. 진단 질문

상대방이 교회를 다니지 않거나, 다녀본 적이 없거나, 다른 종교를 가진 사람이라면 일단 구원받지 않았다고 간주해도 거의 틀림이 없다. 하지만 상대방이 교회를 다닌다고 하면 진단 질문을 해본다. 그러므로 상대방에게 조심스럽고, 정중하고, 예의 바르게 진단 질문을 한다.

질문 : 만약 당신이 지금, 이 순간 죽더라도 천국에 들어갈 확신이 있습니까?

상대방에게 구원을 받았느냐고 묻지 말고 계속 올바른 구원을 받았는지 점검하기 위해 다른 질문을 한다. 구원받지 못한 사람은 대체로 다음과 같은 대답을 할 것이다.

① 아니요, 자신이 없습니다. 죽어봐야 알지요.
사람이 죽은 다음에는 다시 기회가 없으며, 성경은 죽어봐야 구원받은 사실을 알 수 있는 것이 아니라 구원받은 사실을 미리 알 수 있다고 말한다.
"내가 하나님의 아들의 이름을 믿는 너희에게 이것을 쓰는 것은 너희로 하여금 너희에게 영생이 있음을 알게 하려 함이라"(요일 5:13)
정확하게 믿는 사람은 구원을 받고 영생을 얻었음을 미리 알게 하려고 성경이 기록되었다.

② 나는 천국에 가려고 노력하고 있어요.
성경은 구원은 하나님의 은혜와 선물로 받는 것이며 인간의 노력으로 받을 수 없다고 말한다(엡 2:8-9).

③ 나는 예수 믿고 많이 변했는데요.
모든 변화가 다 구원받은 증거는 아니다. 구원받지 않고 교회만 다녀도 많은 변화가 있을 수 있다. 그러므로 변화의 원인을 바로 파악해야 한다. 올바른 원인에서 온 변화도 있고, 잘못된 동기에서 온 변화도 있기 때문이다.

④ 나는 하나님을 사랑하고 그의 뜻대로 살려고 애쓰는데요.
하나님과의 관계를 통한 진정한 사랑이 아니라 혼자서 하나님을 그냥 짝사랑하는 사람도 있다. 어떤 사람은 예수님은 없고 하나님 아버지만 사랑하는 사람도 있는데 그러나 우리가 하나님을 만나는 길은 오직 중보자이신 예수님을 통해서만 가능하다.

⑤ 나는 설교를 들을 때 은혜를 많이 받는데요.
어떤 사람들은 드라마나 영화를 보아도 은혜를 받는다.

⑥ 나는 말씀이 잘 이해가 되고 깨달아지는데요.
이렇게 대답하는 사람은 실제로 구원을 받은 사람도 있고, 구원받은 것이 아

닌 사람도 있다. 구원을 받은 것이 아닌 사람은 거의 구원받기 직전에 와 있다거나 마음이 준비되어가는 과정이지 아직 구원받은 것이 아닌 사람도 있다. 하지만 구원받은 다른 증거가 함께 있다면 그 사람은 구원받은 사람이다.

⑦ 나는 하나님이 살아계신 것을 믿는데요.

하나님이 살아계신 것을 믿는 것은 마귀 사탄도 믿는다. 하나님과 개인적인 관계 가운데 있으면서 하나님이 살아계신다는 사실을 믿는다면 그것은 구원받은 증거다.

⑧ 나는 성경도 믿고 하나님도 다 믿는데요.

이런 내용은 구원받기 전에도 믿을 수 있다.

⑨ 나는 모태 신자인걸요.

인간의 혈통이나 육정으로 난 것은 구원이 아니다.
"이는 혈통으로나 육정으로나 사람의 뜻으로 나지 아니하고 오직 하나님께로부터 난 자들이니라"(요 1:13)

⑩ 나는 불치병에서 치료받은 놀라운 체험을 했어요.

육체의 질병이 나은 것은 구원은 아니다.

⑪ 나는 구령상담을 했는데요.

구령상담을 통해 구원이 이루어지지 않았는데 구령상담자가 구원을 받았다고 선포하는 경우 상대방은 구원이 이루어지지 않았음에도 불구하고 자신이 구원받은 것으로 착각할 수도 있다.

⑫ 나는 복음을 다 알아요. 예수님이 나를 위해 죽으신 것을 다 알아요.

이런 대답은 지식적인 동의이지 구원은 아니다. 진정한 구원은 마음에 이루어져야 한다.

⑬ **나는 영접 기도를 통해 주님을 영접했어요.**

영접기도 자체가 구원은 아니다.

그러므로 이러한 대답을 하는 것은 그 사람의 구원 문제에 대해 의문을 품을 수 있을 것이다. 이런 대답들은 모두 인간 중심적이고, 인간의 관점에서 말하는 것이며, 구원받지 않고도 위에서 언급한 대답들은 모두 할 수 있는 내용이다. 그러면 왜 교회를 다니면서도 구원을 받지 못하는 경우가 있는가? 본인이 구원받은 것으로 착각하는 사람도 있고, 상대방이 구원에 대해 무관심하다 보니 그런 사람도 있고, 그 사람이 다니고 있는 교회에서 구원의 복음에 대해 바르게 가르치지 않기 때문에 그런 사람도 있고, 사탄이 역사하고 있어서 그런 사람도 있을 수 있다.

8. 구원이 아닌 것

장두만 교수는 그의 저서 <구원, 그것이 알고 싶다>에서 구원이 아닌 거짓 구원에 대해 명확하게 이야기한다(P. 92-98).

한 영혼이 예수 그리스도를 개인적으로 만나 구원받는다는 것은 참으로 엄청난 특권이며 축복이라 하지 않을 수 없다. 구원이 그렇게 귀하고 소중한 만큼 사탄은 모조품 구원, 가짜 구원을 진짜 구원보다 더 범람하게 해서 사람들을 미혹하고 있다. 그러면 나 자신은 참으로 거듭난 사람인지 아닌지 어떻게 알 수 있는가? 교회를 다니는 사람들 가운데 상당히 많은 사람이 전혀 구원받은 게 아니면서도 구원받은 것으로 착각하며 살아가고 있다. 다음과 같은 경우는 구원과 아무런 상관이 없다는 사실을 분명히 알아야겠다.

❶ **영접기도 자체는 구원이 아니다.**

많은 선교단체나 일부 교회에서 10~15분 정도의 짧은 시간 동안 복음을 소개한 후, 스스로 영접 기도를 하거나 상담자를 따라서 영접 기도를 하게 하고, 그 기도가 끝나고 나면 "이제 당신은 구원받은 성도입니다" 라는 식으로 말한다. 이것은 참으로 위험하기 그지없는 비성경적인 방법이라고 하지 않을 수 없다. 물론 영접 기도를 함으로써 주님을 영접해 구원받는 일도 있다. 그러나 영접 기도를 수십 번 반복했지만, 여전히 구원받지 못한 사람도 있다. 그래서 영접기도 자체가 구원이라는 등식은 성경적으로 볼 때 전적으로 틀린 방법이다. 만약 '나는 영접 기도를 했으니 구원받았다'라고 믿는 사람이 있다면, 그는 큰 착각 가운데 있는 사람이요, 하나님과는 상관이 없는 사람이다.

❷ **복음을 단순히 머리로 이해하고 동의하는 것은 구원이 아니다.**
구원받기 위해서는 복음을 지식적으로 알아야 한다. 이 과정이 필요한 이유는 복음에 관한 지식 없이는 구원받지 못하기 때문이다. 그러나 지식 그 자체가 구원은 아니다. 예수를 믿는 것은 머리로 아는 것이 아니라, 마음으로 믿는 것이다. 마음으로 믿는다는 것은 지와 정과 의지 전체로, 다시 말하면 전인격적으로 믿는 것을 의미한다. 그래서 지식만의 구원은 가짜 구원이고, 감정만의 구원도 가짜 구원이고, 의지의 결단만으로 주님을 영접하는 것도 역시 가짜 구원이다. 지와 정과 의지가 동시에 작동해서 예수를 믿는 것이 참된 믿음이다.

❸ **성경에 관한 지식의 누적이 구원은 아니다.**
어떤 경우에는 구원받지 않고서도 교회에 오래 다니다 보면 성경에 관한 지식도 많아지고, 찬송도 꽤 많이 알고, 교회 생활에도 익숙해지고, 생활도 조금 변하니, 이것이야말로 구원받은 증거가 아니겠느냐는 식으로 착각하는 사람들이 있다. 그러나 그것은 지식의 증가이지 참으로 구원받은 증거는 아니다. 성경에 관한 지식이 아무리 많이 축적되어도 그것은 결코 구원이 아니다.

❹ **선하게 사는 것이 구원이 아니다.**
어떤 사람은 이렇게 말한다.
"나는 주님을 사랑하고, 주님 말씀대로 살려고 노력하고, 주님께 순종하려고 애를 쓰는데, 나 같은 사람이야말로 참으로 구원받은 사람이 아닌가?"
위 같은 경우는 구원받은 사람일 수도 있고, 아닐 수도 있다. 왜냐하면 구원받지 않은 사람도 자기 나름으로 주님을 사랑할 수 있기 때문이다. 그러나 그것은 참사랑이 아니고 짝사랑이다. 그리스도의 사랑이 심령 가운데 부어진 바 됨으로써 이전에 주님에 대한 사랑이 전혀 없었던 사람에게 주님에 대한 사랑이 생기기 시작했다면 그 사랑은 참된 사랑이고, 그 사람은 구원받은 사람이다. 그러나 자기 열정으로 그냥 예수님이 좋아서 사랑하는 것이라면 그것은 참사랑이 아니다. 주님 뜻대로 순종하려고 하고, 선하게 살려고 하는 것도 구원의 확실한 증거는 아니다. 구원받지 않고서도 그렇게 사는 사람은 얼마든지 있다. 사도행전 10장에 나오는 고넬료는 구원받기 전에도 선행과 구제와 기도로 소문난 사람이었다.

❺ **모태신앙은 구원과는 별개의 것이다.**

많은 교인이 자신은 모태 신자임을 크게 자랑한다. 그러나 엄밀히 말하면, 모태신앙이란 없는 것이다. 신앙은 나와 하나님과의 개인적인 관계이지 어머니 또는 아버지 때문에 내가 자연스럽게 천국 가는 것은 결단코 아니다. 그러므로 개인적으로 예수 그리스도를 만나 거듭나는 것을 체험해야 하나님의 자녀가 된다. 그 외에 교회나 교파가 구원과는 상관이 없으며, 어떤 성례 전이나, 교회의 직분이나, 어떤 신비적인 체험을 구원과 연관시켜서도 안 된다. 성령의 역사가 아니고서도 신비적인 체험을 하는 경우는 비일비재하다. 기독교가 아닌 이방 종교에서도 성령과 관계없이 각종 신비로운 체험을 많이 하는 것을 각종 문헌을 통해 쉽게 접할 수 있다. 구원은 그렇게 어렵고 복잡한 것이 아니다. 그러나 거듭나지 못한 사람은 사탄의 역사로 인해 영적인 눈이 멀어 있어서 영적인 세계가 보이지 않고, 따라서 헛갈리기 쉽다는 사실을 분명히 알 필요가 있다.

❻ **구원의 확신이 없으면 구원이 아니다.**

참으로 구원을 받고서도 구원의 확신이 없는 사람도 있는가? 대부분은 구원받은 적이 없어서 구원의 확신이 없다. 그러므로 어떤 사람이 구원의 확신이 없다면 일단 구원받지 않은 것으로 간주해도 좋다. 하지만 가끔 구원을 받고도 확신이 없는 때도 있다. 본인이 구원을 받았지만, 성경 지식이 없어서 구원의 확신이 없는 것이다. 또 어떤 경우는 본인이 구원받은 직후 어린 신앙인으로서는 도저히 감당하기 힘들 정도로 큰 충격을 받았다거나 너무 힘든 경험을 함으로써 한동안 있던 구원의 기쁨이 금세 사라질 때도 구원의 확신이 없다. 어떤 경우에는 현재의 삶에 문제가 있어서 구원의 확신이 없는 것이다.

❼ 진정한 회개를 하지 않았으면 구원이 아니다.

오늘날 일부에서 전해지고 있는 복음은 죄인들에게 그릇된 희망을 품게 한다. 자신의 죄에 대해 깊이 인식할 필요도 없이, 또 죄에서 돌이키는 회개가 없어도 예수께서 십자가에서 자신을 위해 죽으셨다는 것에 동의만 하면 구원받았다는 식으로 가르친다. 하지만 진정한 회개가 없는 구원은 있을 수 없다. 구약 성경에서 회개라는 단어는 "슈브"로서, 그것은 항상 죄로부터 돌아서서 하나님께로 향하는 것을 의미한다. 그것은 마음과 뜻과 정성과 힘을 다해서 하나님께로 돌아서는 것을 뜻한다. 그리고 신약 성경에서 회개라는 단어가 사용될 때는 언제나 목표의 변화, 특히 죄로부터의 돌이킴을 의미한다. 참된 회개는 그리스도에 대한 태도를 근본적으로 바꾸는 것은 물론, 양심의 가책을 포함하며, 많은 경우에 자신의 죄에 대한 슬픔을 수반한다. 그러나 그것은 구원받기 전에 무엇을 고쳐야 한다는 것이 결코 아니다. 주님 앞에는 "내 모습 이대로" 나간다. 사실상 구원받기 전에는 아무것도 근본적으로 고칠 수 있는 능력이 없다. 이 면에 관해서 맥아더가 잘 지적하고 있다.

"무엇보다도 회개는 구원에 앞서 자신의 삶을 바로 잡아 보려는 시도가 아님을 알아야 한다. 회개에로의 부르심은 믿음으로 그리스도께로 돌이키기 전에 죄를 청산하라는 명령이 아니다. 오히려 그것은 자신의 불의함을 깨닫고 그것을 미워하며, 그것에 등을 돌리고, 그리스도께 달려가 전심으로 그분을 받아들이는 명령이다."(맥아더, <구원 얻는 믿음이란 무엇인가?>, p.229)

그러므로 참된 회개는 구원에 있어서 필수적이다. 지금까지의 죄에서 돌이키겠다는 의지(돌이키겠다는 마음의 각오)가 전혀 없이 참된 구원이 이루어질 수 없다. 그래서 "나는 구원을 받았어도 나의 삶의 방식을 전혀 바꾸지 않고 과거에 살던 그대로 살겠다"라는 사람은 구원받은 사람이 아니다.

9. 거짓 믿음과 참된 믿음

교회에 다니는 사람 중에 예수 믿으면 구원받는다는 것을 대부분 알고 있다. 그러나 그중에 많은 사람은 예수님을 믿는 것이 무엇을 의미하는지 모른다. 단지 막연하게 예수 믿으면 구원을 얻는다고 알고 있다. 그래서 믿음 중에서도 잘못된 거짓 믿음이 있다. 이단들도 대부분 하나님을 믿는다고 말한다. 그래서 성경은 잘못된 거짓 믿음이 있다는 것을 명확하게 밝히고 있다.
"이처럼 행함이 없는 믿음은 그 자체가 죽은 것이라, 아아 허탄한 사람아 행함이 없는 믿음이 헛것인 줄을 알고자 하느냐"(약 2:17, 20)
여기서 거짓 믿음이 무엇인지 바로 알아야 한다.

❶ **일시적인 믿음은 거짓 믿음이다.**
일시적인 믿음은 거짓 믿음이다. 이것은 말씀을 들을 때는 일시적으로는 받아들이지만, 그 말씀이 결실을 이루지 못하는 경우다. 예수님은 이 사실을 씨 뿌리는 자의 비유를 통하여 지적하셨다.
"길 가에 있다는 것은 말씀을 들은 자니 이에 마귀가 가서 그들이 믿어 구원을 얻지 못하게 하려고 말씀을 그 마음에서 빼앗는 것이요 바위 위에 있다는 것은 말씀을 들을 때에 기쁨으로 받으나 뿌리가 없어 잠깐 믿다가 시련을 당할 때에 배반하는 자요"(눅 8:12-13)
여기서 '잠깐 믿다가'라는 말은 일시적으로만 믿는 것을 의미한다. 또한 일시적인 믿음은 구원을 위해서 자신을 의지하고, 이 세상에서 필요한 복을 얻기 위해서 예수님을 의지하는 경우다.

<전도 폭발>의 제임스 케네디는 이 점을 잘 설명한다.
"구원 얻는 믿음 같으면서도 실상은 전혀 다른 믿음이 있는데 그것은 바로 영생을 위해서는 자기 자신을 의지하면서도 일시적인 복, 혹은 현세적인 복을 위해서는 주님을 신뢰하는 믿음이다. 이것을 구별하기란 어려운 일이나 우리는 그것을 구별할 필요가 있다. 그것은 영원한 복과 영원한 화를 구별하는 일이 된다. 루터를 한번 생

각해 보라. 구원받기 전에 그는 하나님을 믿고 있었다. 그가 로마로 순례의 길을 떠날 때 그는 안전과 숙식과 건강을 위해서 주님을 의지하지 않았는가? 분명히 의지했다. 그와 마찬가지로 존 웨슬리도 영국에서 신세계의 선교입지로 떠날 때 그의 안전을 주님께 맡겼다. 그런데도 이들은 지상에서 천국으로 가는 길의 안전을 위해서 자기 자신을 신뢰하고 있었다. 죄인이 믿음으로 의롭다고 하심을 받는다는 사실의 진리를 알고 믿기 오래전에 그들은 믿음을 안전한 여행을 할 수 있다는 진리에 대해서 알고 믿었다."

❷ 하나님의 존재를 단순히 믿는 것은 거짓 믿음이다.

하나님이 살아 계신다는 것을 믿는 것은 구원 얻는 참믿음은 아니다. 이 세상에는 신은 없다고 믿는 무신론자들이 많다. 그러나 하나님의 존재를 믿는다고 해도 그것이 모두 구원 얻는 참믿음은 아니다. 왜냐하면 마귀 사탄도 하나님이 살아 계신다는 사실을 믿기 때문이다. 그러면 마귀도 구원을 받았는가? 그래서 성경은 분명하게 말씀한다.

"내가 하나님은 한 분이신 줄을 믿느냐 잘하는 도다 귀신들도 믿고 떠느니라"(약 2:19)

예수님 당시에도 많은 사람이 예수님이 어떤 분인 줄 몰랐지만, 귀신 들린 사람은 알아보았다. 다음의 말씀들은 의심할 나위 없는 성경의 이야기들이다.

"나사렛 예수여 나는 당신이 누구인줄 아오니 하나님의 거룩한 자니이다"(막 1:23-24, 마 8:29, 막 5:1-7, 눅 4:33-36).

그러나 그들은 하나같이 고백하기를 "나와 당신이 무슨 상관이 있나이까?"라고 말했다. 예수님을 하나님의 아들이라고 믿어도 그 믿음은 예수님과는 아무런 상관이 없다.

❸ 현세적인 것만 믿으면 거짓 믿음이다.

현세적인 믿음은 구원 얻는 참믿음이 아니다. 현세적인 믿음은 이 세상에서 세상의 것들을 얻기 위하여 주님을 신뢰하는 것이다. 영생이나 천국의 소망에는 관심이 없고 이 세상에서 병을 낫게 하려고, 축복을 많이 받아서 부자가 되려고, 마음이 외로워서 마음이나 달래 보려고 믿는 것이다. 그러나 그러한 믿음은 참된 믿음이 아니다.

❹ 지식적인 동의는 거짓 믿음이다.
지식적인 동의의 믿음은 구원 얻는 참믿음이 아니다.

그래서 <전도 폭발>의 제임스 케네디는 이렇게 설명했다.
"신학자들은 믿음의 3요소를 지식, 동의, 신뢰로 정확히 지적했다. 우리는 어떤 것을 지식적으로는 알고 있으면서도 그것에 동의하지 않을 수가 있다. 예를 들면, 그리스도가 오늘날 인도에 사는 어떤 사람의 몸을 입고 이 세상에 왔다고 가르치는 사람이 있다. 저자는 이들의 가르침에 대해서 알고는 있지만, 그것에 동의하지는 않는다. 또한 수많은 역사적 사실들에 대해서 지식적으로 알고 있고 또한 그것들에 동의하면서 아직 그것들에 대하여 신뢰하지 않는 사람이 있을 수 있다. 우리는 알렉산더 대제에 대해서 알고 있고 또 그의 정복 전쟁들에 관한 역사적인 기록에 대해서 동의하고 있다. 더 나아가서 우리는 그가 군사전략에 천재였다는 데에도 동의한다. 그러나 알렉산더가 자기를 위해 뭔가를 해줄 수 있을 것으로 믿는 사람은 아무도 없기를 바란다. 그것은 어리석은 일일 것이다. 지식과 동의에 루터가 말한 신뢰가 따라야 한다."

지식적인 동의는 구원 얻는 믿음이 아니다. 물론 믿음은 올바른 지식에서 출발한다. 그러나 머리로 아는 것만 가지고 구원받는 것이 아니다. 당신은 올바른 믿음을 가지고 구원을 받았는가? 아니면 구원을 얻지 못하는 거짓 믿음은 아닌가?

❺ 행함이 없는 믿음은 거짓 믿음이다.
구원을 받지 못하는 거짓 믿음은 행함이 없는 믿음이다. 성경은 상당히 명확하게 말씀한다.
"내 형제들아 만일 사람이 믿음이 있노라 하고 행함이 없으면 무슨 유익이 있으리오 그 믿음이 능히 자기를 구원하겠느냐, 아 허탄한 사람아 행함이 없는 믿음이 헛것인 줄을 알고자 하느냐, 영혼 없는 몸이 죽은 것 같이 행함이 없는 믿음은 죽은 것이니라"(약 2:14, 20, 26)

여기서 '사람이 믿음이 있노라 하고'라는 의미가 무엇인가? 우리 주위에 교회를 다니는 사람들 가운데 본인은 구원을 받았다고 말하며 믿음이 있다고 말하지만, 그 사람의 삶을 살펴보면 전혀 변화가 없고 행함이 없는 사람이 있다. 그런 사람은 참된 구원을 받은 사람이 아니다. 왜냐하면 야고보는 '그 믿음이 능히 자기를 구원하겠느냐 아아 허탄한 사람아'라고 말하고 있기 때문이다. 그러므로 행함이 전혀 없는 것은 참된 믿음이 아니다. 행함이 없으면 믿음도 없다.

① 존 맥아더는 그의 책 <구원이란 무엇인가>에서 찰스 라이리의 글을 인용한다(P. 226).

"행함이 없고 죽은 가짜 믿음이 인간을 구원할 수 있는가? 야고보는 우리가 행함으로 구원을 얻는다고 말하지 않는다. 다만 선한 행함을 낳지 않는 믿음이 죽은 믿음이라고 말하고 있다. 열매를 맺지 못하는 믿음은 영혼을 구원할 수 없다. 그런 믿음은 참된 믿음이 아니기 때문이다."

② 존 맥아더는 반스의 글을 인용한다(P. 227).

"야고보는 참된 믿음이 있다면 언제나 선한 행함이 따라온다고 주장한다. 그리고 사람을 의롭게 하고 구원할 수 있는 것은 오직 그 믿음뿐이라고 주장한다. 실질적인 삶의 거룩함으로 이끌지 못한다면 그 믿음은 조금도 가치가 없다."

③ 존 맥아더는 루터의 글을 인용한다(P. 355-358).

"믿음은 즉시 사람을 새롭게 하고 거듭나게 한다. 그리고 사람을 완전히 새로운 삶의 방식과 특징으로 이끌고 간다. 그래서 참된 믿음이 있는 사람은 계속해서 선한 일을 하지 않고는 견딜 수 없게 되는 것이다. 나무가 열매를 맺는 것처럼 당연히 믿음은 선한 행위를 낳는다. 나무에게 열매를 맺으라고 명령하는 것이 전혀 불필요한 일이듯이 믿는 자에게도 선한 일을 하라고 촉구할 필요가 없다. 믿는 자는 저절로, 자유롭게, 자발적으로 선한 일을 하기 때문이다. 그것은 아무 명령이 없어도 잠을 자고 먹고 마시며 옷을 입고 듣고 말하며 가고 오는 것과 같은 이치다. 이 믿음이 없는 사람은 단지 믿음과 행위에 대해 헛된 말만 할 뿐이다. 사람이 행위로 선해지는 것이 아니라 선한 행위로 거짓 믿음과 참된 믿음의 차이를 입증해야 한다. 믿음이 참이라면 언제나 그 믿음은 선을 행하기 때문이다. 만일 믿음이 선을 행하지 않으면 그 믿음은 분명 헛되고 거짓된 것이다. 행함에 대해 언급한 성경의 모든 단락은 하나님이 행함을 통해 믿음 안에서 받은 선함을 입증하며 다른 사람에게 유익을 끼치기를 원하신다는 것을 보여준다. 그것을 통해 거짓 믿음이 드러나고 뿌리째 제거될 수 있도록 말이다. 우리가 행함이 없다면 우리는 자신의 믿음이 참인지 아닌지 알 수 없다. 행함이 따라오지 않는 곳에는 오직 공허한 생각과 꿈만 있을 뿐 믿음이 없다는 확실한 증표다. 그러나 사람들은 그것을 믿음이라고 거짓되게 부른다. 행함은 당연히 믿음이 따라오기 때문에 행함을 명령할 필요는 없다. 명령을 받지 않아도 믿음은 행함을 하게 되어 있다. 그래서 우리는 거짓 믿음과 참된 믿음을 구별할 수 있게 되는 것이다."

④ 존 맥아더는 칼뱅의 글을 인용한다(P. 358-361).
"믿음과 행함이 얼마나 분리할 수 없을 만큼 밀접히 연결되어 있는지 알고자 한다면 그리스도를 바라보라. 완전함과 거룩함을 향한 열정이 일어나지 않는 곳에는 그리스도의 영도, 그리스도도 없다. 또한 그리스도가 있으시지 않은 곳에는 의도, 믿음도 없다. 인간의 마음속에는 허영을 위한 자리가 너무 많다. 거짓을 위한 은신처가 너무 많다. 기만과 위선의 수의를 너무 단단히 입고 있다. 그래서 종종 인간의 마음은 자신을 기만한다. 외형뿐인 믿음 안에서 영광을 누리는 자들은 사탄보다 조금도 나을 것이 없다는 것을 그들이 알아야 한다."

⑤ 존 맥아더는 스펄전의 글을 인용한다(P. 369-370).
"그리스도를 기꺼이 구주로 받아들이는 것처럼 보이지만 주님으로는 받아들이지 않으려는 사람들이 있다. 믿음을 행함을 통해 보여주지 못하면서 그리스도를 믿는다고 말만 하는 자들이 있다는 것은 얼마나 슬픈 일인가? 나는 진정으로 그리스도를 구주로 영접하지만, 주님으로는 받아들이지 않는 것이 가능하다고 생각하지 않

는다. 구속받은 영혼이 가장 먼저 보여주는 태도는 구주의 발아래 엎드리는 것이다. 그리고 감사와 경배로 반응하며 이렇게 부르짖는 것이다. '찬양받으실 주님이시여, 당신의 보혈로 사셨으니 이제 저는 당신의 소유입니다. 오직 당신의 것입니다. 영원히 당신의 것입니다. 제가 당신을 위해 무엇을 하기를 원하십니까?' 그리스도가 우리의 왕이 아니라면 그리스도를 구주로 받아들이는 것은 불가능하다. 구원의 매우 많은 부분이 우리를 다스렸던 죄의 지배에서 구원받는 것에 있기 때문이다. 또한 우리가 사탄의 지배에서 구속받을 수 있는 유일한 길은 그리스도의 지배에 복종하는 것뿐이다. 죄를 용서받았지만, 예전처럼 살아간다면 그는 진정으로 구원받은 자가 아니다."

⑥ 존 맥아더는 아이언사이드의 글을 인용한다(P. 379).

"아마도 이렇게 묻는 사람이 있을 것이다. '내가 죄 속에 계속 살아도 여전히 구원받은 자가 될 수 있지 않습니까?' 전혀 그렇지 않다. 천만의 말씀이다. 한 사람이 복음을 믿는 순간 그는 거듭난다. 그리고 새로운 생명과 본질을 받는다. 그것은 죄를 미워하고 거룩함을 사랑하는 본질이다. 당신이 예수님께 나와 믿음을 드린 사람이라면 자신 안에서 선을 향한 새로운 갈망, 거룩함을 추구하는 갈망, 의를 향한 목마름을 발견하지 않는가? 이 모든 것이 새로운 본질을 소유했다는 증거다."

⑦ 존 맥아더는 토저의 글을 인용한다(P. 387).

"그리스도를 구주로 고백했지만, 삶에서 그리스도를 주님으로 인정하며 완전한 순종을 드리도록 인도하지 않는다면 그 믿음은 결코 참된 믿음이라고 할 수 없으며 결국에는 고백한 자를 배반한다. 믿는 자는 순종한다. 순종하지 않는 것은 참된 믿음이 아니라는 분명한 증거다. 참된 회개가 있는 곳에 순종이 있다. 회개가 과거의 실패와 죄에 대한 슬픔일 뿐만 아니라 이제부터 하나님이 보여주시는 대로 그분의 뜻을 행하기로 결단하는 것이기 때문이다."

⑧ 존 맥아더는 아서 핑크의 글을 인용한다(P. 388-389).

"구원의 믿음은 내 전 존재와 생명을 나에 대한 하나님의 주장과 권리에 완전히 내어 드리는 것으로 이루어져 있다. 그것은 그리스도의 뜻에 엎드리고 그분의 멍에를 받으며 자신의 절대적인 주님으로 그리스도를 주저 없이 받아들이는 것이다. 오, 죄인들에게 그리스도를 개인적인 '구주'로 받아들이라고 구걸하는 현대의 방식은 신약의 기준에서 얼마나 멀리 떨어져 있는 것인가? 신약에서 예수 그리스도가 소개될 때 항상 구주보다는 주인이라는 말이 먼저 나온다는 것을 알 수 있다. 순서가 바뀌는 경우는 한 번도 없다. "마리아가 가로되 내 영혼이 주를 찬양하며 내 마음이 하나님 내 구주를 기뻐하였음은, 이같이 하면 우리 주 곧 구주 예수 그리스도의 영원한 나라에 들어감을 넉넉히 너희에게 주시리라, 만일 저희가 우리 주되신 구주 예수 그리스도를 앎으로 세상의 더러움을 피한 후에 다시 그중에 얽매이고 지면 그 나중 형편이 처음보다 더 심하리니, 오직 우리 주 곧 구주 예수 그리스도의 은혜와 저를 아는 지식에서 자라가라 영광이 이제와 영원한 날까지 저에게 있을지어다."(눅 1:46-47, 벧후 1:11, 2:20, 3:18)

장두만 박사는 <성침논단> P, 23-24에서 참된 믿음을 구별하는 세 가지 방법을 제시했다.

"① 참된 믿음은 열매로 안다. 거짓 믿음은 열매를 맺지 못하지만 참된 믿음은 내재하시는 성령의 능력으로 열매를 맺게 된다. 예수를 믿고 구원을 받았다고 고백을 하지만 아무런 변화의 열매가 없다면 그 믿음은 참된 믿음이 아니다.

② 한 사람이 예수 그리스도를 전인격적으로 믿으면 바로 그 직후부터 변화의 열매가 나타난다. 예수를 전인격적으로 믿고 구원받으면 분명한 변화의 증거가 있다는 것은 교파 관계없이 모든 학자가 이구동성으로 주장하고 있다. 장로교의 대표적인 신학자 가운데 한 명이었던 찰스 하지도 중생은 '영적 죽음에서 영적인 생명으로 옮겨가는 즉각적인 변화'라고 했고, 또 다른 장로교 신학의 대표자 중 한 사람인 위필드도 유사한 주장을 하고 있다. '중생이란 성령 하나님의 역사로 인해 영혼 속에 일어나는 근본적이고 완전한 변화이다.' 침례교 신학자인 스트롱은 다음과 같이 말하고 있다. '중생은 즉각적인 변화이다. 중생은 점진적으로 서서히 이루어지는 일이 아니다.'

③ 한 사람이 참으로 거듭나면 경험하는 변화에는 두 종류가 있다. 즉, 내적인 변화

와 외적인 변화이다. 내적인 변화는 구원을 받으면 즉각적으로 일어나는 변화요, 외적인 변화는 즉각적인 경우도 있고 점진적으로 이루어지는 경우도 있다. 성경은 진정으로 거듭난 신자가 내주하시는 성령의 능력으로 인해 경험하는 내적인 변화에 대해 분명하게 가르치고 있다."

밀라드 에릭슨은 그의 저서 <구원론>에서 거짓 믿음과 참된 믿음을 분별하는 법을 소개했다(P. 264-265).
"성경은 신앙을 외적으로 고백하는 모든 사람이 참된 구원을 받은 사람으로 정당화하지 않고 있다. 예수님은 양의 가죽을 입고 왔으나 이리의 탐욕을 가진 거짓 선지자들에 대해서 경고한다(마 7:15). 그들은 그들의 말로서가 아니라 그들의 열매로써 평가되어야만 한다(마 7:16-20). 심판 날에 그러한 사람들도 주님을 '주여, 주여'라고 부를 것이며 예언을 했다고 귀신을 쫓아냈다고 주님의 이름으로 능력을 행했다고 주장할 것이다(마 7:22). 그러한 모든 주장은 아마 사실일지도 모른다. 그러나 하나님의 나라에 들어갈 이들은 이들이 아니요 오히려 아버지의 뜻을 행한 이들이다(마 7:21). 그러한 가짜 신자들에 대한 예수님의 최종 선언은 '내가 너희를 도무지 알지 못하니 불법을 행하는 자들아 내게서 떠나가라'(마 7:23)인 것이다. 씨 뿌리는 자의 비유는 겉으로 보기에 참믿음으로 여겨지는 것이 사실은 아주 다른 것이 될 수도 있다는 또 다른 지적이다(마 13:1-9, 18-23). 지금까지의 내용을 고려해볼 때 예수님께서는 신자인 것으로 보이는 모든 사람을 참으로 신자라고 여기시지는 않았다는 것은 분명하다. 그러므로 신앙생활을 하다가 후에 타락한 이들은 처음부터 결코 구원받지 못했다는 것이 우리의 결론이다."
그러므로 우리는 거짓 믿음을 분별하고 상대방이 참된 믿음으로 예수 그리스도를 믿을 수 있도록 도와주어야 한다.

10. 구원을 주지 못하는 것

"구스인이 그의 피부를, 표범이 그의 반점을 변하게 할 수 있느냐 할 수 있을진대 악

에 익숙한 너희도 선을 행할 수 있으리라"(렘 13:23)

세상에서 가장 불행하고 불쌍한 사람은 돈 없고, 권력 없고, 아픈 사람이 아니라 그 영혼이 지옥에 가는 사람이다. 구원받지 못한 사람은 이 세상에서 가장 불행하고 불쌍한 사람이다. 그러면 지옥에 들어가지 않고 하늘나라에 들어가려면 어떻게 해야 하는가? 구원을 받아야 한다. 하지만 사람은 자신을 구원할 수 있는 능력이 없다.

❶ 선행으로 구원을 받을 수 없다.

인간의 노력으로 구원을 받을 수 없다. 그렇지만 많은 사람은 구원의 조건을 자신의 행위에 두고 있다. 하지만 선행이 악행을 없애지는 못한다. 죄를 저지른 후에 아무리 선한 일을 많이 해도 그 선한 일 때문에 판사가 그 사람의 죄를 용서해 주지는 않는다. 진실로 구원받지 못한 사람은 하나님 앞에서 참된 선행을 할 수 없다. 죄인은 영적으로 허물과 죄로 말미암아 죽어 있기 때문이다. 죽은 사람은 선을 행할 능력이 없다.

만약 우리의 행위로 천국에 들어간다면 우리의 노력으로 언제 그 구원이 성취되겠는가? 만일 우리의 예배 출석이나 선행과 도덕적으로 정결한 삶을 살아서 천국에 간다면 그리스도는 헛되이 죽으신 것이다. 우리에게 진정으로 필요한 분은 구세주가 아니라 매사에 도덕적이고 모범적인 삶을 살게 하는 분일 것이다. 우리의 선한 행위를 통하여 구원받을 수 있다고 주장하는 모든 종교는 거짓 종교이다.

인간이 인간 자신을 구원하지 못하는 이유가 있다. 인간은 죄를 범한 죄인이기 때문에 죄인이 죄인을 구원할 수 없다. 인간이 자신을 구원할 수 있다고 생각하는 것은 모순이요 환상이다. 그런데도 인간이 만든 이 땅의 모든 종교는 인간이 자신을 구원할 수 있다고 가르친다. 하지만 기독교는 인간이 만든 종교가 아니라 참된 생명이다. 그리스도인이 선한 행실을 보이고 의롭게 살며 정결하게 사는 것은 구원을 받기 위해서가 아니라 하나님의 은혜로 구원을 이미 받았기 때문에 아주 고마워서 보답하는 삶을 사는 것이다. 다윗은 자신이 경험한 은혜를 보답하겠다고 간증한다.

"하나님이 주신 은혜를 내가 무엇으로 보답할꼬"

다음 구절은 이 점을 명확하게 뒷받침해준다.

"너희는 그 은혜에 의하여 믿음으로 말미암아 구원을 받았으니 이것은 너희에게서 난 것이 아니요 하나님의 선물이라 행위에서 난 것이 아니니 이는 누구든지 자랑하지 못하게 함이라"(엡 2:8-9)

여기서 '너희'는 에베소교회의 구원받은 성도들이다. 그들은 무엇으로 구원을 받았는가? 하나님의 은혜와 믿음을 통해서 하나님의 선물로 받았다. 사도 바울은 계속해서 명확하게 말한다.

"허물로 죽은 우리를 그리스도와 함께 살리셨고 (너희는 은혜로 구원을 받은 것이라)"(엡 2:5)

은혜란 무엇인가? 받을 만한 자격이 없음에도 불구하고 거저 받는 것이다. 구원은 행위에서 비롯되는 것이 아니다. 사도 바울이 '너희에게서 난 것이 아니요'(엡 2:8)라고 말했는데, 이 말은 구원은 인간에게서 나는 것이 아니고 하나님이 주시는 선물이란 뜻이다. '행위에서 난 것이 아니니'(엡 2:9)라고 분명하게 말하고 있다. 사도 바울은 다른 곳에서도 이 점을 명확하게 말한다.

"우리를 구원하시되 우리가 행한 바 의로운 행위로 말미암지 아니하고 오직 그의 긍휼하심을 따라 중생의 씻음과 성령의 새롭게 하심으로 하셨나니"(딛 3:5)

여기서도 '우리의 행한 바 의로운 행위로 말미암지 아니하고'라고 말씀한다. 또 다른 곳에서 사도 바울은 명확하게 말한다.

"하나님이 우리를 구원하사 거룩하신 소명으로 부르심은 우리의 행위대로 하심이 아니요 오직 자기의 뜻과 영원 전부터 그리스도 예수 안에서 우리에게 주신 은혜대로 하심이라"(딤후 1:9)

여기서도 은혜가 강조되고 있다. 이처럼 분명하게 행위가 아니고 은혜라고 강조하는데도 수많은 세상의 종교들은 구원의 조건으로 착한 행실을 강조한다.

예수님은 이러한 통찰을 나누고 있다.

"나더러 주여 주여 하는 자마다 다 천국에 들어갈 것이 아니요 다만 하늘에 계신 내 아버지의 뜻대로 행하는 자라야 들어가리라"(마 7:21)

그러면 내 아버지의 뜻이 무엇인가? 사도 요한은 하나님의 뜻을 명확하게 말한다.
"내 아버지의 뜻은 아들을 보고 믿는 자마다 영생을 얻는 이것이니 마지막 날에 내가 이를 다시 살리리라 하시니라"(요 6:40)
하나님 아버지의 뜻은 하나님이 보내신 예수님을 믿고 영생을 얻는 것이다(요 3:16).

❷ **교육, 철학, 지식으로 구원을 받을 수 없다.**
우리는 인간의 교육과 지식과 지혜로 구원을 받을 수 없다. 오히려 지식적으로 뛰어나기 때문에 믿지 않고 예수님을 거절하는 사람들이 많다. 하나님은 분명하게 말씀하고 계셨다.
"하나님의 지혜에 있어서는 이 세상이 자기 지혜로 하나님을 알지 못하므로 하나님께서 전도의 미련한 것으로 믿는 자들을 구원하시기를 기뻐하셨도다"(고전 1:21)
이 말씀은 무엇이라 말하는가?
"자기 지혜로 하나님을 알지 못하는 고로"
이것이 정답이요, 사실이다. 이 세상에서 어떤 사람들은 전도를 미련한 것으로 본다. 하지만 하나님은 그 미련해 보이는 전도를 통해서 사람들을 구원하신다. 십자가의 복음은 멸망을 하는 사람들에게는 미련하게 보이지만, 구원 얻는 우리에게는 하나님의 능력이다. 사도 바울은 하나님의 섭리를 명확하게 말한다.
"형제들아 너희를 부르심을 보라 육체를 따라 지혜로운 자가 많지 아니하며 능한 자가 많지 아니하며 문벌 좋은 자가 많지 아니하도다 그러나 하나님께서 세상의 미련한 것들을 택하사 지혜 있는 자들을 부끄럽게 하려 하시고 세상의 약한 것들을 택하사 강한 것들을 부끄럽게 하려 하시며 하나님께서 세상의 천한 것들과 멸시 받는 것들과 없는 것들을 택하사 있는 것들을 폐하려 하시나니"(고전 1:26-28)
단호한 말씀이 아닌가?
"그 때에 예수께서 대답하여 이르시되 천지의 주재이신 아버지여 이것을 지혜롭고 슬기 있는 자들에게는 숨기시고 어린 아이들에게는 나타내심을 감사하나이다"(마

11:25)
여기 어린아이는 겸손하게 하나님을 믿으려 하는 자들을 지칭한다.

❸ 도덕적으로 바르게 살아도 구원을 받을 수 없다.
예레미야는 인간의 마음에 대해 단호한 선언을 했다.
"만물보다 거짓되고 심히 부패한 것은 마음이라 누가 능히 이를 알리요마는"(렘 17:9)
사람의 마음은 이 세상에서 가장 부패하고 더러워서 그러한 마음으로는 바르게 살 수 없다. 예레미야는 계속해서 명확하게 말한다.
"구스인이 그의 피부를, 표범이 그의 반점을 변하게 할 수 있느냐 할 수 있을진대 악에 익숙한 너희도 선을 행할 수 있으리라"(렘 13:23)
이 말씀의 의미는 무엇인가? 흑인이 피부를 변하게 할 수 있다면, 표범이 반점을 변하게 할 수 있다면 악에 익숙한 사람도 선을 행할 수 있다는 것이다. 하지만 흑인이 백인이 될 수 없듯이, 표범이 반점을 없애지 못하는 것처럼 죄인은 자신을 구원할 수 없다. 도덕적으로 바르게 살아도 구원을 받을 수 없다. 인간이 의롭게 살았다고 내세우는 의는 하나님 앞에 더러운 옷과 같아서 인정될 수 없다. 이사야는 이 점을 명확하게 말한다.
"무릇 우리는 다 부정한 자 같아서 우리의 의는 다 더러운 옷 같으며 우리는 다 잎사귀 같이 시들므로 우리의 죄악이 바람 같이 우리를 몰아가나이다"(사 64:6)

❹ 다른 종교로 구원을 받을 수 없다.
이 세상에 다양한 종교가 있지만, 그 종교들은 크게 이방 종교와 사이비 기독교 종교가 있다. 어떤 종교를 막론하고 그들 종교는 모두가 우리가 구원받기 위해서 무엇을 해야 한다고 가르친다. 그들은 기도하거나, 순례하기도 하고, 고행하거나, 제사를 지내거나, 예식을 올리거나, 주문을 외운다. 하지만 기독교는 종교가 아니라 생명이다.
예수님은 구원을 주는 다른 길은 없다고 말씀하셨다.
"예수께서 이르시되 내가 곧 길이요 진리요 생명이니 나로 말미암지 않고는 아버지

께로 올 자가 없느니라"(요 14:6)

예수님이 유일한 길이요 진리요 생명이다. 그 길이 아니면 천국은 갈 수 없다. 그 진리가 아니라면 참된 진리가 아니다. 그 생명이 아니면 천국에서 영원히 살 수 없다. '누가'는 하나님이 다른 구원자를 주신 적이 없다고 명확하게 말한다.

"다른 이로써는 구원을 받을 수 없나니 천하 사람 중에 구원을 받을 만한 다른 이름을 우리에게 주신 일이 없음이라 하였더라"(행 4:12)

어떤 종교도 우리의 죄 문제를 해결해 주지 못한다. 오직 예수님 한 분만이 우리 죄를 용서하실 수 있다.

❺ 율법으로 구원을 받을 수 없다.

율법과 연관에서 잘못된 세 가지 오류가 있다. 그것은 율법주의와 율법 폐기론과 갈라디아주의이다. 율법주의는 사람이 율법을 지킴으로 구원받을 수 있다고 가르치는 것이다. 사도행전 15장 1절부터 2절에 보면 안디옥 교회에 유대로부터 내려와서 이방인인 안디옥 사람들에게 모세의 법대로 할례를 받아야 구원을 받는다고 가르치는 자들이 있었다. 바울과 바나바가 예루살렘 교회로 파송되어 그 문제를 놓고 예루살렘 교회에서 회의를 열었다. 그 회의의 결과는 분명했다. 누구라도 율법을 통해서 구원을 얻을 수 없다고 결론을 내렸다. 그리고 율법주의를 해결하기 위해서 로마서가 기록되었다.

율법 폐기론은 은혜로 구원을 받았으니 율법은 필요 없고 구원받은 후 어떻게 살아도 상관없다는 율법 폐기론 사상이다. 그래서 율법 폐기론을 해결하기 위해 야고보서가 기록되었다. 야고보서는 올바른 믿음을 소유했다면 반드시 믿음의 행함이 뒤따라야 한다는 것을 강조한다.

갈라디아주의는 구원은 은혜로 받았으나 율법을 지킴으로 구원을 보존해 간다는 주장이다. 은혜에 율법을 더해야 한다는 주장이다. 갈라디아주의를 해결하기 위해서 갈라디아서가 쓰였고, 사도 바울은 갈라디아서에서 갈라디아주의 같은 다른 복음은 없다고 호되게 꾸짖고 있다.

성경은 이 점에 대해 명확하게 말씀한다.

"사람이 의롭게 되는 것은 율법의 행위로 말미암음이 아니요 오직 예수 그리스도를 믿음으로 말미암는 줄 알므로 우리도 그리스도 예수를 믿나니 이는 우리가 율법의 행위로써가 아니고 그리스도를 믿음으로써 의롭다 함을 얻으려 함이라 율법의 행위로써는 의롭다 함을 얻을 육체가 없느니라"(갈 2:16)

율법의 행위로 의롭다고 함을 얻을 사람은 이 세상에 아무도 없다. 사도 바울은 분명하게 말한다.

"무릇 율법 행위에 속한 자들은 저주 아래에 있나니 기록된 바 누구든지 율법 책에 기록된 대로 모든 일을 항상 행하지 아니하는 자는 저주 아래에 있는 자라 하였음이라"(갈 3:10)

율법으로 구원을 받으려 하는 자는 저주 아래 있는 것이다. 율법은 한 가지만 지켜야 하는 것이 아니라 항상 온갖 일을 해야 한다. 만약 지키지 못하면 용서는 없고 정죄만 있으니 저주 아래 있는 것이다. 사도 바울은 이 점을 분명하게 선언한다.

"또 하나님 앞에서 아무도 율법으로 말미암아 의롭게 되지 못할 것이 분명하니 이는 의인은 믿음으로 살리라 하였음이라"(갈 3:11)

율법은 인간에게 아무 소리도 못 하게 한다. 변명의 여지가 없다. 사도 바울의 명확한 결론이다.

"우리가 알거니와 무릇 율법이 말하는 바는 율법 아래에 있는 자들에게 말하는 것이니 이는 모든 입을 막고 온 세상으로 하나님의 심판 아래에 있게 하려 함이라 그러므로 율법의 행위로 그의 앞에 의롭다고 하심을 얻을 육체가 없나니 율법으로는 죄를 깨달음이니라"(롬 3:19-20)

우리는 여기까지 개인 구령상담에서 아주 중요한 진단에 대해 살펴보았다.

6. 구령상담에서
   구원을 요청하는 태도

"천사들을 통하여 하신 말씀이 견고하게 되어 모든 범죄함과 순종하지 아니함이 공정한 보응을 받았거든 우리가 이같이 큰 구원을 등한히 여기면 어찌 그 보응을 피하리요 이 구원은 처음에 주로 말씀하신 바요 들은 자들이 우리에게 확증한 바니"(히 2:2-3)

여기 이 말씀에 의하면 죄에 빠진 인간이 구원을 받으려면 위대한 구원을 등한히 여기지 말아야 한다. 사람들이 복음을 듣고도 복음을 등한히 여기는 이유는 구원 문제에 집중하지 못하게 만드는 방해 요소가 있기 때문이다.

구원을 받으려면 구원받는 일에 집중해야 한다. 구원 때문에 고민도 하고, 묵상도 하고, 생각도 해야 하는데, 그렇게 하지 못하게 만드는 것이다. 설교를 들을 때에는 조금 관심이 있다가 예배당을 떠나고 나면 자신의 구원 문제에 대해 무관심해진다. 그렇게 되면 자신의 구원이 자꾸 늦어지게 되는데 본인이 구원에 집중해야 구원 문제가 빨리 해결될 수 있다. 그런가 하면 '나는 이미 믿고 있으니 다 됐다'라고 착각하는 사람도 구원을 등한히 여긴다. 구원받지 않고서 구원받았다고 착각하는 사람은 자신에게 필요한 구원의 메시지가 아무리 들려져도 '나와는 상관이 없다.'라고 생각한다. 너무 바쁜 사람도 구원을 등한히 여긴다. 너무 바쁘게 되면 피곤해지게 되고 그렇게 되면 자연히 구원은 뒷전이 되고 만다.

그 외에도 세상에서 여러 가지 즐기는 일에 너무 빠져 있는 사람도 구원을 등한히 여긴다. 세상 쾌락이나 세상 것을 너무 즐기는 사람도 모두 구원을 등한히 여긴다. 사실 우리가 살아가는 동안 등한히 여겨도 별문제가 되지 않는 일도 있지만 진짜 중요한 구원 문제를 등한히 여기면 영원한 지옥 형벌을 받는다.

그러면 우리가 어떻게 해야 성경적 구원을 받을 수 있는가?

1. 큰 죄인이라는 사실을 철저하게 깨닫는다.

자신이 큰 죄인임을 인정하지 못하는 사람은 구원을 받을 수 없다. 예수께서 죄인을 구원하려고 이 세상에 오셨기 때문이다.

"예수께서 대답하여 이르시되 건강한 자에게는 의사가 쓸 데 없고 병든 자에게라야 쓸 데 있나니 내가 의인을 부르러 온 것이 아니요 죄인을 불러 회개시키러 왔노라"(눅 5:31-32)

아무리 좋은 의사가 있어도 병들지 않은 사람에게는 의사가 쓸데없는 것처럼, 구원하시는 예수께서 계시지만, 자신의 죄인 됨을 인정하지 않는 사람은 예수께서 그런 사람을 구원하실 수 없다. 그분은 죄인을 구원하려고 오셨기 때문이다.

2. 하나님께 긍휼을 구한다.

죄인은 하나님 앞에 바른 자세를 취해야 구원을 받는다. 하나님께서 긍휼히 여기는 사람은 자신의 죄인 됨을 깨닫고 긍휼을 기다리는 자세로 하나님께 나아오는 사람이다. 그런 사람이 자신의 죄를 용서를 받고 의롭다는 인정을 받는다. 반면에 자신이 죄인이 아니라는 사람은 용서를 받을 수 없다.

"두 사람이 기도하러 성전에 올라가니 하나는 바리새인이요 하나는 세리라 바리새인은 서서 따로 기도하여 이르되 하나님이여 나는 다른 사람들 곧 토색, 불의, 간음 하는 자들과 같지 아니하고 이 세리와도 같지 아니함을 감사하나이다 나는 이레에 두 번씩 금식하고 또 소득의 십일조를 드리나이다 하고 세리는 멀리 서서 감히 눈을 들어 하늘을 쳐다보지도 못하고 다만 가슴을 치며 이르되 하나님이여 불쌍히 여기소서 나는 죄인이로소이다 하였느니라 내가 너희에게 이르노니 이에 저 바리새인이 아니고 이 사람이 의롭다 하심을 받고 그의 집으로 내려갔느니라 무릇 자기를 높이는 자는 낮아지고 자기를 낮추는 자는 높아지리라 하시니라"(눅 18:10-14)

두 사람이 하나님께 기도하려고 성전에 올라갔는데 한 사람은 용서를 받고 또 한 사람은 용서를 받지 못했다. 이 두 사람의 차이가 무엇인가? 두 사람 중에 바리새인은 자기가 잘한 것을 자랑삼아 기도했고, 세리는 자신이 죄인임을 잘 알고 있었기 때문에 하나님께 긍휼을 구했다. 그러므로 세리가 취한 자세가 있다.

첫째, 세리는 자신이 죄인임을 시인하는 태도로서 고개를 숙였다.
마치 법정의 판사 앞에서 긍휼을 기다리는 죄인처럼 하늘을 우러러보지 못하고 고개를 숙였다. 그러므로 고개를 숙이지 못하는 사람은 목이 곧은 교만하고 마음이 완고한 사람이다. 우리가 구원을 받으려면 자신이 죄인 됨을 시인하는 자세가 필요하다.

둘째, 세리는 자신의 잘못을 시인하며 다만 가슴을 쳤다.
우리 표현에 의하면 '내가 잘못했습니다. 내가 죽일 놈입니다'라는 반성의 자세다. 이런 자세를 취해야 구원을 받을 수 있다.

셋째, 세리는 긍휼을 기다리는 자세로 "하나님이여 불쌍히 여기옵소서"라고 요청했다.
그러한 자세가 죄를 용서받을 수 있는 자세다. 그리고 세리는 "나는 죄인이로소이다"라고 죄를 고백했다. 이때 세리에게 하나님의 긍휼함이 임하여 세리는 의롭다고 하심을 받고 집에 내려갔다. 우리에게도 이러한 자세가 필요하다.

3. 구원의 소중함을 깨닫는다.

"너희는 그 은혜에 의하여 믿음으로 말미암아 구원을 받았으니 이것은 너희에게서 난 것이 아니요 하나님의 선물이라 행위에서 난 것이 아니니 이는 누구든지 자랑하지 못하게 함이라"(엡 2:8-9)

사람들이 지금까지 자신의 죄의 문제를 해결하려고 수많은 노력을 해왔지만 사실 우리가 죄에서 벗어나기 위해 치러야 할 것은 아무것도 없다. 죄를 용서받는 것은 하나님의 은혜와 선물로 받기 때문이다. 선물은 공짜로 그저 받는 것이지만 공짜에도 두 종류가 있다. 싼 게 비지떡이라는 말과 같이 가치가 없어서 공짜로 주는 것이 있지만, 이와는 정반대로 너무 비싸서 값으로는 계산할 수 없어서 아주 귀한 것을 공짜로 준다. 우리가 결혼할 때 아내나 남편을 돈을 주고 사는가? 우리가 매 순간 마시는 공기는 얼마를 주고 사는가? 우리는 5분 동안 숨을 안 쉬어도 죽을 만큼 공기는 값비싼 것이지만 아무 대가를 치르지 않고 거저 얻는다. 이처럼 구원도 너무 귀하기에 값으로 매길 수 없어 하나님께서 거저 주시는 선물이다(장두만, 2001).

구원은 하나님이 하시는 사역이다. 하나님은 깨지고 망가진 인생을 건지시고 구원하신다. 천하고 보잘것없는 우리 안에 세상에서 가장 귀한 보배를 담으셨다. 우리가 구원을 받으면 우리의 영혼은 영광스러운 하나님의 형상으로 회복된다. 주님은 영원히 찬양받기에 합당하신 분이며, 모든 이름 위에 뛰어나신 살아 계신 하나님이시다. 지금도 온 땅을 다스리며 주재하시는 생명의 주인이자 통치자이시다. 하늘과 땅에 있는 모든 것이 무릎 꿇고 경배하기에 합당한 분이시다.
그런 분이 우리가 구원을 받을 수 있는 놀라운 복음을 값없이 주셨다.

이 말은 그저 '공짜'로 나눠 준다는 뜻이 아니다. 사실 우리는 그러한 은혜를 받을 자격이 없으며 도움을 받을 가치도 없으므로 그런 우리에게 부어지는 복이기 때문에 도저히 값을 치르거나 매길 수 없다는 의미다. 그래서 '은혜를 받았다'라는 말은 몹시 감동한 나머지 눈물을 흘리거나 흥분했음을 의미하지 않는다. 눈곱만큼의 자격도 없는 사람에게 하나님의 어마어마한 호의와 선물이 일방적으로 주어졌다는 의미다. 그 은혜로 말미암아 우리는 십자가 복음의 신비를 만나고 경험하게 되었다(김용의, 2010)

늘 우리 삶을 괴롭히는 죄의 문제에서 벗어나게 해준다는 기독교의 은혜로운 메시지는 많은 사람에게 위로와 감동을 준다. 아무런 노력 없이도 천국행 표를 얻을 수 있다는 메시지는 한없는 은혜가 되지만 부정적인 결과를 초래하는 일도 있다. 오늘날 기독교는 편하고 든든한 일종의 보험 같은 것으로 변질하였다. 죄 문제만 해결해 주고 삶은 자기 마음대로 살고 자기가 하고 싶은 대로 살도록 내버려 둬 달라는 것이다. 그러나 우리가 가장 먼저 회복해야 할 가치는 예수 그리스도의 '십자가'다. 하나님은 독생자를 십자가에 매달아 죽일 수밖에 없을 만큼 우리를 '이처럼' 사랑하셨고, 살려내기를 원하셨다. 어마어마한 은혜로 값없이 구원을 베풀어 주셨다. 여기서 값없다는 것은 '싸구려'라는 말이 아니라 값을 매길 수 없을 정도로 귀하다는 말이다. 우리의 이성으로 이해하거나 믿을 수 있는 차원을 넘어선다는 말이다(십자가의 완전한 복음을 설명하는 글에서). 그러므로 우리는 구원의 소중함을 알아야 한다.

4. 복음의 진리를 거절하지 않는다.

"우리가 진리를 아는 지식을 받은 후 짐짓 죄를 범한즉 다시 속죄하는 제사가 없고 오직 무서운 마음으로 심판을 기다리는 것과 대적하는 자를 태울 맹렬한 불만 있으리라 모세의 법을 폐한 자도 두세 증인으로 말미암아 불쌍히 여김을 받지 못하고 죽었거든 하물며 하나님의 아들을 짓밟고 자기를 거룩하게 한 언약의 피를 부정한 것으로 여기고 은혜의 성령을 욕되게 하는 자가 당연히 받을 형벌은 얼마나 더 무겁겠느냐 너희는 생각하라 원수 갚는 것이 내게 있으니 내가 갚으리라 하시고 또다시 주께서 그의 백성을 심판하리라 말씀하신 것을 우리가 아노니 살아 계신 하나님의 손에 빠져 들어가는 것이 무서울진저"(히 10:26-31)

우리가 진리를 아는 지식을 받은 후에 죄를 범하는 것은 예수 그리스도의 복음을 듣고도 고의로 거절하는 죄가 된다. 우리가 짓는 모든 죄는 다 용서받을 수 있지만 절대로 용서받을 수 없는 죄가 있다면, 그 죄는 바로 복음의 진리를 거절하고 예수를 믿지 않는 죄이다.

복음의 진리를 듣고도 그것을 마음으로부터 받아들이지 않는다면 그 사람은 다시 속죄할 수가 없다. 그 사람의 죄를 용서받을 수 없다는 말이다. 복음을 거절하는 죄가 왜 그렇게 무서운 죄가 되는가? 하나님께서 당신 아들의 목숨까지 내놓고 우리를 사랑하시는데 그 사랑을 거절하였기에 다른 모든 것은 다 용서받아도 이것만은 다시 속죄할 수가 없고, 용서받을 수 없다는 뜻이다.

어떤 사람이 복음을 거절한다면 그 사람은 참으로 무서운 죄를 범하는 것이다. 그는 살아 계신 하나님의 손에 빠져들어 가는 것이 얼마나 무서운가를 알아야 한다. 그것은 하나님께 영원한 심판을 당하는 것인데 이 최후의 심판이 한번 내려지면 다시 돌이킬 수 없으며, 다시 회복하거나 복구할 수도 없기에 영원한 지옥 형벌에 들어가는 것이다.

5. 영적인 갈망을 가진다.

"명절 끝날 곧 큰 날에 예수께서 서서 외쳐 이르시되 누구든지 목마르거든 내게로 와서 마시라 나를 믿는 자는 성경에 이름과 같이 그 배에서 생수의 강이 흘러나오리라 하시니 이는 그를 믿는 자들이 받을 성령을 가리켜 말씀하신 것이라"(요 7:37-39)

❶ 어떤 사람이 생명수를 마실 수 있는가? 갈증이 있는 사람이다.

목마른 사람에는 두 종류가 있다. 영적으로 목마른 사람과 육체적으로 목마른 사람이다. 육체적으로 목이 마른 것은 쉽게 감지할 수 있다. 그러나 영적으로 목마른 것은 금세 알 수가 없다. 영적으로 목마른 것은 어떻게 알 수 있는가? 우리의 마음 상태가 어떠할 때 갈증을 느낀다고 할 수 있는가? 정말 갈급해서 구원받기 직전에 와 있는 사람은 밥맛도 달아나고, 잠도 달아나고, 일도 의미가 없어지는 경우가 많다. 남편이나 아내에게조차도 관심이 없어지기도 하고, 일에 의욕이 없어지기도 하고, 죽음에 대한 강한 공포가 있는 경우가 많다. 그러나 이런 상태는 사람마다 같은 것이 아니다. 그러나 어떤 사람이 구원 문제에 굉장히 갈급해 있으면 이와 유사한 상태가 될 가능성은 크다.

❷ 누가 구원의 생명수를 마실 수 있는가?

"성령과 신부가 말씀하시기를 오라 하시는도다 듣는 자도 오라 할 것이요 목마른 자도 올 것이요 또 원하는 자는 값없이 생명수를 받으라 하시더라"(계 22:17)
원하는 자가 마실 수 있다. 생명수를 마시는 데에는 돈이 필요한 것도 아니고, 고도의 지성이 필요한 것도 아니고, 높은 수준의 학문이 필요한 것도 아니다. 참으로 원하는 마음만 있으면 누구나 마실 수 있다.

❸ 누가 구원의 응답을 받을 수 있는가?

"구하라 그리하면 너희에게 주실 것이요 찾으라 그리하면 찾아낼 것이요 문을 두드리라 그리하면 너희에게 열릴 것이니 구하는 이마다 받을 것이요 찾는 이는 찾아낼 것이요 두드리는 이에게는 열릴 것이니라"(마 7:7-8)
구하고 찾고 두드리는 사람이다. 이 본문은 수사법으로 말하면, 점층법을 사용하고 있다. 구하는 것은 마음 상태를 나타내고, 찾는 것은 행동적인 면을 나타내고, 두드리는 것은 격렬한 행동을 표현하고 있다. 또한 이 본문은 현재시제다. 한번 구해보고, 한번 찾아보고, 끝내는 것이 아니다. 응답이 될 때까지 계속해서 간절히 기도해야 한다는 것을 볼 수 있다. 반드시 긴 시간 동안 기도하라는 의미는 아니다. 그만큼 구원을 원해야 한다는 것이다.

❹ 우리가 구원을 받으려면 좁은 문으로 들어가려는 결단이 있어야 한다.

"좁은 문으로 들어가라 멸망으로 인도하는 문은 크고 그 길이 넓어 그리로 들어가는 자가 많고 생명으로 인도하는 문은 좁고 길이 협착하여 찾는 자가 적음이라"(마 7:13-14)

세상에는 길이 많다. 서울에서 부산 가는 길은 기차, 비행기, 자동차, 심지어는 걸어서 갈 수도 있다. 그러나 한국에서 미국에 가는 방법은 비행기나 배로 갈 수 있다. 달나라로 가는 방법은 우주 로켓을 타고 가는 한 가지 방법밖에 없다. 하지만 영적인 세계에는 오직 두 개밖에 없다. 넓은 길과 좁은 길이다. 많은 사람이 넓은 길로 가고 있다. 그러나 다수가 가는 길이라고 반드시 진리는 아니다.

"어떤 길은 사람이 보기에 바르나 필경은 사망의 길이니라"(잠 14:12)

많은 사람이 넓은 길로 가니까 그 길이 옳은 길인 줄로 착각하지 말아야 한다. 우리가 넓은 길로 가기 위해서는 특별히 노력할 것도 애쓸 것도 없다. 태어날 때 그 모습 그대로 살아가면 자동으로 이 넓은 길로 가는 것이다. 그러나 결과는 멸망할 수밖에 없다.

그러므로 우리는 좁은 길로 가야 한다. 좁은 길은 많은 사람이 가는 길이 아니고, 인기 없고, 쓸쓸한 길이지만 그 길은 생명의 길로 인도하는 하나님이 예비해 놓으신 유일한 길이다.

그러므로 하나님께서 불신자나 구도자에게 요청하는 것은 본인이 큰 죄인이라는 사실을 철저히 깨닫고, 하나님 아버지께 긍휼을 구하고, 구원의 소중함을 바로 알며, 복음의 진리를 거절하지 말고, 영적인 갈망을 가지고 하나님께 나아가야 한다.

7. 구령상담에서 구원상담문 (복음제시) ✦✦✦

01. 구령상담문

1. 구원 상담 시작

<구원 상담을 시작하기 위해 말문을 여는 방법>
선생님, 이 그림 한번 보시겠습니까? 수많은 사람이 길을 걸어가고 있습니다. 그래서 이 세상에는 수많은 사람이 살아가고 있습니다. 그들을 여러 종류로 분류하면 백색인, 흑색인, 황색인, 갈색인 등이며, 한국인, 일본인, 영국인, 미국인 등 국적에 따라 나누어지고, 빈부귀천을 따지기도 하며 무식한 자와 지혜로운 자로 나누기도 합니다. 그러나 하나님의 눈에는 단지 두 종류의 사람들이 있을 뿐입니다. 그들은 구원받은 사람과 잃어버린 사람, 죄인과 의인이 있을 뿐입니다. 천국으로 가는 사람들과 지옥으로 가는 사람들이 있을 뿐입니다.

그래서 하나님의 말씀 성경은 두 종류의 길을 제시합니다. 이 그림은 멸망으로 가는 넓은 길과 천국으로 가는 좁은 길을 보여줍니다. 이 그림은 예수님께서 말씀하신 마태복음 7장 13~14절을 보여줍니다. 한 번 읽어주십시오.

"좁은 문으로 들어가라 멸망으로 인도하는 문은 크고 그 길이 넓어 그리로 들어가는 자가 많고 생명으로 인도하는 문은 좁고 길이 협착하여 찾는 자가 적음이라"(마 7:13-14)

❶ 생명으로 인도하는 좁은 길이 있습니다.

'생명으로 인도하는 길은 협착하여 찾는 사람이 적다'라고 말합니다. 그렇다면 '협착'이란 무슨 뜻일까요? '척추협착증'이라는 질병이 있는 것처럼 '협착'이란 매우 좁다는 뜻으로 생명으로 인도하는 길은 그 길이 매우 좁아 찾는 사람이 적습니다. 그래서 찾는 이가 적어 소수만 그 길을 갑니다.

❷ **멸망으로 인도하는 넓은 길이 있습니다.**

그런데 이상하게도 멸망으로 인도하는 길이지만 그 길이 넓어 많은 사람이 그 길을 갑니다. 이 길은 역사 속에서 수많은 사람이 걸어갔지만 지금도 많은 사람이 멸망으로 인도하는 넓은 길로 가고 있습니다. 그러면 왜 많은 사람이 멸망으로 인도하는 길을 걸어갈까요? 그 길이 멸망으로 인도하는 길이라는 것을 모르기 때문입니다. 수많은 사람이 그 길이 올바른 길이라고 착각하고 있기 때문입니다. 그래서 지혜자 솔로몬은 이렇게 말합니다.
"어떤 길은 사람이 보기에 바르나 필경은 사망의 길이니라"(잠 14:12)
이 넓은 길을 가는 사람들은 자신이 올바른 길을 찾았고, 올바른 길로 가고 있다고 생각합니다. 그러나 그 길은 결국에는 멸망으로 인도하는 길입니다. 이 세상에서 가장 불쌍한 사람이 누구일까요? 잘못된 길로 가면서도 올바른 길을 가고 있다고 착각하는 사람들입니다. 이런 사람들은 올바른 길을 찾아낼 가능성이 별로 없습니다. 본인이 올바른 길을 가고 있다고 착각하기 때문입니다. 그렇다면 선생님은 지금 어디로 가고 있을까요? 만약에 천국과 지옥이 있다면 선생님은 천국에 가고 싶습니까? 지옥에 가고 싶습니까? 제가 천국으로 들어갈 수 있는 길을 간단하게 설명하려고 하는데 잠깐 들어주시겠습니까?
<네, 들어보겠습니다.>

2. 하나님께서는 선생님을 향한 아주 놀라운 계획을 이미 세우셨습니다.

하나님께서 선생님을 향하여 어떤 생각을 하고 계시는지 성경 말씀을 읽어 주십시오.
"여호와의 말씀이니라 너희를 향한 나의 생각을 내가 아나니 평안이요 재앙이 아니니라 너희에게 미래와 희망을 주는 것이니라"(예레미야 29:11)
여기에 보니까 하나님께서 "너희를 향한 나의 생각을 내가 아나니"라고 말씀하십니다. 다시 말해서 하나님께서 인간을 향하여 어떤 생각을 하고 있다고 말씀합니다. 이것이 바로 선생님을 향한 하나님의 계획입니다. 선생님을 향한 하나님의 생각과 계획은 "평안이요 재앙이 아니니라"라고 말씀합니다. 다시 말해서 우리 하나님은 선생님이 잘못되고 재앙을 당하는 것이 아니라 평안하기를 바라고 행복하기를 바라고 계십니다. 그리고 "너희에게 미래와 희망을 주는 것이니라"라고 말씀합니다.
그러므로 선생님을 향한 하나님의 놀라운 계획은 선생님의 평안과 희망 가득한 미래입니다. 하나님께서 선생님에게 평안과 희망 가득한 미래를 주기 위해서 먼저 선생님이 구원을 받으며 진리를 아는 데에 이르기를 원하십니다.
디모데전서 2장 4절을 읽어 주십시오.
"하나님은 모든 사람이 구원을 받으며 진리를 아는 데에 이르기를 원하시느니라"(디모데전서 2:4)
여기에 보니까 하나님께서는 모든 사람이 구원받기를 원하십니다. 여기 모든 사람 속에는 선생님도 포함되기에 하나님께서는 바로 선생님이 구원받기를 원하십니다. 그러면 구원이란 무엇일까요? 구원이란 선생님의 모든 죄를 용서받고, 영생을 얻고, 예수님을 만나 천국에 들어가는 것입니다.

3. 그런데 선생님의 죄가 하나님을 만나지 못하도록 가로막고 있습니다.

로마서 3장 23절을 읽어 주십시오.
"모든 사람이 죄를 범하였으매 하나님의 영광에 이르지 못하더니"(롬 3:23)
여기 모든 사람 속에는 선생님도 포함되기에 바로 선생님이 죄를 범하였기에 하나님의 영광에 이르지 못하는 것입니다. 여기서 '하나님의 영광에 이르지 못하더니'라는 말씀은 선생님의 죄가 하나님을 만나지 못하도록 가로막고 있다는 것을 말합니다. 그러므로 선생님의 죄가 문제입니다.
이사야 59장 2절을 읽어 주십시오.
"오직 너희 죄악이 너희와 너희 하나님 사이를 갈라놓았고 너희 죄가 그의 얼굴을 가리어서 너희에게서 듣지 않으시게 함이니라"(이사야 59:2)
이 말씀은 선생님이 하나님을 만나 구원을 받는 데 방해되는 것이 무엇인지 아주 분명하게 말합니다.
"너희 죄악이 너희와 너희 하나님 사이를 갈라놓았고"
선생님과 하나님 사이를 갈라놓은 것은 바로 선생님의 죄입니다.

4. 그렇다면 죄란 무엇일까요?

죄란 선생님이 하나님을 인정하지 않고 믿지 않는 것입니다. 성경에서 죄에 대하여 무엇이라고 말하는지 요한복음 16장 9절과 예레미야 2장 19절을 읽어 주십시오.
"죄에 대하여라 함은 그들이 나를 믿지 아니함이요"(요한복음 16:9)
"그런즉 네 하나님 여호와를 버림과 네 속에 나를 경외함이 없는 것이 악이요 고통인 줄 알라 주 만군의 여호와의 말씀이니라"(예레미야 2:19)
여기서 말하는 것처럼, 죄란 하나님을 버린 것과 하나님을 경외함이 없는 것과 예수님을 믿지 않는 것이 죄입니다.
예레미야 2장 13절도 같은 말을 하고 있습니다. 읽어 주십시오.
"내 백성이 두 가지 악을 행하였나니 곧 그들이 생수의 근원되는 나를 버린 것과 스스로 웅덩이를 판 것인데 그것은 그 물을 가두지 못할 터진 웅덩이들이니라"(예레미야 2:13)
여기서 두 가지 죄를 지적하고 있는데 하나는 생수의 근원 되는 하나님을 버린 것이 죄라고 말씀합니다. 이 말씀은 생수가 인간의 목마름과 갈증을 해결하는 것이기에 행복의 근원 되신 하나님을 버린 것이 악이라고 말합니다. 그리고 두 번째 죄는 생수를 주시는 하나님을 버렸으니 이제는 스스로 샘과 웅덩이를 판 것이 죄라고 말합니다. 이 말씀은 행복을 주시는 하나님을 떠나서 선생님이 스스로 행복해지려고 노력하는 것이 두 번째 악이라고 소개합니다.

5. 그렇다면 죄의 결과는 무엇일까요?

성경은 죄의 결과는 인간의 불행한 삶과 죽음과 지옥에 들어가는 것이라고 말합니다. 로마서 3장 16~18절을 읽어 주십시오.
"파멸과 고생이 그 길에 있어 평강의 길을 알지 못하였고 그들의 눈 앞에 하나님을 두려워함이 없느니라"(로마서 3:16-18)
여기서 죄인이 걸어가는 인생길에 평강은 없고 파멸과 고생만 있다고 말합니다. 죄의 결과를 말해주는 세 가지 성경 말씀을 읽어 주십시오.
"죄의 삯은 사망이요"(로마서 6:23)
"한번 죽는 것은 사람에게 정해진 것이요 그 후에는 심판이 있으리니"(히브리서 9:27)
"그러나 두려워하는 자들과 믿지 아니하는 자들과 흉악한 자들과 살인자들과 음행하는 자들과 점술가들과 우상 숭배자들과 거짓말하는 모든 자들은 불과 유황으로 타는 못에 던져지리니"(요한계시록 21:8)
그러므로 선생님은 죄로 인하여 수고와 슬픔과 불행한 삶을 살다가 죽고, 죽음 이후에 심판을 받고, 영원한 지옥 형벌을 받는 것이 죄의 결과입니다.
그렇다면 어떻게 죄의 문제를 해결할 수 있을까요?

6. 선생님이 먼저 하나님 앞에 죄인임을 시인해야 합니다.

성경은 세상의 모든 사람이 죄인이라고 말합니다. 여기 성경 말씀을 읽어 주십시오.

"의인은 없나니 하나도 없으며, 모든 사람이 죄를 범하였으매 하나님의 영광에 이르지 못하더니, 그런즉 하나님 앞에서 사람이 어찌 의롭다 하며 여자에게서 난 자가 어찌 깨끗하다 하랴"(로마서 3:10, 23, 욥기 25:4)

모든 사람 속에는 선생님도 포함되어 있기에 선생님도 하나님 앞에 죄인임을 인정하십니까? 하나님께서 성경을 통해서 선생님을 포함해서 모든 사람이 죄인이라고 말씀하셨기에 만일 선생님이 죄인임을 인정하지 않는다면 성경은 선생님이 하나님을 거짓말하는 이로 만드는 것이라고 말합니다. 요한일서 1장 10절을 읽어 주십시오.

"만일 우리가 범죄하지 아니하였다 하면 하나님을 거짓말하는 이로 만드는 것이니"(요한일서 1:10)

그러므로 선생님께서도 하나님 앞에 죄인임을 인정하시겠습니까?
<네, 제가 죄인임을 인정합니다.>

7. 그렇다면 선생님의 죄를 어떻게 해결할 수 있을까요?

선생님에게 아주 놀랍고 기쁜 소식이 있습니다. 선생님의 모든 죄를 용서받고, 하나님이 선물로 주시는 영원한 생명을 얻고, 천국에 들어갈 수 있는 구원의 길이 있습니다. 선생님의 구원을 위해서 문제가 되는 선생님의 죄만 해결하면 되는데 과연 선생님의 죄를 어떻게 해결할 수 있을까요?

❶ **담당으로 선생님의 죄를 해결하셨습니다.**
예수님께서 십자가 위에서 선생님의 모든 죗값을 이미 다 담당했습니다.
베드로전서 2장 24절을 읽어 주십시오.
"친히 나무(십자가)에 달려 그 몸으로 우리 죄를 담당하셨으니 이는 우리로 죄에 대하여 죽고 의에 대하여 살게 하려 하심이라"(베드로전서 2:24)
예수님께서 친히 십자가에 매달려 돌아가심으로 '예수님의 몸으로 선생님의 죄를 담당하셨으니'라고 말하고 있습니다. 그러면 담당이란 무슨 뜻일까요? 담당이란 "어떤 일을 책임지고 맡아 처리하는 것"을 뜻합니다. 따라서 선생님의 죄는 오직 예수님께서 책임지고 맡아서 처리해 주셨습니다. 오직 예수님께서 선생님의 죄를 책임지고 맡아 처리하셨기에 오직 예수님만 선생님을 구원할 수 있습니다. 선생님의 죄를 해결해 주실 분은 온 천하에 오직 예수님밖에 없습니다.

사도행전 4장 12절을 읽어 주십시오.
"다른 이로써는 구원을 받을 수 없나니 천하 사람 중에 구원을 받을 만한 다른 이름을 우리에게 주신 일이 없음이라 하였더라"(행 4:12)

베드로전서 2장 24절에서 선생님의 죄를 이미 담당하셨다고 말합니까? 앞으로 담당하실 것이라고 말합니까?
< 네, '우리 죄를 담당하셨으니' 이미 담당하셨다고 말합니다. >

예, 맞습니다. 바로 예수님께서 친히 자신의 몸으로 선생님의 죄를 이미 다 담당하셨다고 말합니다. 그러므로 예수님께서 선생님의 죄를 책임지고 맡아서 다 처리하셨습니다.

❷ **대속으로 선생님의 죄를 해결하셨습니다.**

그러면 대속이란 무슨 뜻일까요? 대속이란 "다른 사람의 죄를 대신하여 처벌을 받는 것"을 말합니다. 그러므로 예수께서 이 땅에 오신 목적은 선생님의 죄를 대신하여 처벌받으려고 오셨습니다. 바로 자기 목숨을 대속물로 주시려고 오셨습니다. 대속과 관계된 말씀들을 읽어 주십시오.

"인자가 온 것은 섬김을 받으려 함이 아니라 도리어 섬기려 하고 자기 목숨을 많은 사람의 대속물로 주려 함이니라, 그리스도께서 하나님 곧 우리 아버지의 뜻을 따라 이 악한 세대에서 우리를 건지시려고 우리 죄를 대속하기 위하여 자기 몸을 주셨으니, 하나님은 모든 사람이 구원을 받으며 진리를 아는 데에 이르기를 원하시느니라 하나님은 한 분이시요 또 하나님과 사람 사이에 중보자도 한 분이시니 곧 사람이신 그리스도 예수라 그가 모든 사람을 위하여 자기를 대속물로 주셨으니, 너희가 알거니와 너희 조상이 물려 준 헛된 행실에서 대속함을 받은 것은 은이나 금 같이 없어질 것으로 된 것이 아니요 오직 흠 없고 점 없는 어린 양 같은 그리스도의 보배로운 피로 된 것이니라"(막 10:45, 갈 1:4, 딤전 2:4-6, 벧전 1:18-19)

여기에 보니까 예수님은 자기 목숨을 많은 사람의 대속물로 주려고 오셨다고 말씀하시고, 또한 예수님께서 하나님 아버지의 뜻을 따라 이 악한 세상에서 우리를 건지시려고 우리 죄를 대속하기 위하여 자기 몸을 주셨다고 말씀합니다. 또한 예수님은 하나님과 사람 사이에 중보자로서 모든 사람을 위하여 자기를 대속물로 주셨다고 말씀합니다. 그리고 우리는 오직 흠 없고 점 없는 아주 순결한 예수님의 피로 대속함을 받았다고 말합니다. 따라서 선생님은 예수님의 대속함으로 죄를 다 해결하셨습니다.

❸ 속량으로 선생님의 죄를 해결하셨습니다.

에베소서 1장 7절을 읽어 주십시오.
"그의 피로 말미암아 속량 곧 죄 사함을 받았느니라"(에베소서 1:7)
여기서 예수님의 피로 속량을 이루시고 죄 사함을 받게 하셨다고 말합니다. 그러면 속량이란 무엇일까요? 여기서 속량이란 바로 죄 사함을 말합니다.
(속량 = 죄 사함)
속량이란 "노예의 몸값을 받고 노예를 해방해서 자유를 주는 것"을 말합니다. 속량이란 선생님이 사탄과 죄에 얽매여 지옥에 들어갈 운명에 처해 있었는데 예수께서 본인의 죽음과 피를 흘려주셔서 선생님의 죄의 값을 치르심으로 말미암아 선생님을 죄에서 해방해서 자유를 주신 것입니다.

❹ 정함으로 선생님의 죄를 해결하셨습니다.

로마서 8장 3절을 읽어 주십시오.
"율법이 육신으로 말미암아 연약하여 할 수 없는 그것을 하나님은 하시나니"(롬 8:3 앞부분)
여기서 선생님은 육신이 연약하여 율법을 온전히 지킬 수 없다고 말씀합니다. 다시 말하면 선생님은 죄를 안 짓고 살아갈 수 없다는 말씀입니다. 그러나 여기서 '그것을 하나님은 하시나니'라고 말씀합니다. 따라서 하나님은 연약하지 않으시기에 선생님의 죄의 문제를 다 해결하실 수 있다는 말씀입니다. 그러면 하나님께서 선생님의 죄 문제를 어떻게 해결하셨을까요? 하나님이 하신 일은 3절 마지막 부분에 소개됩니다.

"곧 죄로 말미암아 자기 아들을 죄 있는 육신의 모양으로 보내어 육신에 죄를 정하사"(롬 8:3 마지막 부분)

하나님께서 자기 아들이신 예수님을 우리와 같은 육신의 모양으로 이 세상에 보내셔서 그 예수님의 육신에 선생님의 죄를 정하심으로 선생님의 죄를 해결하셨습니다. 여기서 가장 중요한 말은 "죄를 정하사"라는 말씀입니다. 여기서 "죄를 정하사"라는 말을 이해하기 위해서 구약의 속죄 제사를 이해해야 합니다. 구약에서 하나님께 죄를 용서받기 위해서 드리는 속죄 제사가 있었는데 속죄 제사는 사람이 죄를 범했을 때 자신의 죄를 해결할 수 있는 제사였습니다. 그래서 사람이 부지 중에 죄를 범했을 때 하나님이 정하신 속죄 제사로 자신의 죄를 용서받을 수 있었습니다.

레위기 4장 27~31절을 읽어 주십시오.

"만일 평민의 한 사람이 여호와의 계명 중 하나라도 부지중에 범하여 허물이 있었는데 그가 범한 죄를 누가 그에게 깨우쳐 주면 그는 흠 없는 암염소를 끌고 와서 그 범한 죄로 말미암아 그것을 예물로 삼아 그 속죄제물의 머리에 안수하고 그 제물을 번제물을 잡는 곳에서 잡을 것이요 제사장은 손가락으로 그 피를 찍어 번제단 뿔들에 바르고 그 피 전부를 제단 밑에 쏟고 그 모든 기름을 화목제물의 기름을 떼어낸 것 같이 떼어내 제단 위에서 불살라 여호와께 향기롭게 할지니 제사장이 그를 위하여 속죄한즉 그가 사함을 받으리라"(레 4:27-31)

이 말씀을 자세히 살펴보면 속죄 제사를 드리는 몇 가지 순서가 있습니다.

① 한 사람이 부지중에 죄를 범합니다.
② 죄를 범한 사실을 깨닫습니다.
③ 예물로 흠 없는 양이나 암염소를 끌고 옵니다.

④ 죄가 양에게 전가되도록 죄인과 제사장이 양의 머리에 안수합니다.
⑤ 제사장이 양을 잡아 하나님께 속죄 제사를 드립니다.
⑥ 죄를 범한 사람이 자신의 죄 사함을 받습니다.

죄인이 하나님께 드리는 속죄 제사는 하나님께서 지시하시는 내용에 따라 레위 지파에 속한 제사장이 성막이나 성전에서 염소나 양이나 송아지의 제물로 죄인의 속죄 제사를 하나님께 드렸습니다. 그런데 속죄 제사에서 가장 중요한 것은, 죄를 지은 죄인과 제사장이 함께 양의 머리에 안수하는 것입니다. 여기 안수하는 것이 바로 "죄인의 죄를 양에게 정하는 것"을 보여줍니다. 그러면 그 죄인이 죽는 것이 아니라 양이 죄인의 죄를 대신 지고 죽임을 당합니다. 제사장은 양을 잡아서 양의 피를 번제단 뿔에 바르고, 나머지 피는 속죄소에 뿌리고, 양의 몸 전체를 번제단에서 불로 태워 하나님께 제사해야 죄인이 용서를 받습니다. 그러므로 가장 중요한 것이 바로 양에게 안수하는 것입니다. 이것이 바로 죄인의 죄를 양에게 정하는 것입니다.

여기서 죄를 위하여 죽는 희생양은 누구를 나타낼까요?
<네, 우리 죄를 짊어지신 어린양 예수님을 나타냅니다.>

예, 맞습니다. 그래서 요한복음 1장 29절에서 요한은 사람들에게 예수님을 이렇게 소개합니다.
"보라 세상 죄를 지고 가는 하나님의 어린양이로다"(요한복음 1 : 29)
그래서 희생양의 머리에 안수하여 죄를 정하는 것처럼, 하나님의 아들 예수님께 선생님의 모든 죄를 정했습니다. 그러므로 예수님은 세상의 모든 죄를 지고 가는 하나님의 어린양이라고 믿지 말고, 바로 선생님의 죄를 지고 가는 어린양 예수님으로 믿어야 합니다.

그렇게 믿습니까?
<아멘, 예수님이 나의 죄를 지고 죽으신 것을 믿습니다.>

예수님께서 십자가에 돌아가셨을 때(그림을 그리며) 선생님의 죄를 선생님이 태어날 때부터 죽을 때까지 선생님의 일생의 모든 죄를 예수님께 정했습니다.

언제부터 언제까지 정했습니까?
<네, 태어날 때부터 죽을 때까지입니다.>

그러면 선생님의 죄를 몇 %나 지셨을까요?
<네, 나의 죄를 100% 다 지셨습니다.>

예, 맞습니다. 선생님의 죄를 태어날 때부터 죽을 때까지 다 해결하셨습니다.

❺ **예수의 보혈로 선생님의 죄를 해결하셨습니다.**
로마서 5장 9절을 읽어 주십시오.
"이제 우리가 그의 피로 말미암아 의롭다 하심을 받았으니"(로마서 5:9)
여기서 예수님의 피로 말미암아 선생님이 의롭다 하심을 받았다고 말씀합니다.

❻ **하나님의 은혜로 값없이 선생님의 죄를 해결하셨습니다.**
로마서 3장 24절을 읽어 주십시오.
"그리스도 예수 안에 있는 속량으로 말미암아 하나님의 은혜로 값없이 의롭다 하심을 얻은 자 되었느니라"(로마서 3:24)
예수님께서 자신의 목숨과 보혈로 선생님의 죗값을 치르심으로, 선생님의 모든 죄를 용서해 주심으로, 선생님은 죄 사함을 받았고 의롭게 되었다고 선언합니다.

❼ **구약의 속죄 제사보다 더 좋은 방법으로 선생님의 죄를 해결하셨습니다.**
구약 시대의 제사장이 인간의 죄를 해결하기 위해 희생양을 잡아 속죄 제사로 드렸습니다. 하지만 구약의 속죄 제사는 인간의 죄를 온전히 해결할 수 없어 히브리서에서는 속죄 제사가 연약하고 무익하여 폐지했다고 말씀합니다.

히브리서 7장 18~19절을 읽어 주십시오.
"전에 있던 계명은 연약하고 무익하므로 폐하고 <율법은 아무 것도 온전하게 못할지라> 이에 더 좋은 소망이 생기니 이것으로 우리가 하나님께 가까이 가느니라"(히 7:18-19)

여기서 전에 있는 계명은 구약 시대의 율법을 말하고 그 율법 속에는 인간의 죄를 해결하는 속죄 제사법도 있었습니다. 하지만 율법은 다시 말해서 구약의 속죄 제사는 아무것도 온전하게 못 한다고 말합니다. 다시 말해서 인간의 죄의 문제를 온전하게 해결할 수 없다는 말입니다.

그렇다면 이제 인간은 영원히 죄 문제를 해결할 방법이 없을까요?
감사하게도 히브리서 7장 19절에서 "이에 더 좋은 소망이 생기니"라고 말씀합니다. 인간의 죄의 문제를 온전하게 해결할 수 있는 더 좋은 방법이 있다는 것입니다. 그래서 "이것으로 우리가 하나님께 가까이 가느니라"라고 말합니다. 그렇다면 "더 좋은 소망"과 "이것으로"라는 내용은 무엇을 지칭할까요? 바로 예수님께서 십자가 복음으로 인간의 죄를 단번에 해결할 수 있다는 것을 지칭합니다. 이것이 바로 예수 십자가의 완전한 복음입니다. 바로 하나님께서 당신의 아들 예수님을 이 세상에 보내주셔서, 죄 없는 그분이 선생님을 대신해서 십자가에서 자신의 목숨과 피를 흘려주심으로 선생님의 모든 죄를 단번에 다 해결해 주셨습니다.

그래서 예수님은 죄인을 구원하시려고 세상에 임하셨습니다.
디모데전서 1장 15절을 읽어 주십시오.
"예수께서 죄인을 구원하시려고 세상에 임하셨다 하였도다"(디모데전서 1:15)
예수님은 선생님의 죄를 없애려고 나타나셨습니다.
요한일서 3장 5절을 읽어 주십시오.
"그가 우리 죄를 없애려고 나타나신 것을 너희가 아나니 그에게는 죄가 없느니라"(요한일서 3:5)

❽ 예수님께서 하나님의 뜻을 행하여 선생님의 죄를 해결하셨습니다.

죄가 없는 예수님께서 하나님의 뜻을 행하러 이 세상에 오셨습니다.

히브리서 10장 9~10절을 읽어 주십시오.
"보시옵소서 내가 하나님의 뜻을 행하러 왔나이다 하셨으니 그 첫째 것을 폐하심은 둘째 것을 세우려 하심이라 이 뜻을 따라 예수 그리스도의 몸을 단번에 드리심으로 말미암아 우리가 거룩함을 얻었노라"(히브리서 10:9-10)

여기서 하나님의 뜻은 첫째 것인 구약의 속죄 제사를 폐하시고 둘째 것인 예수님의 속죄 제사로 인간의 죄의 문제를 해결하시는 것이 하나님의 뜻입니다. 따라서 예수님은 하나님의 뜻대로 십자가 위에서 자신의 몸을 단번에 드리심으로 말미암아 선생님이 죄 사함을 받고 거룩함을 얻게 하셨습니다.

선생님, 여기서 예수님의 몸을 단번에 드리심으로 우리가 거룩함을 얻었다고 말합니까? 거룩함을 얻을 것이라고 말합니까?
<네, 우리가 거룩함을 얻었다고 말합니다.>

예, 맞습니다. 예수님의 몸을 단번에 드리심으로 우리는 죄 사함을 받았고, 의롭게 되었고, 거룩함을 얻었습니다. 그리고 예수님은 십자가에서 돌아가심으로 한 번의 제사로 우리를 영원히 온전하게 하셨습니다.
히브리서 10장 14절을 읽어 주십시오.
"그가 거룩하게 된 자들을 한 번의 제사로 영원히 온전하게 하셨느니라"(히브리서 10:14)
여기서 구약의 속죄 제사는 수없이 많은 제사를 해도, 그 속죄 제사는 인간의 죄 사함을 온전히 이루지 못했지만, 예수님께서 십자가 위에서 자신의 몸을 희생제물로 드리는 한 번의 제사로 선생님의 죄의 문제를 단번에 해결하셨습니다.

선생님, 예수님께서 한 번의 제사로 우리를 영원히 온전하게 하셨다고 말합니까? 온전하게 하실 것이라고 말합니까?
<네, 영원히 온전하게 하셨다고 말합니다.>

예, 맞습니다. 이제 선생님은 이미 죄 사함을 받았고, 의롭게 되었고, 거룩하게 되었고, 영원히 온전하게 하셨다고 말합니다.

❾ **예수께서 "다 이루었다"라고 선포하심으로 선생님의 죄를 해결하셨습니다.**
요한복음 19장 30절을 읽어 주십시오.
"예수께서 신 포도주를 받으신 후에 이르시되 다 이루었다 하시고 머리를 숙이니 영혼이 떠나가시니라"(요한복음 19:30)
여기 예수님이 십자가 위에서 죽어 가시면서 외치셨던 "다 이루었다"라는 그 한 마디는 참으로 의미심장한 선포였습니다. 예수님께서 외치신 "다 이루었다"라는 외침은 패배의 울부짖음 "나는 망했다"라는 말이 아니라 승리의 외침 "나는 완성했다"라는 외침입니다. 예수님께서 "다 이루었다"라는 외침을 통해 인간의 구원을 위한 하나님의 영원하신 계획이 인간의 시간 역사 속에서 영원히 성취되었음을 선포하셨습니다.

8. 예수께서 선생님의 죄를 기억하지 않으실 정도로 완전하게 용서하셨습니다.

히브리서 10장 17절을 읽어 주십시오.
"또 그들의 죄와 그들의 불법을 내가 다시 기억하지 아니하리라 하셨으니"(히 10:17)

여기서 하나님께서는 선생님의 죄와 불법을 다시는 기억하지 않으신다고 했는데 선생님이 죄를 기억하고 염려한다면 예수님께서 선생님의 죄를 용서하신 것을 믿는 것입니까? 믿지 않는 것입니까?
<네, 믿지 않는 것입니다.>

그러면 여기 하나님의 말씀대로 하나님께서 선생님의 죄를 기억하지도 않

으시고 완전하게 용서하신 것을 믿습니까?
<네, 확실하게 믿습니다.>

예, 여기 하나님께서 기억하지 않으신다는 것은, 아주 완전하게 용서하신 것을 말합니다. 사람들은 용서해 주고도 기억하지만, 하나님은 선생님의 죄를 용서하시고 기억하지도 않고 완전하게 용서하셨습니다. 또한 하나님께서는 선생님의 죄를 완전히 삭제하고 지웠다고 말합니다.
이사야서 43장 25절과 44장 22절을 읽어 주십시오.
"나 곧 나는 나를 위하여 네 허물을 도말하는 자니 네 죄를 기억하지 아니하리라, 내가 네 허물을 빽빽한 구름 같이, 네 죄를 안개 같이 없이하였으니 너는 내게로 돌아오라 내가 너를 구속하였음이니라(사 43:25, 44:22)
여기서 도말이라는 말은 '지워버렸다'라는 뜻으로 선생님의 죄를 완전하게 용서하심으로 선생님의 죄를 삭제해서 지워버리고 기억하지도 않는다는 말씀입니다. 그러므로 선생님의 죄와 허물은 빽빽한 구름이 사라짐 같이 안개의 사라짐 같이 다 사라져 버렸습니다.

이렇게 선생님의 죄가 다 사라져 버렸다면 선생님의 마음이 기쁘겠습니까? 기쁘지 않겠습니까?
<네, 제 마음이 기쁘다고 믿습니다.>

예, 그렇습니다. 하늘이 온통 깜깜하게 구름이 끼었다가 안개가 자욱해서 앞을 분간할 수 없었다가 구름과 안개가 다 사라진 것처럼 선생님의 모든 죄가 이처럼 다 사라져 버렸습니다.
'네 죄를 안개 같이 없이하였으니 너는 내게로 돌아오라'(사 44:22)

그런데 여기서 선생님이 하나님께로 돌아오면 용서해 주신다고 했습니까? 이미 다 용서해 놓고 돌아오라고 했습니까?
<네, 죄를 이미 다 용서해 놓고 돌아오라고 했습니다.>

예, 맞습니다. 이미 다 용서해 놓고 하나님께로 돌아오라고 말합니다. 선생님의 할 일은 하나님이 선생님의 죄를 이미 용서해 놓으셨으니 그것을 믿고 주님 품으로 돌아오는 것만 남아 있습니다. 선생님이 돌아온다는 것은 무슨 뜻일까요?
<*네, 잘 모르겠는데요?*>

예, 선생님이 돌아온다는 것은 하나님께서 선생님의 죄를 용서하셨다는 사실을 믿는 것을 말합니다. 선생님은 하나님께서 선생님의 모든 죄를 이미 다 용서하심으로 죄 사함을 받았고, 의롭게 되었고, 거룩함을 얻었고, 영원히 온전하게 되었다는 하나님의 말씀을 믿습니까?
<*네, 아멘, 믿습니다.*>

그러면 선생님은 죄가 있습니까? 없습니까?
<*네, 나의 죄는 하나도 없습니다.*>

그러면 선생님은 죄인입니까? 의인입니까?
<*네, 나는 의인입니다.*>

예, 선생님은 의인입니다. 성경의 여러 말씀에서 선생님의 죄를 얼마나 완전하게 처리하셨는지 자세히 말씀하고 있습니다.
미가서 7장 19절을 읽어 주십시오.
"다시 우리를 불쌍히 여기셔서 우리의 죄악을 발로 밟으시고 우리의 모든 죄를 깊은 바다에 던지시리이다"(미가서 7:19)
하나님께서 선생님의 모든 죄를 깊은 바다에 던져버렸다고 말씀합니다.
시편 103편 12절을 읽어 주십시오.
"동이 서에서 먼 것 같이 우리의 죄과를 우리에게서 멀리 옮기셨으며"(시편 103:12)

하나님께서 선생님의 죄를 동쪽 끝에서 서쪽 끝으로 멀리 옮기셨기 때문에 이제 선생님의 죄를 볼 수도 없다고 말씀합니다. 그러므로 선생님께서 예수

님이 십자가에서 이루신 완전한 복음을 믿으면 선생님은 죄와 죽음과 심판에서 해방되어 지옥에 들어가지 않습니다.

9. 예수님께서 선생님의 죄를 위해 십자가에서 돌아가신 후 3일 만에 부활하셨습니다.

예수님의 부활은 예수 십자가 복음의 완성으로 완전한 복음을 나타냅니다. 예수님께서 성경의 예언에 따라 죽으시고, 장사지내신 후 성경의 예언에 따라 다시 살아나셨습니다. 예수님이 부활하셨기 때문에 선생님을 구원할 완전한 복음이 완성되었습니다.
고린도전서 15장 1~4절을 읽어 주십시오.
"형제들아 내가 너희에게 전한 복음을 너희에게 알게 하노니 이는 너희가 받은 것이요 또 그 가운데 선 것이라 너희가 만일 내가 전한 그 말을 굳게 지키고 헛되이 믿지 아니하였으면 그로 말미암아 구원을 받으리라 내가 받은 것을 먼저 너희에게 전하였노니 이는 성경대로 그리스도께서 우리 죄를 위하여 죽으시고 장사 지낸 바 되셨다가 성경대로 사흘 만에 다시 살아나사"(고린도전서 15:1-4)
예수님의 부활이 없다면 선생님을 구원할 복음은 헛것이요, 믿음도 헛것이요, 죄도 용서되지 않습니다. 고린도전서 15장 14절과 17절을 읽어 주십시오.
"그리스도께서 만일 다시 살아나지 못하셨으면 우리가 전파하는 것도 헛것이요 또 너희 믿음도 헛것이며, 그리스도께서 다시 살아나신 일이 없으면 너희의 믿음도 헛되고 너희가 여전히 죄 가운데 있을 것이요"(고린도전서 15:14, 17)
예수님께서는 선생님의 죄 때문에 죽으시고 선생님을 의롭게 하시려고 부활하셨습니다.
로마서 4장 25절을 읽어 주십시오.
"예수는 우리가 범죄한 것 때문에 내줌이 되고 또한 우리를 의롭다 하시기 위하여 살아나셨느니라"(로마서 4:25)
그러므로 선생님이 예수님의 부활을 믿으면 구원을 받습니다.

로마서 10장 9절을 읽어 주십시오.
"하나님께서 그를 죽은 자 가운데서 살리신 것을 네 마음에 믿으면 구원을 받으리라"(로마서 10:9)
선생님이 예수님을 믿고 구원을 받으면 선생님도 죽음을 이기고 부활합니다. 요한복음 11장 25절을 읽어 주십시오.
"예수께서 이르시되 나는 부활이요 생명이니 나를 믿는 자는 죽어도 살겠고"(요한복음 11:25)
선생님도 부활해서 천국에서 예수님과 함께 영원토록 살아갈 수 있습니다. 그러므로 선생님의 부활 소망은 선생님을 행복하게 살아가도록 도와줍니다. 선생님이 부활해서 영원토록 살아갈 수 있다는 것보다 더 큰 행복이 어디에 있을까요? 그러므로 초대교회 성도들은 예수님의 부활을 믿고 변화된 놀라운 삶을 살았습니다. 요한복음 2장 22절을 읽어 주십시오.
"죽은 자 가운데서 살아나신 후에야 제자들이 이 말씀하신 것을 기억하고 성경과 예수께서 하신 말씀을 믿었더라"(요한복음 2:22)

10. 구원은 하나님의 은혜와 믿음으로 얻는 하나님의 선물입니다.

에베소서 2장 8~9절을 읽어 주십시오.
"너희는 그 은혜에 의하여 믿음으로 말미암아 구원을 받았으니 이것은 너희에게서 난 것이 아니요 하나님의 선물이라 행위에서 난 것이 아니니 이는 누구든지 자랑하지 못하게 함이라"(에베소서 2:8-9)
여기서 에베소 교회 성도들이 하나님의 은혜에 의하여 믿음으로 말미암아 구원을 받았다고 말합니다.

선생님, 이 구원이 어디에서 난 것이 아니라고 했습니까?
<네, 행위에서 난 것이 아니라고 했습니다.>

예, 맞습니다. 행위에서 난 것이 아니라 오직 은혜로 값없이 구원을 받았다고 말합니다. 그러므로 구원은 우리의 선행이나 노력으로 받는 것이 아니라 오직 하나님의 은혜와 우리의 믿음으로 받습니다.

11. 선생님이 구원을 받으려면 성령님이 역사해야 합니다.

지금까지 선생님이 들은 예수 십자가의 완전한 복음이 진심으로 믿어지도록 성령님이 역사해야 합니다. 데살로니가전서 1장 5~6절을 읽어 주십시오.
"이는 우리 복음이 너희에게 말로만 이른 것이 아니라 또한 능력과 성령과 큰 확신으로 된 것임이라, 또 너희는 많은 환난 가운데서 성령의 기쁨으로 말씀을 받아"(데살로니가전서 1:5-6)
예수 십자가의 완전한 복음이 진심으로 믿어지려면 성령님의 역사로 자신이 인생의 주인이 되어 자기 마음대로 살아온 죄가 얼마나 끔찍하고 무서운 죄인가를 가슴이 저리도록 깨달아야 합니다. 자신이 지은 죄의 무게와 깊이를 뼛속 깊이 사무치게 깨달아야 하나님이 완성하신 완전한 복음이 믿어지게 됩니다. 성령님께서 영적인 눈을 열어주심으로 복음에 눈을 떠야 합니다. 그래서 바울은 여기서 복음이 성도들에게 말로만 이른 것이 아니라, 복음의 능력과 성령의 역사와 큰 확신으로 구원이 이루어진다고 말씀합니다.

12. 선생님이 구원을 받으려면 회개하고 복음을 믿어야 합니다.

❶ 먼저 회개란 선생님의 죄에서 돌이키는 것입니다.
회개란 선생님이 죄인임을 인정하고 선생님의 죄악 된 삶에서 돌이켜 예수님을 삶의 주인으로 섬기며 따르기로 결단하는 것입니다. 에스겔서 33장 11절을 읽어 주십시오.
"주 여호와의 말씀이니라 나의 삶을 두고 맹세하노니 나는 악인이 죽는 것을 기뻐하지 아니하고 악인이 그의 길에서 돌이켜 떠나 사는 것을 기뻐하노라 이스라엘 족속아 돌이키고 돌이키라 너희 악한 길에서 떠나라 어찌 죽고자 하느냐"(에스겔 33:11)

❷ **예수님이 선생님을 구원하신 하나님이시며 삶의 주인이심을 믿고 인정하고 시인해야 합니다.**

사도행전 2장 36절을 읽어 주십시오.
"너희가 십자가에 못 박은 이 예수를 하나님이 주와 그리스도가 되게 하셨느니라"(사도행전 2:36)
하나님께서는 십자가에 못 박은 예수님을 주와 그리스도가 되게 하셨습니다. 여기서 '주'는 우리 삶의 주인이시며 '그리스도'는 우리를 죄에서 구원하시는 메시아라는 뜻입니다. 따라서 선생님이 예수님께서 십자가에서 이루신 복음을 믿고 받아들이는 것은 삶의 주인을 통째로 바꾸는 엄청난 결정을 하는 것입니다. 지금까지는 하나님 없이 선생님이 삶의 주인이 되어 선생님의 삶을 자기 마음대로 살아왔었지만, 이제는 삶의 주인이 완전히 바뀌는 것입니다. 선생님의 마음 가운데는 가장 중요한 마음의 왕좌가 있습니다. 만일 그 왕좌에 선생님이 앉아 있다면, 그래서 삶의 모든 일을 선생님 마음대로 한다면 선생님은 구원을 받을 수 없습니다. 그러므로 구원이란 삶의 주인이 완전히 바뀌는 것입니다.

로마서 10장 9~10절을 읽어 주십시오.
"네가 만일 네 입으로 예수를 주로 시인하며 또 하나님께서 그를 죽은 자 가운데서 살리신 것을 네 마음에 믿으면 구원을 받으리라 사람이 마음으로 믿어 의에 이르고 입으로 시인하여 구원에 이르느니라"(로마서 10:9-10)
이 말씀은 '구원을 받으리라'라는 말씀처럼 구원을 받을 수 있는 놀라운 원칙을 소개합니다. ① 먼저 예수님을 주로 시인해야 합니다. ② 그리고 진실한 마음으로 예수님께서 이루신 복음을 믿어야 합니다. 선생님이 하나님을 만나는 법칙이 있습니다. 사랑이 사랑을 만나고, 진심이 진심을 만나고 선생님의 간절함이 하나님을 만나게 합니다.

예레미야서 29장 13절과 잠언 8장 17절을 읽어 주십시오.

"너희가 온 마음으로 나를 구하면 나를 찾을 것이요 나를 만나리라"(예레미야 29:13)

"나를 사랑하는 자들이 나의 사랑을 입으며 나를 간절히 찾는 자가 나를 만날 것이니라"(잠언 8:17)

그래서 하나님께서는 선생님이 온 마음으로 하나님을 구하면 숨겨진 하나님이 아니라 하나님을 찾을 것이요 하나님을 만날 수 있다고 말씀하십니다. 이것이 바로 예수 십자가의 완전한 복음을 진실한 마음으로 믿고 받아들이는 것입니다. ③ 그리고 마음으로 믿는 것을, 입으로 시인해야 합니다. 이것이 바로 예수님을 삶의 주인으로 마음속에 영접하는 것입니다. 영접이란 복음과 상관없는 예수님을 마음에 모시는 것이 아니라 영접이란 예수님께서 십자가에서 나의 모든 죄를 다 용서하신 사실을 인정하고, 믿고, 받아들이고, 입으로 시인하여 구원을 받는 것입니다. 지금까지 들었던 예수 십자가의 완전한 복음의 말씀을 이렇게 입으로 시인해야 합니다.

"나는 구원을 받았습니다. 나는 영생을 얻었습니다. 나는 예수님의 십자가 속량으로 죄 사함을 받았습니다. 내가 태어날 때부터 죽을 때까지 나의 모든 죄를 예수님께서 담당하셨습니다. 예수님의 보혈로 나의 모든 죗값을 다 치르셨습니다. 나의 선행으로 구원을 받는 것이 아니라는 사실을 믿습니다. 나는 예수님이 나를 대신해서 심판을 받으셨기에 나에게 심판이 없다는 사실을 믿습니다. 나는 예수님의 보혈로 의롭게 되었으니 의인입니다."

13. 선생님이 회개하고 예수님을 믿으면 구원을 받습니다.

❶ 선생님이 회개하고 예수님을 믿으면 영원한 생명을 얻습니다.
요한복음 3장 16절을 읽어 주십시오.
"하나님이 세상을 이처럼 사랑하사 독생자를 주셨으니 이는 그를 믿는 자마다 멸망하지 않고 영생을 얻게 하려 하심이라"(요한복음 3:16)

❷ 선생님이 회개하고 예수님을 믿으면 하나님의 자녀가 되는 권세를 얻게 됩니다.

요한복음 1장 12절을 읽어 주십시오.
"영접하는 자 곧 그 이름을 믿는 자들에게는 하나님의 자녀가 되는 권세를 주셨으니"(요한복음 1:12)

❸ 선생님이 회개하고 예수님을 믿으면 성령을 선물로 받게 됩니다.

사도행전 2장 38절을 읽어 주십시오.
"너희가 회개하여 각각 예수 그리스도의 이름으로 침례<세례>를 받고 죄 사함을 받으라 그리하면 성령의 선물을 받으리니"(사도행전 2:38)

❹ 선생님이 회개하고 예수님을 믿으면 하나님이 기도를 들어주시고 응답하십니다.

요한복음 16장 24절을 읽어 주십시오.
"지금까지는 너희가 내 이름으로 아무 것도 구하지 아니하였으나 구하라 그리하면 받으리니 너희 기쁨이 충만하리라"(요한복음 16:24)

14. 예수님을 선생님의 모든 죄를 용서해 주신 하나님으로 믿고, 삶의 주인으로 믿고 받아들이겠습니까?

선생님은 다음과 같은 기도로 예수 십자가의 완전한 복음의 말씀을 믿고 입으로 시인하여 구원을 받을 수 있습니다.
"주 예수님, 제가 지금까지 하나님을 인정하지 않고 제가 인생의 주인이 되어 내 마음대로 살아온 죄인입니다. 예수님께서 나를 대신하여 십자가에서 죽으심으로 나의 모든 죄를 단번에 다 해결해 주시고 구원해 주셔서 감사합니다. 십자가에서 돌아가신 지 사흘 만에 부활하심으로 내 인생의 주인이 되셨음을 믿습니다. 이제 예수님을 나의 삶의 주인으로, 나를 다스리시는 왕으로, 나를 창조하신 하나님으로 영접합니다. 내 마음속에서 내 인생의 주인이 되어 저의 삶을 인도해 주시고 예수님을 따라 살게 도와주십시오. 예수님의 이름으로 기도합니다. -아멘-"

15. 구원의 확신 질문입니다.

❶ 예수님은 선생님에게 누구입니까?
❷ 하나님이 선생님을 구원하시기 위해 무엇을 하셨습니까?
❸ 선생님은 하나님 앞에서 죄가 해결된 의인이라고 믿습니까?
❹ 지금 하나님께서 내 생명을 가져가시면 선생님은 어떻게 되겠습니까?
❺ 죄 사함을 받고 구원받은 사람이 또 죄를 지으면, 구원이 취소되나요?

요한복음 10장 28~29절과 요한일서 1장 9절을 읽어 주십시오.
"내가 그들에게 영생을 주노니 영원히 멸망하지 아니할 것이요 또 그들을 내 손에서 빼앗을 자가 없느니라 그들을 주신 내 아버지는 만물보다 크시매 아무도 아버지 손에서 빼앗을 수 없느니라" (요한복음 10:28-29)
"만일 우리가 우리 죄를 자백하면 그는 미쁘시고 의로우사 우리 죄를 사하시며 우리를 모든 불의에서 깨끗하게 하실 것이요"(요한일서 1:9)

16. 구원을 받게 되면 사탄은 선생님에게 어떻게 역사할까요?

❶ 구원의 확신을 의심하게 합니다.
❷ 죄 아래에 살게 합니다.
❸ 믿음이 성장하지 못하도록 유혹과 핍박을 합니다.
❹ 가족과 갈등을 겪게 하거나 믿음을 포기하게 합니다.
❺ 갖가지 문제들과 사건을 일으켜 예수님을 따르는 믿음 생활을 방해합니다.

17. 사탄의 유혹과 시험을 이기려면 영적으로 무장해야 합니다.

❶ 예배의 자리로 나아가십시오.
구원받은 사람은 믿는 사람들과 함께 나를 구원하신 하나님을 예배해야 합니다.

❷ 성경 말씀을 매일 읽으십시오.
성경 말씀은 사탄이 주는 의심을 이기게 하며, 하나님의 뜻을 알게 하고, 영적으로 성장하게 하는 영혼의 양식입니다.

❸ 기도로 깨어서 죄를 이기십시오.
기도는 하나님과 깊은 교제를 나누는 것이며,
옛 생활과 죄에 빠지게 하는 사탄의 유혹을 이기게 합니다.

❹ 전도를 통해 내가 받은 구원을 다른 사람에게 전하십시오.
전도는 다른 사람을 지옥에서 건져내어 구원하는 하나님의 방법이며, 이 땅에서 어둠의 세력을 몰아내고 하나님의 나라를 건설하는 운동입니다. 예수님 안에서 같은 믿음을 가지고, 구원을 받아 하나님의 가족이 되신 선생님을 축복합니다.

02. 속죄 제사를 통한 구원상담문

선생님은 교회를 다니신다고 했는데 지금 이 세상을 떠나신다면 천국에 들어갈 확신이 있습니까? 구원받은 사실이 있습니까?

<아니요, 저는 아직 구원에 대해서 누구와 대화를 나눈 적이 없어서 천국에 들어갈 자신이 없습니다. 내가 어떻게 해야 구원을 받는지 구원의 확신을 가질 수 있는지 잘 모릅니다.>

예, 선생님은 교회를 다니고 있지만, 구원의 확신이 없다고 했습니다. 제가 선생님이 예수 십자가 복음을 통해서 정확하게 구원을 받고 구원의 확신을 가질 수 있도록 도와 드리려고 하는데 들어보겠습니까?

<네, 들어보겠습니다.>

제가 오늘은 구약의 제사 제도인 속죄 제사를 통해서 선생님이 어떻게 구원을 받을 수 있는지 설명하겠습니다. 구약에는 모세가 시내산에서 하나님께 받은 율법이 있었습니다. 그 율법의 대표적인 부분이 바로 십계명입니다. 그리고 그 율법 속에는 속죄 제사도 포함되어 있었는데 속죄 제사란 사람이 죄를 범했을 때 자신의 죄를 해결할 수 있는 제사였습니다. 그래서 사람이 부지중에 죄를 범했을 때 하나님이 정하신 속죄 제사로 자신의 죄를 용서받을 수 있었습니다.

1. 속죄 제사를 드릴 때 하나님께서 정해준 순서에 따라 속죄 제사를 드립니다.

레위기 4장 27~31절을 읽어 주십시오.
"만일 평민의 한 사람이 여호와의 계명 중 하나라도 부지중에 범하여 허물이 있었는데 그가 범한 죄를 누가 그에게 깨우쳐 주면 그는 흠 없는 암염소를 끌고 와서 그 범한 죄로 말미암아 그것을 예물로 삼아 그 속죄제물의 머리에 안수하고 그 제물을 번제물을 잡는 곳에서 잡을 것이요 제사장은 손가락으로 그 피를 찍어 번제단 뿔들에 바르고 그 피 전부를 제단 밑에 쏟고 그 모든 기름을 화목제물의 기름을 떼어낸 것

같이 떼어내 제단 위에서 불살라 여호와께 향기롭게 할지니 제사장이 그를 위하여 속죄한즉 그가 사함을 받으리라"(레 4:27-31)

이 말씀을 자세히 살펴보면 속죄 제사를 드릴 때 정해진 몇 가지 순서가 있었습니다.

❶ 한 사람이 부지중에 죄를 범합니다.
❷ 죄를 범한 사실을 깨닫습니다.
❸ 예물로 흠 없는 암염소를 끌고 옵니다.
❹ 죄가 염소에게 전가되도록 염소 머리에 안수합니다.
❺ 제사장이 염소를 잡아 하나님께 속죄 제사를 드립니다.
❻ 죄를 범한 사람이 자신의 죄 사함을 받습니다.

죄인이 하나님께 드리는 속죄 제사는 하나님께서 지시하시는 내용에 따라 레위 지파에 속한 제사장이 성막이나 성전에서 염소와 양과 송아지의 무수한 제물들을 가지고 수많은 제사, 자주 드리는 제사, 같은 제사를 반복해서 하나님께 드렸습니다.
하지만 구약의 속죄 제사는 완전한 제사가 아니기에 그 속죄 제사를 통해서는 인간의 죄를 온전하게 해결할 수 없었습니다. 인간의 죄 문제를 해결하는 온전한 방법이 아니었기 때문입니다.
그러면 어떻게 우리의 죄를 해결할 수 있을까요?

2. 그래서 구약의 속죄 제사는 폐지되었습니다.

구약의 죄를 해결하는 제사 제도는 인간의 모든 죄를 단번에 해결할 수 없으므로 결국은 폐지되었습니다. 히브리서 7장 18~19절은 구약의 죄를 해결하는 제사 제도가 연약하고 무익하므로 폐지되었다고 말씀합니다.

말씀을 읽어 주십시오.
"전에 있던 계명은 연약하고 무익하므로 폐하고 율법은 아무 것도 온전하게 못할지라"(히 7:18-19)

구약의 속죄 제사가 폐지되었다면 구약의 제사 제도는 어떤 역할을 할까요? <네, 잘 모르겠는데요?>

예, 제가 구약의 제사 제도가 어떤 역할을 하였는지 자세히 설명해 드리겠습니다. 구약의 속죄 제사는 하나님이 완성하신 예수 십자가의 완전한 복음을 소개하는 역할을 합니다. 마치 아파트의 견본 주택과 같은 역할을 합니다. 아파트를 짓기 전에 견본 주택을 만들어 아파트가 어떻게 건축될지를 사람들에게 알려줍니다. 하지만 아파트 청약이 다 끝나고 견본 주택처럼 실제로 아파트가 건설되면 견본 주택은 필요 없으므로 철거하고 폐지합니다. 이와 마찬가지로 하나님이 예수 십자가의 완전한 복음을 완성했기 때문에 구약의 속죄 제사는 폐지되었습니다.

그래서 히브리서 말씀은 구약의 속죄 제사에 대해서 이렇게 평가합니다.

❶ **구약의 속죄 제사는 예수 십자가 복음의 실체를 보여주는 모형과 그림자였습니다.**
말씀을 읽어 주십시오.
"그들이 섬기는 것은 하늘에 있는 것의 <모형과 그림자>라 모세가 장막을 지으려 할 때에 지시하심을 얻음과 같으니 이르시되 삼가 모든 것을 산에서 네게 보이던 본을 따라 지으라 하셨느니라"(히 8:5)

❷ **구약의 속죄 제사는 예수 십자가 복음의 실체를 설명하는 비유였습니다.**
말씀을 읽어 주십시오.
"이 장막은 <현재까지의 비유>니 이에 따라 드리는 예물과 제사는 섬기는 자를 그

양심상 온전하게 할 수 없나니"(히 9:9)

❸ 구약의 속죄 제사는 연약하고 무익합니다.
말씀을 읽어 주십시오.
"전에 있던 계명은 <연약하고 무익하므로>"(히 7:18)

❹ 구약의 속죄 제사는 온전하지 못해서 개혁할 때까지만 존재합니다.
말씀을 읽어 주십시오.
"이런 것은 먹고 마시는 것과 여러 가지 씻는 것과 함께 육체의 예법일 뿐이며 <개혁할 때까지> 맡겨 둔 것이니라"(히 9:10)

❺ 구약의 속죄 제사는 언제나 온전하게 할 수 없습니다.
말씀을 읽어 주십시오.
"율법은 장차 올 좋은 일의 그림자일 뿐이요 참 형상이 아니므로 해마다 늘 드리는 같은 제사로는 나아오는 자들을 <언제나 온전하게 할 수 없느니라>"(히 10:1)

❻ 구약의 속죄 제사는 하나님께서 원하지 않으시고 기뻐하지도 않습니다.
말씀을 읽어 주십시오.
"위에 말씀하시기를 주께서는 제사와 예물과 번제와 속죄제는 <원하지도 아니하고 기뻐하지도 아니하신다> 하셨고 (이는 다 율법을 따라 드리는 것이라)"(히 10:8)

❼ 구약의 속죄 제사는 결국 폐지되었습니다. 말씀을 읽어 주십시오.
"그 후에 말씀하시기를 보시옵소서 내가 하나님의 뜻을 행하러 왔나이다 하셨으니 <그 첫째 것을 폐하심은> 둘째 것을 세우려 하심이라"(히 10:9)

인간의 죄를 해결하는 속죄 제사가 폐지되었다면 인간은 어떻게 죄를 해결할 수 있을까요?
예, 구약의 죄를 해결하는 속죄 제사가 폐지되었기에 더 좋은 소망인 예수 십자가의 완전한 복음이 새롭게 등장했습니다. 구약의 속죄 제사가 연약하고 무익하여 폐지되므로 더 좋은 소망이 생겼는데(히 7:18-19, 10:9), 하나님이 예수 십자가의 완전한 복음을 완성하여 선생님의 죄를 영원히 온전하게 사함을 받을 수 있도록 만드셨기에 예수 십자가의 완전한 복음은 구약의 속죄 제사보다 인간의 모든 죄를 용서할 수 있는 더 좋은 방법으로 새롭게 등장했습니다. 그러므로 율법의 속죄 제사는 첫 것이고, 예수 십자가의 완전한 복음은 둘째 것입니다(히 8:7, 10:9).

3. 예수께서 십자가에서 완성하신 복음으로 선생님의 죄 사함을 받게 하셨습니다.

❶ 예수께서는 장래 좋은 일을 하실 대제사장으로 와서 선생님을 온전히 구원하실 수 있습니다.

말씀을 읽어 주십시오.
"예수는 영원히 계시므로 그 제사장 직분도 갈리지 아니하느니라 그러므로 자기를 힘입어 하나님께 나아가는 자들을 <온전히 구원하실 수 있으니> 이는 그가 항상 살아 계셔서 그들을 위하여 간구하심이라"(히 7:24-25, 9:11)

❷ 하늘에 있는 성소는 더 크고 온전한 장막입니다.

말씀을 읽어 주십시오.
"그리스도께서는 참 것의 그림자인 손으로 만든 성소에 들어가지 아니하시고 바로 그 하늘에 들어가사 이제 우리를 위하여 하나님 앞에 나타나시고, 그리스도께서는 장래 좋은 일의 대제사장으로 오사 손으로 짓지 아니한 것 곧 이 창조에 속하지 아니한 <더 크고 온전한 장막>으로 말미암아"(히 9:24, 11)

❸ 구약의 무수한 제물이 아니라 자신의 한 몸으로 우리의 죄의 값을 치르셨습니다.

말씀을 읽어 주십시오.
"그러므로 주께서 세상에 임하실 때에 이르시되 하나님이 제사와 예물을 원하지 아니하시고 오직 나를 위하여 <한 몸>을 예비하셨도다"(히 10:5)

❹ 구약의 짐승의 피가 아니라 예수님 자신의 피로 선생님의 죄 사함을 받게 했습니다.

말씀을 읽어 주십시오.
"염소와 송아지의 피로 하지 아니하고 <오직 자기의 피로 영원한 속죄를 이루사> 단번에 성소에 들어가셨느니라 염소와 황소의 피와 및 암송아지의 재를 부정한 자에게 뿌려 그 육체를 정결하게 하여 거룩하게 하거든 하물며 영원하신 성령으로 말미암아 흠 없는 자기를 하나님께 드린 <그리스도의 피>가 어찌 너희 양심을 죽은 행실에서 <깨끗하게 하고> 살아 계신 하나님을 섬기게 하지 못하겠느냐"(히 9:12-14)

구약의 제사제도	하나님이 만드신 완전한 복음	성경 구절
첫 것	둘째 것	히 8:7, 10:9
첫 언약	둘째 언약	히 8:7-12
개혁할 때까지	개혁이 완성됨	히 9:10
그림자	참 형상	히 10:1
모형	완성된 건물	히 8:5
비유	완전한 복음	히 9:9-10
땅에 있는 성소	하늘에 있는 성소	히 9:24
장막	더 크고 온전한 장막	히 9:11
수많은 희생제물	한 몸	히 10:5
수많은 제사	단번의 제사	히 7:27, 10:10
자주 드리는 제사	한 번의 제사	히 10:11, 14
염소와 송아지 피	예수 피	히 9:12-13
온전하지 못함	영원히 온전함	히 10:14
연약, 무익 폐지	더 좋은 소망인 완전한 복음	히 7:18-19, 10:9

❺ **구약의 속죄 제사는 수없이 드리는 제사였지만 예수께서는 한 번과 단번에 드리는 제사로 선생님의 죄를 해결하셨습니다.**

말씀을 읽어 주십시오.
"이 뜻을 따라 예수 그리스도의 몸을 <단번에 드리심>으로 말미암아 우리가 거룩함을 얻었노라, 그가 거룩하게 된 자들을 <한 번의 제사>로 영원히 온전하게 하셨느니라"(히 10:10, 14)

❻ **예수께서 단번에 자기를 드려 선생님의 죄 사함을 다 이루셨습니다.**

말씀을 읽어 주십시오.
"그는 저 대제사장들이 먼저 자기 죄를 위하고 다음에 백성의 죄를 위하여 날마다 제사 드리는 것과 같이 할 필요가 없으니 이는 그가 <단번에 자기를 드려 이루셨음이라>"(히 7:27)

❼ **이제 선생님의 죄와 죽음과 심판과 지옥의 문제가 영원히 온전하게 해결되었습니다.**

말씀을 읽어 주십시오.
"그가 거룩하게 된 자들을 한 번의 제사로 <영원히 온전하게> 하셨느니라"(히 10:14)

4. 구약의 속죄 제사는 끝났으나 하나님께서 예수님을 통해 다시 시작하셨습니다.

그러므로 구약의 죄를 해결하는 속죄 제사는 하나님이 계획하시고 완성하신 예수 십자가의 완전한 복음의 상징이었고, 비유였고, 그림자였고, 모형이었습니다. 신약에 와서 예수님이 단번에 선생님의 죄를 해결할 것을 미리 보여 준 비유와 상징이었습니다. 히브리서 기자는 히브리서 9장 24절에서 구약의 성소가 "참 것의 그림자인 손으로 만든 성소"라고 말합니다.

말씀을 읽어 주십시오.
"그리스도께서는 <참 것의 그림자인 손으로 만든 성소>에 들어가지 아니하시고 바로 그 하늘에 들어가사 이제 우리를 위하여 하나님 앞에 나타나시고"(히 9:24)
히브리서 기자는 히브리서 10장 1절에서 구약의 속죄 제사를 율법이라고 지칭합니다. 모세가 성소와 제사법에 관계된 모든 것을 시내산에서 율법으로 받았기 때문입니다. 말씀을 읽어 주십시오.
"율법은 <장차 올 좋은 일>의 그림자일 뿐이요 참 형상이 아니므로 <해마다 늘 드리는 같은 제사>로는 나아오는 자들을 언제나 온전하게 할 수 없느니라"(히 10:1)

구약의 죄를 해결하는 속죄 제사는 장차 올 좋은 일의 그림자일 뿐이요, 참 형상이 아니었습니다.
그렇다면 여기서 말하는 "장차 올 좋은 일"은 무엇을 말하는 것일까요?
<네, 잘 모르겠는데요?>

예, "장차 올 좋은 일"은 바로 하나님이 계획하시고 완성하신 예수 십자가의 완전한 복음입니다.
그러므로 구약의 죄를 해결하는 속죄 제사는 하늘의 있는 성소의 모형과 그림자입니다. 말씀을 읽어 주십시오.
"그들이 섬기는 것은 <하늘에 있는 것의 모형과 그림자>라 모세가 장막을 지으려 할 때에 지시하심을 얻음과 같으니 이르시되 삼가 모든 것을 산에서 네게 보이던 본을 따라 지으라 하셨느니라"(히 8:5)

여기서 말하는 모형은 무엇일까요? 모형이란 실물을 본떠서 만든 물건입니다. 따라서 아파트로 말하면 견본 주택과 같습니다. 견본 주택은 언제 폐지될까요? 아파트가 완성되고 입주가 끝나면 견본 주택은 더는 필요하지 않기 때문에 폐지되는 것처럼, 하나님이 계획하시고 완성하신 예수 십자가의 완전한 복음이 완성되었기 때문에 구약의 속죄 제사는 폐지되었습니다.
그러면 히브리서 8장 5절에서 말하는 '하늘의 있는 것'은 무엇일까요? 그것

또한 하나님이 만드신 예수 십자가의 완전한 복음입니다. 그러므로 구약의 속죄 제사는 하늘의 있는 예수 십자가의 완전한 복음의 모형이요 그림자였습니다. 또한 구약의 속죄 제사는 현재까지의 비유였습니다. 또한 잘못된 방법이기 때문에 개혁할 때까지만 존재합니다. 말씀을 읽어 주십시오.
"이 장막은 <현재까지의 비유>니 이에 따라 드리는 예물과 제사는 섬기는 자를 그 양심상 온전하게 할 수 없나니 이런 것은 먹고 마시는 것과 여러 가지 씻는 것과 함께 육체의 예법일 뿐이며 <개혁할 때까지> 맡겨 둔 것이니라"(히 9:9-10)

히브리서 기자는 '이 장막은 현재까지의 비유니'라고 말합니다. 비유란 무엇일까요? 비유란 어떤 사물이나 현상을 그와 비슷한 다른 사물이나 현상에 빗대어 표현한 것입니다. 그러므로 여기서 말하는 이 장막은 구약의 속죄 제사를 드리는 성소를 지칭합니다. 그러므로 구약의 속죄 제사는 신약에 와서 예수님이 십자가 사건을 통해 선생님의 모든 죄를 단번에 처리할 것을 보여준 비유였습니다. 히브리서 기자는 계속해서 '이에 따라 드리는 예물과 제사는 섬기는 자를 그 양심상 온전하게 할 수 없나니'라고 말합니다. 다시 말해서 구약의 속죄 제사는 선생님을 온전하게 할 수 없다는 말입니다. 따라서 선생님의 죄의 문제를 해결할 수 없습니다. 그러므로 구약의 죄를 해결하는 속죄 제사는 절대로 선생님의 죄의 문제를 완전하게 해결할 수 없습니다. 말씀을 읽어 주십시오.
"율법은 장차 올 좋은 일의 그림자일 뿐이요 참 형상이 아니므로 해마다 늘 드리는 같은 제사로는 나아오는 자들을 언제나 온전하게 할 수 없느니라"(히 10:1)
구약의 죄를 해결하는 속죄 제사가 완전하였고, 흠이 없었다면 십자가의 완전한 복음을 통해 죄를 해결하는 방법을 요구할 필요가 없었을 것입니다. 구약의 죄를 해결하는 속죄 제사가 완전하였다면 모든 사람이 단번에 정결하게 되어 이미 구약에서 사용했던 속죄 제사는 임무를 완성하고 그쳤을 것입니다. 말씀을 읽어 주십시오.
"저 첫 언약이 <무흠하였더라면> 둘째 것을 요구할 일이 없었으려니와, 그렇지 아니하면 섬기는 자들이 단번에 정결하게 되어 다시 죄를 깨닫는 일이 없으리니 <어

찌 제사 드리는 일을 그치지 아니하였으리요>"(히 8:7, 10:2)

결국 구약의 죄를 해결하는 속죄 제사가 완전하지 못함으로 하나님께서 구약의 속죄 제사를 거부하셨습니다. 히브리서 기자는 하나님께서 구약의 죄를 해결하는 속죄 제사를 원하시지도 않으시고, 기뻐하시지도 않으신다고 말합니다. 말씀을 읽어 주십시오.

"이는 황소와 염소의 피가 능히 죄를 없이 하지 못함이라 그러므로 주께서 세상에 임하실 때에 이르시되 하나님이 제사와 예물을 <원하지 아니하시고> 오직 나를 위하여 한 몸을 예비하셨도다 번제와 속죄제는 <기뻐하지 아니하시나니>, 위에 말씀하시기를 주께서는 제사와 예물과 번제와 속죄제는 <원하지도 아니하고 기뻐하지도 아니하신다> 하셨고 이는 다 율법을 따라 드리는 것이라"(히 10:4-6, 8)

하나님께서 구약의 죄를 해결하는 속죄 제사는 거부하셨지만, 하나님께서 계획하시고 완성하신 예수 십자가의 완전한 복음을 통해 선생님의 모든 죄를 해결하는 것은 우리 하나님께서 원하시는 방법이요, 기뻐하시는 방법입니다.

5. 선생님은 이제 선생님의 구원을 위해서 어떻게 해야 할까요?

❶ **선생님은 이제 하나님이 계획하시고 완성하신 예수 십자가의 완전한 복음을 통해 선생님의 모든 죄가 해결되었고, 그러므로 이제 거룩함을 얻었고, 선생님은 이제 영원히 완전하게 되었습니다.**

그 결과 선생님은 다시는 죄를 위해 속죄 제사를 또 드릴 필요가 없습니다. 말씀을 읽어 주십시오.

"이 뜻을 따라 예수 그리스도의 몸을 단번에 드리심으로 말미암아 우리가 거룩함을 얻었노라, 그가 거룩하게 된 자들을 한 번의 제사로 영원히 온전하게 하셨느니라, <이것들을 사하셨은 즉> 다시 죄를 위하여 제사 드릴 것이 없느니라"(히 10:10, 14, 18)

❷ **선생님은 예수 십자가의 완전한 복음을 통해 하나님께 나아가면 됩니다. 하나

님께 나아갈 새로운 길과 살아있는 길이 열렸습니다.

예수께서 십자가에서 운명하시자 선생님이 하나님께 나아갈 수 있도록 성전 안에 있는 휘장이 위로부터 아래로 찢어져 새로운 길을 열어주셨습니다. 말씀을 읽어 주십시오.

"그러므로 형제들아 우리가 예수의 피를 힘입어 성소에 들어갈 담력을 얻었나니 그 길은 우리를 위하여 <휘장 가운데로 열어 놓으신 새로운 살 길>이요 휘장은 곧 그의 육체니라, 이에 성소 휘장이 위로부터 아래까지 찢어져 둘이 되니라, 예수께서 다시 크게 소리 지르시고 영혼이 떠나시니라 이에 성소 휘장이 위로부터 아래까지 찢어져 둘이 되고 땅이 진동하며 바위가 터지고"(히 10:19-20, 막 15:38, 마 27:50-51)

❸ **선생님은 온 마음으로 지금까지 들은 복음의 말씀을 듣고 믿어야 합니다.**

이제 선생님은 하나님이 계획하시고 완성하신 예수 십자가의 완전한 복음을 값싼 은혜로 만들지 말아야 합니다.

무엇이 값싼 은혜일까요? 그것은 선생님이 온 마음으로 예수 십자가의 완전한 복음을 믿지 않는 것입니다. 온 마음으로 복음을 받아들이지 않는 것입니다. 하지만 선생님이 예수 십자가의 완전한 복음을 믿지 않고 받아들이지 않으면 선생님은 안타까운 인생, 한심한 인생, 지옥 갈 인생이 되는 것입니다. 성경에서 하나님은 다윗을 하나님의 마음에 맞는 사람이라고 말합니다(행 13:22). 다윗이 하나님의 말씀을 온 마음으로 받아들이고 실천했기 때문입니다. 하지만 유대 왕 아마샤는 하나님이 지시하는 것을 하기는 했지만 온전한 마음으로는 행하지는 않았습니다. 그의 순종은 형식적인 순종에 불과했습니다(대하 25:2). 이런 태도가 바로 하나님이 준비하신 최고의 선물인 예수 십자가의 완전한 복음을 값싼 은혜로 만드는 것입니다. 그러므로 선생님은 하나님이 예수님을 통해 완성하신 예수 십자가의 완전한 복음을 온 마음으로 믿고 받아드려야 구원을 받을 수 있습니다. 그렇다면 선생님은 온 마음으로 예수께서 십자가에서 이루신 완전한 복음을 믿고 받아들이겠습니까?

< 네, 나의 온 마음으로 오늘 들은 복음의 말씀을 믿고 받아들이겠습니다. >

그러면 이렇게 예수님이 이루신 복음의 말씀을 믿고 받아들이는 기도를 드리십시오.

주 예수님, 제가 지금까지 하나님을 인정하지 않고 제가 인생의 주인이 되어 내 마음대로 살아온 죄인입니다. 예수님께서 나를 대신하여 십자가에서 죽으심으로 나의 모든 죄를 단번에 다 해결해 주시고 구원해 주셔서 감사합니다. 십자가에서 돌아가신 지 사흘 만에 부활하심으로 내 인생의 주인이 되셨음을 믿습니다. 이제 예수님을 나의 삶의 주인으로, 나를 다스리시는 왕으로, 나를 창조하신 하나님으로 영접합니다. 내 마음속에서 내 인생의 주인이 되어 저의 삶을 인도해 주시고 예수님을 따라 살게 도와주십시오. 예수 그리스도의 이름으로 기도합니다. 아멘.

03. 김창엽 박사의 구원상담문

<미국 리버티신학대학원의 역사신학 교수인 김창엽 박사가 소개한 내용을 수정한 내용이다.>

선생님이 교회를 다니고 있음에도 구원의 확신이 없는 이유는 기독교 구원의 진리가 그동안 너무 나 많이 변경되어 왔기 때문입니다. 사실 초대교회의 모든 성도는 하나님이 주신 복음의 말씀대로 믿고 구원을 받았으며, 구원 받은 사람은 구원의 확신이 있어 돌에 맞으면서도 천사의 얼굴이 되었고(행 16:15), 감옥에서도 찬송을 부르는(행 16: 25) 정말로 승리의 생활을 한 그런 사람들을 통해 기독교 구원의 진리가 전파되어 왔습니다.

선생님은 우리 인간이 다 하나님과 멀리 떨어져 죄로 말미암아 사망 가운데 있다는 사실을 다 인정할 것입니다. 이러한 공포 가운데 살아가는 사람들이 정말로 죄 사함을 받았다는 사실을 알고 영원한 목적지가 완전히 정해졌다는 사실을 분명히 알고 구원의 확신이 있을 때 마음에 확실한 평화가 찾아옵니다. 많은 문제를 가지고 사는 선생님에게 진정한 평화가 언제 찾아올까요? 오직 예수 그리스도를 믿음으로 죄 사함을 받고 선생님 앞에 영원한 목적지가 정해진 것을 알 때만 진정한 평화가 찾아옵니다. 그러므로 선생님도 확실하게 구원을 받고 구원의 확신이 있어야 합니다.

A. 구원의 확신이 없는 이유가 무엇일까요?

많은 사람이 교회를 다니며 교인이라는 명칭은 가졌지만, 구원의 확신이 없는 사람이 많습니다. 그렇다면 왜 많은 사람이 구원의 확신이 없을까요?
네 가지 이유가 있습니다.

❶ 구원에 대한 잘못된 개념 때문입니다.
❷ 일상생활의 죄 때문입니다.
❸ 하나님의 말씀을 믿지 못하기 때문입니다.
❹ 성경 말씀을 오해하기 때문입니다.

1. 구원에 대한 잘못된 개념 때문에 구원의 확신이 없습니다.

❶ 교회를 다니는 많은 사람이 구원은 "행함"에 달렸다고 생각하는 사람들이 많습니다.
마태복음 7장 21절을 읽어 주십시오.
"나더러 주여 주여 하는 자마다 다 천국에 들어갈 것이 아니요 다만 하늘에 계신 내 아버지의 뜻대로 행하는 자라야 들어가리라"(마 7:21)
이 말씀에 보면 하나님의 뜻대로 행하는 자, 최선을 다하여 하나님 뜻을 행하는 자라야 구원을 받은 사람으로 보입니다. 선생님, 그렇다면 하나님의 뜻을 행하는 것은 무엇일까요?

<네, 잘 모르겠습니다. >

이 말씀을 하신 예수님께서 다른 말씀에서 어떻게 말씀하셨는지 요한복음 6장 28~29절을 읽어 주십시오?
"그들이 묻되 우리가 어떻게 하여야 하나님의 일을 하오리이까 예수께서 대답하여 이르시되 하나님께서 보내신 이를 믿는 것이 하나님의 일이니라"(요 6:28-29) 이 말씀에 질문하신 하나님께서 보내신 이가 누구입니까? 바로 예수님이십니다. 따라서 하나님 아버지가 보내신 예수 그리스도를 믿는 것이 하나님의 일을 하는 것입니다. 그러므로 선생님이 행함으로 구원을 받겠다고 하는 것은 하나님을 모욕하는 일입니다. 또한 예수 그리스도를 모욕하는 일입니다. 선생님이 행함으로 구원을 받을 수 있다면 왜 하나님께서 독생자 예수 그리스도를 이 세상에 인간의 몸을 입으시고 태어나게 하실 필요가 있을까요? 선생님이 행함으로 구원을 받을 수 있다면 왜 예수님께서 십자가의 형벌을 받아야 할까요? 우리 인간이 행함으로 구원을 받을 수 있는 사람은 아무도 없기에 하나님께서는 예수 그리스도를 인간의 몸을 입으시고 이 땅에 오셔서 선생님을 대신해서 십자가에 못 박히시게 하신 것입니다. 그러므로 구원을 행함으로 받을 수 있다는 잘못된 구원의 개념 때문에 우리 주위에 구원의 확신이 없는 사람들이 많습니다.
그렇다면 구원받는 믿음이란 무엇일까요? 요한복음 3장 16절 말씀을 읽어 주십시오.
"하나님이 세상을 이처럼 사랑하사 독생자를 주셨으니 이는 그를 믿는 자마다 멸망하지 않고 영생을 얻게 하려 하심이라"(요 3:16)

여기서 하나님이 보내신 예수님을 믿는 자마다 멸망하지 않고 영생을 얻는다고 했는데 여기서 '믿는다'라는 말은 원어로 하면 "의지한다"라는 말입니다.

이 말씀의 뜻은 우리가 의자에 앉는 행위로 비교할 수 있습니다. 튼튼하게 조립된 의자 위에 무거운 것을 놓아도 안심할 수 있습니다. 선생님도 의자에 안심하고 앉아 있을 수 있습니다. 그렇게 의자에 앉아 있는 행위 그것이 바로 의지한다는 것입니다. 따라서 "그리스도를 의지하라"라는 이 말씀은 선생님이 세상에서 이런저런 일 다 해보고 철학도 해보고 도를 닦아 보고 모든 것 다 해봐도 아무래도 선생님은 구원받을 수 없었기에, 선생님의 노력으로는 구원을 받을 수 없는데, 이제 예수 그리스도께서 선생님을 위해 십자가에 못 박혀 죽으셨다는 사실을 알고 "주님이시여, 나의 주님이 되어 주시옵소서. 나는 주님을 의지합니다"라고 이렇게 의지하는 순간이 선생님이 구원받는 순간입니다. 믿음이 커서가 아니고 겨자씨 믿음이라도 선생님이 예수 그리스도를 의지하는 순간이 구원받는 순간입니다. 따라서 믿음이 있어야만 구원받습니다.

❷ **어떤 사람들은 구원의 확신은 어떤 "느낌"이 있어야 한다고 잘못 생각합니다.**
어떤 사람들은 부흥회에 가면 눈물이 나고 은혜를 받는 것 같은데 나도 그런 경험이 있었으면 좋겠는데, 나에게는 아직 그런 경험이 없어서 마음이 냉랭하고 도대체 내 마음속에는 그런 느낌이 없는 걸 보면 아마 나는 구원받지 못한 모양이라며 걱정합니다. 하지만 선생님이 구원의 확신을 위해서 느낌에 의지하는 것은 매우 위험한 것입니다. 느낌이라는 것은 항상 변할 수 있기 때문입니다. 느낌은 순간적으로도 변할 수 있습니다. 그러한 느낌에 선생님의 구원 문제를 의지한다면 구원이 어떨 때는 구원의 확신이 있는 것 같고, 어떨 때는 구원의 확신이 없는 것 같을 것입니다. 이러한 태도는 위험한 것입니다. 언제나 선생님은 하나님의 말씀에 따라 선생님의 구원받은 사실을 확신해야지 자신의 느낌에 따라서 구원의 확신을 가진다는 것은 가장 위험한 것입니다.

❸ **어떤 사람은 자신이 아직 온전하지 못해서 구원의 확신을 가질 수 없다고 말합니다.**
어떤 사람은 성경 말씀에 "하늘에 계신 내 아버지의 온전하신 것같이 너희도 온전하라"라는 말씀이 있는데 나는 온전하지 못하니까 구원받을 수 없다고

생각합니다. 그러나 에베소서 1장 4절에 보면 우리를 이 땅의 하나님의 자녀로 만드신 것은, 흠이 없게 살아가게 하기 위해서라고 말씀합니다. 즉 "온전하라"라는 말씀은 흠이 없이 살라는 말씀입니다. 이 말씀은 하나님과 같이 죄가 없다는 뜻이 아닙니다. 하나님과 같이 무죄한 사람이 어디 있겠습니까? 죄 없는 사람은 없습니다. 로마서 3장 10절에 "의인은 없나니 하나도 없다"라고 하나님께서 말씀하셨는데 "나는 죄가 없습니다"라고 말한다면 하나님을 거짓말하는 분으로 만드는 것이며, 하나님을 모독하는 말이 되는 것입니다. "온전하다"라는 말씀은 그러므로 믿지 않는 사람들이 우리를 바라보고 "저것도 믿는 사람들이야. 저것이 예수쟁이라니까"라며 손가락질을 받지 않도록 흠 없게 살라는 말씀입니다. 이 말씀에 대한 오해 때문에 구원의 확신이 없습니다.

❹ **어떤 사람들은 "심판 때"에 가 보아야 확실하게 구원받았는지 알 수 있다고 말합니다.**

그러나 심판 때는 너무 늦습니다. 요한복음 11장 25~26절에 보면 "나는 부활이요 생명이니 나를 믿는 자는 죽어도 살겠고 무릇 살아서 나를 믿는 자는 영원히 죽지 아니하리니"라고 말씀하셨습니다. 영원한 사망에 이르지 아니하려면 믿는 자가 되라는 말씀입니다. 믿으려면 언제 믿어야 합니까? 죽어서 믿을 수 있을까요? 여기서 "살아서 나를 믿는 자는"이라는 말은 죽어서는 믿을 수 없다는 말입니다. 믿음에는 하나의 조건이 있는데 그것은 선생님이 살아있을 때 믿어야 합니다. 죽어서는 믿음에 대한 기회가 없습니다. 따라서 최후 심판 때 가봐야 안다는 것은 너무 늦습니다. 지금 선생님이 살아 숨 쉬고 있을 때 예수님을 믿음으로써 구원받을 수 있습니다.

2. 일상생활의 죄 때문에 구원의 확신이 없습니다.

일상생활의 죄 때문에 구원의 확신이 없는 사람이 있습니다. 예수 그리스도를 믿기로 작정했는데. 세상에 나가서 생활하다가 죄를 짓습니다. 사업을 하다 보니까, 세상에서 살다 보니까, 그렇게 많은 죄를 짓게 되고 죄를 범하고 나니 구원을 잃어버릴 것 같습니다. 그전에는 분명 구원받은 것 같았는데 죄를 범하고 나니 지금은 자신의 구원이 없어진 것처럼 흔들립니다.

요한일서 3장 9절에 보니까 "하나님께로부터 난 자마다 죄를 짓지 아니하나니 이는 하나님의 씨가 그의 속에 거함이요 그도 범죄하지 못하는 것은 하나님께로부터 났음이라"라고 말씀하는데 하나님의 씨가 그 속에 거하기 때문에 죄를 짓지 못한다는 말씀 때문에 죄를 지은 자신은 "나는 예수 그리스도를 믿어 구원받은 줄 알았더니, 그만 죄를 짓고 보니까 하나님의 씨가 내 마음속에 없는 모양이다. 내가 하나님께 속하지 않은 모양이다."라고 생각하면서 구원을 잃었다고 생각하는 사람들이 많습니다. 하지만 선생님, 이것은 너무나도 잘못된 생각입니다.

이 구절의 번역을 자세히 살펴보면 "하나님께서로 난 자마다 죄를 실행하지 (practice) 아니하나니"라는 말씀입니다. 죄를 거듭거듭 해서 지을 수 없다는 말입니다. 사람들 앞에서 상습적인 죄를 지을 수 없다는 말입니다. 왜 그렇습니까? 하나님께서 징계하시고 채찍질하시기 때문입니다.

히브리서 12장 5~8절을 보면, "주께서 그 사랑하시는 자를 징계하시고 그의 받으시는 아들마다 채찍질하심이니라"라고 했습니다. 하나님께서 우리를 이 땅에 두신 것은 예수 그리스도의 편지처럼 하나님의 자녀답게 흠 없이 살고, 우리로 말미암아 모든 흑암 가운데 사는 사람들이 빛을 찾게 되고 소금과 같이 되어서 그들로 구원을 받을 수 있도록 하려고 우리를 이 땅에 두셨는데, 우리가 죄를 짓게 될 때 예수 그리스도의 이름은 땅에 떨어지고 예수 그리스도의 교회가 땅에 떨어지기에 하나님께서 그때는 매로 징계하시는 것입니다. 따라서 이 말씀의 뜻은 계속해서 죄를 지을 수 없다는 것이지 죄를 절대 안 짓는다는 뜻이 아닙니다. 성도라도 인간이기 때문에 약해서 죄를 지을 수 있습니다. 그러므로 그 죄를 멀리하라는 말씀입니다. 그러므로 요약해서 말하면, 죄를 지으면 구원을 잃을 수 있다는 생각은 잘못된 생각입니다.

선생님이 예수 그리스도를 믿어 구원받는다는 것은 무엇을 의미할까요?

그것은 선생님이 옳은 행동을 함으로써가 아니고, 최선을 다함으로서도 아니며, 율법을 다 지키고 자선 사업을 함으로써도 아닙니다. 큰 죄 짐을 지고 있음에도 불구하고 예수 그리스도를 믿을 때 선생님의 죄 짐을 풀어주시고, 하나님의 자녀로 삼아 주시는 것입니다. 선생님의 모든 죄, 선생님이 의식하든 또는 의식하지 못하든 모든 죄를 다 씻어 주시고 도말 하셨습니다. 그러한 하나님께서 작은 죄에 대해 "안돼, 과거의 죄를 다 사해 준 사실도 큰 은혜인데, 또 죄를 범했다니 안돼."라고 하면서 하나님께서 그렇게 말씀 하실까요? 선생님이 하나님과 원수 되었을 때 선생님 죄를 다 사해 주시고 선생님을 하나님의 자녀로 삼으신 그 하나님 앞에 나와서 "저의 죄를 용서해 주십시오"라고 자백하면 용서 안 해주실까요? 요한일서 1장 9절에 보면, "만일 우리가 우리 죄를 자백하면 그는 미쁘시고 의로우사 우리 죄를 사하시며 우리를 모든 불의에서 깨끗하게 하실 것이요"라고 했습니다.

얼마나 귀중한 말씀입니까? 이 말씀을 알지 못하고 일상의 죄 때문에 마음속에 근심하고 구원받은 확신을 하지 못하고 승리의 생활을 하지 못하는 성도들이 얼마나 많은지 모르겠습니다.

3. 하나님의 말씀을 믿지 못하기 때문에 구원의 확신이 없습니다.

어떤 사람들은 하나님의 말씀을 믿지 못하므로 구원의 확신이 없습니다. 성경을 읽어보십시오. 신약 성경을 수십 번 읽어보세요. 구원에 대하여 무엇이라 말씀하셨는지 찾아보십시오. 제일 첫 번째 구원의 경우는 사도행전에서 오순절 날입니다. 성령의 충만함을 받은 제자들이 정말로 능력으로 말씀을 전할 때 많은 사람이 가슴을 치며 "형제들아, 어떻게 하면 좋을꼬" 하며 자복할 때 사도 베드로가 무슨 말을 했나요? 사도행전 2장 38절에 보면, "회개하라"라고 외쳤습니다.

첫째, 회개하고 다음에 믿음으로 죄 사함을 받았으므로 성부와 성자와 성령의 이름으로 침례를 받고, 다음에는 성령을 선물로 받으라고 했습니다. 사도행전 3장 19절에 보면, "그러므로 너희가 회개하고 돌이켜 너희 죄 없이 함을 받으라 이같이 하면 새롭게 되는 날이 주 앞으로부터 이를 것이요"라고 선포했습니다. 바로 평화를 준다는 것입니다. 그래서 여기에 구원에 이르는 네 가지의 요소가 있습니다.

① 회개하고 ② 예수 그리스도를 믿으면 ③ 죄 사함을 받고 ④ 성령을 선물로 받으면 마지막으로 평화가 온다는 사실입니다.

이것은 원리입니다. 변할 수 없는 철칙입니다. 성경은 분명히 이렇게 우리에게 가르치고 있는데도 불구하고 이 사실을 믿지 않는 사람들이 많습니다. 하나님의 말씀을 믿지 못하므로 말미암아 구원의 확신이 없는 것입니다.

4. 성경 말씀을 오해하기 때문에 구원의 확신이 없습니다.

성경 말씀에 대한 오해 때문에 구원의 확신이 없습니다. 성경의 말씀을 잘못 이해하는 것입니다. 따라서 선생님은 성경 말씀을 정확하게 이해해야 합니다. 그렇지 않으면 선생님은 성경 말씀에 대한 많은 오해 때문에 구원을 얻은 것 같기도 하고 어떤 구절을 보면 정말 노력을 해야 구원받는 것 같고 알쏭달쏭하게 오해하게 되는 것입니다. 그런 구절 때문에 오해해서 구원의 확신이 없는 것입니다. 이렇게 잘못된 개념, 일상생활의 죄, 하나님의 말씀을 믿지 않는 것, 그리고 성경 말씀에 대한 오해 때문에 구원의 확신이 없습니다.

B. 구원의 확신을 얻는 방법은 무엇일까요?

"찬송하리로다 하나님 곧 우리 주 예수 그리스도의 아버지께서 그리스도 안에서 하늘에 속한 모든 신령한 복을 우리에게 주시되 곧 창세 전에 그리스도 안에서 우리를 택하사 우리로 사랑 안에서 그 앞에 거룩하고 흠이 없게 하시려고 그 기쁘신 뜻대로 우리를 예정하사 예수 그리스도로 말미암아 자기의 아들들이 되게 하셨으니 이는 그가 사랑하시는 자 안에서 우리에게 거저 주시는 바 그의 은혜의 영광을 찬송하게 하려는 것이라 우리는 그리스도 안에서 그의 은혜의 풍성함을 따라 그의 피로 말미암아 속량 곧 죄 사함을 받았느니라 이는 그가 모든 지혜와 총명을 우리에게 넘치게 하사 그 뜻의 비밀을 우리에게 알리신 것이요 그의 기뻐하심을 따라 그리스도 안에서 때가 찬 경륜을 위하여 예정하신 것이니 하늘에 있는 것이나 땅에 있는 것이 다 그리스도 안에서 통일되게 하려 하심이라 모든 일을 그의 뜻의 결정대로 일하시는 이의 계획을 따라 우리가 예정을 입어 그 안에서 기업이 되었으니 이는 우리가 그리스도 안에서 전부터 바라던 그의 영광의 찬송이 되게 하려 하심이라 그 안에서 너희도 진리의 말씀 곧 너희의 구원의 복음을 듣고 그 안에서 또한 믿어 약속의 성령으로 인치심을 받았으니"(엡 1:3-14)

에베소서 1장에서는 "어떻게 하면 구원의 확신을 가질 수 있느냐" 하는 문제의 해답을 제시해 주고 있습니다. 이 에베소서 1장 3~14절은 너무도 귀중한 말씀입니다. 선생님의 구원을 위해 하나님께서 하신 일을 분명하게 말씀하고 있습니다. 3~6절을 보면 성부 하나님께서 선생님의 구원을 위해서 하신 일입니다. 7~12절에 보면 성자 하나님 그리스도께서 하신 일입니다. 13~14절은 성령 하나님께서 선생님의 구원을 위해 하신 일입니다. 이렇게 삼위일체 하나님께서 선생님의 구원을 위해 이루어 놓으신 일을 본문에서 자세히 기록해 놓았습니다.

1. 성부 하나님이 선생님의 구원을 위해서 하신 일이 있습니다.

3~6절에 보면 성부 하나님께서 선생님의 구원을 위해서 하신 일을 말씀하고 있습니다. 여기서 첫째로 볼 수 있는 것은 하나님께서 만세 전에 모든 우주

를 만드시기 전에 하나님께서 예정하신 것은 인간을 지으시고 그 인간을 통해 영광을 받으시고자 하셨습니다. 그러나 인간이 죄를 짓게 되고 하나님과 멀어져 원수가 될 것을 아셨기 때문에 죄를 범한 인간을 구원할 계획을 하나님께서 세우셨습니다. 그것은 또 구체적으로 독생자 예수 그리스도를 보내시어 인간을 위해 대속의 죽음을 죽으시고, 부활하시며 이 예수 그리스도를 믿는 자들을 구원하시도록 계획하셨습니다.

본문 4절을 보면 분명히 그리스도 안에서, 사랑 안에서 거룩하게 하시고 또 선생님을 예정하사 예수 그리스도로 말미암아 선생님을 선택하셨다고 말씀하셨습니다. 다시 말하면 예수 그리스도를 땅에 보내실 것을 예정하시고 예수 그리스도를 믿는 사람들은 누구든지 구원하실 것을 약속하신 그 약속과 함께 주신 예정입니다. 약속을 떼어 놓고 예정만 말한다면 숙명론에 빠지기 쉽습니다. 그러나 약속과 함께 예정을 볼 때 분명히 이 구절을 이해할 수 있습니다. 즉 하나님은 전지전능하시기에, 하나님은 본래 이 천지를 만드시기 전에 벌써 선생님을 다 아셨습니다. 복음의 말씀을 전하면 어떤 사람은 믿고 어떤 사람을 거부할 것을 하나님께서 아셨다는 것입니다. 하나님께서는 미리 아시고 예정하셨습니다. 그러므로 누구든지 그리스도를 믿으면 멸망치 않고 영생을 얻습니다.

베드로후서 3장 9절에 보면, "주의 약속은 어떤 이들이 더디다고 생각하는 것 같이 더딘 것이 아니라 오직 주께서는 너희를 대하여 오래 참으사 아무도 멸망하지 아니하고 다 회개하기에 이르기를 원하시느니라" 라고 말씀하고 있습니다. 하나님은 사랑의 하나님이십니다. 예수님께서 하나님의 사랑을 나타내시기 위해 얼마나 노력하셨을까요? 하나님은 만세 전에 선생님이 죄악으로 말미암아 사망에 처할 것을 아시고 독생자 예수 그리스도를 이 땅에 보내실 것을 예정하시고, 누구든지 저를 믿으면 구원받을 것을 약속하신 다음에 그 복음을 듣고 예수 그리스도를 믿어서 구원받는 사람을 기다리시고 기다리시기 때문에 오늘까지도 예수 그리스도께서 십자가에 돌아가신 지 2,000년이 되도록 오늘도 구원받을 사람들을 위해 기다리고 계시는 것입니다.

선생님이 아직 구원받은 확신이 없다면 지금 여기에서 이 순간 팔을 벌리시고 선생님을 기다리고 계시는 하나님 앞으로 돌아오면 됩니다.

2. 성자 그리스도가 선생님의 구원을 위해서 하신 일이 있습니다.

"우리는 그리스도 안에서 그의 은혜의 풍성함을 따라 그의 피로 말미암아 속량 곧 죄 사함을 받았느니라 이는 그가 모든 지혜와 총명을 우리에게 넘치게 하사 그 뜻의 비밀을 우리에게 알리신 것이요 그의 기뻐하심을 따라 그리스도 안에서 때가 찬 경륜을 위하여 예정하신 것이니 하늘에 있는 것이나 땅에 있는 것이 다 그리스도 안에서 통일되게 하려 하심이라 모든 일을 그의 뜻의 결정대로 일하시는 이의 계획을 따라 우리가 예정을 입어 그 안에서 기업이 되었으니 이는 우리가 그리스도 안에서 전부터 바라던 그의 영광의 찬송이 되게 하려 하심이라"(엡 1:7-12)
이 말씀이 담고 있는 뜻은 무엇입니까? 두 가지만 생각해 보겠습니다.

❶ 예수 그리스도께서 선생님을 위해 죽으셨다는 것입니다.
그리스도의 피로 구속 곧 죄 사함을 받았으니 예수 그리스도께서 선생님의 죄를 위해 죽으셨기 때문에, 선생님을 위해 저주를 받으셨기 때문에, 예수께서 선생님이 받을 형벌을 받으셨기 때문에 예수 그리스도를 믿음으로만 구원을 받을 수 있다고 말씀하십니다. 갈라디아서 3장 13절을 읽어 주십시오.
"그리스도께서 우리를 위하여 저주를 받은 바 되사 율법의 저주에서 우리를 속량하셨으니 기록된 바 나무에 달린 자마다 저주 아래에 있는 자라 하였음이라"
선생님은 율법의 저주 아래 있었는데 예수 그리스도께서 저주를 받으심으로 선생님을 속량하셨고, 예수 그리스도께서 저주를 받으셨으므로 선생님은 저주를 면하게 되었다고 말씀하십니다.
그래서 사도 바울이 이렇게 말합니다. 로마서 8장 1절을 읽어 주십시오.
"그러므로 이제 그리스도 예수 안에 있는 자에게는 결코 정죄함이 없나니"

예수 그리스도 안에 있는 선생님은 주님께서 이미 정죄를 받았기 때문에 정죄가 없고, 예수 그리스도께서 선생님이 받을 저주를 받았기 때문에 선생님은 저주를 받지 않는다고 말합니다.

사람들은 보통 예수께서 십자가에 돌아가심을 "나 자신을 대신해서"라고 생각하지 못합니다. 나 아닌 다른 사람, 세상 사람들을 위해서라는 통상적인 관념을 가지고 있습니다.

요한 웨슬레도 모라비안들이 "예수께서 당신의 구주인 것을 아십니까?"라고 물었을 때 그는 무엇이라고 대답했습니다. "예수님은 세상의 구주인 것을 압니다"라고 대답했습니다.

그들은 다시 물었습니다. "바로 당신의 구주입니까?"

그때 요한 웨슬레는 머뭇거렸습니다. 그들이 다시 물었습니다. "당신은 크리스천입니까?"

요한 웨슬레는 "예, 예,"라고 대답했습니다. 그러나 요한 웨슬레의 일기에 보면 그때 그 자신이 너무도 부끄러워, 크리스천이라고 대답했지만 "나는 크리스천이 아니었다"라고 그 자신의 일기에 기록했습니다. 예수 그리스도가 세상을 위해 죽으신 것을 알았지만, 자신의 죄를 위해 십자가에 죽으시고, 내가 받아야 할 저주를 그분께서 대신 받으셨기 때문에 내게는 정죄함이 없다는 사실에는 확신이 없었다고 고백합니다. 그가 마침내 모라비안들이 설교하는 것을 듣고 예수 그리스도께 십자가에 죽으신 것을 깨닫고 "주여, 내 죄를 위해 십자가에 못 박혀 죽으셨습니다. 내가 주님을 위해 무엇을 하겠습니까?"라며 그는 뉘우쳤습니다. 그때부터 요한 웨슬레가 정말 요한 웨슬레가 된 것입니다.

어떤 젊은 여자가 예수 그리스도를 믿고 구원받아 너무 기뻐 매일 찬송하며 생활합니다. 그런데 한 가지 근심스러운 일이 생겼습니다. 자기의 시어머니 때문입니다. 자기의 남편 하나를 위해 홀로 인생을 희생했던 분이 예수를 믿고 자기처럼 구원받아야 할 텐데 지옥 갈 것을 생각하니 안됐어요. 하루는 며느리가 어머니에게 복음을 전합니다.

"어머니, 예수 믿어야 천당 갑니다. 예수 안 믿으면 지옥 가세요. 지옥 가시면 영원히 꺼지지 않는 유황불에서 고생하고 괴로움을 당합니다. 예수 그리스도 믿으세요."
"애야, 그런 소리 말아라. 내가 이만큼 살았으면 꽤 잘 살았지. 내가 네 남편 키우고 혼자 살면서 내가 하지 못한 것이 무엇이냐? 아니, 나 같은 사람이 지옥에 가면 다 지옥 가야지 그런 소리 말아라"
며느리가 어머니의 대답을 듣고 그만 말문이 막힙니다. 그래서 며느리가 어머니를 위해 기도합니다.
"하나님, 우리 어머니에게 전도의 문을 열어 주십시오"
하루는 지혜가 생겼습니다. 어머니가 좋아하는 밤을 사서 대접해 보자. 그래 돈이 생기는 대로 자주 어머니께 밤을 사서 삶아드리며 전도해 봅니다.
"어머니, 예배당에 가시지요."
며느리의 성의에 감복해서 아니라고 고집을 부리지 못했습니다.
"오냐, 그럼 가주마."
한번 가 보니까 괜찮습니다. 그다음 또 가니까 서먹서먹하지도 않습니다. 그 다음에는 스스로 가고 싶어집니다. 그래서 잘 다닙니다. 어느 정도 다니게 되자, 목사님이 학습을 받으라고 하십니다. 며느리가 "제가 가르쳐 드릴 테니 걱정하지 말라"라고 말합니다. 목사님도 그러라고 하십니다. 집에 돌아와서 어머니에게 가르치기 시작했습니다.
"어머니, 목사님께서 예수님이 누구를 위해 십자가에 못 박혀 돌아가셨습니까? 하고 물으시면 '내 죄를 위해 죽으셨습니다'라고 대답하세요."
"그래, 알았다. 염려하지 마라."
주일날이 되었습니다. 집을 나서기 전에 며느리가 다시 어머니에게 가르칩니다. 어머니는 아주 자신 있게 말합니다.
"알아, 걱정하지 마라, 네가 시키는 대로 다 잘 할테니"
그래서 학습 시간에 교회에서 목사님이 물으십니다. 첫 번째 질문이 시작됩니다.
"예수님께서 누구의 죄 때문에 십자가에 못 박히셨습니까?"
할머니가 얼른 대답합니다.
"우리 며느리를 위해 죽으셨습니다."

이런 사람들이 많습니다. 나도 사실 14살까지는 그렇게 살았습니다. 사실 살펴보니까. 이 세상 모든 사람이 죄인 같아요. 간음한 사람, 도적질한 사람, 살인한 사람, 어떻게 많은지 몰라요. 그래서 할 수 없이 예수께서 이 땅에 오셔서 그런 사람들을 위해 십자가에 죽으셨지 나같이 착한 사람 때문은 아니라고 생각했습니다. 주님과는 아무 상관이 없었습니다. 14살 때에 어느 주일 아침 요한복음 3장 1~16절까지 읽으시고 설교하시는 내용을 듣고, "아, 나는 죄인이구나"라고 깨닫고 나 같은 죄인을 위해 십자가에 못 박혔다는 사실을 분명히 알았습니다. 나를 위해서 인간의 몸을 입으시고 이 땅에 오셔서 천대를 받으시고 마침내 십자가에 죽으시고 보배 피를 흘리셨다는 사실을 믿었습니다. 그러니 나는 주를 위해 무엇을 하겠습니까? 하며 회개했습니다. 그때부터 나는 분명히 구원받은 사실을 압니다. 그 후에 예수님께서 나를 부르셨습니다. 우리는 모두 예수 그리스도께서 십자가에서 못 박혀 죽으신 것은 이 세상에 있는 강도를 위해서가 아니고, 간음하는 사람을 위해서가 아니고, 살인한 사람을 위한 것이 아니라, 바로 나를 위해 십자가에 못 박히셨다는 사실을 알아야 합니다.

"나를 위해 주님께서 못 박혀 죽으셨습니다. 나는 주님을 위해 무엇을 해야 할까요?" 이 주님을 바로 알고 주님께 온전히 헌신할 수 있어야 합니다. 예수님께서는 십자가에 못 박혀 죽으실 뿐 아니라 3일 만에 부활하였습니다. 너무나 귀중한 말씀입니다. 예수님께서 만일 십자가에 못 박혀 죽으시고 장사 지낸 후 그냥 끝나 버렸다면 무슨 필요가 있을까요? 아무리 큰 말씀을 했던들 "나는 부활이요 생명이니 나를 믿는 자는 죽어도 살겠고 살아서 나를 믿는 자는 영원히 죽지 아니하리라"라고 말씀하셨지만 진정 자신이 죽어서 썩어지셨다면 그 말씀이 무슨 효과가 있을까요? 선생님을 위해서 그는 죽은 자 가운데서 다시 사흘 만에 살아나셨기 때문에 부활의 생명을 가지신 예수께서 예수 그리스도를 믿는 선생님에게 생명을 주시는 것을 믿을 수 있습니다. 예수께서 부활하셨기 때문에 선생님을 부활시킬 것을 믿는 것입니다. 예수 그리스도께서 선생님의 저주를 담당하셨고 선생님의 죄를 대신 사해 주실 뿐만 아니라 선생님에게 다시 살아갈 수 있는 길을 열어주신 것이 예수님께서 하신 일입니다.

3. 성령 하나님께서 선생님의 구원을 위해서 하신 일이 있습니다.

마지막으로 성령께서 하신 일을 13~14절에 말씀하셨습니다. 읽어 주십시오. "그 안에서 너희도 진리의 말씀 곧 너희의 구원의 복음을 듣고 그 안에서 또한 믿어 약속의 성령으로 인치심을 받았으니 이는 우리 기업의 보증이 되사 그 얻으신 것을 속량하시고 그의 영광을 찬송하게 하려 하심이라"

❶ 여기에 보면 "복음을 듣고 믿어 약속의 성령으로 인치심을 받았다"라고 말씀합니다.

이 말씀은 원어로 보면 시제가 같습니다. 듣고, 믿고, 인을 쳤다는 이 세 가지 과정은 동시에 일어났습니다. 바로 선생님이 복음을 듣고 믿는 순간에 성령으로 인치심을 받는 것입니다. 성령이 선생님 안에 오시는 것입니다. 이것이 동시에 일어납니다. 어떤 사람은 성령 받기 위해 산으로 갑니다. 금식합니다. 여러 가지 모양으로 노력을 합니다. 그러나 성경은 그것이 아닙니다. 선생님이 회개하고 예수 그리스도를 믿는 순간에 죄 사함을 받고 성령을 선물로 받는다고 사도행전 2장 38절에 분명히 말씀하셨습니다.

❷ 인을 쳤다는 말씀은 무슨 뜻입니까?

이 구절을 기록할 당시에 "인 친다"(sealing)라는 것은 왕께서 보물을 금고 속에 넣고 거기에 인지를 붙이고 인을 찍을 때 이 말씀이 사용되었습니다. 인 친 후에는 아무도 손을 댈 수 없으며, 손을 대는 자는 사형에 처합니다. 다시 말하면, 그것을 보장한다는 것입니다. 금고 속에 있는 것은 아무도 손을 댈 수 없이 보장된다는 뜻입니다. 안전하다는 말씀입니다. 성령으로 인을 쳤다는 말은 성령이 인을 치고 가셨다는 뜻이 아니라, 성령이 인이 되셔서 마음속에 거하신다는 것입니다. 그리고 선생님의 구원을 안전하게 보장해 준다는 것입니다.

어떤 때에는 인(seal)을 치는 행위는 나라와 나라 사이에 조약을 맺을 때 사용되었습니다. 국가 사이에 조약을 맺은 후 거기에 인을 찍는 것입니다. 변할 수 없는 철칙이라는 뜻입니다. 절대로 범할 수 없다는 것입니다. 예수 그리스도를 믿고 구원받을 때 선생님의 죄를 사해 주셨을 뿐만 아니라 성령이 선생님 마음속에 인을 치시고 선생님 마음속에 거하시는 것은 선생님에게 구원을 보장해 주는 것입니다. 변할 수 없는 생명을 선생님에게 주신다는 것을 말씀하는 것입니다.

또한 로마서 8장 11절을 보면 성령께서 선생님의 부활까지도 확증해 주신다고 말씀합니다.

 말씀을 읽어 주십시오.
"예수를 죽은 자 가운데서 살리신 이의 영이 너희 안에 거하시면 그리스도 예수를 죽은 자 가운데서 살리신 이가 너희 안에 거하시는 그의 영으로 말미암아 너희 죽을 몸도 살리시리라"

하나님께서는 만세 전에 선생님을 예정하셨습니다. 예수 그리스도를 믿는 사람들은 하나님의 자녀가 되는 권세를 주신다고 분명히 약속하셨습니다. 하나님께서는 선생님을 사랑하셔서 한 사람도 지옥에 가는 것을 원하지 않기 때문에 2,000년 동안 복음을 들어 구원받기를 기다리고 계신 것입니다. 예수님께서는 하나님께서 예정하신 대로 2,000년 전에 이 땅에 오셔서 갈보리 위에서 선생님을 대신해서 저주를 받으셨습니다. 그러므로 예수 그리스도를 믿는 선생님에게 저주가 없습니다. 또한 예수 그리스도는 죽으신 후 무덤을 해치고 다시 사셨기 때문에 예수 그리스도를 믿는 선생님에게는 영원한 생명이 보증됩니다. 이제 이 복음을 전할 때 듣는 사람들은 믿을 때 성령으로 하나님의 자녀라는 인을 칠 뿐만 아니라 미래에 있어 죽은 후에라도 예수님이 다시 오실 때에 부활할 것을 보증하시는 것입니다.

성부 하나님, 성자 하나님, 성령 하나님께서 선생님의 구원을 위해 하신 일은 너무도 분명하고 확실합니다. 그런 까닭에 사도들은 이 구원의 확신 위에 굳게 서 있는 것입니다. 여기 말씀을 읽어 주십시오.
"너희가 알거니와 너희 조상이 물려 준 헛된 행실에서 대속함을 받은 것은

은이나 금 같이 없어질 것으로 된 것이 아니요, 그가 그 피조물 중에 우리로 한 첫 열매가 되게 하시려고 자기의 뜻을 따라 진리의 말씀으로 우리를 낳으셨느니라, 내가 진실로 진실로 너희에게 이르노니 내 말을 듣고 또 나 보내신 이를 믿는 자는 영생을 얻었고 심판에 이르지 아니하나니 사망에서 생명으로 옮겼느니라"(벧전 1:18, 약 1:18, 요 5:24)

여기서 선생님은 사망에서 생명으로 이미 옮겨졌다고 말씀합니다. 선생님이 이 땅에서 노력하면, 성례를 받으면, 혹시 구원을 받을 줄을 모르겠다가 아니라 이미 사망에서 생명으로 옮겨졌다고 분명하게 말씀합니다. 사도 바울도 선언하기를, "그리스도 안에 있는 자에게는 결코 정죄함이 없느니라"라고 했습니다. 예수 그리스도를 믿는 자에게는 결코 정죄, 저주가 없고 이미 구원받은 사실을 알기 때문에, 돌을 맞으면서라도, 핍박을 받으면서도, 죽음으로 위협해도 기쁨이 넘치는 승리의 생활을 합니다. 그러므로 선생님도 오늘 구원의 확신을 위해서 예수 그리스도를 개인의 구주로 믿음으로 말미암아 죄 사함을 받고 새로운 삶의 목표를 정하고 새 삶을 향해 나갈 수 있습니다.
그렇다면 선생님은 온 마음으로 예수께서 십자가에서 이루신 완전한 복음을 믿고 받아들이겠습니까?
<네, 나의 온 마음으로 오늘 들은 복음의 말씀을 믿고 받아들이겠습니다.>

그러면 이렇게 예수님이 이루신 복음의 말씀을 믿고 받아들이는 기도를 드리십시오.
주 예수님, 제가 지금까지 하나님을 인정하지 않고 제가 인생의 주인이 되어 내 마음대로 살아온 죄인입니다. 예수님께서 나를 대신하여 십자가에서 죽으심으로 나의 모든 죄를 단번에 다 해결해 주시고 구원해 주셔서 감사합니다. 십자가에서 돌아가신 지 사흘 만에 부활하심으로 내 인생의 주인이 되셨음을 믿습니다. 이제 예수님을 나의 삶의 주인으로, 나를 다스리시는 왕으로, 나를 창조하신 하나님으로 영접합니다. 내 마음속에서 내 인생의 주인이 되어 저의 삶을 인도해 주시고 예수님을 따라 살게 도와주십시오. 예수 그리스도의 이름으로 기도합니다. 아멘.

04. 교회를 출석하는 자 구원상담문

<이 구원상담문은 한국기독교이단상담사협회 회장 진용식 목사가 교회를 다니고 있지만 구원의 확신이 없는 교인을 대상으로 어떻게 구령상담을 할 수 있는지 소개한 내용입니다. 이 구원상담문을 수정하여 소개합니다>

1. 선생님이 구원의 확신이 있는지 어떻게 확인할 수 있을까요?

하나님의 말씀 성경을 통해서 확인할 수 있습니다.
선생님, 고린도후서 13장 5절을 읽어 주십시오.
"너희는 믿음 안에 있는가 너희 자신을 시험하고 너희 자신을 확증하라 예수 그리스도께서 너희 안에 계신 줄을 너희가 스스로 알지 못하느냐 그렇지 않으면 너희는 버림 받은 자니라"(고후 13:5)

여기에 등장하는 '너희'는 누구를 지칭할까요? 당연히 고린도 교회 교인들을 지칭합니다. 그들은 이미 교회를 다니고 있습니다. 그런데 사도 바울은 이미 교회에 다니고 있는 그들에게 "자신이 믿음에 바로 서 있는지 자신을 테스트해 보고 너희 자신을 확증하라"라고 말합니다. 그러면서 "예수께서 너희 안에 계신 줄을 너희가 스스로 알지 못하면 너희는 버림받은 자니라"라고 말합니다. 그러므로 선생님께서도 자신을 한번 테스트해 보고 선생님이 진정으로 구원을 받았는지 확인해 보아야 합니다. 그렇게 하시겠습니까?
<네, 그렇게 하겠습니다. >

사실 구원의 확신은 너무나 중요합니다. 선생님이 구원을 받을 줄 알았는데 만약 구원받은 것이 아니라면 어떻게 될까요? 당연히 지옥에 들어갑니다. 선

생님이 구원을 받은 줄로 알고 있었는데 죽어서 하나님 앞에 가보니 선생님이 참된 구원을 받지 않아서 지옥에 간다면 얼마나 억울할까요? 교회를 열심히 다녔는데도 불구하고 지옥에 들어간다면 얼마나 억울할까요?

선생님이 죽은 다음에 하나님 앞에서 구원받지 않았다는 것이 밝혀지면, 그 때는 구원받을 기회가 없습니다. 인간이 죽은 다음에는 다시는 구원받을 기회가 없기 때문입니다. 그러므로 지옥에 들어갈 수밖에 없습니다. 그러므로 지금 이 세상에서 선생님 구원의 문제를 확실하게 해야 합니다. '나는 아마 구원을 받았을 거야' 라는 식으로 두리뭉실 넘어가지 말아야 합니다.

선생님이 확실하게 구원을 받았는지 확인하고 싶습니까?
<네, 내가 구원을 받았는지 확인해 보고 싶습니다.>

그러면 요한일서 5장 10절을 읽어 주십시오.
"하나님의 아들을 믿는 자는 자기 안에 증거가 있고"(요일 5:10)

이 말씀에 보니까 하나님의 아들인 예수님을 믿는 자는 자기 안에 무엇이 있다고 말합니까?
<네, 증거가 있다고 말합니다.>

그 증거가 어디 안에 있다고 했습니까?
<네, 자기 안에 있다고 말합니다.>

예, 맞습니다. 요한일서 5장 10절에서 자기 안에 증거가 있다고 말합니다. 그러므로 예수님을 믿는 자는 반드시 자기 마음속에 구원받은 증거가 있어야 합니다. 그렇다면 선생님 마음속에는 구원받은 증거가 있습니까? 과연 구원받은 증거가 무엇일까요?
<잘 모르겠네요, 혹시 병 고침이나 신비 체험 등이 아닐까요?>

구원받은 증거는 그런 것이 아니라 성경에 그 증거가 자세히 나와 있습니다. 요한일서 5장 11절을 읽어 주십시오.
"또 증거는 이것이니 하나님이 우리에게 영생을 주신 것과 이 생명이 그의 아들 안에 있는 그것이니라"(요일 5:11)

여기서 구원받은 증거는 '하나님이 우리에게 영생을 주신 것'이라고 말합니다. 그러면 '영생을 주실 것'이라고 말하고 있습니까? 아니면 '이미 주신 것'이라고 말합니까?
<네, 이미 주신 것이라고 말합니다.>

예, 맞습니다. 믿는 자의 마음속에 있는 구원받은 증거는 영생을 주신 것, 바로 영생을 얻은 확신이 있는 것입니다. 그래서 선생님이 영생을 얻었다는 확신이 없다면 구원받은 증거가 없는 것입니다. 요한복음 5장 24절도 읽어 주십시오.
"내가 진실로 진실로 너희에게 이르노니 내 말을 듣고 또 나 보내신 이를 믿는 자는 영생을 얻었고"(요 5:24)

여기서도 믿는 자는 영생을 얻었다고 했습니까? 영생을 얻을 것이라고 했습니까?
<네, 영생을 이미 얻었다고 말합니다.>

예, 맞습니다. 믿는 자는 영생을 얻었다고 말합니다. 그러므로 영생을 얻은 확신이 없다면 비록 지금 교회를 다니고 있어도 구원받은 사람이 아니기에 구원의 확신이 없는 것입니다.

2. 사람들이 교회를 다녀도 왜 구원의 확신이 없을까요?

다음과 같은 세 가지 이유로 구원의 확신이 없습니다.

❶ **지금까지 살아오면서 지은 죄 때문입니다.**
선생님은 지금까지 살아오면서 죄를 많이 지었다고 인정하십니까?
<*네, 저도 지금까지 살아오면서 많은 죄를 지었습니다.*>

예, 맞습니다. 사실 모든 사람은 지금까지 살아오면서 다 죄를 지었습니다. 그래서 죄가 없는 사람은 아무도 없습니다. 그리고 자신의 죄를 언제 완벽하게 처리한 사실이 없어서 마음속에 항상 죄책감과 정죄감이 있어서 구원의 확신이 없는 것입니다.

❷ **미래의 죄 때문입니다.**
만약에 지금까지 살아오면서 지은 죄를 다 처리했다 할지라도 앞으로 남은 생애를 죄를 짓지 않고 살아갈 자신이 없어서 구원의 확신이 없는 것입니다. 선생님도 앞으로 죄를 짓지 않고 살아갈 자신이 있습니까?
<*아니요, 없습니다.*>

❸ **성화의 문제로 자신이 변화되지 못한 것 때문입니다.**
교회를 다니고 있지만, 자신을 바라볼 때 변화되지 못한 부분이 너무나 많아서 자신이 없습니다. 바로 과거의 죄와 미래의 죄와 성화의 문제로 변화되지 못한 것 때문에 구원의 확신이 없습니다. 그렇다면 이 세 가지 문제를 어떻게 해결할 수 있을까요? 이 세 가지 문제를 차례차례 살펴보겠습니다.

3. 첫 번째 문제인 과거에 지은 죄를 어떻게 처리할 수 있을까요?

로마서 3장 25절을 읽어 주십시오.
"이 예수를 하나님이 그의 피로써 믿음으로 말미암는 화목제물로 세우셨으니 이는 하나님께서 길이 참으시는 중에 전에 지은 죄를 간과하심으로 자기의 의로우심을 나타내려 하심이니"(롬 3:25)

이 말씀은 과거에 지은 죄를 어떻게 해결할 수 있는지 보여줍니다. 여기에 과거에 죄와 관계된 말씀이 나옵니다. "전에 지은 죄를 간과하심으로" 여기서 전에 지은 죄를 어떻게 했다고 말합니까?
<네, 간과했다고 말합니다. >

예, 맞습니다. 그러면 간과란 무슨 뜻일까요?
<네, 잘 모르겠는데요.>

예, 간과라는 말은 '묻지도 않고 따지지도 않고 대강 보아 넘기다'라는 뜻입니다. 예를 들어서, 어떤 아들이 아버지에게 엄청난 죄를 저질러서 감히 잘못했다고 빌지도 못하고 있었는데 아버지와 아들의 중간에 어머니가 나서서 "여보, 한 번만 봐줍시다. 모르는 척하세요."라고 중재하여서 아버지가 아들이 분명히 죄를 지은 것은 알지만, 그 죄를 알고도 모르는 척 이유도 묻지 않고 용서해 주는 것이 간과입니다. 여기서 아버지는 하나님을 나타내고 아들은 우리 죄인을 나타내고 중간의 어머니는 예수님을 나타냅니다. 사실 우리가 하나님께 지은 죄는 너무나 커서 감히 용서를 빌 수도 없었는데 예수님께서 하나님과 우리 사이에 화목제물이 되셔서 "지금 사랑하는 아들이 하나님 앞에 나왔으니 십자가에서 흘린 나의 보혈을 보시고 이 아들을 받아 주소서"라고 말하는 것과 같습니다.

그러면 하나님 아버지께서는 선생님의 죄를 알고도 모르는 척 이유를 묻지도 않으시고 용서해 주시는 것이 바로 "전에 지은 죄를 간과하심으로 용서해 주시는 것"입니다. 사실 많은 사람이 자기가 구원을 받으려면 '자신의 죄를 다 고백해야 한다'라고 생각합니다. 마치 가톨릭의 고해성사처럼 우리의 죄를 다 고해야 한다고 생각합니다. 그리고 성경에서 죄를 회개하라고 하니까 우리의 죄를 다 고백하는 것이 회개라고 오해하는 것입니다. 하지만 회개란 우리의 죄를 다 고백하는 것이 아닙니다. 참된 회개에 대해서는 나중에 다시 설명하겠습니다.

그래서 성경을 읽어보면 예수님을 만나서 구원을 받은 사람들은 그들의 죄를 다 고백해서 구원받은 것이 아닙니다. 십자가 위에서 죽어가면서 예수님을 믿었던 강도도 자신의 죄를 다 고백하고 구원받은 것이 아닙니다. 누가복음 8장에서 간음하다 잡혀 온 여인도 예수님께 자신의 죄를 다 고백하고 구원받은 것이 아닙니다.

요한복음 4장에 등장하는 우물가의 여인도 자신의 죄를 다 고백하고 구원받은 것이 아닙니다. 그러므로 우리 하나님께서는 선생님의 "과거에 지은 모든 죄를 간과하심으로" 용서해 주셨습니다. 오직 예수님께서 선생님을 대신해서 십자가에 피 흘려 죽으심으로 죄를 대속했으니 예수님을 바라보고 선생님의 죄를 묻지도 않고 따지지도 않고 다 용서해 주신 것입니다. 하나님께서 선생님의 과거에 지은 죄를 간과하심으로 용서해 주셨다면 선생님에게는 죄가 있겠습니까? 없겠습니까?

〈네, 나에게는 죄가 없겠네요.〉

하나님께서 선생님의 죄를 어떻게 용서해 주셨는지 이해하기 위해서 히브리서 10장 17절도 읽어 주십시오.
"또 그들의 죄와 그들의 불법을 내가 다시 기억하지 아니하리라 하셨으니"(히 10:17)

여기서 하나님께서 선생님의 죄와 불법을 다시 기억하지 아니하신다고 했는데 선생님이 선생님의 죄와 불법을 기억하고 염려한다면 선생님이 예수님을 믿는 것입니까? 안 믿는 것입니까?

〈네, 안 믿는 것입니다.〉

그렇다면 여기 하나님의 말씀대로 하나님께서 다 용서해 주시고 기억하지도 않으시고 완전하게 용서해 주신 사실을 믿습니까?
<네, 아멘, 믿습니다.>

여기서 기억하지 않으신다는 것은 하나님의 완전한 용서를 말합니다. 사람들은 용서해도 기억하지만, 하나님께서는 선생님의 죄를 용서하시되 기억하지도 않고 완전하게 용서해 주셨습니다. 기억하지 않고 완전하게 용서해 주셨다는 말씀은 구약에서도 말씀하시는데 예레미야 31장 34절과 이사야 43장 25절입니다. 읽어 주십시오.
"내가 그들의 악행을 사하고 다시는 그 죄를 기억하지 아니하리라 여호와의 말씀이니라, 나 곧 나는 나를 위하여 네 허물을 도말하는 자니 네 죄를 기억하지 아니하리라"(렘 31:34, 43:25)

여기서도 선생님의 죄를 완전하게 용서했기에 다시는 기억하지 않으신다고 말씀합니다. 이것이 하나님의 진정한 용서입니다. 사실 인간은 모든 것을 다 기억합니다. 상대방의 죄를 쉽게 잊을 수 없기 때문입니다. 인간은 교도소에 들어가서 죄에 대한 대가를 다 치르고 나와도 기록이 남습니다. 그런데 하나님께서 선생님의 모든 죄를 다시는 기억하지 않으시는 이유가 무엇일까요? 바로 선생님을 사랑하기 때문입니다.
어떤 집사님에게 아들이 있었는데 너무나 부모의 속을 썩이니 그 부모가 그 아들을 키우기가 너무나 힘들어서 괜히 낳아서 고생한다고 후회했습니다. 그러나 어느 날, 그 아들이 예수님을 믿게 되었습니다. 그리고 점점 변화된 삶을 살아갑니다. 그 집사님은 그 아들이 놀랍게 변화되는 것을 보고 너무나 사랑스럽고 기뻐서 그 아들의 과거의 모든 죄를 기억하지도 않았습니다. 하나님께서도 선생님을 사랑하시기 때문에 과거의 모든 죄를 기억하지 않으시고 완전하게 용서해 주셨습니다.
이사야 43장 25절에 등장하는 하나님은 어떤 분이십니까? 여기서 하나님께서는 이렇게 말씀하십니다.

"나는 나를 위하여 네 허물을 도말하는 자니"

그러면 여기서 '도말'이란 무슨 뜻일까요?
<네, 잘 모르겠습니다.>

예, 도말이란 '지워버렸다'라는 뜻으로 마치 벽이 너무나 지저분해서 페인트로 칠해서 더러운 것이 하나도 보이지 않고 아주 깨끗하게 지워버렸다는 뜻입니다. 그래서 페인트를 칠하시는 분은 '도말'이라는 말을 지금도 사용합니다. 그들은 아주 완벽하게 페인트를 잘 칠했느냐는 말을 '완전 도말 했어'라고 말합니다. 요즘 사용하는 말로는 죄의 기록을 완전히 삭제해서 없애버린 것을 말합니다.
이사야 44장 22절을 읽어 주십시오.
"내가 네 허물을 빽빽한 구름 같이, 네 죄를 안개 같이 없이하였으니 너는 내게로 돌아오라 내가 너를 구속하였음이니라"(사 44:22)

여기에 보니까 선생님의 죄를 빽빽한 구름의 사라짐같이 안개의 사라짐같이 (양손으로 제스처를 하면서) 없애버렸다고 말합니다. 그래서 우리 예수님은 죄를 없애버리려고 이 세상에 오셨습니다.
요한일서 3장 5절을 읽어 주십시오.
"그가 우리 죄를 없애려고 나타나신 것을 너희가 아나니 그에게는 죄가 없느니라"(요일 3:5)

예를 들어, 비가 많이 올 때 먹구름이 빽빽하게 끼었다가 또는 안개가 자욱하게 끼었다가 날이 맑아지면 다 사라지는 것처럼 선생님 마음속의 죄가 깨끗하게 다 사라졌다면 선생님의 마음이 기쁘겠습니까? 기쁘지 않겠습니까?
<네, 매우 기쁘겠죠.>

그러면 선생님은 선생님의 모든 죄가 다 사라진 것을 믿습니까?

<네, 아멘, 믿습니다.>

그러면 하나님께서 이 말씀에서 돌아오면 용서해 주신다고 했습니까? 이미 용서했으니 돌아오라고 했습니까?
<네, 죄를 없이하였으니, 죄를 용서하였으니 돌아오라고 했습니다.>

예, 맞습니다. 하나님께서는 선생님의 모든 죄를 완전하게 이미 다 용서해 놓고 돌아오라고 했습니다. 누가복음 15장에 보면 탕자의 이야기가 나옵니다. 여기서 탕자는 아버지의 재산을 다 탕진하고 거지가 되어 돼지 치는 일을 하면서 집으로 돌아오지 못하고 있었습니다. 아버지를 거역하고 재산을 다 탕진해 버린 죄 때문에 돌아오지 못하고 있었습니다. 그러나 아버지는 아들의 죄는 전혀 생각하지 않고 아들이 돌아오기만을 애타게 기다리고 있었습니다. 그런데 오늘날 많은 사람이 이와 같습니다. 하나님께서는 예수 십자가의 보혈로 우리의 모든 죄를 도말하고, 지워버리시고, 완전히 삭제하고, 완전히 없애버리고 완전하게 용서해 놓고 돌아오기만을 애타게 기다리신 데 우리의 죄를 이미 다 용서해 놓으신 예수 십자가의 복음을 깨닫지 못하고 자신의 죄만 생각하고 하나님 아버지께 돌아오지 못하고 있습니다.

그래서 찬송가 527장에 이런 찬송 가사가 있습니다. 한번 읽어 주십시오.
"어서 돌아오오. 어서 돌아만 오오. 지은 죄가 아무리 무겁고 크기로 주 어찌 못 담당하고 못 받으시리오. 우리 주의 넓은 가슴은 하늘보다 넓고 넓어, (2절) 어서 돌아오오. 어서 돌아만 오오. 우리 주는 날마다 기다리신다오. 밤마다 문 열어 놓고 마음 졸이시며. 나간 자식 돌아오기만 밤새 기다리신다오, (3절) 어서 돌아오오. 어서 돌아만 오오. 채찍 맞아 아파도 주님의 손으로 때리시고 어루만져 위로해 주시는 우리 주의 넓은 품으로 어서 돌아오오. 어서"

그렇다면 여기서 선생님의 할 일이 무엇일까요? 선생님의 할 일은 하나님 아버지의 품으로 돌아오는 것밖에 없습니다. 선생님의 있는 모습 이대로 돌아오면 됩니다. 그러면 선생님이 돌아온다는 것은 무슨 뜻일까요?
《네, 잘 모르겠습니다.》

예, 선생님이 하나님께 돌아오는 것은 하나님께서 선생님의 죄를 완전하게 용서해 주셨음을 믿는 것입니다. 그러면 선생님은 하나님께서 선생님의 죄를 완전하게 용서해 주심을 믿습니까?
《네, 아멘, 믿습니다.》

그러면 선생님은 죄가 있습니까? 없습니까?
《네, 나는 죄가 없습니다.》

그러면 선생님은 죄인입니까? 의인입니까?
《네, 의인입니다.》

그러면 선생님은 의인이 되셨음을 믿습니까?
《네, 아멘, 믿습니다.》

그러므로 선생님 과거의 죄 문제는 완전히 해결되었습니다.

4. 두 번째 문제인 미래의 죄를 어떻게 처리할 수 있을까요?

이제 선생님의 과거의 죄는 다 해결되었습니다. 그렇다면 앞으로 짓는 죄는 어떻게 해결할까요?
《잘 모르겠는데요.》

이제부터 선생님의 미래의 죄를 어떻게 해결할 수 있는지 하나님의 말씀을 보겠습니다.

로마서 8장 1~3절을 읽어 주십시오.
"그러므로 이제 그리스도 예수 안에 있는 자에게는 결코 정죄함이 없나니 이는 그리스도 예수 안에 있는 생명의 성령의 법이 죄와 사망의 법에서 너를 해방하였음이라 율법이 육신으로 말미암아 연약하여 할 수 없는 그것을 하나님은 하시나니 곧 죄로 말미암아 자기 아들을 죄 있는 육신의 모양으로 보내어 육신에 죄를 정하사"(롬 8:1-3)

사실 선생님의 미래의 죄를 해결하는 또 다른 방법이 있는 것은 아닙니다. 이미 예수님께서 십자가 위에서 돌아가심으로 선생님의 죄를 다 용서하신 복음 안에 미래의 죄를 해결하는 방법이 다 들어있습니다. 선생님이 예수님께서 선생님의 죄를 완전하게 용서하신 것을 믿는다면 이제 선생님은 그리스도 예수 안에 있습니다. 그런데 이 말씀에서 '그리스도 예수 안에 있는 자에게는 결코' 무엇이 없다고 했습니까?
<네, 정죄함이 없다고 말합니다. >

그러면 정죄함이 없다는 말은 무슨 뜻일까요? 여기서 정죄함이 없다는 말은 선생님이 죄를 지어도 죄인이라고 말하지 않는 것을 말합니다. 왜냐하면 그리스도 예수 안에서 하나님께서 선생님을 용서해 주셨음을 믿고 선생님이 하나님께 돌아왔기 때문입니다. 그래서 하나님께 돌아온 사람은 결코 정죄함이 없으며 누구라도 선생님에게 죄인이라고 말할 수 없습니다. 왜 그럴까요? 여기 2절에서 정확한 해답이 나와 있습니다. 그래서 2절은 '이는'이라는 말로 시작됩니다. 읽어 주십시오.
"이는 그리스도 예수 안에 있는 생명의 성령의 법이 죄와 사망의 법에서 너를 해방하였음이라"(롬 8:2)

여기서 '이는'이라는 말은 '왜냐하면'이라는 말입니다. 왜 그럴까요? 선생님이 그리스도 예수 안에 들어오니 그리스도 예수 안에 있는 생명의 성령의 법이 죄와 사망의 법에서 선생님을 해방하였기 때문입니다. 그렇다면 선생님은 어떻게 죄에서 해방되었을까요? 3절에 어떻게 해방하였는지 자세히 나옵니다. 3절을 읽어 주십시오.
"율법이 육신으로 말미암아 연약하여 할 수 없는 그것을 하나님은 하시나니"(롬 8:3)

여기서 꼭 한 가지 짚고 넘어갈 것은 선생님은 육신이 연약하여 율법을 온전히 지킬 수 없다는 것입니다. 다시 말하면 선생님은 죄를 안 짓고 살아갈 수 없다는 말입니다. 그러나 여기서 '그것을 하나님은 하시나니'라고 말씀하시는 것처럼 우리 하나님은 연약하지 않으시기에 모든 것을 다 하실 수 있습니다. 그러면 하나님께서 어떻게 하셨을까요? 하나님이 하신 일은 3절 마지막 부분에 나옵니다.
"곧 죄로 말미암아 자기 아들을 죄 있는 육신의 모양으로 보내어 육신에 죄를 정하사"(롬 8:3)

하나님께서 자기 아들이신 예수님을 우리와 같은 육신의 모양으로 이 세상에 보내셔서 그 예수님의 육신에 죄를 정했다고 말합니다. 여기서 가장 중요한 말은 '죄를 정했다'라는 말입니다. 여기서 죄를 정했다는 말을 이해하기 위해서 구약의 속죄 제사를 이해해야 합니다. 구약에서 하나님께 죄를 용서받기 위해서 드리는 속죄 제사가 있었는데 속죄 제사란 사람이 죄를 범했을 때 자신의 죄를 해결할 수 있는 제사였습니다. 그래서 사람이 부지 중에 죄를 범했을 때 하나님이 정하신 속죄 제사로 자신의 죄를 용서받을 수 있었습니다. 레위기 4장 27~31절을 읽어 주십시오.
"만일 평민의 한 사람이 여호와의 계명 중 하나라도 부지중에 범하여 허물이 있었는데 그가 범한 죄를 누가 그에게 깨우쳐 주면 그는 흠 없는 암염소를 끌고 와서 그 범한 죄로 말미암아 그것을 예물로 삼아 그 속죄제물의 머리에 안수하고 그 제물을 번제물을 잡는 곳에서 잡을 것이요 제사장은 손가락으로 그 피를 찍어 번제단 뿔들에 바르고 그 피 전부를 제단 밑에 쏟고 그 모든 기름을 화목제물의 기름을 떼어낸 것같이 떼어내 제단 위에서 불살라 여호와께 향기롭게 할지니 제사장이 그를 위하여

속죄한즉 그가 사함을 받으리라"(레 4:27-31)

이 말씀을 자세히 살펴보면 속죄 제사는 드리는 몇 가지 순서가 있었습니다.

❶ 한 사람이 부지중에 죄를 범합니다.
❷ 죄를 범한 사실을 깨닫습니다.
❸ 예물로 흠 없는 양이나 암염소를 끌고 옵니다.
❹ 죄가 양에게 전가되도록 죄인과 제사장이 양의 머리에 안수합니다.
❺ 제사장이 양을 잡아 하나님께 속죄 제사를 합니다.
❻ 죄를 범한 사람이 자신의 죄 사함을 받습니다.

죄인이 하나님께 드리는 속죄 제사는 하나님께서 지시하시는 내용에 따라 레위 지파에 속한 제사장이 성막이나 성전에서 염소나 양이나 송아지의 제물로 속죄 제사를 하나님께 드렸습니다. 그런데 속죄 제사에서 가장 중요한 것은, 죄를 지은 죄인과 제사장이 함께 양의 머리에 안수하는 것입니다. 여기 안수하는 것이 바로 죄인의 죄를 양에게 정했다는 말입니다. 그러면 그 죄인이 죽는 것이 아니라 양이 죄인의 죄를 지고 죽임을 당합니다. 제사장은 양의 피를 번제단 뿔에 바르고 속죄소에 뿌리고, 양의 몸 전체를 번제단에서 불로 태워 하나님께 속죄 제사를 했습니다. 그렇게 해야 죄인이 용서를 받습니다. 그러므로 가장 중요한 것이 바로 양에게 안수하는 것입니다. 이것이 바로 죄인의 죄를 양에게 정한 것입니다. 여기서 죄를 위하여 죽는 희생양은 누구를 나타낼까요?
〈네, 우리 죄를 짊어지신 어린양 예수님을 나타냅니다.〉

예, 맞습니다. 그래서 요한복음 1장 29절에서 요한은 사람들에게 예수님을 이렇게 소개합니다.
"보라 세상 죄를 지고 가는 하나님의 어린양이로다"(요 1:29)

그래서 희생양의 머리에 안수하여 죄를 정하는 것처럼, 하나님의 아들 예수님께 선생님의 모든 죄를 정했습니다. 그러므로 예수님은 세상의 모든 죄를 지고 가는 하나님의 어린양이라고 믿지 말고, 바로 선생님의 죄를 지고 가는 어린양 예수님으로 믿어야 합니다. 그렇게 믿습니까?
〈아멘, 예수님이 나의 죄를 지고 죽으신 것을 믿습니다.〉

예수님께서 십자가에 돌아가셨을 때(그림을 그리며) 선생님의 죄를 선생님이 태어날 때부터 죽을 때까지 선생님의 일생의 모든 죄를 예수님께 정했습니다. 언제부터 언제까지 정했습니까?
〈네, 태어날 때부터 죽을 때까지입니다.〉

그러면 선생님의 죄를 몇 %나 지셨을까요?
〈네, 나의 죄를 100% 다 지셨습니다.〉

그러면 선생님의 죄를 태어날 때부터 죽을 때까지라면 그 속에 선생님의 미래의 죄도 포함됩니까? 포함되지 않습니까?
〈네, 포함됩니다. 그러면 나의 미래의 모든 죄도 예수님이 다 지셨네요.〉

예, 맞습니다. 이제 선생님의 미래의 죄도 다 해결되었습니다.

이제 로마서 3장 23~24절을 읽어 주십시오.
"모든 사람이 죄를 범하였으매 하나님의 영광에 이르지 못하더니 그리스도 예수 안에 있는 속량으로 말미암아 하나님의 은혜로 값없이 의롭다 하심을 얻은 자 되었느니라"
선생님이 죄를 범하여서 하나님의 영광에 이르지 못하더니 이제 그리스도 예수 안에 있는 속량으로, 하나님의 은혜로 값없이 의롭다고 하심을 얻은 자 되었다고 말합니다. 그러면 여기서 속량이란 무엇일까요? 여기서 속량이란 바로 죄 사함을 말합니다. 에베소서 1장 7절을 읽어 주십시오.
"그의 피로 말미암아 속량 곧 죄 사함을 받았느니라"(에베소서 1:7)

여기서 예수님의 피로 속량을 이루시고 곧 죄 사함을 받게 하셨다고 말합니다.
(속량 = 죄 사함)
속량이란 노예의 몸값을 받고 죄인(노예)을 해방해서 자유를 주는 것입니다. 속량이란 선생님이 사탄과 죄에 얽매여 지옥에 들어갈 운명에 처해 있었는데 예수님의 죽음과 피를 흘려주셔서 값을 치르심으로 말미암아 선생님을 죄에서 해방해서 자유를 주신 것이 바로 속량입니다.

로마서 5장 9절을 읽어 주십시오.
"이제 우리가 그의 피로 말미암아 의롭다 하심을 받았으니"(로마서 5:9)

여기서도 예수님의 피로 말미암아 선생님이 의롭다 하심을 받았다고 말합니다. 예수님께서 자신의 목숨과 보혈로 선생님의 죗값을 치르심으로, 선생님의 모든 죄를 다 용서해 주심으로, 선생님은 죄 사함을 받았고 의롭게 되었다고 말합니다. 그러면 선생님은 죄인입니까? 의인입니까?
< 네, 의인입니다. >

그러면 선생님의 죄가 언제 사해졌을까요?
< 네, 2,000년 전 예수님께서 십자가에서 나의 죄 사함을 받게 하셨습니다. >

예, 맞습니다. 2,000년 전에 예수님께서 십자가에서 이루신 속죄와 죄 사함을 선생님은 이제야 발견한 것입니다. 이 사실을 깨닫고 진심으로 믿고 받아들이는 것이 중요합니다. 예를 들어, 제가 어렸을 때 우리 집 앞 구멍가게에서 물건을 외상으로 샀습니다. 그래서 외상값 때문에 미안해서 구멍가게 앞을 지나가지 못하고 2개월 동안 멀리 돌아다녔습니다. 다행히 2개월 후에 돈을 마련해서 구멍가게에 가서 장부를 보고서야 아버지가 외상값을 대신 갚아 주셨다는 사실을 깨달았습니다. 사실 우리 예수님께서도 선생님의 죄의 값을 2,000년 전에 십자가에서 그분의 보혈로 다 갚아 주셨지만, 선생님은 그 사실

을 깨닫지 못해서 두려워하고 근심 가운데 살아왔습니다. 그러나 오늘 하나님의 말씀을 통해서 선생님의 죄를 다 처리해 주셨다는 사실을 깨닫고 진심으로 믿게 되었습니다.

그렇다면 선생님의 죄를 얼마나 완벽하게 용서하셨을까요?

❶ 선생님의 죄를 영원히 보이지 않게 옮기셨습니다.

선생님의 죄를 보려고 해도 보이지 않습니다.
시편 103편 12절을 읽어 주십시오.
"동이 서에서 먼 것 같이 우리의 죄과를 우리에게서 멀리 옮기셨으며"(시 103:12)

선생님, 동쪽 끝이 보일까요? 서쪽 끝이 보일까요? 그렇습니다. 동쪽 끝이나 서쪽 끝은 보이지 않습니다. 그런데 선생님의 죄를 동이 서에서 먼 것처럼 그렇게 멀리 옮기셨다고 말씀합니다. 그리고 옮길 것이라고 말하지 않고 이미 옮겼다고 말합니다.

❷ 선생님의 죄를 하나님께서 볼 수도 없도록 하나님의 등 뒤로 던져 버렸습니다.

이사야 38장 17절을 읽어 주십시오.
"주께서 내 영혼을 사랑하사 멸망의 구덩이에서 건지셨고 내 모든 죄를 주의 등 뒤에 던지셨나이다"(사 38:17)

❸ 선생님의 죄를 보이지 않게 깊은 바다에 던졌습니다.

미가서 7장 19절을 읽어 주십시오.
"다시 우리를 불쌍히 여기셔서 우리의 죄악을 발로 밟으시고 우리의 모든 죄를 깊은 바다에 던지시리이다"(미 7:19)

이제 선생님의 모든 죄가 완전히 없어졌다는 사실을 확실하게 믿습니까?
<네, 아주 확실하게 믿겠습니다.>

그렇다면 만약 이렇게(그림을 그리며) 천국과 지옥이 있다면 어느 곳으로 갈까요?
<네, 천국으로 갈 수 있습니다.>

사실 천국이나 지옥이든 '입장권'이 있어야 갑니다. 천국 '입장권'은 의가 입장권이고, 지옥 '입장권'은 죄가 입장권입니다. 그동안 죄 때문에 꼼짝없이 지옥 가야 했는데 이제 예수님의 보혈로 모든 죄를 다 씻고 의인이 되었으니 죄가 있겠습니까? 없겠습니까?
<네, 죄가 없습니다.>

예, 선생님은 죄가 하나도 없으니 이제 지옥에 가고 싶어도 지옥 갈 '입장권'이 없어서 지옥에 갈 수도 없습니다. 이제 꼼짝없이 예수님이 주신 의로 천국으로 갑니다.
한 번 따라서 해보십시오. "나는 지옥 갈 밑천 떨어졌다"
<나는 지옥 갈 밑천 떨어졌다.>

이제 선생님은 틀림없이 천국에 갈 확신이 있습니까?
<네, 이제 천국에 들어갈 확신이 있습니다.>

예, 맞습니다. 선생님은 모든 죄를 완전하게 용서받았으니 당연히 천국에 들어갑니다. 선생님은 예수 믿고 완전히 팔자를 고쳤습니다. 찬송가에 이런 가사가 있습니다. 읽어 주십시오.
"우리 주만 믿으면 모두 구원 얻으며 영생 복락 면류관 확실히 받겠네"

그러므로 선생님 미래의 죄 문제도 완전히 해결되었습니다.

1) 심판의 문제를 어떻게 해결할 수 있을까요?

교인들이 또 한 가지 두려워하는 것이 있는데 그것은 하나님의 심판대 앞에 서는 것입니다. 선생님은 하나님의 심판대 앞에 설 자신이 있습니까?
<*아니요, 자신이 없습니다.*>

여기서 하나님의 심판이란 선생님이 일생에서 지은 모든 죄를 따지는 일인데, 예수님께서 십자가에서 선생님의 모든 죄를 태어날 때부터 죽을 때까지 완전하게 다 용서해 주셨다면 선생님이 심판을 받을 필요가 있을까요?
<*네, 심판을 받을 필요가 없겠네요.*>

요한복음 3장 18절을 읽어보십시오.
"그를 믿는 자는 심판을 받지 아니하는 것이요"(요 3:18)

여기 보니까 믿는 자가 심판을 받습니까? 받지 않습니까?
<*네, 믿는 자는 심판을 받지 않는다고 했습니다.*>

요한복음 5장 24절도 읽어 주십시오.
"내가 진실로 진실로 너희에게 이르노니 내 말을 듣고 또 나 보내신 이를 믿는 자는 영생을 얻었고 심판에 이르지 아니하나니 사망에서 생명으로 옮겼느니라"

여기서도 믿는 자는 영생을 얻었고, 심판에 이르지 않는다고 아주 분명하게 말합니다.
히브리서 9장 27~28절을 읽어 주십시오.
"한번 죽는 것은 사람에게 정해진 것이요 그 후에는 심판이 있으리니 이와 같이 그리스도도 많은 사람의 죄를 담당하시려고 단번에 드리신 바 되셨고 구원에 이르게 하기 위하여 죄와 상관없이 자기를 바라는 자들에게 두 번째 나타나시리라"(히 9:27-28)

여기서 한번 죽는 것은 사람에게 정해져 있고 그 후에는 무엇이 있다고 했습니까?
<네, 심판이 있다고 했습니다. >

그런데 28절에 '이와 같이'라고 말합니다. 이 말은 '누구에게나 심판이 있는 것처럼'이라는 말입니다. 그러므로 계속해서 읽어 주십시오.
"그리스도도 많은 사람의 죄를 담당하시려고 단번에 드리신 바 되셨고"

이 말씀은 모든 사람에게 심판이 정해져 있는데 예수님께서 우리를 위해 단번에 심판을 받으셨다는 뜻입니다. 그래서 28절 마지막에 무엇을 말씀합니까? 읽어 주십시오.
"구원에 이르게 하기 위하여 죄와 상관 없이 자기를 바라는 자들에게 두 번째 나타나시리라"(히 9:28)

예수님께서 두 번째 나타나실 때는 무엇과 상관없이 오신다고 했습니까?
<네, 죄와 상관없이 오신다고 했습니다. >

여기 두 번째 오시는 것이 무엇을 나타냅니까?
<네, 예수님의 재림인가요? >

예, 맞습니다. 예수님이 재림하실 때는 믿는 사람들을 심판하시기 위해 오시는 것이 아니라 죄와 상관없이 성도들을 데리러 오십니다. 그러면 선생님은 심판을 받습니까? 받지 않습니까?
<네, 심판을 받지 않습니다. >

그러므로 선생님은 심판의 문제도 완전히 해결되었습니다.

2) 구원받은 후 짓는 죄는 어떻게 해결할 수 있을까요?

선생님의 모든 죄를 완전하게 용서를 받았는데 '과거에 지은 죄는 간과하심으로' 용서를 받았습니다. 그러면 앞으로 죄를 또 지으면 어떻게 될까요? 선생님이 구원을 받으면 앞으로 지을 죄도 모두 포함해서 용서를 받았습니다. 그러므로 앞으로 죄를 지어도 지옥에 들어가지 않습니다. 선생님이 구원을 받으면 선생님이 죄를 범해도 하나님의 자녀입니다. 그러므로 죄를 범해도 지옥에 들어가지 않습니다. 그러나 선생님이 하나님의 자녀로서 아버지 하나님께 죄를 범하면 하나님의 징계가 있다고 히브리서 12장 5~11절에서 말씀합니다.

히브리서 12장 6~8절을 읽어보십시오.
"주께서 그 사랑하시는 자를 징계하시고 그가 받아들이시는 아들마다 채찍질하심이라 하였으니 너희가 참음은 징계를 받기 위함이라 하나님이 아들과 같이 너희를 대우하시나니 어찌 아버지가 징계하지 않는 아들이 있으리요 징계는 다 받는 것이거늘 너희에게 없으면 사생자요 친아들이 아니니라"(히 12:6-8)

하나님께서는 우리가 하나님의 자녀가 되었기 때문에 우리를 사랑하셔서 징계하신다고 했습니다. 하나님은 우리를 누구로 대우하시나요?
<네, 아들과 같이 대우하십니다.>

예, 그렇습니다. 그래서 만약 징계가 없다면 사생자요 친아들이 아닙니다. 하나님의 자녀가 아니라는 말입니다. 그러나 하나님의 자녀는 죄를 범하면 반드시 징계가 있습니다.
그리고 선생님은 이제 죄에서 완전하게 해방되었습니다.
요한계시록 1장 5절을 읽어 주십시오.
"우리를 사랑하사 그의 피로 우리 죄에서 우리를 해방하시고"(계 1:5)

선생님은 모든 죄에서 해방되었습니다.
그러므로 구원받은 후 짓는 죄도 완전하게 해결되었습니다.

5. 세 번째 문제인 성화의 문제를 어떻게 해결할 수 있을까요?

또 교회를 다니는 교인 가운데 본인이 바르게 살고 서서히 변화되어 성화가 이루어지면 하늘나라에 들어갈 수 있다고 생각하기 때문에 구원의 확신을 갖지 못합니다. 그렇게 믿는 사람들 가운데 대표적인 사람들이 바로 안식교회 교인들입니다. 그들은 구원을 두 종류로 분류합니다. 하나는 이미 얻은 구원으로 십자가의 복음으로 구원받는 것이라고 말합니다. 그러나 이미 얻은 구원을 통해서는 천국에 들어가지 못한다고 가르칩니다. 또 다른 구원은 얻을 구원으로서 완전히 성화 되어야 천국에 들어갈 수 있다고 믿습니다. 그래서 그들은 완전한 성품 변화를 위해서 자극성 있는 음식을 먹지 않습니다. 그들은 육식을 먹지 않으며 고기와 고춧가루와 마늘까지도 먹지 않습니다. 완전 성화 되어야 하늘나라에 들어갈 수 있다고 믿는 사람들은 마태복음 7장 21~23을 근거해서 자신의 믿음의 타당성을 주장합니다. 마태복음 7장 21절을 읽어 주십시오.
"나더러 주여 주여 하는 자마다 다 천국에 들어갈 것이 아니요 다만 하늘에 계신 내 아버지의 뜻대로 행하는 자라야 들어가리라"(마 7:21)

여기에 등장하는 하나님의 뜻은 두 가지가 있습니다. 바로 예수 믿지 않는 사람을 향한 하나님의 뜻(요 6:40)과 이미 믿는 성도들을 향한 하나님 아버지의 뜻(살전 5:16-18)이 있습니다. 예수 믿지 않는 사람을 향한 하나님의 뜻은 하나님께서 보내신 구원자 되시는 예수 그리스도를 믿고 영생을 얻는 것이 하나님의 뜻입니다. 마태복음 7장 21~23절에 등장하는 그들은 구원을 받지 않은 사람들입니다. 왜냐하면 주님께서 그들을 모른다고 말씀하셨기 때문입니다. 그러므로 그들은 향한 하나님의 뜻은 하나님이 보내신 예수님을 믿는 것이 하나님의 뜻입니다. 그렇다면 이 성화의 문제를 어떻게 해결할 수 있을까요? 성화의 문제는 하나님의 은혜로 자연스럽게 해결합니다. 그래서 우리는 하나님의 은혜로 구원을 받았습니다. 로마서 4장 4절을 읽어 주십시오.
"일하는 자에게는 그 삯이 은혜로 여겨지지 아니하고 보수로 여겨지거니와"(롬 4:4)

여기서 은혜라는 말은 "값없이 주신다"라는 뜻입니다. 그리고 은혜의 반대는 '삯'이라고 말할 수 있습니다. 일하는 자가 받는 보수(삯)는 은혜가 아닙니다. 로마서 4장 5절을 읽어보십시오.
"일을 아니할지라도 경건하지 아니한 자를 의롭다 하시는 이를 믿는 자에게는 그의 믿음을 의로 여기시나니"(롬 4:5)
여기서 경건하지 아니한 자를 의롭다 하시는 이를 믿는 자는 은혜로 의롭게 여겨주지만, 자신이 노력해서 의롭게 되어서 구원을 얻는다면 그것은 보수(삯)로 구원을 얻는 것입니다. 하지만 일한 것이 없지만, 경건하지도 않지만, 주님의 은혜로 구원해 주심을 믿는다면 하나님께서는 그 사람의 믿음을 의롭게 인정해 주십니다. 그래서 우리는 우리가 일한 삯이 아니라 하나님의 은혜로 구원을 받습니다. 에베소서 2장 5절을 읽어 주십시오.
"허물로 죽은 우리를 그리스도와 함께 살리셨고 (너희는 은혜로 구원을 받은 것이라)"(엡 2:5)

여기서 은혜로 구원을 받을 것이라고 했습니까?
이미 구원을 받았다고 했습니까?
〈네, 구원을 받았다고 했습니다.〉

에베소서 2장 8~9절도 읽어 주십시오.
"너희는 그 은혜에 의하여 믿음으로 말미암아 구원을 받았으니 이것은 너희에게서 난 것이 아니요 하나님의 선물이라 행위에서 난 것이 아니니 이는 누구든지 자랑하지 못하게 함이라"(엡 2:8-9)

여기서도 은혜에 의하여 믿음으로 구원을 받았다고 했습니다. 그리고 이 구원이 어디에서 난 것이 아니라고 했습니까?
〈네, 행위에서 난 것이 아니라고 했습니다.〉

그러므로 우리의 행위로 구원받는 것이 아니기에 우리가 성화가 되어야 하거나 변화되어야 구원받는 것이 아닙니다. 그러므로 성화의 문제도 완전히 해결되었습니다.

6. 십자가 위에서 이루어진 완전한 용서가 어떻게 선생님의 것이 될 수 있을까요?

로마서 10장 10절을 읽어 주십시오.
"사람이 마음으로 믿어 의에 이르고 입으로 시인하여 구원에 이르느니라"(롬 10:10)

여기에서 구원에 이르는 두 가지 방법을 제시합니다.

❶ **마음으로 믿어야 의인이 될 수 있습니다.**
여기서 마음으로 믿는 것은 지금까지 들었던 내용을 진심으로 믿고 받아들여서 구원을 받는 것을 말합니다.

❷ **입으로 시인해야 합니다.**
지금까지 들었던 예수 십자가 복음의 말씀을 이제 이렇게 입으로 시인해야 합니다.
"나는 구원을 받았습니다. 나는 영생을 얻었습니다. 나는 예수님의 십자가 속량으로 죄 사함을 받았습니다. 나의 모든 죄가 태어날 때부터 죽을 때까지 모든 죄가 예수님의 육신에 정해졌습니다. 나는 성화 되고 변화되어야 구원을 받는 것이 아니라는 사실을 믿습니다. 나는 예수님이 나를 대신해서 심판을 받으셨기에 나에게 심판이 없다는 사실을 믿습니다. 나는 예수님의 보혈로 의롭게 되었으니 의인입니다."

이렇게 시인하고 예수님을 마음속에 받아들일 때 구원을 받습니다. 선생님이 이 모든 사실을 시인하기 위해 예수님의 이름으로 하나님 아버지께 기도하십시오.

주 예수님, 제가 지금까지 하나님을 인정하지 않고 제가 인생의 주인이 되어 내 마음대로 살아온 죄인입니다. 예수님께서 나를 대신하여 십자가에서 죽으심으로 나의 모든 죄를 단번에 다 해결해 주시고 구원해 주셔서 감사합니다. 십자가에서 돌아가신 지 사흘 만에 부활하심으로 내 인생의 주인이 되셨음을 믿습니다. 이제 예수님을 나의 삶의 주인으로, 나를 다스리시는 왕으로, 나를 창조하신 하나님으로 영접합니다. 내 마음속에서 내 인생의 주인이 되어 저의 삶을 인도해 주시고 예수님을 따라 살게 도와주십시오. 예수 그리스도의 이름으로 기도합니다. 아멘.

이제 선생님은 구원을 받았습니까?
〈네, 내가 오늘 들은 복음의 말씀을 믿음으로 받아들이고 입으로 시인하여 구원을 받았습니다.〉

로마서 5장 1~2절을 읽어 주십시오.
"그러므로 우리가 믿음으로 의롭다 하심을 받았으니 우리 주 예수 그리스도로 말미암아 하나님과 화평을 누리자 또한 그로 말미암아 우리가 믿음으로 서 있는 이 은혜에 들어감을 얻었으며 하나님의 영광을 바라고 즐거워하느니라"(롬 5:1-2)

이제 선생님은 믿음으로 의롭다 함을 얻었고 구원을 받았으니 하나님 아버지와 화평하게 되었습니다. 이제 구원을 받으려고 노력하는 것이 아니라 구원받은 은혜에 감사해서 더욱 주님의 말씀에 순종하며 살아야 합니다.
구원을 받으려는 노력으로 말씀을 지키기가 쉽습니까? 구원을 은혜로 받았으니 감사해서 말씀을 지키기가 쉽습니까?

〈네, 구원받은 은혜에 감사해서 말씀을 지키기가 더 쉽습니다.〉

이제 선생님을 구원해 주신 하나님께 감사기도를 드리십시오.

05. C2C 구원상담문

<NTM 부족선교회에서 만든 C2C를 구원상담문으로 만든 내용>

1. 하나님

안녕하세요! 선생님, 제가 선생님께 이야기 하나 해 드리고 싶습니다. 이 이야기는 성경에 기록되어 있는 이야기입니다. 성경은 유일하고 위대하신 하나님의 말씀이기 때문에 참 진리입니다.

사실 하나님의 능력은 국가나 사람이나 우상들보다 더 크십니다. 그분은 모든 것을 다 하실 수 있는 능력의 하나님이십니다. 그러면 하나님은 어떤 모습일까요? 하나님은 영이십니다. 그러므로 우리가 하나님을 볼 수도 만질 수도 없지만, 우리가 하나님을 믿든 안 믿든, 하나님은 어디에나 존재하십니다. 스스로 계시는 전능하신 하나님은 영원 전부터 영원까지 영원히 존재하십니다. 이분이 바로 창조주 하나님이십니다.

2. 창조(인간)

❶ **하나님께서는 말씀으로 우주 만물을 창조하셨습니다.**

하나님은 천사를 창조하셨는데 매우 아름다웠습니다. 그들은 하나님을 찬양하고 경배하고 섬기도록 창조되었습니다.

❷ **하나님께서 6일 동안 하늘과 땅을 창조하셨습니다.**

하늘에는 해와 달과 별을 창조하셨고 새들을 창조하셨습니다. 그리고 바다에는 물고기를 창조하셨습니다. 그리고 모든 식물과 동물을 창조하셨습니다.

❸ **마지막 날 하나님은 하나님의 형상대로 사람을 창조하셨습니다.**
그래서 영이신 하나님과 사람 사이에는 공통점이 있습니다. 하나님이 사람을 창조하실 때 흙으로 만드시고 생기를 불어넣어서 사람은 살아있는 영적인 존재가 되었습니다. 동물은 영이 없지만, 사람은 영이 있습니다. 사람은 육체와 영혼으로 되어 있습니다. 사람의 영은 소멸하지 않고 영원히 존재합니다. 그리고 사람은 영이신 하나님과 영적으로 교통을 할 수 있습니다. 또 사람도 창조의 능력이 있기에 도구를 만들고 만물을 다스립니다. 예를 들면 호랑이가 사람보다 강하지만 사람이 총을 만들 수 있기에 호랑이를 지배할 수 있습니다. 그리고 사람은 다양한 물건을 만들어 사용합니다. 사람은 하나님을 찬양하고 경배하고 하나님께 영광을 돌리도록 창조되었습니다. 참 하나님은 사람을 만드시고 모든 우상은 모두 사람이 만든 것입니다.

❹ **하나님께서는 그가 만드신 인간을 사랑하시어 아름다운 동산에 두시고 그들에게 창조된 모든 것을 마음껏 즐기고 관리하게 하셨습니다.**
그러나 하나님께서 "동산의 모든 과일은 먹을 수 있지만 동산 중앙 나무의 과실을 먹으면 반드시 죽으리라" 라고 말씀하셨습니다. 하나님께서 여자를 만드시고 남자의 배필로 주셨습니다. 이들은 하나님의 말씀을 순종하며 살았습니다. 그 당시 하나님과 사람은 친밀한 관계를 맺고 있었습니다.

❺ **하나님은 창조하신 모든 것을 보시고 보시기에 매우 좋아하셨습니다. 그리고 7일째 되는 날 휴식하셨습니다.**

3. 죄

❶ **선생님, 하나님이 만드신 천사를 기억하시지요?**

많은 천사 중에 한 천사는 매우 총명하고 아름다웠으나 스스로 자만하여 하나님을 경배하지 않았습니다. 오히려 자신이 하나님과 같이 다른 천사들에게 찬양과 경배를 하도록 유혹하였습니다. 그러나 하나님만이 경배와 섬김을 받으시기에 합당하신 분이시기에 결국 타락한 천사와 그를 따르는 다른 천사들은 하늘나라에서 땅으로 추방되었습니다. 바로 그 천사가 오늘날 우리가 부르는 마귀 사탄이며 귀신들입니다.

❷ **어느 날 사탄이 하와에게 와서 "하나님이 먹지 말라고 명령한 나무 열매를 먹어도 죽지 않을 뿐 아니라 눈이 밝아져 하나님같이 될 수 있다"라고 유혹하였습니다.**

하와가 사탄의 말을 듣고 하나님처럼 되고 싶어서 그 과실을 먹고 그 남편에게 주어 아담도 먹었습니다. 그러므로 하나님의 말씀을 듣지 않고 하나님을 믿지 않는 것이 곧 죕니다. 그들이 죄를 범하였기에 하나님은 아담과 하와를 동산에서 쫓아내셨습니다.

❸ **선생님의 마음 가운데 아담과 하와와 같은 생각은 없으신지요? 하나님은 창조주이며 우리는 피조물입니다.**

하나님은 우리 영혼의 아버지이십니다. 그러나 우리는 창조주 하나님을 떠나 자기가 자기의 주인인 양 자기 멋대로 살며, 하나님을 믿지 않고, 의지하지 않고 살고 있지는 않은지요? 나와 선생님을 포함해서 세상의 모든 사람은 모두 죄인입니다.

❹ **우리가 행동으로 범하는 모든 죄는 사과나무에 사과가 열리듯이, 하나님을 떠난 인간의 죄를 짓는 성질에서 나오는 열매들입니다.**

우리가 죄를 지었기에 죄인이 아니라 죄인이기 때문에 죄를 짓습니다. 우리는 완전히 부패한 어쩔 수 없는 죄인들입니다.

4. 죄의 결과

❶ **거룩하신 하나님은 죄를 용납할 수 없으므로 죄인 된 우리는 하나님과의 관계가 완전히 파괴되었으며, 영원히 분리되었습니다.**
이것이 곧 영적인 죽음을 의미합니다. 그래서 우리는 하나님의 존재를 인식할 수 없습니다. 이는 마치 안테나가 망가져 여러 신호를 받을 수 없는 것과 같습니다.

❷ **공의로우신 하나님은 죄를 반드시 심판해야 합니다.**
죄의 결과는 죽음입니다. 그래서 우리 인생은 생로병사, 태어나서 병들고 늙고 결국 죽게 되어 있습니다. 우리의 육체는 흙에서 왔기에 죽은 후 흙으로 돌아가고, 우리의 영혼은 영원한 지옥의 형벌을 받게 됩니다.

5. 불완전한 제물

❶ **시간이 지남에 따라 사람들은 그 수가 점점 많아졌습니다.**
하나님께서는 그들을 여전히 사랑하셨고 그들과 친밀한 관계를 갖기를 원하셔서 사람에게 십계명을 주시고 이를 지키도록 명령하셨습니다. 다른 신이나 우상을 섬기지 말고, 부모를 공경하고, 거짓말, 도둑질, 살인, 간음 등을 하지 말라고 명령하셨습니다. 하지만 그 누구라도 이 계명을 온전히 지킬 수는 없었습니다.

❷ **그래서 공의로우신 하나님은 "회개와 피 흘림이 없이는 죄 사함이 없다"라고 말씀하시고 사람들에게 회개하고 흠 없는 희생양을 제물로 드려 피의 속죄 제사를 지내도록 하셨습니다.**

❸ **그러나 사람들은 진심으로 회개하지 않고 계속 죄를 범하였습니다.**

그래서 피의 속죄 제사도 한 가지의 의식으로 변해 하나님께서 피의 속죄 제사도 이제는 기뻐하지 않으셨습니다. 십계명을 지키고 피의 속죄 제사를 지내는 것으로는 하나님과의 관계 회복이 불가능해졌습니다.

그러면 우리는 이제 어떻게 해야 할까요?

6. 예수 그리스도

❶ **하나님께서는 그래도 여전히 사람들을 너무도 사랑하셨기에 완전하고 유일한 방법으로 사람과의 관계를 회복할 수 있는 길을 마련하셨습니다.**

2,000년 전에 하나님의 독생자, 예수 그리스도를 이 땅에 보내주셨습니다.

❷ **예수님은 지혜로우신 스승이셨습니다.**

그분이 이 땅에 계실 때 세상 사람들을 구원하시기 위해 가르치시고 병을 고치시고 많은 기적을 행하여서 하나님의 아들이심을 증명하셨습니다.

예수님은 풍랑을 잔잔케 하셨습니다. 그러므로 그분은 자연의 능력보다 크신 분입니다.

예수님이 5,000명 이상을 먹이셨습니다. 그러므로 그분은 사람들의 필요를 채우십니다. 예수님은 귀신 들린 자를 고치셨습니다. 그러므로 그분의 능력은 마귀 사탄보다 크십니다. 예수님은 죽은 자를 살리셨습니다. 그러므로 그분의 능력은 죽음의 권세를 이기십니다.

예수님은 선한 목자이시며 완전하시고 아무런 죄도 없으신 분이십니다.

❸ **많은 사람이 예수님을 믿고 따랐지만, 일부 지도자들은 예수님을 믿지 않고 미워하고 심지어 죽이려고 하였습니다.**

그들은 예수님의 손과 발을 십자가에 못 박았습니다. 예수님 보혈의 피가 그분의 손과 발과 온몸에서 흘러내렸고 십자가 위에서, 많은 고통을 당하며 돌아가셨습니다.

❹ **예수님은 완전한 속죄 제물이 되셨습니다.**

죄의 속죄 제물은 죄가 없어야 하고 피 흘림이 있어야 합니다. 이 세상에 죄가 없는 사람은 한 사람도 없습니다. 오직 하나님만이 완전하시고 죄가 없으신 분이십니다. 그런 하나님의 아들 예수님이 피를 흘려서 우리의 죄의 속죄 제물이 되기 위해 이 땅에 사람으로 오셨습니다. 그래서 예수님은 100% 하나님이시고 100% 사람이십니다. 오직 예수님의 보혈만이 선생님에게 죄 사함을 받게 하고 영원한 새 생명을 줄 수 있는 유일한 방법이었습니다.

❺ **옛날에 공의로운 선한 왕이 있었습니다.**

그에게 사랑하는 아들이 있었는데 어느 날 그 왕의 아들이 살인을 저질렀습니다. 공의로운 왕은 아들에게 사형판결을 내릴 수밖에 없었습니다. 그러나 왕은 아들을 몹시 사랑했기에 판결을 내린 후에 왕의 보좌에서 내려와 왕의 옷을 벗고 아들에게 "아들아, 내가 너 대신 죽겠다!" 라고 말하고 왕이 대신 죽었습니다. 아들은 자유의 몸이 되었습니다. 이처럼 예수께서 십자가의 돌아가심은 하나님께서 우리를 향하신 그의 공의와 사랑을 동시에 보여 주셨습니다.

❻ **예수님은 우리의 죄를 위해 돌아가셨지만, 그분은 완전하시고 죄가 없으신 분이시기에 사망을 이기시고 사흘 후에 다시 살아나셨습니다.**

7. 돌아온 탕자

❶ **예수님이 이 세상에 계실 때 두 아들을 둔 아버지의 이야기를 들려주셨습니다.**

어느 날 둘째 아들은 아버지에게 "아버지, 내가 상속받을 재산을 나에게 미리 주십시오." 라고 말하였습니다. 그 아들은 그 재산을 받아서 먼 곳으로 떠나 그곳에서 허랑방탕하며 모든 재산을 잃은 후에 먹을 것과 거할 곳이 없게 되었습니다.

❷ 둘째 아들은 그때서야 비로소 풍부한 아버지의 집이 생각나서 아버지의 집에 돌아가 아버지께 "내가 하늘과 아버지께 죄를 지었기에 아들의 자격이 없으니 저를 종으로 써주세요"라고 아버지께 용서를 구할 것을 결심하고 집으로 돌아가기로 하였습니다.

❸ 마을 입구 멀리서 집으로 돌아오는 아들을 본 아버지가 달려가 껴안았습니다.
그러자 아들은 "하늘과 아버지께 죄를 지었기에 아들의 자격이 없으니 저를 종으로 써주세요"라고 말했습니다. 그러나 아버지는 둘째 아들을 맞이하여 "이 아들은 죽었다가 살아났으며 잃었다가 다시 찾았다"라고 말하며, 하인들에게 잔치를 준비하여 베풀라고 하였습니다. 그러므로 하나님과 우리와의 관계는 아버지와 이 둘째 아들의 관계와 같습니다.

8. 어떻게 예수를 믿을 수 있나요?

❶ 많은 사람은 끊임없이 선행과 종교와 철학 등으로 자기 나름대로 온갖 방법을 사용해 진리를 구하고 하나님을 찾으려 합니다.
하지만 오직 예수 그리스도만이 하나님께로 돌아갈 수 있는 유일한 길이 되십니다. 그래서 예수님은 "나는 길이요, 진리요, 생명이니 나로 말미암지 않고는 아버지께로 올 자가 없느니라"라고 말씀하십니다.

❷ 그러면 우리는 어떻게 예수님을 통해서 하나님께 갈 수 있을까요?
복음의 말씀을 마음으로 믿고 입으로 예수 그리스도를 주님으로 시인해야 합니다.

❸ 믿는다는 것은 무슨 뜻일까요?
자신이 죄인임을 인정하고, 전심으로 회개하며, 예수님이 나의 죄를 위해 대신 죽으시고 부활하시어 생명의 구주가 되어 주신 것과 일생의 주인이 되어

주신 것을 받아들일 때 우리는 죄 사함을 받고 영원한 생명을 얻게 됩니다.

❹ **지금 선생님은 심판과 영원한 사망을 선택할 것이지, 아니면 하나님의 용서와 평안과 영생을 선택할 것이지 결단하고 선택해야 합니다.**

지금 선생님의 마음 문을 열고 예수님의 사랑을 받아들이겠습니까? 오늘 하나님의 크신 사랑이 선생님에게 임하셔서 선생님이 예수님을 생명의 구주로 영접하시길 원하십니까? 이렇게 기도하십시오.

"사랑하는 예수님, 나를 위해 십자가에서 죽으시고 3일 만에 부활하셔서 감사합니다. 예수님께서 나의 모든 죄를 대신해서 돌아가심으로 나의 모든 죄가 용서되었음을 믿습니다. 내가 죄인임을 시인하고 회개합니다. 지금 마음 문을 열고 예수님을 내 인생의 주인으로 영접합니다. 내 마음에 오셔서 내 구주가 되어 주시고 내 인생의 주인이 되셔서 나의 인생을 인도하여 주세요. 나와 나의 가정을 축복해 주세요. 예수님의 이름으로 기도합니다. 아멘"

06. 전도폭발 구원상담문

<전도폭발 한국지부에서 만든 것을 구원상담문으로 수정한 내용>

선생님, 이 시간에 하나님이 주시는 좋은 소식을 간단하게 함께 나누기 원합니다.

1. 천국과 영원한 생명은 거저 주는 선물입니다.

로마서 6장 23절을 읽어 주십시오.
"하나님의 은사는 그리스도 예수 우리 주 안에 있는 영생이니라"(롬 6:23)
천국이나 하나님이 주시는 영생은 노력해서 얻어지는 것도 공로를 세워서 얻을 수 있는 것도 아닙니다.

에베소서 2장 8~9절을 읽어 주십시오.
"너희는 그 은혜에 의하여 믿음으로 말미암아 구원을 받았으니 이것은 너희에게서 난 것이 아니요 하나님의 선물이라 행위에서 난 것이 아니니 이는 누구든지 자랑하지 못하게 함이라"(엡 2:8-9)

이것은 인간에 관한 성경 말씀을 이해할 때 더 분명해집니다.

2. 인간은 죄인입니다.

로마서 3장 23절을 읽어 주십시오.
"모든 사람이 죄를 범하였으매 하나님의 영광에 이르지 못하더니"(롬 3:23)
그래서 죄를 지은 인간은 자기 자신을 구원할 수 없습니다.

로마서 3장 20절을 읽어 주십시오.
"그러므로 율법의 행위로 그의 앞에 의롭다 하심을 얻을 육체가 없나니 율법으로는 죄를 깨달음이니라"(롬 3:20)

이러한 진리는 하나님에 대해 알려주는 성경 말씀을 이해할 때 더 분명해집니다. 하나님은 자비로우십니다. 그래서 우리를 벌하시기를 원치 않으십니다. 요한일서 4장 8절과 예레미야서 31장 3절을 읽어 주십시오.
"사랑하지 아니하는 자는 하나님을 알지 못하나니 이는 하나님은 사랑이심이라, 여호와께서 나에게 나타나사 내가 영원한 사랑으로 너를 사랑하기에 인자함으로 너

를 이끌었다"(요일 4:8, 렘 31:3)

그러나 하나님은 공의로우십니다. 그래서 우리 죄를 벌하셔야만 합니다.
출애굽기 34장 7절을 읽어 주십시오.
"인자를 천대까지 베풀며 악과 과실과 죄를 용서하리라 그러나 벌을 면제하지는 아니하고 아버지의 악행을 자손 삼사 대까지 보응하리라"(출 34:7)

3. 하나님은 이 문제를 예수 그리스도를 통해서 해결하셨습니다.

예수 그리스도는 무한하신 하나님이시며 인간이십니다.
디모데전서 1장 15절을 읽어 주십시오.
"미쁘다 모든 사람이 받을 만한 이 말이여 그리스도 예수께서 죄인을 구원하시려고 세상에 임하셨다 하였도다 죄인 중에 내가 괴수니라"(딤전 1:15)

예수님께서는 우리의 죄의 값을 치르시고 천국의 처소를 마련하시어 우리에게 선물로 주시려고 죽으셨습니다.
이사야 53장 6절을 읽어 주십시오.
"우리는 다 양 같아서 그릇 행하여 각기 제 길로 갔거늘 여호와께서는 우리 모두의 죄악을 그에게 담당시키셨도다"(사 53:6)

4. 이 선물은 믿음으로 받습니다.

믿음은 단순한 지적 동의가 아닙니다. 믿음은 이 세상의 삶에 대한 하나님의 일시적 도움을 얻기 위해 표현되는 현세적 신뢰도 아닙니다. 영생의 선물을 받게 하는 믿음은 우리의 영혼의 구원을 위해 그리스도만을 전적으로 의뢰하는 것입니다.

사도행전 16장 31절을 읽어 주십시오.
"주 예수를 믿으라 그리하면 너와 네 집이 구원을 받으리라"(행 16:31)

제가 지금까지 말씀드린 내용을 이해하시겠습니까? 그렇다면 다음으로 넘어갈 수 있지만 그렇지 않다면 앞에서 말씀드린 내용을 처음부터 천천히 다시 한번 이해해야 합니다.

5. 선생님은 영생의 선물을 받기를 원하십니까?

이것은 선생님에게 가장 중요한 결정입니다. 다음 몇 가지 점을 깊이 생각하면서 선생님 자신을 살펴보며 읽어 주십시오.
"나는 내가 죄인이며 오직 예수 그리스도께서 가져다주실 수 있는 용서가 필요하다는 사실을 알고 있습니다. 나는 영생의 선물을 위하여 오직 예수 그리스도만을 신뢰합니다. 나는 나의 죄를 회개하고 지금부터 오직 그분만 섬기기를 원합니다."
하나님께 이렇게 기도하기를 원하십니까? 그렇다면 진실하게 다음의 기도를 하십시오. 그러면 하나님께서 영생의 선물을 선생님에게 주실 것입니다.

"주 예수님, 나는 예수님이 필요합니다. 참으로 나의 죄를 회개하고 당신을 나의 구주와 주님으로 영접합니다. 나를 위하여 죽으신 것을 감사합니다. 영생의 선물을 주시니 감사합니다. 내 마음속에 들어오셔서 평생토록 내가 주님을 따르도록 도와주십시오. 예수 그리스도의 이름으로 기도합니다. 아멘."

6. 이제부터 선생님이 무엇을 해야 할까요?

예수 그리스도는 선생님이 믿음 안에서 성장하기를 원하십니다. 선생님은 믿음의 성장을 위해서 다음과 같이 시작할 수 있습니다.

❶ 매일 성경을 읽으십시오.
❷ 자주 기도하십시오.
❸ 다른 그리스도인들과 함께 가까운 교회에 출석하여 예배를 드리십시오.
❹ 다른 그리스도인들과 함께 교제를 나누십시오.
❺ 다른 사람들에게 예수님의 복음을 전하십시오.

07. 구원으로 시작하는 구원상담문

1. 구원이란 무엇일까요?

우리가 예수 그리스도를 개인의 구주로 믿지 않는다면 우리는 결코 구원받을 수 없습니다. 하나님이 모든 영혼을 위하여 예비하신 이 놀라운 구원은 구출과 안전과 보존과 회복과 온전함이 포함됩니다. 구원이란 복음의 핵심이며, 복음 안에는 모든 구원을 위한 하나님의 계획과 과정들이 들어있습니다. 구원은 우리의 마음과 우리의 태도와 우리의 관심과 우리의 인생길을 완전히 변화시켜줍니다. 구원이란 우리의 공로와는 아무런 관련이 없는 하나님의 놀라운 선물입니다.
에베소서 2장 8절을 읽어 주십시오.
"너희는 그 은혜에 의하여 믿음으로 말미암아 구원을 받았으니 이것은 너희에게서 난 것이 아니요 하나님의 선물이라 행위에서 난 것이 아니니 이는 누구든지 자랑하지 못하게 함이라"

우리에게 구원이 이루어진다면 그 구원은 하나님의 놀라운 은혜인데 우리는 놀라운 구원을 우리의 믿음으로 받습니다. 구원은 하나님의 선물이므로 우리가 구원을 받을 때 구원은 우리의 소유가 됩니다. 구원은 우리에게 주신 하나님의 의로움이며, 우리의 죄가 예수님에게로 옮겨갔다는 것을 보여줍니다. 만일 우리가 구원을 하나님이 주시는 선물로 받지 못했다면 지금 여기서 예수 그리스도를 개인의 구주로 영접하여 구원을 선물로 받을 수 있습니다. 우리의 구원을 위해 다만 예수님만 의지하면 됩니다. 모든 사람은 장차 반드시 하나님 앞에 서야 합니다. 그때 예수님이 주신 의의 옷을 입은 사람들만 기쁨의 잔치에 참여할 수 있습니다. 결국 의의 옷을 입지 못한 모든 사람은 저주를 받을 것입니다. 마태복음 25장 41절을 읽어 주십시오.
"저주를 받은 자들아 나를 떠나 마귀와 그 사자들을 위하여 예비된 영원한 불에 들어가라"
선생님은 어디로 가게 될까요? 천국일까요, 지옥일까요?

2. 죄의 삯은 무엇일까요?

이번에는 로마서 6장 23절을 읽어 주십시오.
"죄의 삯은 사망이요"
이 말씀에서 첫 번째 부분인 "죄의 삯은 사망이요"라는 말씀을 주의해서 살펴보십시오. 이 말씀을 다르게 표현하면 "죄의 형벌은 사망이요"라는 말씀입니다. 여기에 나오는 죄가 무엇인지 알아야 사망이 무엇인지 알 수 있습니다. 죄란 과연 무엇일까요? 어디서 죄가 시작되었을까요? 죄가 우리 몸에 어떤 영향을 줄까요? 죄가 인간의 생활에 어떤 영향을 줄까요? 죄가 인간의 영혼에 어떤 결과를 가져올까요? 우리는 먼저 죄가 무엇인지 자세히 알아야 합니다.

3. 죄란 무엇일까요?

요한일서 5장 17절을 읽어 주십시오.

"모든 불의가 죄로되"

여기서 '모든 불의가 죄'라는 말씀은 옳지 않은 것이 잘못된 것이며, 잘못된 것이 바로 죄라는 것을 알려줍니다. 우리는 하나님에 대하여, 동료에 대하여, 나라와 도시에 대하여, 관계를 맺고 있는 모든 사람에 대하여, 우리 몸에 대하여 죄를 범할 수 있습니다. 무엇이든지 잘못된 것이 바로 죄가 됩니다.

❶ 죄란 표준에 못 미치는 것입니다.

하나님은 사람이 만일 의롭다면 지킬 수 있는 표준을 세워 놓으셨습니다. 인간은 자기 스스로 이 표준에 도달할 수 없습니다. 십계명이 바로 이 표준입니다. 인간은 누구나 이 표준에 도달할 수 없습니다. 인간은 이 표준에 단 하나라도 완전히 만족시킬 수 없습니다. 그러므로 모든 사람은 하나님에 대하여 죄를 범한 죄인입니다.

❷ 죄란 어그러진 것입니다.

히브리서 12장 13절을 읽어 주십시오.
"너희 발을 위하여 곧은 길을 만들어 저는 다리로 하여금 어그러지지 않고 고침을 받게 하라"
이 세상에 어그러진 길로 가보지 않은 사람이 있을까요? 다른 사람들에게 잘못을 범하지 않은 사람이 있을까요? 그런 사람은 세상에 없습니다. 왜냐하면 인간은 누구나 하나님과 이웃에게 죄를 범한 죄인이기 때문입니다.

❸ 죄란 위반하는 것입니다.

위반이란 다른 사람의 지경을 넘어섰다는 뜻입니다. 하나님은 사람이 범할 수 없는 어떤 경계선을 아주 분명하게 그어 놓으셨습니다. 창세기 2장 16~17절을 읽어 주십시오.
"여호와 하나님이 그 사람에게 명하여 이르시되 동산 각종 나무의 열매는 네가 임의로 먹되 선악을 알게 하는 나무의 열매는 먹지 말라 네가 먹는 날에는 반드시 죽으리라 하시니라"

그러나 모든 사람은 하나님이 정하신 법을 위반하였고 그 결과로 죄의 형벌 아래 놓이게 되었습니다. 아담이 하나님의 법을 위반하였고 다른 모든 사람도 하나님의 법을 위반하였습니다.

그래서 하나님은 로마서 3장 10절에서 "의인은 없나니 하나도 없으며"라고 말씀하셨습니다.

4. 죄가 어디서 시작되었을까요?

죄는 에덴동산에서 아담과 하와로부터 인류에게 들어왔습니다. 하와가 하나님의 말씀 대신에 마귀 사탄의 거짓말을 믿었을 때 하와는 하나님께 죄를 범하였습니다. 창세기 3장은 인간의 불신이 모든 죄가 비롯되는 뿌리라고 알려줍니다. 하나님의 말씀에 대한 불신은 사람에게 죽음과 지옥 형벌을 가져왔습니다. 로마서 5장 12절을 읽어 주십시오.

"그러므로 한 사람으로 말미암아 죄가 세상에 들어오고 죄로 말미암아 사망이 들어왔나니 이와 같이 모든 사람이 죄를 지었으므로 사망이 모든 사람에게 이르렀느니라"

5. 죄란 어떤 영향을 줄까요?

❶ 죄는 사람의 몸에 영향을 줍니다.
선생님은 질병에 걸린 병자를 보셨습니까? 그것이 바로 죄의 결과입니다. 선생님이 시각장애인과 다리 저는 사람을 보았다면 또 죽는 사람을 보았다면 죄의 결과를 본 것입니다.

❷ 죄는 인간에게 영향을 줍니다.
우리는 하나님의 이름을 망령되이 일컫는 사람을 봅니다. 어떤 사람이 우리

에게 거짓말을 하는 경우도 봅니다. 어떤 사람이 우리의 물건을 훔쳐 가는 것을 봅니다. 우리는 사람들이 싸우는 모습도 봅니다. 자기 친구를 배반하는 사람도 봅니다. 그러므로 죄가 사람들의 생활에 어떤 영향을 주는지 본 것입니다.

❸ 죄는 사람의 영혼에 영향을 줍니다.
죄는 사람의 영혼을 눈멀게 하며 속박합니다. 누가복음 16장 24절에 등장하는 부자의 영혼이 부르짖는 소리를 들어보십시오. 이 부르짖음은 지옥에서 나는 소리입니다.
"불러 이르되 아버지 아브라함이여 나를 긍휼히 여기사 나사로를 보내어 그 손가락 끝에 물을 찍어 내 혀를 서늘하게 하소서 내가 이 불꽃 가운데서 괴로워하나이다"

죄는 인간의 영혼을 하나님으로부터 영원히 갈라놓습니다. 누구라도 예수님께서 자기 죄를 위해 희생하신 어린 양으로 받아들이지 않는다면 그 사람은 아무런 소망이 없습니다. 예수님은 요한복음 3장 18절에서 이렇게 말씀하셨습니다.
"그를 믿는 자는 심판을 받지 아니하는 것이요 믿지 아니하는 자는 하나님의 독생자의 이름을 믿지 아니하므로 벌써 심판을 받은 것이니라"
우리의 죄가 어떤 영향을 주는지 살펴보았습니다. 이제 우리는 죄의 결과로 주어지는 죽음에 대하여 살펴보겠습니다.

6. 죽음이란 무엇일까요?

하나님이 아담에게 창세기 2장 17절에서 "네가 선악과 열매를 먹으면 정녕 죽으리라"라고 말씀하셨을 때 아담이 24시간 이내에 아담의 몸이 죽을 것을 말한 것은 아닙니다. 따라서 우리는 다른 죽음이 있다는 사실을 알 수 있습니다. 그렇다면 아담이 몇 세에 죽었을까요? 창세기 5장 5절을 읽어보면, 아담이 930세를 향수하고 죽었다고 기록합니다. 성경은 우리 육신의 몸이 죽는 것 말고 또 다른 죽음이 있다는 사실을 틀림없이 말씀하셨습니다.

디모데전서 5장 6절을 읽어 주십시오.

"향락을 좋아하는 자는 살았으나 죽었느니라"

사람이 어떻게 "살았으나 죽었느니라"라고 말할 수 있을까요? 사람이 어떻게 동시에 살고 동시에 죽을 수 있을까요? 이 질문에 답하기 위하여 에베소서 2장 1절을 다시 한번 읽어야 합니다.

"그는 허물과 죄로 죽었던 너희를 살리셨도다"

바울은 여기서 과거에 죽었지만 지금 살아 있는 사람에 대해 말하고 있습니다. 그렇다면 무엇에 대하여 죽었을까요? 그리고 무엇에 대하여 살았을까요? 로마서 6장 2절을 읽어 주십시오.

"죄에 대하여 죽은 우리가 어찌 그 가운데 더 살리요"

따라서 성경의 모든 말씀을 살펴보면 우리는 이런 결론을 내릴 수 있습니다. 누구나 죄악의 쾌락 가운데 살아가는 사람은 영적인 일들에 대하여 죽어 있습니다. 그러나 구원받은 사람은 죽음에서 살아나서 성령의 역사로 영적인 일들에 대하여 깨어 있습니다. 그리고 죄에 대하여 죽은 사람들은 예수께서 자신을 위해 십자가에서 이루신 놀라운 속죄로 새 생명 가운데 의롭게 살아갑니다.

따라서 성경은 두 가지 죽음을 말합니다. 육체적 죽음과 영적인 죽음입니다. 영혼이 몸을 떠날 때 그 몸이 죽은 것이 육체적 죽음입니다. 그리고 육신이 죽으면 더는 활동할 수 없습니다. 우리의 몸은 원래 흙으로 만들어져서 죽으면 흙으로 돌아갑니다. 하지만 우리의 혼은 죽지 않고 의식이 있습니다. 누가복음 16장에서 부자의 육신은 무덤에 묻혔지만, 부자의 혼은 지옥의 고통을 의식하고 있습니다. 결국 부자는 예수님의 복음을 거절하였기에 아직도 고통을 당하고 있습니다. 성경 말씀은 또 다른 영원한 죽음을 말하고 있습니다.

요한계시록 20장 14~15절과 21장 8절을 읽어 주십시오.

"사망과 음부도 불못에 던져지니 이것은 둘째 사망 곧 불못이라 누구든지 생명책에 기록되지 못한 자는 불못에 던져지더라, 그러나 두려워하는 자들과 믿지 아니하는 자들과 흉악한 자들과 살인자들과 음행하는 자들과 점술가들과 우상 숭배자들과 거짓말하는 모든 자들은 불과 유황으로 타는 못에 던져지리니 이것이 둘째 사망이라"

여기서 둘째 사망이란 영적인 영역에서 두 번째 죽음입니다. 아담은 하나님 앞에 죄를 범했을 때 아담은 영적인 일들에 대하여 죽었습니다. 결국 아담의 모든 후손도 영적으로 죽어서 태어납니다. 그러므로 우리가 그리스도 안에서 하나님이 예비해 놓으신 영생을 얻지 못하면 우리는 영원한 불못으로 들어가야 하며 두 번째 죽음을 당하게 됩니다.

따라서 구원받지 못한 모든 사람은 영적인 일에 대하여 죽어 있습니다. 구원받은 사람은 죄를 짓는 일에 대하여 죽어 있습니다. 구원받은 사람이나 죄인이나 모두 육신의 몸이 죽습니다. 그런데 구원받지 못한 사람은 육신의 몸이 죽으면 즉시 영원토록 거할 지옥으로 들어갑니다. 이것이 다가올 영원한 죽음입니다. 우리가 성경을 잘 살펴보면 죽음은 결코 무의식 상태가 아니라는 것을 알아야 합니다.

이제 우리는 로마서 6장 23절의 "죄의 삯은 사망이요"라는 말씀을 살펴보겠습니다.

아담의 죄는 그를 영적인 일들로부터 갈라놓았습니다. 선과 악을 알고도 악을 선택하는 사람들도 역시 영적인 일들로부터 멀어져 있습니다. 죄를 범한 사람이 거룩한 하나님과 교제를 회복하려면 반드시 희생제물이 요구됩니다. 이러한 희생제물은 하나님이 정하여주어야 합니다. 아담이 하나님과 교제를 회복하기 위해서 아담과 하와의 죄를 가리기 위하여 어린양이 죽임을 당하였습니다. 이것은 어린양 되시는 예수님의 모형이며 이 어린양이 우리를 위한 구원의 옷과 의의 옷을 입혀주기 위하여 십자가 위에서 죽임을 당하셨습니다.

그러므로 다른 희생은 필요 없습니다. 왜냐하면 하나님은 모든 사람의 죄를 위한 희생제물로 예수님의 죽음으로 만족하셨기 때문입니다. 그러므로 우리가 예수 그리스도를 개인의 구주로 받아들이지 않는다면 우리는 허물과 죄로 인하여 죽어 있습니다. 우리 육신의 몸이 죽는 즉시 지옥에 떨어져 영원토록 고통을 당하게 됩니다. 하나님은 모든 사람이 둘째 사망에서 구원받을 수 있는 길을 예비해 놓으셨습니다. 그리고 우리가 그것을 선택할 수 있는 특권도 주셨습니다.

하나님은 우리가 오늘 구원받기를 원하십니다. 만일 선생님이 하나님 앞에서 선생님의 죄를 자복하고 용서를 구하며 예수님을 구세주와 삶의 주인으로 영접하기만 하면 그분은 선생님의 마음속에 성령을 보내주시고 선생님이 하나님께 받아들여졌다는 사실과 선생님의 모든 죄가 용서받았다는 사실을 확신시켜 주십니다. 우리는 우리의 죄를 다른 어떤 사람에게 고백할 필요가 없이 하나님께 고백하면 됩니다. 우리가 바로 하나님께 죄를 범하였기 때문입니다. 하나님만이 우리의 죄를 용서하실 수 있습니다. 만일 우리가 예수님을 우리 개인의 구세주와 삶의 주인으로 신뢰하지 않았다면 우리가 세상을 떠난 후에 그분을 만나게 될 때 그분으로부터 저주의 말을 듣게 될 것입니다.

"저주를 받은 자들아 나를 떠나 마귀와 그 사자들을 위하여 예비된 영영한 불에 들어가라, 죄의 삯은 사망이요 하나님의 은사는 그리스도 예수 주 안에 있는 영생이니라"

오늘 선생님이 예수 안에 있는 이 선물을 받으시려면 예수님이 십자가에서 이루신 복음의 말씀을 믿고 예수님을 영접하는 기도를 드리십시오.

"주 예수님, 제가 지금까지 하나님을 인정하지 않고 제가 인생의 주인이 되어 내 마음대로 살아온 죄인입니다. 예수님께서 나를 대신하여 십자가에서 죽으심으로 나의 모든 죄를 단번에 다 해결해 주시고 구원해 주셔서 감사합니다. 십자가에서 돌아가신 지 사흘 만에 부활하심으로 내 인생의 주인이 되셨음을 믿습니다. 이제 예수님을 나의 삶의 주인으로, 나를 다스리시는 왕으로, 나를 창조하신 하나님으로 영접합니다. 내 마음속에서 내 인생의 주인이 되어 저의 삶을 인도해 주시고 예수님을 따라 살게 도와주십시오. 예수 그리스도의 이름으로 기도합니다. 아멘."

08. 하나님의 자녀가 되는 구원상담문

선생님, 하나님의 말씀 성경은 하나님을 믿지 않는 사람들을 어떻게 소개하고 있을까요? 신약 성경에는 하나님을 믿지 않는 사람의 상태를 나타내는 두 단어가 등장합니다. 바로 "죽었다"라는 말과 "잃었다"라는 말입니다.

먼저 "죽었다"라는 말은 에베소서 2장 1절에 나옵니다. 한번 읽어주십시오.
"그는 허물과 죄로 죽었던 너희를 살리셨도다"(엡 2:1)

사도 바울은 여기서 에베소교회 성도들에게 "허물과 죄로 죽었던 너희를 살리셨도다"라고 말하고 있습니다. 그리고 "잃었다"라는 말은 누가복음 19장 10절에 나옵니다. 한번 읽어주십시오.
"인자가 온 것은 잃어버린 자를 찾아 구원하려 함이니라"(눅 19:10)

여기서 예수님께서는 "인자가 온 것은 잃어버린 자를 찾아 구원하려 함이니라"라고 말하고 있습니다. 그런데 이 두 단어는 실제적으로는 그 의미가 똑같습니다. 사람들은 죽으면 모든 것이 끝난다고 생각하지만 죽음은 끝이 아니라 분리를 말합니다. 영적인 죽음이란 하나님으로부터의 영원한 분리를 말합니다. 그리고 영적인 죽음을 가져오는 것은 죄입니다. 그런데 "잃었다"라는 말도 분리를 의미합니다. 양이 목자로부터 멀리 떠났을 때 양은 잃어버린 존재가 됩니다. 누가복음 15장에서 탕자가 그의 아버지의 집을 멀리 떠났을 때 잃은 아들이 되었습니다. 탕자의 이야기에서 이 두 단어가 함께 사용되고 있습니다. 그 탕자가 돌아왔을 때, 아버지는 너무나 기뻐서 이렇게 외쳤습니다. 누가복음 15장 24절을 한번 읽어주십시오.
"이 내 아들은 죽었다가 다시 살아났으며 내가 잃었다가 다시 얻었노라"(눅 15:24)

1. 문제의 핵심은 죄입니다

선생님, 그렇다면 우리 인간이 왜 죽었으며 왜 잃어버린 존재가 되었을까요? 사도 바울은 에베소서 2장 1절에서 우리가 "죄로 인해서 죽었다"라고 말합니다. 그러므로 죄가 우리를 하나님으로부터 분리하였으며 멀리 떠나게 했습니다. 아담과 하와가 하나님께서 금지한 선악과 열매를 따 먹었을 때 에덴 동산에서 쫓겨났으며 멀리 떠나게 되었습니다. 창세기 3장 23~24절을 읽어 주십시오.
"여호와 하나님이 에덴 동산에서 그를 내보내어 그의 근원이 된 땅을 갈게 하시니라 이같이 하나님이 그 사람을 쫓아내시고 에덴 동산 동쪽에 그룹들과 두루 도는 불 칼을 두어 생명 나무의 길을 지키게 하시니라"(창 3:23-24)

우리가 범한 죄가 하나님과 우리 사이를 갈라놓았습니다. 이사야 59장 2절을 읽어주십시오.
"오직 너희 죄악이 너희와 너희 하나님 사이를 갈라 놓았고"(사 59:2)
따라서 우리는 이 죄로 인해 이미 죽었고, 또 죽을 수밖에 없으며, 잃어버리게 되었습니다. 죄가 제거되기 전에는 우리는 하나님과의 친밀한 관계 속으로 들어갈 수 없습니다. 그러므로 죄가 바로 문제입니다. 문제의 핵심은 죄입니다.

2. 죄란 무엇인가요?

성경에서 "죄는 불법"이라고 정의합니다. 요한일서 3장 4절을 읽어주십시오.
"죄를 짓는 자마다 불법을 행하나니 죄는 불법이라"(요일 3:4)
여기서 보듯이 죄란 법을 어기는 것입니다. 그렇다면 인간은 어떤 법을 어겼을까요? 하나님이 창조한 최초의 인간 아담은 하나님이 금지한 선악과를 따 먹는 법을 어겼으며, 선생님은 인간의 죄를 해결하기 위해 오신 예수님을 거절하고 믿지 않음으로 죄를 범했습니다.
창세기 2장 17절과 요한복음 16장 9절을 읽어주십시오.
"선악을 알게 하는 나무의 열매는 먹지 말라 네가 먹는 날에는 반드시 죽으리라 하시니라, 죄에 대하여라 함은 그들이 나를 믿지 아니함이요"(창 2:17, 요 16:9)

만일 선생님이 하나님의 법을 어긴다면 선생님은 하나님에 대하여 적개심을 갖는 것이며, 하나님께 반역하는 것입니다. 누구나 법을 어기면 법을 어긴 결과를 당하게 됩니다. 한 사람이 한 나라의 법을 어기면 그는 범죄자가 되며, 정죄를 당하게 되며, 결국 재판에 넘겨지게 됩니다. 선생님을 믿지 않는 것은 하나님의 법을 어긴 것입니다. 그 결과 정죄를 당합니다. 정죄를 당한다는 것은 선생님이 심판을 받을 위험에 놓여 있고 또 반드시 심판을 받을 수밖에 없습니다. 그래서 하나님께서는 예수님을 믿지 않는 사람은 "벌써 심판을 받은 것이니라"라고 말씀하십니다.
요한복음 3장 18절을 읽어주십시오.
"그를 믿는 자는 심판을 받지 아니하는 것이요 믿지 아니하는 자는 하나님의 독생자의 이름을 믿지 아니하므로 벌써 심판을 받은 것이니라"(요 3:18)
하나님은 심판하시는 분입니다. 사람이 만든 법을 어길 때 그 범법자는 죄의 값을 치러야 합니다. 하나님은 사람보다 못한 분이 아닙니다. 그러므로 우리가 하나님의 법을 어겼을 때 온 세상의 심판자이신 하나님은 그 죄의 형벌을 요구하십니다.

3. 죄에는 차별이 없습니다

이제 선생님 자신을 돌아보아야 합니다. 선생님은 죄인입니까? 선생님은 하나님의 법을 어겼습니까? 그래서 하나님은 로마서 3장 22~23절에서 이렇게 말씀합니다. 읽어주십시오.
"차별이 없느니라 모든 사람이 죄를 범하였으매 하나님의 영광에 이르지 못하더

니"(롬 3:22-23)

이 모든 사람 속에는 사람들 가운데 가장 선한 사람도 포함됩니다. 만일 선생님이 죄를 범했다면 선생님은 죄인이며, 선생님은 정죄를 받았으며, 선생님은 하나님의 심판 아래 놓여 있습니다. 그러나 이 구절은 더 나아가서 "모든 사람이 죄를 범하였다"라고 말할 뿐 아니라 "차별이 없다"라고 말합니다. 그렇다면 이것은 무엇을 의미할까요?

모든 사람에 대한 하나님의 평가가 너무나 악하게 나왔을까요? 하나님께서는 사람들 가운데서 남보다 좀 더 나은 사람이 있다는 사실을 생각하지 않을까요? 술주정뱅이와 근신하는 사람의 차이가 없다는 말일까요? 정직한 사람과 부정직한 사람 사이에도, 종교적인 사람과 비종교적인 사람 사이에도 차이가 없다는 말일까요? 물론 술에 중독된 알코올 중독자보다는 근신하는 사람이 더 낫습니다. 정직하지 못한 사람보다는 정직한 사람이, 비종교적인 사람보다는 종교적인 사람이 더 낫습니다. 그러나 우리가 예리하게 관찰해야 할 사실은 선생님 자신이 아무리 절제하고, 아무리 정직하고, 아무리 경건하다 할지라도 선생님은 하나님이 보시기에는 아직도 죄인이라는 사실입니다. 선생님의 절제하는 생활, 선생님의 정직한 행동, 선생님의 경건한 법의 준수가 선생님의 죄를 없게 할 수 없기 때문입니다. 그러므로 모든 인간은 차별이 없습니다. 우리 모든 사람이 죄를 범하였으며, 모든 사람이 범죄자이며, 모든 사람이 정죄 아래 있으며, 모든 사람이 하나님의 심판 아래 있습니다.

선생님, 예를 들어서 두 사람이 음악회에 들어가려고 하는데 입장료는 50,000원이라고 합시다. 두 사람 중 한 사람은 30,000원 밖에 없고 또 한 사람은 10,000원 밖에 없습니다. 그래도 그들은 모두 그 음악회에 입장할 수가 없다는 점에서는 차이가 없습니다. 몇 1,000원 하는 물건을 훔친 사람이나 아주 비싼 보석을 훔친 사람이나 범죄자란 판결을 받기는 마찬가지입니다. 그 범죄의 정도에는 차이가 있어도 죄를 범했다는 사실에는 차이가 없습니다. 우리가 한번 죄를 범하였거나 천 번 죄를 범하였거나 우리가 모두 죄를 범한 사람입니다. 그래서 죄에는 차별이 없습니다.

4. 선생님은 예수님과 비교함으로써 죄를 깨달아야 합니다

만일 선생님이 자신의 선행으로 천국에 들어가려 한다면 선생님의 삶은 예수님의 삶과 같이 온전해야 합니다. 그러나 인간은 모두가 온전한 삶에 도달할 수 없습니다. 선생님의 신념, 선생님의 성격, 선생님의 선한 행실들을 예수님의 온전한 생활의 표준으로 시험해야 합니다. 그러면 선생님이 얼마나 하나님의 영광에 이르지 못하는 죄인인가를 알게 됩니다. 예수님을 바라보고 선생님 자신을 보아야 합니다. 그리하면 선생님은 하나님의 영광이신 예수님께 너무나 이를 수가 없음을 알게 됩니다. 선생님이 예수님의 온전하신 인격 앞에 나아올 때 선생님 자신의 참모습을 보게 됩니다.

"선생님은 예수님을 보고 그분의 온전한 순결을 봄으로써 선생님 자신의 마음과 성품이 얼마나 깨끗하지 못한가를 발견하게 됩니다. 선생님은 예수님의 무한한 사랑을 보고서야 선생님이 얼마나 이기적인가를 알게 됩니다. 선생님은 예수님의 깊은 겸손을 보고서 선생님 자신의 교만을 찾아내게 됩니다. 선생님은 예수님의 용기를 보고서야 선생님이 얼마나 겁쟁이인가를 알게 됩니다."

이처럼 예수님의 모든 성품에 비추어 보면 선생님 자신을 바로 볼 수 있습니다. 그렇습니다. 선생님의 죄성을 확인시켜 주는 것은 계속 예수 그리스도를 바라볼 때 가능합니다. 그때 선생님은 선생님의 손으로 가슴을 치며, 선생님의 머리는 부끄러워 숙이게 되고, 선생님 입으로 '하나님이여 나는 죄인입니다. 긍휼을 베풀어주소서'라고 외치게 됩니다. 선생님은 더는 다른 사람들보다 낫다고 자랑할 수 없습니다. 선생님은 자신이 얼마나 하나님의 영광에 이르지 못하는가를 알게 되었을 때 "예, 하나님이 옳습니다. 차별이 없습니다. 모든 사람이 죄를 범하였습니다. 그래서 하나님의 영광에 이르지 못하였습니다"라고 말하게 됩니다. 그러므로 선생님이 죄를 지었으므로 선생님은 범죄자고, 선생님은 정죄 아래 있으며, 선생님은 심판하시는 하나님의 심판 아래 있습니다. 그러므로 선생님은 예수님과 비교함으로 선생님의 죄를 깨달아야 합니다.

5. 선생님에게 전적으로 변화된 신분이 필요합니다

거룩하신 하나님 앞에서 선생님이 잃어버린 사람이고, 죄를 범했으며, 죄가 너무나 많은 것을 알게 되었을 때, 선생님은 그 즉시 이런 질문을 생각할 것입니다. 선생님은 과연 어떻게 죄를 해결하고 용서받을 수 있을까요? 하나님의 심판으로부터 어떻게 구원을 받을 수 있을까요? 하나님 앞에 어떻게 나아갈 수 있을까요? 그 해답을 성경에서 찾아야 합니다.
요한일서 2장 12절을 읽어주십시오.
"자녀들아 내가 너희에게 쓰는 것은 너희 죄가 그의 이름으로 말미암아 사함을 받았음이요"(요일 2:12)

사도 요한은 장성한 남녀에게 이 말씀을 기록했습니다. 그런데 왜 그들을 "자녀들"이라고 부르고 있을까요? 왜냐하면 그들은 하나님의 자녀들이 되었기 때문입니다. 그래서 하나님의 자녀들에게 "너희 죄가 사함을 받았음이요"라고 말합니다. 따라서 하나님의 자녀가 된 사람이라면 누구나 죄 용서함을 받은 사람입니다. 하나님은 당신의 자녀가 된 사람은 모두 그분의 집인 하늘나라에 들어가게 하십니다. 그러므로 선생님이 죄 사함을 받고 하늘나라에 갈 수 있는 신분을 얻으려면 하나님의 자녀가 되어야 합니다. 사실 우리 인간은 "본질상 진노의 자녀"였습니다. 그래서 선생님은 "하나님의 자녀"가 되어야 선생님의 신분이 변하여 죄 사함을 받고 하늘나라에 들어갈 수 있습니다. 그러면 선생님은 어떻게 하나님의 지녀가 될 수 있을까요? 우리 예수님은 하나님의 자녀가 되는 비결에 대해서 요한복음 3장 3절에서 말씀하셨습니다. 읽어주십시오.
"예수께서 대답하여 이르시되 진실로 진실로 네게 이르노니 사람이 거듭나지 아니하면 하나님의 나라를 볼 수 없느니라"(요 3:3)

예수님은 선생님이 하나님의 자녀가 되려면 "네가 거듭나야 한다"라고 말씀하셨습니다. 선생님이 거듭나서 하나님의 자녀가 되면 하나님께서는 선생님을 더는 죄를 범한 죄인으로 대하지 않으시며, 하나님의 아들과 딸로 대우하십니다. 그렇다면 선생님이 어떻게 하나님의 자녀가 될 수 있을까요? 예수 그리스도를 믿음으로 말미암아 하나님의 자녀가 되는 것입니다.
요한복음 1장 12~13절을 읽어주십시오.
"영접하는 자 곧 그 이름을 믿는 자들에게는 하나님의 자녀가 되는 권세를 주셨으니 이는 혈통으로나 육정으로나 사람의 뜻으로 나지 아니하고 오직 하나님께로부터 난 자들이니라"(요1:12-13)

이렇게 믿고 예수님을 마음속에 받아들일 때 구원을 받습니다. 선생님이 이 모든 사실을 시인하기 위해 예수님의 이름으로 하나님 아버지께 기도하십시오.

"주 예수님, 제가 지금까지 하나님을 인정하지 않고 제가 인생의 주인이 되어 내 마음대로 살아온 죄인입니다. 예수님께서 나를 대신하여 십자가에서 죽으심으로 나의 모든 죄를 단번에 다 해결해 주시고 구원해 주셔서 감사합니다. 십자가에서 돌아가신 지 사흘 만에 부활하심으로 내 인생의 주인이 되셨음을 믿습니다. 이제 예수님을 나의 삶의 주인으로, 나를 다스리시는 왕으로, 나를 창조하신 하나님으로 영접합니다. 내 마음속에서 내 인생의 주인이 되어 저의 삶을 인도해 주시고 예수님을 따라 살게 도와주십시오. 예수 그리스도의 이름으로 기도합니다. 아멘."

09. 의롭게 되는 구원상담문

이 그림 한번 보시겠습니까? 이 그림에 보니까 수많은 사람이 길을 걸어가고 있습니다. 이 사람들 가운데는 백색인, 흑색인, 황색인, 갈색인 등이 있으며, 한국인, 일본인, 영국인, 미국인 등 국적을 따라 다양한 사람들이 함께 걸어가고 있습니다. 하지만 하나님의 눈에는 단지 두 종류의 사람들이 있을 뿐입니다. 바로 구원받은 사람과 잃어버린 사람, 죄인과 의인이 있을 뿐입니다. 천국으로 가는 사람들과 지옥으로 가는 사람들이 있을 뿐입니다.

이 그림은 멸망으로 가는 넓은 길과 천국으로 가는 좁은 길을 보여줍니다. 그래서 예수님은 마태복음 7장 13~14절에서 두 종류의 길이 있다고 말합니다. 한 번 읽어주십시오.

"좁은 문으로 들어가라 멸망으로 인도하는 문은 크고 그 길이 넓어 그리로 들어가는 자가 많고 생명으로 인도하는 문은 좁고 길이 협착하여 찾는 자가 적음이라"(마 7:13-14)

❶ 생명으로 인도하는 좁은 길이 있습니다.

생명으로 인도하는 길은 협착하여 찾는 사람이 적다고 했습니다. 그렇다면 '협착'이란 무슨 뜻일까요? '척추협착증'이라는 질병이 있는 것처럼 '협착'이란 매우 좁다는 뜻으로 생명으로 인도하는 길은 그 길이 매우 좁아 찾는 사람이 적다고 했습니다. 그래서 찾는 이가 적어 소수만이 그 길을 가고 있습니다.

❷ 멸망을 인도하는 넓은 길이 있습니다.

그런데 이상하게도 멸망으로 인도하는 길이지만 그 길이 넓어 많은 사람이 그 길을 가고 있습니다. 이 길은 역사 속에서 수많은 사람이 걸어갔지만 지금도 많은 사람이 멸망으로 인도하는 넓은 길로 가고 있습니다. 그러면 왜 많은 사람이 멸망으로 인도하는 길을 걸어갈까요? 그 길이 멸망으로 인도하는 길이라는 것을 모르고 있기 때문입니다. 수많은 사람이 그 길이 올바른 길이라고 착각하고 있기 때문입니다. 그래서 지혜자 솔로몬은 이렇게 말합니다. "어떤 길은 사람이 보기에 바르나 필경은 사망의 길이니라"(잠 14:12)

이 넓은 길을 가는 이 사람들은 자신이 올바른 길을 찾았고 올바른 길로 가고 있다고 생각합니다. 그러나 그 길은 결국에는 멸망으로 인도하는 길입니다. 이 세상에서 가장 불쌍한 사람이 누구일까요? 잘못된 길로 가면서도 올바른 길을 가고 있다고 착각하는 사람입니다. 이런 사람은 올바른 길을 찾아낼 가능성이 별로 없습니다. 본인이 올바른 길을 가고 있다고 착각하기 때문입니다.
마찬가지로 구원받지 못하고 구원받은 것으로 착각하는 사람도 불쌍한 사람들입니다. 그러므로 자신의 구원을 분명하게 확인해 보아야 합니다.

❸ 선생님은 구원을 받았습니까?

선생님이 구원을 받았는지 자신을 스스로 시험해보아야 합니다.
"너희는 믿음 안에 있는가 너희 자신을 시험하고 너희 자신을 확증하라"(고후 13:5)

여기 '시험하라'라는 말은 내가 구원받은 사람인지 스스로 테스트해 보고, 점검해보라는 말입니다.

"나는 과연 구원받은 사람인가? 나는 지금 죽어도 천국에 들어갈 수 있는가? 예수님이 정말 내 안에 살아 계시는가? 나는 언제 예수님은 인격으로 만난 사실이 있는가? 언제 예수님이 나의 모든 죄를 해결해 주셨는가?"

"예수 그리스도께서 너희 안에 계신 줄을 너희가 스스로 알지 못하느냐 그렇지 않으면 너희는 버림 받은 자니라"(고후 13:5)

만약 선생님이 개인적으로 예수님을 만난 사실이 없다면 선생님은 버림받은 사람입니다. 하나님의 사랑에서 떨어진 사람입니다. 그 결과 선생님은 지옥에 들어갈 수밖에 없습니다. 만일 선생님이 거듭나지 않았다면 지금 그 문제를 해결해야 합니다. 내일이면 늦을지 모릅니다. 니고데모는 밤중에 예수님을 찾아와 그 문제를 논의했습니다. 선생님도 거듭나는 진리를 오늘 찾아야 합니다. 왜냐하면 선생님에게 내일이 오지 않고, 오늘 밤이 선생님에게 마지막 밤이 될 수도 있기 때문입니다.

"너는 내일 일을 자랑하지 말라 하루 동안에 무슨 일이 일어날는지 네가 알 수 없음이니라, 내일 일을 너희가 알지 못하는도다 너희 생명이 무엇이냐 너희는 잠깐 보이다가 없어지는 안개니라"(잠 27:1, 약 4:14)

이 세상에는 두 종류의 사람이 있는데 그들은 죄인과 의인입니다. 그렇다면 이 세상에는 의인이 있을까요? 성경에서는 이 세상에는 의인이 없다고 말합니다. 본래 인간은 누구나 죄인입니다.

"진실로 내가 이 일이 그런 줄을 알거니와 인생이 어찌 하나님 앞에 의로우랴, 기록된 바 의인은 없나니 하나도 없으며, 선을 행하고 전혀 죄를 범하지 아니하는 의인은 세상에 없기 때문이로다"(욥 9:2, 롬 3:10, 전 7:20)

여기 이 말씀에 의하면 의인은 하나도 없으며, 의인은 세상에 없다고 선포합니다. 그러면 누가 과연 하늘나라에 들어갈까요? 바로 의인이 들어갑니다. 그렇다면 이 세상에서 하늘나라에 들어갈 사람이 아무도 없다는 결론에 도달합니다. 그러나 성경을 자세히 관찰해보면 이 세상에는 의인이 하나도 없다고 말하지만, 그리스도 안에서는 의인이 있다고 말합니다.

그렇다면 성경적으로 의인이란 누구일까요?

성경에서 말하는 의인은 자신의 죄 문제를 해결한 사람이 의인입니다. 그러므로 누구든지 자신의 죄 문제를 해결한 사람이 의인이 됩니다. 그러므로 세상의 방법으로는 의인이 하나도 없지만, 그리스도 안에서는 의인이 있습니다. 성경이 이 사실에 대하여 무엇을 말하는지 살펴보십시오.
"그리스도 예수 안에 있는 속량으로 말미암아 하나님의 은혜로 값 없이 의롭다 하심을 얻은 자 되었느니라, 그러므로 우리가 믿음으로 의롭다 하심을 받았으니 우리 주 예수 그리스도로 말미암아 하나님과 화평을 누리자"(롬 3:24, 5:1)

분명히 여기서 '그리스도 예수 안에 있는 속량으로 의롭다 하심을 얻은자 되었느니라'라고 말씀합니다. '믿음으로 의롭다 하심을 받았으니'라고 말합니다. '의인이 될 것이라고 말하지 않고 이미 의인이 되었다고 말하고, 의롭다 하심을 받을 것이라고 말하지 않고 이미 의롭다 하심을 받았으니'라고 말합니다.

그러므로 이렇게 믿음으로 의롭다 하심을 받은 의인만이 하늘나라에 들어갈 수 있습니다. 제가 생각하기에는 하늘나라의 입구에는 "죄 없는 사람만 들어오시오."라는 표지판이 있을 것입니다. 마치 공항에서 폭발물을 소유한 사람이 비행기를 탈 수 없는 것처럼, 죄를 소유한 사람은 하늘나라에 들어갈 수 없습니다. 그래서 시편 1편 5절에서 시인은 이렇게 말합니다.
"그러므로 악인들은 심판을 견디지 못하며 죄인들이 의인들의 모임에 들지 못하리로다"(시 1:5)

이 말씀에서도 죄인들이 의인들의 모임에 들어갈 수 없다고 아주 분명하게 말합니다. 선생님은 어떻게 하나님 앞에서 의롭다고 인정을 받아서 하늘나라에 들어갈 수 있을까요?

1. 의롭게 되는 3가지 잘못된 견해가 있습니다.

❶ 점진적으로 의롭게 된다는 견해입니다.

대부분 이렇게 믿는 사람들은 안식교나 율법주의 구원관을 가지고 있는 사람들입니다. 율법주의 대표자는 역시 천주교입니다. 그리고 천주교의 교리에는

'주입 은총'이라는 교리가 있는데 서서히 의롭게 된다는 의미입니다. 이것은 마치 한의원에 가서 보약을 지어다 먹으면 갑자기 좋아지는 것이 아니라 서서히 좋아지는 것처럼 교회 다니면 서서히 의인으로 변화된다는 것입니다. 그러나 성경의 개념은 즉각적으로 의인이 되는 것을 말합니다. 믿는 순간 즉각적으로 의인으로 인정됩니다.

❷ 의식에 의하여 의롭게 된다는 견해입니다.

이렇게 믿는 교파는 로마 가톨릭입니다. 영세와 고해성사와 미사에 참여하는 것과 성찬에 참여해서 의롭게 된다고 믿는 것입니다. 그래서 그들은 죽은 사람들에게도 세례를 베풀며 심지어 묘에다가 세례를 베풀기도 합니다. 로마의 베드로 성당 안에 들어가면 골고다 언덕의 돌을 옮겨다가 돌계단을 만들어 놓고 그곳을 무릎으로 올라가며 고행을 하면 6개월 동안 한 번 올라가면 6개월 동안 지었던 죄가 용서되고 의롭게 된다고 믿는 것입니다.

❸ 선행이나 공덕을 쌓으면 의롭게 된다는 것입니다.

이것은 천주교가 그렇게 믿을 뿐 아니라 불교도 그렇게 믿습니다. 그래서 천주교는 기독교와 거의 같은 것이 아니라 사실은 불교와 거의 비슷합니다. 실제로 불교에서 행하는 것과 천주교에서 행하는 것을 비교해보면 거의 50가지 정도가 비슷합니다. 불교에서는 열심히 도를 닦으면 누구나 불자가 된다고 가르칩니다. 또한 천주교에서는 열심히 선을 행하면 성자가 된다고 가르칩니다. 그래서 성자는 죽으면 그 사람 이름 앞에 <성>이라는 말을 붙여줍니다. 그래서 천주교인들이 영세를 받으면 죽은 사람의 이름으로 세례명을 지어줍니다. 또한 천주교에는 교황의 권력이 막강하여 자칭 하나님 노릇을 하고 있습니다. 교황은 이미 지옥에 간 사람도 그가 선포하면 천국으로 보내고 천국에 들어간 사람도 지옥으로 간다고 주장합니다.

2. 의롭게 되는 성경적 방법은 무엇일까요?

❶ 자기의 의와 하나님의 의가 있습니다.
"형제들아 내 마음에 원하는 바와 하나님께 구하는 바는 이스라엘을 위함이니 곧 그들로 구원을 받게 함이라 내가 증언하노니 그들이 하나님께 열심이 있으나 올바른 지식을 따른 것이 아니니라 하나님의 의를 모르고 자기 의를 세우려고 힘써 하나님의 의에 복종하지 아니하였느니라"(롬 10:1-3)
여기서 자기의 의는 인간의 노력과 공로와 선행으로 의롭게 되려는 것입니다. 하지만 인간의 노력으로는 절대로 의롭게 될 수 없습니다. 그리고 하나님의 의는 하나님께서 이루어서 인간에게 선물로 주는 의가 바로 '하나님의 의'가 됩니다. 우리는 이 선물을 믿음으로 받습니다.

❷ 믿음으로 의롭다 함을 얻습니다.
"그러므로 사람이 의롭다 하심을 얻는 것은 율법의 행위에 있지 않고 믿음으로 되는 줄 우리가 인정하노라"(롬 3:28)
또한 우리는 예수 그리스도의 피를 믿음으로 의롭다 함을 얻습니다.
"그러면 이제 우리가 그의 피로 말미암아 의롭다 하심을 받았으니 더욱 그로 말미암아 진노하심에서 구원을 받을 것이니"(롬 5:9)
그러므로 이 진리를 마음으로 믿고 입으로 시인하여 주장해야 합니다. 우리가 주장할 때 이 놀라운 진리는 우리의 것이 됩니다.
"사람이 마음으로 믿어 의에 이르고 입으로 시인하여 구원에 이르느니라"(롬 10:10)
그러므로 의인은 절대로 정죄당하지 않습니다.
"누가 능히 하나님께서 택하신 자들을 고발하리요 의롭다 하신 이는 하나님이시니 누가 정죄하리요 죽으실 뿐 아니라 다시 살아나신 이는 그리스도 예수시니 그는 하나님 우편에 계신 자요 우리를 위하여 간구하시는 자시니라"(롬 8:33-34)
그러므로 우리는 믿음을 통해서 하나님과 관계를 맺습니다. 하나님께서는 모든 선물을 은혜로 주십니다. 그러나 우리는 믿음으로 그것을 받습니다. 그러므로 우리는 믿음으로 의롭게 됩니다.

❸ 믿음의 잘못된 근거 3가지가 있습니다.

① 인간의 신념은 믿음의 잘못된 근거입니다.
인간의 신념은 자기 자신이 만들어낸 믿음입니다. 이것은 결코 말씀에서 나온 것이 아닙니다. 성경에서 말하는 믿음과 인간의 신념은 분명한 차이가 있습니다. 인간의 신념은 이루어질 수도 있고 이루어지지 않을 수도 있습니다. 그러나 성경에서 말하는 믿음은 확실하게 이루어지는 것입니다.

② 인간의 신비한 체험은 믿음의 잘못된 근거입니다.
꿈이나 환상 그리고 환청은 올바른 믿음의 근거가 될 수 없습니다. 마귀 사탄이 인간에게 다가오는 방법이 있습니다. 사탄은 누구보다도 인간의 약점을 잘 알고 있습니다. 인간이 가장 잘 속아 넘어가는 것이 바로 신비한 체험과 이적 기사입니다. 그래서 마귀 사탄은 모든 능력과 표적과 거짓 기적으로 인간에게 역사합니다.
"악한 자의 나타남은 사탄의 활동을 따라 모든 능력과 표적과 거짓 기적과 불의의 모든 속임으로 멸망하는 자들에게 있으리니 이는 그들이 진리의 사랑을 받지 아니하여 구원함을 받지 못함이라 이러므로 하나님이 미혹의 역사를 그들에게 보내사 거짓 것을 믿게 하심은 진리를 믿지 않고 불의를 좋아하는 모든 자들로 하여금 심판을 받게 하려 하심이라"(살후 2:9-12)
한때 전도관의 박태선 장로도 이적과 기사를 통해서 사람들을 미혹했습니다. 박태선 장로가 주는 성수를 먹으면 병이 낫는다고 속였는데 그에게서 나오는 1급 성수는 그의 몸에서 나온 물이라고 합니다. 2급 성수는 그의 몸을 닦은 물이라고 합니다. 3급 성수는 물통을 받아놓고 안수기도한 물이라고 합니다. 그런데 그를 흉내 내는 사람이 있었는데 그가 바로 할렐루야 기도원의 김계화 원장이었습니다. 그는 능력의 생수로 사람들을 미혹했습니다. 또한 이미 죽은 영생교의 조희성은 이슬성신으로 사람들을 미혹했는데 천장에다 분무기를 설치해놓고 뿌렸습니다. 그러므로 신비한 체험은 올바른 믿음의 근거가 될 수 없습니다.

③ **특별한 환경이나 장소도 믿음의 잘못된 근거입니다.**

특별한 환경이나 장소를 주장하는 사람들은 구원을 받기 위해서는 자기들에게 와야 한다고 주장하는 이단들입니다. 그들은 자기들에게만 구원이 있다고 주장합니다. 그러므로 우리는 올바른 믿음의 근거가 필요합니다. 올바른 믿음의 근거는 하나님의 말씀과 하나님의 약속입니다. 믿음이란 하나님의 말씀과 약속을 확신하는 것입니다. 여기에서 언급하는 하나님의 말씀은 환청이 아닙니다. 꿈에서 들려주는 것도 아니고 바로 기록된 말씀입니다. 믿음의 근거를 가장 잘 설명해 주는 말씀은 로마서 10장 17절입니다.

"그러므로 믿음은 들음에서 나며 들음은 그리스도의 말씀으로 말미암았느니라"(롬 10:17)

바로 믿음은 들음에서 나옵니다. 누구든지 하나님의 말씀을 듣지 않으면 믿음을 가질 수 없습니다. 그리고 그리스도의 말씀을 들어야 올바른 믿음을 가질 수 있습니다. 그러므로 우리는 믿음으로 의롭다 하심을 얻습니다. 이것을 우리는 칭의라고 부릅니다.

3. 칭의란 무엇일까요?

칭의란 죄인이 예수 그리스도를 믿을 때 하나님께서 그를 의롭다고 인정하시며 선언하시는 하나님의 은혜로운 선포입니다. 이것은 하나의 과정이 아니라 이미 정해진 법입니다. 그리스도를 믿는 즉시 그리스도인은 하나님 앞에서 의인으로 서게 됩니다. 당신 자신의 노력이나 선행에 의한 것이 아니라 당신이 예수 그리스도를 믿을 때 예수 그리스도의 공로로 당신이 의롭다고 하나님께서 인정하시고 선포하십니다. 하나님께서 당신을 보실 때에 십자가에서 완성된 그리스도의 의가 당신에게 덧입혀진 것으로 봅니다. 또한 칭의는 변하지 않습니다. 하나님께서 당신이 의롭다고 선포하셨기 때문에 죄 문제는 단번에 전부 해결되었습니다. 칭의는 죄 문제를 영원히 해결해 놓은 것을 말합니다. 당신은 이 칭의 때문에 하나님 앞에 당당하게 서게 됩니다. 또한 더는 죄인으로 취급당하지 않습니다.

하나님께서는 당신을 죄가 하나도 없는 자로 인정해 주십니다. 즉 예수 그리스도를 믿는 사람을 의인이라고 법적으로 선포하시는 하나님의 은혜로우신 선언입니다. 당신은 하나님의 은혜로 값없이 의인이 되었습니다. 사도 바울은 로마서에서 "그리스도 예수 안에 있는 속량으로 말미암아 하나님의 은혜로 값 없이 의롭다 하심을 얻은 자 되었느니라"(롬 3:24)라고 말씀하고 있습니다. 하나님은 당신이 죄인이었지만 당신이 예수 그리스도를 믿을 때 당신을 의인이라고 인정해 주셨습니다.

"일을 아니할지라도 경건하지 아니한 자를 의롭다 하시는 이를 믿는 자에게는 그의 믿음을 의로 여기시나니 일한 것이 없이 하나님께 의로 여기심을 받는 사람의 복에 대하여 다윗이 말한 바 불법이 사함을 받고 죄가 가리어짐을 받는 사람들은 복이 있고 주께서 그 죄를 인정하지 아니하실 사람은 복이 있도다 함과 같으니라"(롬 4:5-8)

❶ 전가된 의가 있습니다.

"하나님이 죄를 알지도 못하신 이를 우리를 대신하여 죄로 삼으신 것은 우리로 하여금 그 안에서 하나님의 의가 되게 하려 하심이라"(고후 5:21)

이것은 바로 예수님께서 십자가에서 이루신 자신의 의를 우리에게 주신 것입니다. 우리의 인생을 되돌아보면 우리가 행한 것은 죄뿐입니다. 그런데 예수께서는 우리의 모든 죄를 십자가를 통하여 다 가지고 가시고 대신 자신의 의를 우리에게 주셨습니다. 그러므로 예수께서는 나 때문에 죄인이 되시고 나는 예수님 때문에 의인이 된 것입니다. 그러므로 만일 예수님께서 의인이 아니라면 그분은 우리에게 의를 주실 수 없습니다. 그러므로 그분은 이 세상에서 죄 없는 삶을 사셨습니다. 그분이 의인이 아니라면 우리는 결코 의롭게 될 수 없습니다.

"그리스도께서도 단번에 죄를 위하여 죽으사 의인으로서 불의한 자를 대신하셨으니 이는 우리를 하나님 앞으로 인도하려 하심이라 육체로는 죽임을 당하시고 영으로는 살리심을 받으셨으니, 그런즉 한 범죄로 많은 사람이 정죄에 이른 것 같이 한 의로운 행위로 말미암아 많은 사람이 의롭다 하심을 받아 생명에 이르렀느니라 한 사람이 순종하지 아니함으로 많은 사람이 죄인 된 것 같이 한 사람이 순종하심으로 많은 사람이 의인이 되리라"(벧전 3:18, 롬 5:18-19)

❷ 하나님의 법정에서 의인이라고 판결을 받은 의가 있습니다.

우리는 하나님의 법정에서 예수 그리스도를 믿었기 때문에 무죄라고 판결을 받아 의인이 되었습니다. 저를 따라서 한번 외쳐보십시오.

<나는 무죄 판결받았다.>

그렇습니다. 우리는 이미 의인이라고 판결을 받았고 신분이 의인으로 바뀌었습니다. 바로 죄인에서 의인으로 신분이 바뀐 것입니다. 즉 법적 지위의 변화입니다. 우주에서 제일 높은 분이 일사 부조리 원칙에 의하여 의롭다고 선포했으므로 우리의 의인 된 신분은 절대로 변하지 않습니다. 하나님께서 의인이라고 선포했는데 누가 감히 반기를 들고 소송을 제기할 수 있을까요? 대법원보다 더 높은 하늘 법정의 판결입니다.

"누가 능히 하나님께서 택하신 자들을 고발하리요 의롭다 하신 이는 하나님이시니 누가 정죄하리요 죽으실 뿐 아니라 다시 살아나신 이는 그리스도 예수시니 그는 하나님 우편에 계신 자요 우리를 위하여 간구하시는 자시니라"(롬 8:33-34)

❸ 우리의 죄를 덮어주신 의가 있습니다.

누구든지 예수 그리스도의 구속을 믿기만 하면 의인 되기 위해서 선한 행실로 노력하지 않았지만, 의인으로 인정해 주십니다.

"일한 것이 없이 하나님께 의로 여기심을 받는 사람의 복에 대하여 다윗이 말한 바 불법이 사함을 받고 죄가 가리어짐을 받는 사람들은 복이 있고 주께서 그 죄를 인정하지 아니하실 사람은 복이 있도다 함과 같으니라"(롬 4:6-8)

예수님의 의와 보혈 때문에 우리의 죄는 이제 보이지 않습니다. 예수님께서 우리를 사랑하시기 때문에 우리의 허물과 죄를 덮어주었습니다.

❹ 죄인인 우리를 의인이라고 선언하시는 의가 있습니다.
우리가 결혼하면 언제부터 부부가 될까요? 바로 주례 목사님께서 부부라고 선언하는 순간부터입니다. 우리는 하나님께서 의인이라고 선언하는 순간 즉각적으로 의인이 됩니다. 우리의 선행이나 공로나 신앙의 정도와 관계없이 이루어집니다. 두 종류의 설교가 있습니다. "디다케"라는 의미로 가르치는 설교가 있습니다. 너무 많이 가르치면 졸업하려고 합니다. 그러나 "디아포라"라는 선포의 설교가 있습니다. 그러므로 삶의 능력은 선포할 때 역사가 나타납니다.
"우리의 죄를 따라 우리를 처벌하지는 아니하시며 우리의 죄악을 따라 우리에게 그대로 갚지는 아니하셨으니"(시 103:10)

만약 우리의 죄에 따라 처벌하신다면 우리의 다리로 죄를 범하면 다리가 부러지고 눈으로 죄를 범하면 눈이 멀고 손으로 죄를 범하면 손이 마비된다면 어떻게 될까요? 그러나 그분은 우리의 체질을 아시기 때문에 우리를 용서해 주십니다.
"이는 그가 우리의 체질을 아시며 우리가 단지 먼지뿐임을 기억하심이로다, 우리에게 있는 대제사장은 우리의 연약함을 동정하지 못하실 이가 아니요 모든 일에 우리와 똑같이 시험을 받으신 이로되 죄는 없으시니라"(시 103:14, 히 4:15)

선생님이 이 모든 사실을 시인하기 위해 예수님의 이름으로 하나님 아버지께 기도하십시오.

"주 예수님, 제가 지금까지 하나님을 인정하지 않고 제가 인생의 주인이 되어 내 마음대로 살아온 죄인입니다. 예수님께서 나를 대신하여 십자가에서 죽으심으로 나의 모든 죄를 단번에 다 해결해 주시고 구원해 주셔서 감사합니다. 십자가에서 돌아가신 지 사흘 만에 부활하심으로 내 인생의 주인이 되셨음을 믿습니다. 이제 예수님을 나의 삶의 주인으로, 나를 다스리시는 왕으로, 나를 창조하신 하나님으로 영접합니다. 내 마음속에서 내 인생의 주인이 되어 저의 삶을 인도해 주시고 예수님을 따라 살게 도와주십시오. 예수 그리스도의 이름으로 기도합니다. 아멘."

4. 의인의 반복적 회개가 있습니다.

구원받은 의인이라도 죄를 지을 수 있습니다. 그러나 그것은 실수로 범하는 것이지 고의로 계획적으로 범하는 것이 아닙니다.
"우리가 다 실수가 많으니 만일 말에 실수가 없는 자라면 곧 온전한 사람이라 능히 온 몸도 굴레 씌우리라, 만일 우리가 죄가 없다고 말하면 스스로 속이고 또 진리가 우리 속에 있지 아니할 것이요, 하나님께로부터 난 자는 다 범죄하지 아니하는 줄을 우리가 아노라 하나님께로부터 나신 자가 그를 지키시매 악한 자가 그를 만지지도 못하느니라"(약 3:2, 요일 1:8, 5:18)
그러므로 하나님의 자녀가 된 우리가 실수로 죄를 범하면 지옥에 들어가지 않습니다. 왜냐하면 이제 우리는 하나님의 자녀가 되었기 때문입니다. 과거 구원받기 전에는 하나님은 심판관이었고 우리는 죄인이었습니다. 그러나 이제는 하나님은 우리의 아버지가 되시고 우리는 그분의 자녀가 되었습니다. 자녀에게는 징계가 있지만, 형벌은 없습니다. 왜냐하면 사랑의 관계이기 때문입니다. 그러므로 징계를 가볍게 생각하지 마십시오. 오직 징계는 자녀에게만 있습니다. 하나님은 우리를 아들과 같이 대우하십니다. 그래서 우리를 징계하십니다. 만약 징계가 없다면 우리는 참 아들이 아닙니다. 그러므로 징계란 하나님께서 법정의 재판장이 아니라 아버지로 나타나셔서 자녀인 우리를 꾸짖고 바른길로 나아가도록 채찍을 가하십니다. 그러므로 우리는 하나님의 자녀로서 죄를 범할 수 있고 죄를 범하면 하나님의 징계가 있어서 반복적인 회개를 해야 합니다. 이것을 우리는 자백이라고 부릅니다.
"만일 우리가 우리 죄를 자백하면 그는 미쁘시고 의로우사 우리 죄를 사하시며 우리를 모든 불의에서 깨끗하게 하실 것이요"(요일 1:9)

거듭난 사람에게 필연적으로 일어나는 것이 무엇일까요? 회심입니다. 회심이란 무엇일까요? 회심이란 중생한 사람의 마음에 변화가 일어나서 돌이키는 것입니다. 중생으로 말미암아 삶의 방향을 180도로 전환하는 것입니다. 즉 세상과 죄악을 좇아 살던 옛 생활에서 돌이켜 이제는 하나님의 뜻과 말씀을 따라 살고자 하는 방향 전환이 일어납니다. 그러므로 두 가지 회개가 있습니다.

❶ 반복적으로 해야 하는 성화를 위한 회개가 있습니다.

이것은 우리가 구원받은 이후 삶에서 하나님께 영광을 돌리는 삶을 살아야 하지만 그렇게 살지 못하고 육신 적인 삶을 살아갈 때 그것을 하나님께 자백하는 회개입니다. 그러므로 자신이 범한 죄에 대한 회개입니다. 우리 잘못된 실수와 죄악들을 뉘우치고 회개하는 것입니다. 그리고 회개의 방법은 죄를 자백하고 죄를 슬퍼하고 죄에서 떠나는 것입니다(요일 1:9). 그러므로 이것은 우리가 주님의 나라에 들어가는 날까지 반복적으로 지속합니다. 그러므로 우리가 하나님께 죄를 자백하지 않으면 하나님과의 교제가 단절되고 징계가 따라옵니다.
"만일 그의 자손이 내 법을 버리며 내 규례대로 행하지 아니하며 내 율례를 깨뜨리며 내 계명을 지키지 아니하면 내가 회초리로 그들의 죄를 다스리며 채찍으로 그들의 죄악을 벌하리로다, 너희가 참음은 징계를 받기 위함이라 하나님이 아들과 같이 너희를 대우하시나니 어찌 아버지가 징계하지 않는 아들이 있으리요 징계는 다 받는 것이거늘 너희에게 없으면 사생자요 친아들이 아니니라"(시 89:30-32, 히 12:7-8)

그리고 하나님께서 기도를 응답하지 않습니다.

"이는 우리 마음이 혹 우리를 책망할 일이 있어도 하나님은 우리 마음보다 크시고 모든 것을 아시기 때문이라 사랑하는 자들아 만일 우리 마음이 우리를 책망할 것이 없으면 하나님 앞에서 담대함을 얻고 무엇이든지 구하는 바를 그에게서 받나니 이는 우리가 그의 계명을 지키고 그 앞에서 기뻐하시는 것을 행함이라 그의 계명은 이 것이니 곧 그 아들 예수 그리스도의 이름을 믿고 그가 우리에게 주신 계명대로 서로 사랑할 것이니라 그의 계명을 지키는 자는 주 안에 거하고 주는 그의 안에 거하시나니 우리에게 주신 성령으로 말미암아 그가 우리 안에 거하시는 줄을 우리가 아느니라"(요일 3:20-24)

그리고 상급이 없습니다. 하지만 우리가 하나님께 자백하면 하나님과의 교제가 회복되고, 기도가 응답이 되며, 마음의 평안을 얻고 징계가 면제됩니다. 여기서 주의해야 할 것은 우리가 이러한 반복적인 회개를 하지 않으면 구원을 받을 수 없다는 생각입니다. 어떤 사람들은 반복적인 회개를 통해서 구원을 받을 수 있다고 가르치고 있기 때문입니다. 또 어떤 사람들은 이러한 반복적인 회개를 하지 않으면 구원을 상실한다고 가르치기도 합니다. 하지만 반복적인 회개는 이미 구원을 받은 사람이 하나님과 교제를 회복하기 위해서 하는 회개로 성화를 위한 회개입니다.

❷ 일회적으로 하는 회개로서 생명 얻는 회개가 있습니다.

이것은 원죄에 대한 회개로서 예수 그리스도의 십자가의 대속적인 죽음을 믿고 그분의 보혈을 의지하여 죄를 용서받기 위해서 하는 회개입니다. 이것은 삶의 목적과 동기를 하나님을 향하여 돌이키는 것입니다. 그러므로 이 생명을 얻는 회개는 먼저 복음을 들어야 할 수 있습니다. 이것은 예수 그리스도의 십자가의 대속을 받아들이는 것입니다.

"그가 너와 네 온 집이 구원받을 말씀을 네게 이르리라 함을 보았다 하거늘"(행 11:14)

그 결과 생명을 얻고 구원을 받으며 죄의 형벌에 대한 심판이 사라집니다. 반면에 이러한 회개를 하지 않으면 생명을 얻을 수 없고 그 결과 심판을 당할 수밖에 없습니다. 그러므로 안식교나 가톨릭이나 이단 중에 이러한 단회적인 회개가 없습니다. 반면에 구원파는 반복적인 회개가 없습니다.

이 두 가지 회개를 보여주는 묘형이 있습니다. 그것은 구약의 제사와 신약의 제사입니다.

구약의 제사장은 아론의 계보를 따라 있는 제사장들이 반복적으로 이스라엘 백성들의 죄를 해결하기 위해서 드렸던 제사에서 찾아볼 수 있습니다. 반면에 신약의 제사장은 멜기세덱의 계보를 따라온 제사장으로서 우리 예수 그리스도께서 단번에 온 인류의 모든 죄를 해결하신 것을 받아들이는 회개입니다.

"레위 계통의 제사 직분으로 말미암아 온전함을 얻을 수 있었으면 (백성이 그 아래에서 율법을 받았으니) 어찌하여 아론의 반차를 따르지 않고 멜기세덱의 반차를 따르는 다른 한 제사장을 세울 필요가 있느냐, 제사장마다 매일 서서 섬기며 자주 같은 제사를 드리되 이 제사는 언제나 죄를 없게 하지 못하거니와"(히 7:11, 10:11)

구약은 죄를 지을 때마다 반복적으로 해야 하지만 신약은 예수 그리스도의 복음을 믿고 단회적으로 생명을 얻기 위해서 하는 회개입니다. 하지만 우리 그리스도인에게 이 두 가지 회개가 다 필요합니다. 구원을 위해서 생명 얻는 회개를 해야 하고, 이미 구원을 받은 사람이 성화를 위해서 반복적으로 회개를 해야 합니다.

10. 두 종류의 사람 구원상담문

예수님께서 십자가에서 돌아가실 때 예수님과 함께 십자가에 못 박힌 두 강도가 있었습니다. 하나는 우편에 하나는 좌편에 그래서 갈보리 언덕에는 세 개의 십자가가 서 있었습니다. 그런데 여기 두 강도를 통해서 모든 사람을 두 종류의 사람으로 분류할 수 있습니다. 그러므로 하나님의 눈에는 단지 두 종류의 사람이 있을 뿐입니다. 즉 구원받은 사람과 잃어버린 사람, 죄인과 의인, 천국으로 가는 사람들과 지옥으로 가는 사람들이 있을 뿐입니다.

그리고 성경에는 두 종류의 사람들이 걸어가는 길을 소개합니다. 그러므로 이 세상에는 넓은 길과 좁은 길 단지 두 가지 길이 있을 뿐입니다. 넓은 길은 멸망으로 인도하는 길로 그 길이 넓어 찾는 사람이 많습니다. 그러나 생명으로 인도하는 길은 그 길이 협착하여 찾는 이가 적다고 했습니다. 그러므로 이 세상에는 두 가지 운명, 즉 영원한 축복 아니면 영원한 형벌과 저주가 있을 뿐입니다.

그렇다면 두 종류의 사람과 두 종류의 길의 차이점이 무엇일까요?

그런데 구원받은 자와 구원받지 못한 자의 차이는 죄를 많이 지었느냐 죄를 적게 지었느냐에 달려 있지 않습니다. 사람들이 신봉하는 종교도 아니며, 사람들이 소속하고 있는 교회도 아닙니다. 또한 사람들이 행하는 선행이나 도덕성은 더더욱 아닙니다. 하나님께서는 각 개인이 그분의 아들 예수 그리스도를 어떻게 대하느냐 어떤 믿음과 어떤 태도로 대하느냐에 따라 사람을 분류합니다. 그러므로 하나님의 아들을 믿고 받아들이는 자는 구원을 받은 사람이며, 그분을 불신하고 거절하는 사람은 구원을 받지 못한 사람이 됩니다.

1. 예수님의 탄생은 인간의 역사를 나눕니다.

예수님께서는 탄생을 통해서 인간의 역사를 나누십니다. 그분의 탄생으로 인간 시대가 나누어졌으며, 예외 없이 모든 인간의 역사와 사건들은 그분 탄생을 기점으로 전개됩니다. 이제까지 일어난 모든 사건은 기원전인 B.C(Before Christ)가 아니면 기원후인 AD(Anno Domini)에 속합니다. 그러므로 우리가 사용하는 달력도 모든 역사의 구심점이 되시는 예수 그리스도의 탄생을 증거하고 있습니다. 본의든 본의가 아니든 년, 월, 일을 사용할 때마다 사람들은 예수 그리스도의 역사성을 증언합니다. "1950년"이든지 "2024년"이든지, 아니면 다른 모든 년, 월, 일도 그리스도께서 세상에 오셨다는 것을 알리고 있습니다. 이러한 년, 월, 일의 표시가 없다면, 우리가 가진 수표나 계약서나 모든 증서도 효력을 잃어버리게 됩니다. 그래서 매일 발행하는 어떤 신문이라도 맨 처음 기사 상단에는 년, 월, 일의 표시가 있는데 그것도 역시 예수 그리스도께서 언제 이 세상에 출생하셨는지 그 사실을 증거하고 있습니다.

2. 예수님의 죽음도 사람들을 나누게 됩니다.

예수님의 탄생이 모든 역사를 나누는 것처럼 그분의 죽음 역시 모든 사람을 나눕니다. 그리스도께서 갈보리 언덕의 십자가에 매달렸을 때 좌우에는 두 강도가 함께 매달렸습니다. 사람들 대부분은 그들을 악인으로 생각하지만, 실상은 이 두 강도가 세상의 모든 사람을 대표합니다. 누구나 인간이라면 이 두 강도 중의 한 사람에게 속합니다. 두 강도가 죽은 지 약 2,000년이 흘렀지만, 오늘날에도 한 강도는 천국에 있고 또 다른 강도는 지옥에 있습니다.

이 엄청난 차이는 무엇으로 나누어졌을까요? 두 강도는 사실 같은 죄를 지었습니다. 우리가 성경을 아무리 읽어보아도 한 강도가 다른 강도보다 조금이라도 더 악했다든지 아니면 더 선했다는 기록은 찾아볼 수 없습니다. 그들은 같은 죄를 지었고 같은 사형선고를 받아 십자가에서 죽었습니다. 그런데도 한 강도는 천국에 들어갔고, 한 강도는 지옥으로 들어갔습니다. 그러면 이 엄청난 차이를 만든 중요한 요점은 무엇일까요? 바로 두 강도 가운데 달리신 예수 그리스도를 대하는 그들의 믿음과 태도가 바로 그 엄청난 차이를 만들었습니다. 두 강도는 같은 죄를 지었지만 한 강도는 예수 그리스도를 믿고 영접하였고, 한 강도는 예수님을 믿지 않고 거절했습니다. 바로 이들은 지구상의 모든 인간을 대표합니다. 인간이 구원받고 버림받는 차이는 바로 하나님의 아들이신 그리스도를 어떻게 믿고 어떻게 대하느냐에 따라 달라집니다.

3. 구원받지 못한 강도는 누구를 대표할까요?

구원받지 못한 강도는 세 종류의 사람을 대표합니다.

❶ 구원받지 못한 강도는 죽음의 순간에도 그리스도를 거부하는 사람입니다.

어떤 사람은 죽는 그 순간까지도 그리스도를 거절하고 믿지 않는 사람이 있습니다. 구원받지 못한 강도는 십자가에 못 박혀 죽어 가면서도 눈앞에 있는 죽음에 아랑곳없이 예수님을 욕하고 조롱했습니다. 우리는 이 강도가 십자가에 못 박히기 전에 예수님께서 말씀하시는 것을 들었고, 예수님께서 무리에게 말씀하실 때도 양심에 가책을 느꼈을 것으로 생각할 수 있습니다. 그의 말을 들어보십시오.

"달린 행악자 중 하나는 비방하여 이르되 네가 그리스도가 아니냐 너와 우리를 구원하라 하되"(눅 23:39)

그는 분명히 예수 그리스도에 대하여 잘 알고 있었습니다. 그러나 그는 죽어 가면서도 예수 그리스도를 거절하였습니다. 오늘날 많은 사람이 수많은 병으로 예고 없이 죽어 가고 있습니다. 환자들이 병세가 아주 심해 임종이 다가와도 자신의 구원 문제를 깊이 생각하지 않습니다. 그러므로 우리는 오늘 구원의 복음을 전하고 사람들을 구원해 내야 합니다.

"이르시되 내가 은혜 베풀 때에 너에게 듣고 구원의 날에 너를 도왔다 하셨으니 보라 지금은 은혜 받을 만한 때요 보라 지금은 구원의 날이로다, 그러므로 성령이 이르신 바와 같이 오늘 너희가 그의 음성을 듣거든 광야에서 시험하던 날에 거역하던 것 같이 너희 마음을 완고하게 하지 말라"(고후 6:2, 히 3:7-8)

❷ 구원받지 못한 강도는 가까이 있었지만 구원받지 못했습니다.

십자가에 달린 강도를 통해서 우리가 배울 수 있는 교훈은 예수님께 매우 가까이 있으면서도 구원받지 못하는 사람이 있을 수 있다는 것을 보여줍니다. 사실 그 강도는 예수님께 매우 가까이 있었습니다. 십자가 주위에서 군중들이 떠들고 있었지만, 그 강도는 주님과 대화할 수 있었습니다. 그러나 가까이 있는 것만으로는 충분하지 않습니다. 어떤 사람은 기독교 가정에서 태어나 어려서부터 예수님에 대해서 배우고 성경을 읽고 기도하며 열심히 교회학교에도 참석하지만, 여전히 구원받지 못한 상태로 남아 있는 사람들이 많습니다.

어떤 사람은 특별하게 예수님께 가까이 갈 수도 있습니다. 자신의 사랑하는 부모의 임종을 지켜보면서 예수 믿고 구원받으라는 부모의 유언을 들을 수도 있습니다. 또는 교회에서 복음을 전하는 집회에 참여해서 능력 있는 설교를 듣고 구원받아야 할 긴박성을 느끼게 될 수도 있습니다. 그러나 시간이 지나면서 마음이 식고 무관심한 상태로 돌아가 구원과는 아무런 상관이 없는 사람이 됩니다. 이런 사람은 예수님께 매우 가까이 가지만 구원받지 못하는 사람을 대표합니다. 십자가상의 강도와 다를 바가 없는 사람이 되는 것입니다.

❸ 구원받지 못한 강도는 기도는 하지만 구원받지 못한 사람입니다.

그의 말을 들어보십시오.

"달린 행악자 중 하나는 비방하여 이르되 네가 그리스도가 아니냐 너와 우리를 구원하라"(눅 23:39)

그 강도는 예수님께 "너와 우리를 구원하라"라고 말합니다. 그 강도는 예수님께 자기를 구원해 달라고 말하지만, 구원을 받지 못했습니다. 왜냐하면 그 강도는 하나님의 방법으로 이루어지는 구원을 거절하고, 세상의 방법을 찾았기 때문입니다. 그 강도는 구원을 원했지만, 그리스도의 십자가를 통해서 이루어지는 구원받는 것을 거절하였습니다.

선생님, 이제 구원받은 강도를 살펴보겠습니다.

4. 구원받은 강도는 누구를 대표할까요?

❶ 구원받은 강도는 하나님을 두려워하는 사람을 나타냅니다.
"하나는 그 사람을 꾸짖어 이르되 네가 동일한 정죄를 받고서도 하나님을 두려워하지 아니하느냐"(눅 23:40)

구원받은 강도는 옆에서 예수님을 욕하는 강도를 향하여 "하나님을 두려워하지 않느냐?"라고 말합니다. 이 말은 "너는 죽음과 함께 영원토록 꺼지지 않는 지옥으로 들어가는 것을 두려워하지 않느냐?" 라는 말과 같습니다. 오늘날 사람들은 지옥의 고통을 두려워하지 않습니다. 그러면서 사람들은 육체적 질병과 죽음의 고통은 두려워합니다. 두려워하기 때문에 병들면 의사를 찾아갑니다. 자동차 사고를 두려워하기 때문에 보험을 듭니다. 암을 두려워하기 때문에 생명보험을 듭니다. 가난을 두려워하기 때문에 저축을 합니다. 전쟁을 두려워하기 때문에 협상을 하고 무기를 만들어 배치하고 군사력을 증강합니다. 그러나 죽음 다음에 들어가는 지옥은 두려워하지 않습니다. 하나님도 두려워하지 않습니다.

❷ 구원받은 강도는 자기 죄를 인정하는 사람을 나타냅니다.
"우리는 우리가 행한 일에 상당한 보응을 받는 것이니 이에 당연하거니와 이 사람이 행한 것은 옳지 않은 것이 없느니라 하고"(눅 23:41)

당신도 당신이 죄인임을 인정하지 않는다면 참된 구원을 받을 수 없습니다. 그리스도께서는 죄인들을 위하여 오셨고 죄인들을 구원하시려고 십자가에 못 박혀 죽으셨습니다. 그러므로 당신이 죄인임을 인정하지 않는다면 당신은 결코 구원을 받을 수 없습니다. 만약 당신이 죄인 됨을 시인하지 않는다면 예수님과는 아무런 상관이 없게 됩니다. 예수님은 죄인을 불러 회개시키러 왔기 때문입니다.

"내가 의인을 부르러 온 것이 아니요 죄인을 불러 회개시키러 왔노라"(눅 5:32)

❸ 구원받은 강도는 그리스도의 무죄함과 구원의 능력을 인정하는 사람을 나타냅니다.

"우리는 우리가 행한 일에 상당한 보응을 받는 것이니 이에 당연하거니와 이 사람이 행한 것은 옳지 않은 것이 없느니라 하고"(눅 23:41)

구원받은 강도는 예수님께서 아무런 죄가 없다는 것을 시인하고 인정했습니다. 따라서 예수님께서는 죄가 없기에 우리의 죄를 대속할 자격이 있습니다. 만약 예수님께서 죄를 범한 죄인이라면 그분은 결코 우리의 죄를 용서할 수 없습니다.

❹ 구원받은 강도는 그리스도를 삶의 주인으로 고백하는 사람을 나타냅니다.

"이르되 예수여 당신의 나라에 임하실 때에 나를 기억하소서 하니"(눅 23:42)

구원받은 강도는 예수 그리스도를 주로 인정할 뿐만 아니라 그의 부활을 믿었습니다. 그는 죽으면 모든 것이 끝나는 것이 아니라 "당신의 나라에 임하실 때에"라고 말하며 그리스도께서 죽으시고 모든 것이 끝나는 것이 아니라 예수님께서 부활하시어 그의 나라를 통치하실 것을 믿었습니다. 예수님의 부활을 믿지 않는다면 우리도 결코 구원을 받을 수 없습니다.

"네가 만일 네 입으로 예수를 주로 시인하며 또 하나님께서 그를 죽은 자 가운데서 살리신 것을 네 마음에 믿으면 구원을 받으리라 사람이 마음으로 믿어 의에 이르고 입으로 시인하여 구원에 이르느니라"(롬 10:9-10)

비록 강도의 고백이지만 믿음의 고백이기 때문에 우리 주님은 그 강도의 고백을 인정하실 수밖에 없었습니다. 예수님을 나를 구원하실 주님으로 믿는 고백은 누구나 할 수 있습니다. 죄가 아무리 많아도 진실한 믿음의 고백을 하면 누구나 하늘나라에 들어갈 수 있습니다.

"예수께서 이르시되 내가 진실로 네게 이르노니 오늘 네가 나와 함께 낙원에 있으리라 하시니라"(눅 23:43)

그렇다면 선생님은 어떻게 구원받은 강도처럼 구원을 받을 수 있을까요?

5. 예수님이 이루신 십자가의 복음을 믿음으로 받아들이면 됩니다.

어떤 사람이 독약을 잘못 먹어서 치명적인 상태에 빠졌다고 생각해 보십시오. 그 사람은 병원으로 이송되어 급히 의사를 부릅니다. 의사는 속히 달려와 진찰을 하고 난 뒤 해독약을 적절하게 조제를 하고 그 환자에게 "이 약을 드십시오. 그러면 살 수 있습니다. 그러나 만약 이 약을 먹지 않으면 죽습니다."라고 말합니다. 여기서 환자는 자기가 독극물에 중독되었다는 것을 잘 알고 있습니다. 그리고 의사가 처방한 약을 먹으면 낫는다는 사실도 믿습니다. 그러나 그 모든 것을 믿기만 한다면 아무런 소용이 없습니다. 그 환자가 의사와 의사가 처방한 약을 믿지 못하겠다고 하며 욕설을 퍼붓고 의사가 준 약을 땅바닥에 팽개쳐 버렸다면 어떻게 될까요? 그는 당연히 죽을 것입니다.

그러나 그 의사를 믿고 그 약을 먹으면 효과가 있다는 사실을 알고도 그 약을 먹지 않는다면 그 사람도 역시 어리석은 사람이 되어 당연히 죽을 것입니다. 사실 우리 모든 사람은 죄에 중독되어 있습니다. 그래서 우리는 새롭게 태어나야 합니다. 십자가 위에서 구원받은 강도를 생각해 보십시오. 그 강도는 십자가에 못 박혀 죽어 가고 있었습니다. 그 강도는 구원받기 위해서 아무 일도 할 수 없었습니다. 그 강도의 손은 이미 십자가에 못 박혀 있었고 그 강도의 발도 못 박혀 있어서, 일을 할 수도 없었고, 걸을 수도 없었습니다. 그러나 그 강도는 입과 마음만은 못 박히지 않았습니다. 그 강도는 입과 마음만은 자유로웠기 때문에, 그 강도는 마음으로 믿었으며 입으로 그리스도를 주로 시인했습니다. 구원의 조건은 이 두 가지면 충분합니다. 선생님이 진정으로 마음으로 믿고 입으로 시인하여 구원에 이르게 됩니다.

"네가 만일 네 입으로 예수를 주로 시인하며 또 하나님께서 그를 죽은 자 가운데서 살리신 것을 네 마음에 믿으면 구원을 받으리라 사람이 마음으로 믿어 의에 이르고 입으로 시인하여 구원에 이르느니라"(롬 10:9-10)

선생님도 역시 선한 행위를 통해서는 구원을 받을 수 없습니다. 그러나 주 예수 그리스도를 마음으로 믿고 입으로 시인하여 구원을 받을 수 있습니다. 선생님이 지금 예수님께서 십자가에서 이루신 복음을 믿고 받아들이십시오. 그러면 선생님도 구원을 받을 수 있습니다. 선생님이 이 모든 사실을 시인하기 위해 예수님의 이름으로 하나님 아버지께 기도하십시오.

"주 예수님, 제가 지금까지 하나님을 인정하지 않고 제가 인생의 주인이 되어 내 마음대로 살아온 죄인입니다. 예수님께서 나를 대신하여 십자가에서 죽으심으로 나의 모든 죄를 단번에 다 해결해 주시고 구원해 주셔서 감사합니다. 십자가에서 돌아가신 지 사흘 만에 부활하심으로 내 인생의 주인이 되셨음을 믿습니다. 이제 예수님을 나의 삶의 주인으로, 나를 다스리시는 왕으로, 나를 창조하신 하나님으로 영접합니다. 내 마음속에서 내 인생의 주인이 되어 저의 삶을 인도해 주시고 예수님을 따라 살게 도와주십시오. 예수 그리스도의 이름으로 기도합니다. 아멘."

8. 구령상담에서 구원이란? ✦✦✦

구원이란 무엇인가? 구원의 의미를 바로 알기 위해서 우리 사회에서 사용되는 구원의 비슷한 말이 있는데 그것은 구출, 구조, 건져짐이다. 그런데 구원에는 넓은 의미의 일반적인 구원이 있다. 넓은 의미의 일반적인 구원은 고난과 자연재해로부터의 보호다. 사도행전 27장에서 사도 바울이 죄수로 체포되어 배를 통해서 로마에 호송되다가 큰 풍랑을 만나 배가 파선하고 죽을 곤경에 처해 있다가 구조되었다. 사도 바울은 자연재해로부터 일반적인 구원을 받았다. 이것이 바로 넓은 의미의 일반적인 구원이다.

"여러 날 동안 해도 별도 보이지 아니하고 큰 풍랑이 그대로 있으매 구원의 여망마저 없어졌더라, 그 남은 사람들은 널조각 혹은 배 물건에 의지하여 나가게 하니 마침내 사람들이 다 상륙하여 구조되니라"(행 27:20, 44)

1. 성경이 소개하는 일반적인 구원

❶ **죽음에서 벗어남은 일반적인 구원이다.**
"여호와여 돌아와 나의 영혼을 건지시며 주의 사랑으로 나를 구원하소서 사망 중에서는 주를 기억하는 일이 없사오니 스올에서 주께 감사할 자 누구리이까"(시 6:4-5)

❷ **전쟁에서 벗어남은 일반적인 구원이다.**
"너희 하나님 여호와는 너희와 함께 행하시며 너희를 위하여 너희 적군과 싸우시고 구원하실 것이라 할 것이며"(신 20:4)

❸ 악한 자에게서 벗어남은 일반적인 구원이다.

"악을 행하는 자에게서 나를 건지시고 피 흘리기를 즐기는 자에게서 나를 구원하소서"(시 59:2)

❹ 고난과 고통에서 벗어남은 일반적인 구원이다.

"슬프다 그 날이여 그와 같이 엄청난 날이 없으리라 그 날은 야곱의 환난의 때가 됨이로다 그러나 그가 환난에서 구하여 냄을 얻으리로다"(렘 30:7)

❺ 소경이 눈을 뜨는 것도 일반적인 구원이다.

"맹인이 겉옷을 내버리고 뛰어 일어나 예수께 나아오거늘 예수께서 말씀하여 이르시되 네게 무엇을 하여 주기를 원하느냐 맹인이 이르되 선생님이여 보기를 원하나이다 예수께서 이르시되 가라 네 믿음이 너를 구원하였느니라 하시니 그가 곧 보게 되어 예수를 길에서 따르니라"(막 10:50-52)

❻ 귀신의 억눌림에서 벗어나는 것도 일반적인 구원이다.

"사람들이 그 이루어진 일을 보러 나와서 예수께 이르러 귀신 나간 사람이 옷을 입고 정신이 온전하여 예수의 발치에 앉아 있는 것을 보고 두려워하거늘 귀신 들렸던 자가 어떻게 구원받았는지를 본 자들이 그들에게 이르매"(눅 8:35-36)

❼ 질병으로부터 치유됨은 일반적인 구원이다.

"열두 해 동안이나 혈루증으로 앓는 여자가 예수의 뒤로 와서 그 겉옷 가를 만지니 이는 제 마음에 그 겉옷만 만져도 구원을 받겠다 함이라 예수께서 돌이켜 그를 보시며 이르시되 딸아 안심하라 네 믿음이 너를 구원하였다 하시니 여자가 그 즉시 구원을 받으니라"(마 9:20-22)

일반적인 구원은 어떤 위험으로부터 구조되는 것, 구출되는 것, 건져짐이다. 그런데 성경에는 지옥에 들어가는 죄에서 구원되는 성경적 구원이 소개된다. 성경적 구원이란 예수께서 이 세상에 오신 목적을 밝히는 성경 구절에서 발견된다.
"아들을 낳으리니 이름을 예수라 하라 이는 그가 자기 백성을 그들의 죄에서 구원할 자이심이라 하니라"(마 1:21)

예수님은 자기 백성을 그들의 죄에서 구원하기 위해서 오셨다. 그러므로 우리는 우리의 죄에서 구원을 받아야 한다. 요한의 아버지 사가랴의 예언에서도 죄 사함으로 말미암는 성경적 구원을 소개한다.
"주의 백성에게 그 죄 사함으로 말미암는 구원을 알게 하리니"(눅 1:77)
그러므로 우리의 죄의 문제에서 구원되는 것은 예수님을 통해서 우리의 죄의 문제를 해결하고 죄 사함을 받고 의인이 되어서 영원한 생명을 얻고 하나님의 자녀가 되어 천국에 들어가는 구원이다. 하지만 성경적 구원은 오직 예수 그리스도를 통해서만 얻을 수 있다.
"다른 이로써는 구원을 받을 수 없나니 천하 사람 중에 구원을 받을 만한 다른 이름을 우리에게 주신 일이 없음이라 하였더라"(행 4:12)

죄와 사망과 지옥에서 구원받는 것은 사람으로서는 할 수 없지만, 하나님은 능히 우리를 구원하실 수 있다. 그러므로 우리 예수님은 "무릇 사람이 할 수 없는 구원을 하나님은 하실 수 있느니라"라는 선포하셨다.
"듣는 자들이 이르되 그런즉 누가 구원을 얻을 수 있나이까 이르시되 무릇 사람이 할 수 없는 것을 하나님은 하실 수 있느니라"(눅 18:26-27)

우리는 성경에 등장하는 구원이 일반적인 구원인지, 아니면 죄 사함과 영원한 생명을 얻고 하나님의 자녀로 거듭나는 성경적 구원인지 자세히 살펴서 바로 분별해야 한다. 넓은 의미의 일반적 구원이라면 그 구원으로는 천국에 들어갈 수는 없다. 오직 죄의 문제를 해결하고 영생을 얻고 하나님의 자녀로 거듭나는 구원을 받아야 진정한 구원이요, 영생을 얻고, 의인이 되어서 하나님 나라에 들어갈 수 있다.

2. 구원이 이루어지는 전제조건

인간에게 구원이 이루어지려면 반드시 전제조건이 필요하다. 구원이 이루어지는 전제조건은 인간이 곤경에 처하여 자신이 위험하다는 사실을 인지해야 한다. 사람들은 자신이 위험하다는 사실을 모르면 하나님께 구원을 요청하지 않는다. 어떤 사람이 119 구조대에게 구조요청을 할 수 있는가? 자신이 위험한 상황에 놓여 있다는 것을 인지해야 구조를 요청한다. 마찬가지로 우리 인간도 자신이 곤경에 처하여 위험하다는 사실을 인식해야 하나님께 구원을 요청한다.

그렇다면 인간에게 어떤 위험이 있는가? 인간에게 있는 위험이란 인간의 다양한 문제와 인간의 힘으로 해결할 수 없는 인간의 한계상황(boundary situation)이다.

실존주의 철학에서도 인간의 한계상황을 설명한다. 실존주의 철학은 20세기 초반에 등장해서 세계적으로 일반 대중에게까지 폭넓게 지지를 받았다. 그렇다면 실존주의 철학에서 실존은 무엇을 의미하는가? 실존은 독일어 엑시스텐츠(Existenz)라는 말로 "존재"를 의미하지만, 20세기에 들어와 실존주의 철학에서 인간의 개별적인 '현실과 존재'를 가리키는 말로 사용되어 이 말을 줄여서 "실존"이라고 부른다.

실존주의 철학의 선구자 덴마크의 키르케고르는 인간의 한계상황을 이렇게 분류했다.
① 신으로부터의 소외로 하나님을 떠나 있는 상태를 인간의 한계상황으로 보았다.
② 신으로부터의 소외의 결과로 죄책감과 절망을 인간의 한계상황으로 보았다.
독일의 하이데거는 인간의 죽음과 불안을 인간의 한계상황으로 보았다.

독일의 칼 야스퍼스(Karl Jaspers 1883-1969)는 인간의 한계상황을 설명했다.
① 인간이 절대로 넘을 수 없고, 극복할 수 없는 인간의 죄를 한계상황으로 보았다.

② 인간의 죽음, 고독, 갈등, 투쟁, 방황을 한계상황으로 보았다.
③ 인간의 한계상황을 시로 "나는 왔다. 어디서 온 곳도 모르면서, 나는 있다. 내가 누군지도 모르면서, 나는 간다. 내가 어디로 가는지도 모르면서, 나는 죽는다. 언제 죽을지도 모르면서"라고 표현했다.

칼 야스퍼스는 하이델베르크대학교 정신과 조교를 지냈으며, 1913년 <정신병리학 총론>을 발표하여 정신병리학자의 지위를 확립했다. 그 후 철학자 베버와 친교를 맺으면서 철학에 관심이 더욱 깊어졌다. 1916년부터 하이델베르크대학교 심리학 교수로 있으면서 <세계관의 심리학, 1919>을 발표했으며, 1921년에는 하이델베르크대학교 철학과 교수가 되어 철학적 사색에 몰두하면서, <현대의 정신적 상황, 1931>과 <철학 3권, 1932>을 발표함으로 실존주의 철학자로 이름을 떨쳤다. 그러나 자신의 아내가 유대인이라는 이유와 나치의 방해로 1933년에 하이델베르크대학교에서 제외되었고, 1937년에 교수직에서 추방되었다. 1938년에는 프랑크푸르트에서 했던 강연을 <실존철학>이라는 제목으로 출판하였다. 1945년 4월에 미군이 하이델베르크를 점령하여 교수직에 복귀되어 하이델베르크대학교를 바로 세우는 데 힘썼으며, 또한 전쟁 중에 독일인들이 범한 죄를 반성한 "죄의 문제"를 강의했다. 제2차 세계대전 중에도 사색 활동이 계속되었으며, 전쟁이 끝난 뒤 사색 활동이 더욱 왕성해져 하이데거와 함께 전쟁 뒤의 독일 철학계에 큰 영향을 끼쳤다. 1948년 하이델베르크를 떠나 스위스로 가서 바젤대학교의 철학 교수가 되었고, 1961년에 퇴직한 뒤에도 바젤에 머물렀다. 세계대전 뒤의 철학적 저작으로 <진리에 대하여, 1947>, <철학적 신앙, 1948>, <철학 입문, 1950>, <셸링, 1955>, <위대한 철학자들 제1권, 1957>, <계시와 철학적 신앙, 1962> 등을 발표했다. 따라서 인간에게 있는 한계상황은 인간의 문제와 위험이다.

그런데 성경은 인간의 문제와 위험을 세 가지로 소개하였다.

① 인간의 문제와 위험은 죄다.

그러므로 인간의 죄가 문제다. 하지만 죄가 없는 사람이 어디 있는가? 그러므로 모든 사람은 구원이 필요한 죄인이다.

"모든 사람이 죄를 범하였으매 하나님의 영광에 이르지 못하더니"(롬 3:23)

② 인간의 문제와 위험은 죽음이다.

인간은 죄의 결과로 죽기에 인간의 문제와 위험은 죽음이다.

그러므로 인간의 죽음이 문제다. 하지만 이 세상에 죽지 않을 사람이 어디 있는가?

"한번 죽는 것은 사람에게 정해진 것이요 그 후에는 심판이 있으리니"(히 9:27)

③ 인간의 문제와 위험은 지옥이다.

인간은 죽은 후에 심판을 받고 죄의 결과로 지옥에 들어가기 때문에 위험하다.

그러면 누가 심판을 받는가? 성경은 '죽은 사람들이 심판을 받는다'라고 기록되었다.

"또 내가 보니 죽은 자들이 큰 자나 작은 자나 그 보좌 앞에 서 있는데 책들이 펴 있고 또 다른 책이 펴졌으니 곧 생명책이라 죽은 자들이 자기 행위를 따라 책들에 기록된 대로 심판을 받으니"(계 20:12)

그러므로 인간은 자신이 죄인이기 때문에 죽어서 심판을 받고 지옥에 들어간다는 사실을 알아야 한다. 그러므로 인간의 죄와 죽음과 지옥은 너무나 심각한 문제다.

① 인간의 죄의 문제는 너무나 심각하다.

인간으로서 죄인이 아닌 사람이 있는가? 이 사회에 국회의원들이나 사업가들이나 공무원들이나 모든 사람의 삶에 깊이 들어가면 죄와 연관되지 않은 사람들이 없다. 비리, 뇌물, 이성의 문제까지 다양한 죄 문제가 도사리고 있다.

❷ 인간의 죽음의 문제는 너무나 심각하다.

인간으로 태어난 사람이 죽지 않는 사람이 있는가? 그런데 성경은 인간의 죽음을 3가지로 분류한다. 영적인 죽음과 육체적인 죽음과 영원한 죽음이다. 여기서 영적인 죽음은 구원받지 못한 사람은 모두 다 영적으로 죽어 있다는 뜻이다. 그들은 하나님의 생명에서 떠나 있다.
"그들의 총명이 어두워지고 그들 가운데 있는 무지함과 그들의 마음이 굳어짐으로 말미암아 하나님의 생명에서 떠나 있도다"(엡 4:18)
육체적인 죽음은 우리의 육체에서 영혼이 떠나는 일반적인 죽음이다. 그리고 영원한 죽음은 둘째 사망으로 지옥에 들어가는 사망이다.

❸ 인간의 심판과 지옥의 문제는 너무나 심각하다.

인간이 죽으면 심판을 받고 지옥에 들어가기에 이 문제를 반드시 해결해야 한다.
"한번 죽는 것은 사람에게 정해진 것이요 그 후에는 심판이 있으리니"(히 9:27)
모든 사람에게 한번 죽는 것은 정해진 것이요 그 후에는 심판이 있다고 했는데 그렇다면 누가 심판을 받는가? 성경은 죽은 사람이 심판을 받는다고 전한다.
"죽은 자들이 자기 행위를 따라 책들에 기록된 대로 심판을 받으니, 각 사람이 자기의 행위대로 심판을 받고, 불못에 던져지니 이것은 둘째 사망 곧 불못이라"(계 20:12-14)

그러므로 인간의 3가지 문제와 위험은 인간의 죄와 인간의 죽음과 인간이 최후의 심판을 받고 지옥에 들어가는 것이다. 그러므로 성경적 구원이란 이 3가지 문제와 위험을 단번에 다 해결하는 것이다. 사실 이 3가지 죄와 죽음과 지옥의 문제는 하나로 연결된다. 인간의 위험인 죄와 죽음과 지옥의 문제는 결국 죄로 인하여 생겨났고, 죄의 결과로 생겨났기 때문이다. 따라서 이 3가지에서 죄만 해결되면 나머지 2가지 죽음과 지옥은 저절로 해결된다. 우리가 죄를 해결하면 영생을 얻고, 우리가 죄를 해결하면 의인이 되기에 하나님의 심판을 받지 않고, 지옥에도 들어가지 않는다. 그러므로 죄를 해결하면 모든 문제가 다 해결된다.

3. 구원 - 인간의 죄의 문제 해결

인간은 죄 때문에 위험하다. 하지만 죄가 없는 사람이 어디 있는가? 그러므로 모든 사람은 구원이 필요한 죄인이다. 이 점은 성경의 명확한 선언이다.
"모든 사람이 죄를 범하였으매 하나님의 영광에 이르지 못하더니"(롬 3:23)

왜 우리 인간이 죄인인가? 무엇을 통해 우리가 죄인이라는 사실을 발견할 수 있는가? 우리는 하나님의 말씀인 성경을 통해서 우리가 죄인인 이유를 정확하게 알 수 있다. 성경은 우리 인간을 진단하는 정밀 도구다. 마치 환자가 겉으로 보면 전혀 이상이 없는 것처럼 보여도 병원에 가서 엑스레이 검사를 해보고 CT나 MRI 촬영을 해보면 정확하게 무엇이 문제인지 나오는 것처럼 성경으로 인간을 진단해보면 인간의 죄가 적나라하게 나타나며 왜 인간이 죄인인지 알게 된다.

1) 우리 인간이 왜 죄인인가?

❶ **인류의 조상인 아담의 원죄를 물려받아서 죄인으로 태어나서 죄를 지었기 때문이다.**

죄가 어디서 시작되었는가? 죄는 에덴동산의 아담과 하와로부터 인류에게 들어 왔다. 하와가 하나님의 말씀 대신에 마귀의 거짓말을 믿었을 때 그 여자는 하나님께 죄를 범했다. 창세기 3장에서 불신은 모든 죄가 비롯되는 뿌리다. 하나님의 말씀에 대한 불신은 사람에게 죽음과 멸망을 가져와서 사도 바울은 로마서 5장 12절에서 분명하게 말한다.
"그러므로 한 사람으로 말미암아 죄가 세상에 들어오고 죄로 말미암아 사망이 들어

왔나니 이처럼 모든 사람이 죄를 지었으므로 사망이 모든 사람에게 이르렀느니라"
여기 '한 사람'은 아담을 지칭한다. 죄는 아담을 통하여 이 세상에 들어왔다. 모든 사람이 죄를 짓고 있는 것을 보면 온 인류가 아담의 원죄를 물려받은 것을 보여준다. 따라서 모든 사람이 자신이 죄인이라는 사실을 잘 알고 있는 이유는 실제로 자신 스스로가 죄를 범하기 때문이다.

인간이 죄인으로 태어났기 때문에 죄를 범하는 것은 너무나 당연하다. 쉽게 말해서 콩을 심으면 콩이 나고, 팥을 심으면 팥이 나듯이 인류의 조상인 아담이 죄인이 되었고, 죄인은 죄인을 낳을 수밖에 없으며, 더 쉽게 말하면 인간은 태어날 때부터 자신의 마음속에 죄의 공장이 있는 것과 같다. 신발공장을 계속 가동하면 신발이 생산되고, 옷 공장을 계속 가동하면 옷이 제품으로 생산되듯이 죄의 공장이 마음속에 있으니 인간은 계속해서 죄를 범한다. 다윗은 자신이 태어날 때부터 죄인이었다고 명확하게 말한다.

"내가 죄악 중에서 출생하였음이여 어머니가 죄 중에서 나를 잉태하였나이다"(시 51:5)

이 말은 임신 그 자체를 죄라고 말하는 것이 아니라 잉태의 순간부터 자신이 죄성을 가지고 있다는 의미다. 다윗도 아담의 원죄를 물려받았기 때문이다. 다윗뿐만 아니라 모든 사람은 자신의 부모를 통하여 아담의 죄성을 물려받는다.

❷ **죄가 우리 마음속에서 나오기 때문이다.**

인간의 모든 죄는 마음속에서 나온다. 죄라는 것은 외부로부터 영향을 받아서 죄를 범하는 것이 아니라 마음속 내부에서 나온다. 모든 사람은 아담에게서 죄를 짓는 성질과 원죄를 물려받았다. 인간의 모든 죄는 마음속에서 나온다. 다음 구절은 이 점을 명확하게 뒷받침해준다.

"속에서 곧 사람의 마음에서 나오는 것은 악한 생각 곧 음란과 도둑질과 살인과 간음과 탐욕과 악독과 속임과 음탕과 질투와 비방과 교만과 우매함이니 이 모든 악한 것이 다 속에서 나와서 사람을 더럽게 하느니라"(막 7:21-23)

이 말씀에서 분명히 죄가 속에서 나온다고 말하는 것처럼 죄가 외부에서 들어간 것이 아니라 내부에 죄성이 있어서 죄가 자연스럽게 밖으로 나온다. 사도 바울도 자신이 죄를 지은 경험을 간증한다.

"이제는 그것을 행하는 자가 내가 아니요 내 속에 거하는 죄니라 내 속 곧 내 육신에 선한 것이 거하지 아니하는 줄을 아노니 원함은 내게 있으나 선을 행하는 것은 없노라 내가 원하는 바 선은 행하지 아니하고 도리어 원하지 아니하는 바 악을 행하는도다 만일 내가 원하지 아니하는 그것을 하면 이를 행하는 자는 내가 아니요 내 속에 거하는 죄니라 그러므로 내가 한 법을 깨달았노니 곧 선을 행하기 원하는 나에게 악이 함께 있는 것이로다"(롬 7:17-21)

이 말씀에서 '내 속에 거하는 죄니라'가 두 번 나온다. 인간의 죄는 속에서 나온다. 이 세상에서 가장 더러운 것을 죄가 나오는 인간의 마음이다.

"만물보다 거짓되고 심히 부패한 것은 마음이라 누가 능히 이를 알리요 마는"(렘 17:9)

이 세상에서 가장 부패한 것은 마음이다. '만물보다'라는 말속에 무엇이 포함되는가? 시궁창에 쥐가 썩은 것보다도, 음식이 부패한 것보다도, 화장실에 있는 인간의 배설물보다도 더 더럽고 썩었고 악취가 나는 것은 인간의 마음이다. 사람들이 이 사실을 알고 있는가?

'누가 능히 알리요 마는'이라는 말씀처럼 이 말씀은 그 사실을 모르고 있다고 지적한다. 사람들은 인간의 배설물이 더럽다고 말하지만, 예수님은 인간의 마음속에서 나오는 죄가 인간을 더럽게 한다고 명확하게 말씀하셨다.

"예수께서 이르시되 너희도 아직까지 깨달음이 없느냐 입으로 들어가는 모든 것은 배로 들어가서 뒤로 내버려지는 줄 알지 못하느냐 입에서 나오는 것들은 마음에서 나오나니 이것이야말로 사람을 더럽게 하느니라"(마 15:16-18)

입으로 들어가서 배로 들어가고 뒤로 내어버려지는 것은 사람들이 더럽게 여기는 인간의 배설물이다. 하지만 사람을 더럽게 하는 것은 인간의 배설물이 아니라 마음에서 나오는 죄다.

❸ **우리 인간을 하나님과 비교해 보면 죄인으로 드러난다.**

일반적으로 사람들은 자신이 큰 죄인이 아니라고 생각한다. 이 세상에는 자기보다 더 큰 죄인들이 많기 때문이다. 물론 이 세상에는 자신들보다 큰 죄인들이 아주 많다. 부모를 죽인 살인자, 사람을 잔인하게 죽이는 사람들, 어린아이를 유괴해서 죽이고 부모에게는 안 죽였다고 거짓말한 후 돈을 받아다가 결혼식을 하고 놀러 다닌 사람들, 자기 조카를 유괴해서 죽인 사람, 국민의 세금을 도적질한 사람들, 이뿐이겠는가? 지금도 교도소 안에 많은 죄인이 갇혀 있고, 지금도 계속 죄를 범하는 사람들이 경찰에게 잡혀서 그 범죄가 신문에 보도되고, TV 뉴스 시간에 보도되어 얼굴을 들지 못하고 고개를 숙이고 얼굴을 감추는 사람들이 많다. 하지만 감옥에 가지 않은 사람들이 더 많고, 한 번도 나쁜 일로 경찰서에 가지 않은 사람들이 더 많다. 사람들은 자신을 그러한 범죄자들과 비교하고 자신은 죄인이 아니라고 생각한다. 지혜자 솔로몬은 이 점을 분명하게 지적했다.
"사람의 행위가 자기 보기에는 모두 정직하여도 여호와는 마음을 감찰하시느니라"(잠 21:2)

우리 인간은 하나님 앞의 죄인이다. 점도 없고 티도 없고 정결하고 거룩하고 깨끗하신 하나님 앞의 죄인이다. 예를 들어 방안에 먼지가 안 보이다가 밝은 태양 빛이 비치면 아주 많은 먼지가 보이듯이, 죄인이 하나님 앞에 서면 무수한 죄들이 드러난다. 안 보이던 암 덩어리가 엑스레이 빛 앞에 보이듯이 하나님께서 우리 마음속을 깊이 진단하니 죄가 드러난다. 하나님은 우리의 중심을 보신다. 사람은 외모를 보지만 하나님은 우리의 마음과 동기를 보신다. 이 얼마나 단호한 말씀인가?
"여호와께서 사무엘에게 이르시되 그의 용모와 키를 보지 말라 내가 이미 그를 버렸노라 내가 보는 것은 사람과 같지 아니하니 사람은 외모를 보거니와 나 여호와는 중심을 보느니라 하시더라"(삼상 16:7)

하나님은 정확하게 우리의 중심을 보신다.
"하나님은 거룩한 자들을 믿지 아니하시나니 하늘이라도 그가 보시기에 부정하거든"(욥 15:15)

여기서 '그가 보시기에'라는 말은 하나님이 보시는 관점을 나타낸다. 그분은 정확하게 중심을 보신다. 우리 속담에 "열 길 물속은 알아도 한 길 사람 속은 모른다"라는 말이 있지만, 하나님에게는 통하지 않는다. 우리 하나님은 우리의 심장을 살피는 분이기 때문이다.

"나 여호와는 심장을 살피며 폐부를 시험하고 각각 그의 행위와 그의 행실대로 보응하나니"(렘 17:10)

하나님의 보시는 눈은 정확하다. 인간은 속일 수 있어도 하나님은 속일 수 없다. 인간의 심령을 꿰뚫어 보는 불꽃 같은 눈을 가지셨다. 사도 요한은 예수님의 모습을 보고 "그의 눈은 불꽃같고"(계 1:14)라고 표현했다. 인간은 자신을 잘못 볼 수도 있지만, 하나님은 정확하게 보신다. 이 얼마나 단호한 말씀인가?

"사람의 행위가 자기 보기에는 모두 정직하여도 여호와는 마음을 감찰하시느니라"(잠 21:2)

하나님은 우리 일생의 삶을 구석구석까지 다 보시고 아신다. 우리의 모든 것을 다 아신다. 그분이 어느 부분을 아시는지 시편 139편 1~12절을 보면 자세하게 나타난다. 하나님께서는 나의 인생길, 내가 어디에 눕는 것, 내가 어디에 앉아 있는 것, 내가 어디에서 일어서는 것, 나의 모든 생각, 나의 모든 행위, 나의 혀의 모든 말을 다 아신다. 우리는 그 하나님에게서 피할 수도 없고, 숨을 수도 없다. 우리가 하늘로 피하여도 거기 계시고, 달나라에 피하여도 그곳에도 계시고, 우주선을 타고 화성이나 금성에 피하여도 그곳에도 계신다. 바다 끝으로 피하여도 하나님은 그곳에 계신다. 캄캄한 암흑 속에도 계신다. 따라서 우리는 음부로도 피할 수 없다. 하나님은 어느 인간도 하나님에게서 숨을 수 없다고 선포하셨다. 하나님은 어머니 모태에서 형질로 이루어지기 전에 우리를 이미 다 보셨다.

"내가 은밀한 데서 지음을 받고 땅의 깊은 곳에서 기이하게 지음을 받은 때에 나의 형체가 주의 앞에 숨겨지지 못하였나이다 내 형질이 이루어지기 전에 주의 눈이 보셨으며 나를 위하여 정한 날이 하루도 되기 전에 주의 책에 다 기록이 되었나이다"(

시 139:15-16)

"여호와의 말씀이니라 나는 가까운 데에 있는 하나님이요 먼 데에 있는 하나님은 아니냐 여호와의 말씀이니라 사람이 내게 보이지 아니하려고 누가 자신을 은밀한 곳에 숨길 수 있겠느냐 여호와가 말하노라 나는 천지에 충만하지 아니하냐"(렘 23:23-24)

❹ **나를 향한 하나님의 최종적인 판결은 무엇인가?**
나의 모든 것을 다 보시는 하나님이 나의 일생을 처음부터, 모태에서 형질로 이루어지기 전부터, 지금까지 그리고 앞으로도 다 보시는 분이신데 나는 하나님 앞에 어떤 판결을 받겠는가? 정확하고 분명한 눈을 가지고 우리의 마음을 훤히 다 들여다보시는 하나님, 천지에 충만하신 하나님, 나를 감찰하시고 다 아시는 하나님이 나에 대해서 어떤 판결을 내리시겠는가? 그 결론은 분명하다.

"보라 그의 눈에는 달이라도 빛을 발하지 못하고 별도 빛나지 못하거든, 하나님은 거룩한 자들을 믿지 아니하시나니 하늘이라도 그가 보시기에 부정하거든, 그에게서 눈을 돌이켜 그가 품꾼 같이 그의 날을 마칠 때까지 그를 홀로 있게 하옵소서, 하물며 악을 짓기를 물 마심 같이 하는 가증하고 부패한 사람이겠느냐, 하물며 벌레인 사람 구더기인 인생이랴, 하물며 구더기 같은 사람, 벌레 같은 인생이랴"(욥25:5, 15:15, 14:6, 25:6)

위의 말씀들을 내가 어떤 판결을 받을지 보여준다. 하나님은 여기서 '벌레와 같은 사람'이라고 말하지 않았으며, '구더기와 같은 사람'이라고 말하지 않으셨다. 하나님은 명확하고 아주 분명하게 "너는 벌레요, 너는 구더기다"라고 판결을 내리셨다. 이것이 우리를 향한 하나님의 판결이다. 하나님의 판결은 우리가 죄인이요, 죄 덩어리요, 죄투성이라고 판결을 내렸는데 그래도 나는 하나님 앞에 죄인이 아니라고 변명할 수 있는가? 성경은 이미 우리 모든 인간이 죄인이라고 선언했다.

"모든 사람이 죄를 범하였으매 하나님의 영광에 이르지 못하더니"(롬 3:23)

성경은 모든 사람이 다 죄를 범하였다고 말했다. 여기서 단 한 사람도 예외가 없다. 이보다 더 명확한 선언이 어디 있는가?

"기록된 바 의인은 없나니 하나도 없으며"(롬 3:10)

결국 하나님은 우리를 죄인이라고 판결을 내리셨다. 우리를 만드시고 우리를 심판하실 하나님이 그렇게 진단을 내리셨다. 내가 느끼는 나의 병에 대한 자각 증상보다 의사의 진단이 정확한 것처럼 인간에 대한 진단은 하나님의 진단이 정확하다. 당신은 죄인이 아니라고 아무리 큰소리를 쳐도 하나님은 당신을 포함하여 모든 사람이 죄인이라고 진단하셨다. 따라서 우리는 하나님의 진단을 받아들여야 한다. 우리를 향한 단호한 말씀이 또 있다.

"그런즉 하나님 앞에서 사람이 어찌 의롭다 하며 여자에게서 난 자가 어찌 깨끗하다 하랴, 사람이 어찌 깨끗하겠느냐 여인에게서 난 자가 어찌 의롭겠느냐, 모든 사람이 죄를 범하였으매 하나님의 영광에 이르지 못하더니, 의인은 없나니 하나도 없도다"(욥 25:4, 14:14, 롬 3:10, 23)

결국 당신은 거룩하신 하나님 앞에서 죄인이다. 하나님은 이방인이나 유대인이나 다 죄 아래 있다고 이미 분명하게 선언하셨다.

"그러면 어떠하냐 우리는 나으냐 결코 아니라 유대인이나 헬라인이나 다 죄 아래에 있다고 우리가 이미 선언하였느니라, 다 치우쳐 함께 무익하게 되고 선을 행하는 자는 없나니 하나도 없도다"(롬 3:9, 12)

2) 죄란 무엇인가?

❶ 죄란 불신이다.

사실 세상에서 가장 무서운 죄는 불신이다. 서로 믿지 못하고 불신할 때 무서운 일이 벌어진다. 남편이 아내를 믿지 못하고, 아내가 남편을 믿지 못하면 그 가정은 지옥과 같다. 창세기 3장에서 인간이 최초로 죄를 범하는 경우를 생각해 보라. 창세기 3장 1~6절을 읽어보면 표면적으로 드러나는 죄는 불순종이다. 하나님은 에덴동산 중앙에 선악과를 만드시고 인간에게 먹지 말라고 명령하셨다. 하지만 인간은 뱀의 모습으로 찾아온 사탄의 유혹으로 말미암아 선악과를 따먹고 불순종의 죄를 범한다. 하지만 불순종은 표면적으로 드러난 것이고 본문을 자세히 관찰하면 그것은 하나님을 불신하는 죄였다. 하나님은 창세기 2장 16~17절에서 명확하게 말씀하셨다.

"여호와 하나님이 그 사람에게 명하여 이르시되 동산 각종 나무의 열매는 네가 임의로 먹되 선악을 알게 하는 나무의 열매는 먹지 말라 네가 먹는 날에는 반드시 죽으리라 하시니라"

하나님의 명령은 명백했으며, 결코 어려운 것이 아니었다. 사실 동산에 있는 모든 나무의 실과는 인간이 맘대로 먹을 수 있었고, 단지 하나만 먹지 말라고 하셨다. 그리고 인간이 선악과를 먹으면 반드시 죽는다고 말씀하셨다. 하지만 인간은 하나님의 말씀을 불신하고 오히려 사탄의 유혹을 받아 사탄의 거짓말을 믿게 되었다.

사탄의 유혹은 의심을 하게 하는 것이다.

"그런데 뱀은 여호와 하나님이 지으신 들짐승 중에 가장 간교하니라 뱀이 여자에게 물어 이르되 하나님이 참으로 너희에게 동산 모든 나무의 열매를 먹지 말라 하시더냐"(창 3:1)

여기서 '참으로'라는 말은 사탄이 인간에게 불신을 갖게 역사하는 것이다. 사탄은 하나님의 말씀을 의심케 하고 하나님에 대한 믿음을 없애고자 했다. 하와가 사탄의 유혹에 넘어간 증거는 하나님이 말씀하시지 않은 '만지지도 말라'는 말을 덧붙여 말한 것과 '정녕 죽으리라'라는 말씀을 기억하지 못하고 '죽을까 하노라 하셨느니라'라는 말로 하나님이 강조하신 것을 불신하는 태도를 나타낸 것이다. 이러한 틈이 보였기 때문에 사탄이 거짓말을 했다.

"뱀이 여자에게 이르되 너희가 결코 죽지 아니하리라"(창 3:4)

사탄은 하나님 말씀을 정면으로 도전했다. 하나님의 말씀 하고는 완전히 정반대의 말을 하였다. 하나님은 '정녕 죽는다.'라고 말씀하셨고, 사탄은 '결코 죽지 아니한다.'라고 말했다. 만약 하와가 창세기 3장 2~3절에서 1절의 사탄의 말에 하나님의 말씀을 분명하게 말했다면 4절에서 사탄은 '결코 죽지 아니한다'라고 말하지 못했을 것이다.

사탄은 한 걸음 더 나아가 5절에서는 하와를 도와주는 척하며 유혹한다.

"먹어라. 먹으면 너희도 하나님처럼 될 수 있다 그것을 하나님이 다 아시니까 너희에게 못 먹게 하는 것이다. 내가 도와줄 테니 어서 먹어라"

얼마나 영악하게 유혹을 잘하는가?

"너희가 그것을 먹는 날에는 너희 눈이 밝아져 하나님과 같이 되어 선악을 알 줄 하나님이 아심이니라"(창 3:5)

이제 하와는 사탄의 거짓말을 믿게 되었고, 하나님은 불신하였다. 그리고 불신하는 마음으로 선악과를 쳐다보니 먹음직스럽고 보암직하고 먹으면 지혜롭게 될 것 같아서 탐이 나게 되었다. 그래서 하나님의 말씀을 불신하고 선악과를 따먹고 아담에게까지 주어서 아담도 먹게 된다. 이만큼 불신의 죄는 큰 죄다. 감히 피조물이 하나님이 되고자 하는 야망을 품고 선악과를 따 먹은 죄다. 지금도 사람들은 하나님을 불신하고 믿지 않는다. 사탄의 유혹을 받아 하나님의 존재를 부인한다. 결국 세상에서 가장 악한 마음은 불신의 마음이다. 하나님이 구원의 복음을 이미 다 이루어 놓으셨기 때문에 우리가 그것을 믿지 않으면 결국 그 마음은 가장 악한 마음이요, 강퍅한 마음이다. 히브리서 3장 12절은 가장 악한 마음을 분명하게 소개한다.

"형제들아 너희는 삼가 혹 너희 중에 누가 믿지 아니하는 악한 마음을 품고 살아 계신 하나님에게서 떨어질까 조심할 것이요"

여기서 '믿지 아니하는 악한 마음'은 믿지 아니하면 악한 마음이 되는 것을 나타낸다. 그런 악한 마음을 소유한 사람은 살아 계신 하나님에게서 떨어지기 때문에 복음의 말씀을 믿지 않는 마음이 가장 악한 마음이다. 어느 사람도 제외될 수 없다. 사람들이 복음의 말씀을 믿지 않고 받아들이지 않는 이유가 무엇인가? 죄의 유혹으로 마음이 완고하게 되었기 때문이다. 성경은 이 점을 정확하게 지적한다.

"오직 오늘이라 일컫는 동안에 매일 피차 권면하여 너희 중에 누구든지 죄의 유혹으로 완고하게 되지 않도록 하라"(히 3:13)

여기서 '죄의 유혹'이란 인간이 하나님 없이 그냥 살겠다는 태도다. 그러한 마음이 완고한 마음, 굳어 있는 마음, 닫힌 마음이다. 하나님을 믿지 않고 그냥 살겠다는 그런 악한 마음이다. 언제 인간은 완고한 마음을 소유하지 말아야 하는가? 하나님의 말씀을 통해 복음의 말씀을 들었을 때다. 성경은 이 점을 명확하게 말한다.
"그러므로 성령이 이르신 바와 같이 오늘 너희가 그의 음성을 듣거든, 광야에서 시험하던 날에 거역하던 것 같이 너희 마음을 완고하게 하지 말라"(히 3:7-8, 15, 4:7)

❷ **죄란 하나님의 창조 목적을 떠나서 자기 마음대로 사는 것이다.**
하나님께서 인간을 창조하신 목적이 있다. 마치 사람들이 무엇을 만들 때도 목적으로 만드는 것처럼 하나님도 목적으로 인간을 만드셨다. 사람들이 만든 수많은 물건 중에 목적도 없이 우연히 존재하는 것이 있는가? 사람이 만든 모든 것은 그 존재 목적이 있다. 우리가 입은 옷은 사람들을 춥지 않게 하고, 입어서 멋지게 하고, 다양한 제복들과 유니폼들은 그 사람의 신분과 하는 일을 나타낸다. 우리의 눈을 위한 안경은 잘 보이게 하는 목적이 있고, 시계는 시간을 알게 하고, 책상은 공부하는 데 사용하며, 전등은 환하게 불빛을 비추기 위해서 사용하고, 옷장은 옷을 보관한다. 우리가 사는 방 안에 있는 다양한 물건들은 다 만든 사람이 있고 존재하는 목적이 있다. 사람들이 목적으로 만들었기 때문이다. 하물며 하나님께서 인간을 창조하셨는데 분명한 목적이 없겠는가?
하나님께서 인간을 창조하신 목적은 분명하다. 하나님께서 우리 인간과 인격적 관계 가운데 사랑의 교제를 나누기 위해서 자신의 형상을 따라 우리 인간을 만드셨다. 우리 인간은 하나님의 영광을 위해서 창조되었다.
"내 이름으로 불려지는 모든 자 곧 내가 내 영광을 위하여 창조한 자를 오게 하라 그를 내가 지었고 그를 내가 만들었느니라"(사 43:7)

또한 하나님의 찬송을 부르기 위해서 창조하셨다.
"이 백성은 내가 나를 위하여 지었나니 나를 찬송하게 하려 함이니라"(사 43:21)

하지만 우리 인간이 로봇이나 꼭두각시나 짐승처럼 하나님을 섬기라고 창조된 것은 아니다. 하나님과 우리의 관계는 인격적인 관계 가운데 서로 통하고 사랑하며 아름다운 교제를 나누기 위해서 만들어졌다. 하나님은 우리 인간을 하나님을 닮은 인간으로 하나님의 형상을 따라 만드셨다. 따라서 우리 인간은 하나님을 닮았다. 외적인 모습이 닮은 것이 아니라 내적인 부분이 닮았다. 하나님이 인격적인 분이시기 때문에 우리 인간도 인격적인 존재로 만드셨다. 하나님은 우리 인간을 자유의지를 가진 존재로 만드셨다. 자유롭게 결정하고, 자유롭게 생각하고, 자유롭게 선택할 수 있는 인간으로 만드셨다. 로봇처럼 프로그램을 입력하면 그대로 행하는 인간이 아니다. 이렇게 창조된 인간이 하나님을 떠나서 자기 마음대로 사는 것이 인간의 근본적인 죄다.

❸ **죄란 불의이며, 표준에 미치지 못한 것이다.**

요한일서 5장 17절은 "모든 불의가 죄"라고 선언한다. 옳지 않은 모든 것이 잘못된 것이며, 잘못된 그것이 곧 죄가 된다. 당신은 하나님에 대하여, 당신의 동료에 대하여, 당신의 나라, 당신의 도시, 당신의 동반자, 당신의 몸에 대하여, 죄를 범할 수가 있다. 무엇이든지 잘못된 것이 바로 죄다. 죄란 표준에 미치지 못한 것이다. 하나님은 사람이 만일 의롭다면 지킬 수 있는 표준을 세워 놓으셨다. 사람이 자기 스스로 이 표준을 만족시킬 수 없는데 십계명이 바로 표준이다. 사람은 누구나 이 표준을 미치지 못한다. 사람들은 이 표준에서 단 하나도 완전히 만족시킬 수 없다. 그러므로 모든 사람은 하나님에 대하여 죄인이다.

죄라는 단어가 헬라어로는 "하마르티아"인데 그 뜻은 표준에 미치지 못한 것, 하나님의 의의 수준에 미치지 못한 것, 과녁을 이탈했다는 뜻이다. 예를 들어 올림픽 양궁 결승전에서 한국 대표선수가 금메달을 따기 위해서 목표물을 향하여 화살을 쏘려고 한다. 그 시간에 무엇을 생각하겠는가? 오직 10점짜리 원안에 화살을 쏘기 위해서 잡념을 버릴 것이다. 그렇게 생각하고 화살을 쏘았는데 그것이 과녁에 맞지 않고 이탈했다면 그것이 죄라는 뜻이다. 여기서 양궁 선수는 하나님이라고 생각하고 화살은 인간이라고 생각해 보라. 그 화살이 하나님이 원하는 대로 날아가지 않고 빗나가 버린 것이다. 처음에는 조금 빗나갔지만, 그 화살이 날아가는 것이 일평생 동안 날아간다면 나중에는 엉뚱한 곳으로 날아가 버린 것이 바로 죄의 의미다. 또한 양궁 선수를 부모라고 생각해 보고 화살이 자식이라고 생각해 보라. 부모는 자식에게 바라는 것이 있다. 어릴 때부터 공부도 잘하고, 나쁜 친구들을 사귀지 않고, 올바르게 성장해주기를 바랐는데 처음부터 자꾸 말을 듣지 않고 엉뚱한 짓만 하면서 나쁜 친구들을 사귀고, 공부도 하지 않고, 결국 나쁜 사람으로 성장한다면 그것이 죄의 의미다.

한국 대학생선교회의 명예 총재이신 김준곤 목사는 그의 저서 <예수 칼럼>에서 죄에 대해 언급했다.
"사람은 하나님의 법도와 그분의 뜻과 그분의 영광과 그분의 말씀과 명령에 따라 살도록 창조되었는데 그런 인간이 의식적, 무의식적으로 언어와 행동을 통하여 하나님을 적대시하고 하나님 없이 하나님을 등지고 사는 것이 죄이다." 네비게이토 출판사에서 발행한 <생명에 이르는 길>은 죄란 "하나님을 기쁘게 하기보다는 나를 기쁘게 하는 것이며 하나님 뜻보다는 내가 하고 싶은 대로 하는 것"으로 소개한다. 따라서 죄란 인간이 하나님이나 다른 사람에게 간섭받지 않으려는 태도다. "내 삶의 주인은 나다. 내 인생은 내 것이다. 그러므로 누구도 나에게 이래라저래라할 수 없다." 죄란 이런 태도로 사는 것이다. 죄란 근본적으로 마음의 태도다. 인간이 독단적으로 살아가는 것이 죄다. 적극적일 때는 하나님을 대적하고 소극적일 때는 하나님께 무관심하게 행동한다. 죄란 하나님으로부터 멀어짐이다. 그분의 통제에 대한 거역이다. 하나님과 협의 없는 활동, 태도, 행동이다. 하나님은 성경에서 죄에 대해 분명하게 말씀하고 계셨다.
"우리는 다 양 같아서 그릇 행하여 각기 제 길로 갔거늘"(사 53:6)
여기서 우리 인간은 양으로 비유하고 있다. 그 이유는 다른 짐승하고는 달리 양은 목자가 없이는 살아갈 수 없는 존재이기 때문이다. 양은 어디에 푸른 초장이 있고 쉴 만한 물가가 있는지 모르고 늑대 같은 동물이 공격해 올 때 방어 능력이 없어서 반드시 목자가 필요하다. 마찬가지로 우리 인간도 하나님 없이 살아갈 수 없는 존재다. 그러한 양이 목자를 떠나서 자기 고집대로 하려는 경향이 있는 것처럼 우리 인간도 하나님 없이는 살아갈 수 없는 존재가 하나님을 떠나서 자기 마음대로 살아가려 하기에 우리 인간을 양으로 비유한다. 예수님께서도 "나를 떠나서는 너희가 아무것도 할 수 없음이라"(요 15:5)라고 말씀하셨다. 양 같은 습성이 있는 우리 인간은 하나님을 떠나서 그릇 행하여 각자 자기 길로 나아간다. 하나님이 원하는 길로 나아가지 않고 자기 길로 나아가며 자기가 하고 싶은 대로 실행한다. 이것이 바로 죄가 되는 것이다. 단호한 말씀이 아닌가?

"다 치우쳐 함께 더러운 자가 되고 선을 행하는 자가 없으니 하나도 없도다"(시 14:3)

여기서 '치우쳤다'라는 말은 하나님의 길에서 하나님의 뜻에서 치우쳤으니 더러운 자가 될 수밖에 없다. 선을 행할 수는 더더욱 없다. 치우친 사람은 선을 행하기는커녕 가증스러운 죄들만 범한다. 마음으로는 하나님이 없다고 말한다(시 14:1-2). 시편 14편 3절에서는 '다 치우쳐 더러운 자가 되었다'라고 말하며, 로마서 3장 12절에서는 '다 치우쳐 한가지로 무익하게 쓸모없게 되었다'라고 말한다. 결국 다 치우쳐 한가지로 무익하게 되니 쓸모없는 인간이 되고, 결국 지옥에 들어가게 된다. 성경을 살펴보면 하나님께서 인간을 심판하시는 것을 추수로 비유한다. 알곡은 유익하여서 모아 창고에 들여놓고, 껍데기는 무익하니 모아서 불에 태운다. 마찬가지로 구원받은 사람은 유익하니 천국 창고로 들어가고, 불신자는 무익하니 지옥 불 못에 들어간다.

❹ 죄란 하나님을 마음에 모시지 않는 것이다.

단호한 말씀이 아닌가?

"또한 그들이 마음에 하나님 두기를 싫어하매 하나님께서 그들을 그 상실한 마음대로 내버려 두사 합당하지 못한 일을 하게 하셨으니"(롬 1:28)

하나님 없이 살아갈 수 없는 인간이 행복의 근원 되시는 하나님을 마음에 두기를 싫어한다. 자기 마음대로, 자기 뜻대로 살려는 것이다. 하지만 하나님이 없는 마음은 고장 난 마음, 허전한 마음, 문제가 많은 마음, 상실된 마음, 만족이 없는 마음이기 때문에 그런 마음을 가지고는 우리 인간은 행복하게 살 수 없다. 오히려 합당하지 못한 죄들만 범하게 된다. 로마서 1장 29~32절에 등장하는 죄들은 인간의 중심 보좌에 하나님이 계시지 않기 때문에 생기는 죄들이다. 인간이 하나님을 믿지 않고 자기 맘대로 살기 때문에 생기는 죄들이다. 하나님께서 그 마음 중심 보좌에 앉아 계시면 그러한 죄들은 범하지 않는다. 그들은 하나님을 버리고 자기 스스로 행복해지려고 노력하게 된다. 단호한 말씀이 아닌가?

"내 백성이 두 가지 악을 행하였나니 곧 그들이 생수의 근원되는 나를 버린 것과 스스로 웅덩이를 판 것인데 그것은 그 물을 가두지 못할 터진 웅덩이들이니라"(렘 2:13)

여기서 소개되는 두 가지 죄에서 그 한 가지는 생수의 근원 되는 하나님을 버린 것이다. 여기에서 왜 '생수의 근원 되는 하나님'으로 소개하였는가? 이 말씀의 의미가 무엇인가? 이것은 '행복의 근원 되는 하나님'이라는 뜻이다. 인간이 생수를 마시면 모든 갈증이 사라지고, 목마르지도 않고, 영원히 행복하게 살 수 있다. 예수님은 이 생수를 우물가의 여인에게도 말씀하셨다.

"내가 주는 물을 마시는 자는 영원히 목마르지 아니하리니 내가 주는 물은 그 속에서 영생하도록 솟아나는 샘물이 되리라"(요 4:14)

여기서 '생수의 근원 되는 하나님'을 버린 것은 하나님 없이 행복할 수 있다는 인간의 태도를 나타내기 때문에 죄가 되는 것이다. 하나님은 이 생명수를 줄 수 있는데 사람들은 생수의 근원 되시는 하나님을 버렸다. 그러나 우물가의 여인은 예수님께 그런 생수를 요청한다.

"여자가 이르되 주여 그런 물을 내게 주사 목마르지도 않고 또 여기 물 길으러 오지도 않게 하옵소서"(요 4:15)

예레미야 2장 13절은 또 다른 한 가지의 죄를 소개한다. 인간이 하나님 없이 행복해지려고 자기 스스로 노력하는 것이다. 생수의 근원 되는 하나님은 버렸지만, 물은 안 먹을 수는 없고 그래서 스스로 웅덩이와 샘을 판다. 그러나 아무리 노력을 해도 소용이 없는데 그 웅덩이는 물을 저축치 못할 터진 웅덩이기 때문이다. 하나님 없이 인간 스스로 노력하는 것은 밑 빠진 독에 물 붓는 것과 같다. 아무리 노력해도 인간이 하나님을 떠나서는 절대로 행복해질 수 없다.

❺ 죄란 불법이다.

성경은 한 마디로 "죄는 불법"(요일 3:4)이라고 선언한다. 여기서 보듯이 죄란 법을 어기는 것이다. 세상 모든 사람의 마음과 삶 가운데는 죄와 불법이 있다. 사람들은 남을 미워하고, 시기 질투하며, 서로 다투고, 속이고, 훔치고, 빼앗고, 해치고, 죽이기까지 하는 것을 보면 과연 불법이 들어 있다. 당신은 예외인가? 자기 삶과 마음속을 솔직하게 살펴보면 정도의 차이가 있을 뿐이지 이런 것들이 있다는 사실을 누구나 인정할 수밖에 없다. 이것은 우리 본성의 일부분이다. 예수님은 "네 이웃을 네 몸과 같이 사랑하라"(마 2:39)라고 말씀하셨다. 이웃을 자기 몸같이 사랑하지 못하는 것도 죄가 된다. 성경은 "우리는 다 그릇 행하여 각기 제 길로 갔다"(사 53:6)라고 선언한다. 내가 하고 싶은 대로만 한다면 이것은 곧 고민과 불행과 다툼의 원인이 된다. 살인, 도적질, 사기와 같은 것들만이 죄가 되는 것이 아니라 하나님을 기쁘시게 하기보다 나를 기쁘게 하는 것, 하나님의 뜻보다는 내가 하고 싶은 대로 하는 것, 하나님이나 다른 사람에게 간섭받지 않으려는 태도와 내가 나의 삶의 중심이 되고, 나를 다른 무엇보다 앞에 두는 태도가 바로 죄다. 내가 만일 죄를 범하면 나는 하나님에 대하여 적개심을 갖는 것이며 하나님을 반역하는 것이다.

우리가 법을 어길 때 어떤 불가피한 결과를 당하게 된다. 한 사람이 그 나라의 법을 어기면 그는 범죄자가 되며, 정죄를 당하게 되며, 결국 재판에 넘겨지게 된다. 죄를 범한다는 것은 하나님의 법을 어기는 것이다. 그런데 하나님은 로마서 3장 19절에서 분명하게 말씀하셨다.

"온 세상으로 하나님의 심판 아래 있게 하려 함이라"

죄를 범한다는 것은 정죄를 당하는 것을 말하며, 정죄를 당한다는 것은 우리가 심판을 받을 위험에 놓여 있고, 또 반드시 심판을 받을 수밖에 없다는 의미다. 하나님은 온 세상이 하나님의 심판 아래 있다고 말씀하셨다(롬 3:19). 여기서 우리는 죄의 참다운 성격에 관한 무서운 계시를 보게 된다. 죄는 법을 어기는 것이요, 범죄가 된다. 죄를 범한 자는 정죄를 당하게 되고, 그 결과 심판에 이르게 된다. 하나님은 심판 주가 되신다. 사람이 만든 법을 어길 때 그 범법자는 그 형벌의 값을 치러야 한다. 하나님은 사람보다 못한 분이 아니시기 때문에 하나님의 법을 어겼을 때 온 세상의 심판자이신 하나님은 그 죄의 형벌을 요구하신다.

❻ **죄란 바꾸는 것이다.**
우리는 하나님에 의해서 창조된 인간이기 때문에 우리는 당연히 하나님을 섬겨야 한다. 이것이 인간의 본분이요 사람의 도리다. 솔로몬이 전도서에서 인생을 논한 다음 마지막으로 이렇게 결론을 내렸다.
"일의 결국을 다 들었으니 하나님을 경외하고 그의 명령들을 지킬지어다 이것이 모든 사람의 본분이니라"(전 12:13)

그런데 인간이 하나님은 섬기지 않고 헛된 우상을 섬기는 것이 죄다. 섬길 대상을 하나님이 아니라 우상으로 바꾸는 것이다. 사도 바울은 로마서 1장 21~23절에서 이것을 명확하게 지적하고 있다.
"하나님을 알되 하나님을 영화롭게도 아니하며 감사하지도 아니하고 오히려 그 생각이 허망하여지며 미련한 마음이 어두워졌나니 스스로 지혜 있다 하나 어리석게 되어 썩어지지 아니하는 하나님의 영광을 썩어질 사람과 새와 짐승과 기어다니는 동물 모양의 우상으로 바꾸었느니라"(롬 1:21-23)

결국 인간이 죄를 범함으로 하나님을 떠나게 되었고, 하나님이 주신 모든 축복을 잃어버리게 되었다. 이 모든 원인은 인간이 죄를 범했기 때문이다. 항상 죄가 인간에게 문제를 일으킨다. 온 우주에서 가장 무섭고, 파괴적인 것이 죄다. 모든 문제의 원인, 모든 슬픔의 근원, 모든 인간의 공포 원인은 죄다. 죄는 인간의 본성을 뒤집어 놓았고, 인간 생활의 내적 조화를 파괴하고, 인간으로부터 그 고귀함을 박탈해 갔다. 죄는 인간을 유혹하여 마귀 사탄의 사슬에 얽매이게 했다. 모든 정신 이상, 모든 질병, 모든 파괴, 모든 전쟁은 그 뿌리를 죄에 두고 있다. 죄는 인간의 두뇌에 광란을 가져왔고 심장에 독소를 집어넣었다.

죄는 광란하는 태풍이며, 분화 중인 화산이며, 정신 병원에서 뛰쳐나간 미치광이다. 죄는 배회하는 범죄자이며, 먹이를 찾아 헤매는 사자이며, 지상을 향해 돌진하는 번갯불이다. 죄는 목을 잘라내는 단두대이며, 인간의 영혼까지 좀먹어 들어가는 암이며, 전방에 있는 모든 것을 휩쓸어버리는 성난 태풍이다. 죄로 인하여 모든 인간의 범죄를 담은 물줄기는 더러워졌고, 모든 바람은 도덕적으로 부패했고, 매일 매일의 광선은 어두워지고, 모든 인생의 잔은 쓴 맛이 감돌고, 모든 인생 행로는 함정으로 위험스러워지고, 모든 인생 항로는 암초의 위험에 직면해 있다. 죄는 모든 행복을 파괴하고, 이해력을 어둡게 하고, 양심을 마비시키고, 모든 것을 고갈시키고, 모든 슬픔의 눈물과 고민의 아픔을 가져온다. 죄는 최고급 옷을 약속하면서 수의를 가져다주며, 자유를 약속하고는 속박을 주며, 비단을 약속하면서 무명을 준다. 장구한 세월 동안, 인간은 죄의 병에 눈이 멀어 탈출구를 찾아 헤매야 하는 영적인 암흑세계에 빠져 있다. 결국 인간은 죄인이기 때문에 위험에 처하여 있고 구원이 필요하다.

4. 구원 - 인간의 죽음의 문제 해결

우리 인간은 자신이 위험하다는 사실을 인식해야 구원을 요청한다. 그렇다면 인간의 위험은 무엇인가? 성경은 다음 세 가지 때문에 인간이 위험하다고 말씀한다. 첫째로 인간은 죄인이기 때문에 위험하다. 둘째로 인간은 죄의 대가로 죽어야 해서 위험하다. 셋째로 죽은 후에 심판을 받고 죄에 대가로 지옥에 들어가기 때문에 위험하다. 이제 인간의 두 번째 위험인 죽음에 대해 살펴보자.

"한번 죽는 것은 사람에게 정해진 것이요 그 후에는 심판이 있으리니"(히 9:27)

❶ 인간은 영적으로 죽어 있다.

"그는 허물과 죄로 죽었던 너희를 살리셨도다"(엡 2:1)

여기 '너희'란 구원받은 에베소 교회 성도들이며, 그들은 구원받기 전에 허물과 죄로 죽어 있었다. 우리 모든 그리스도인도 구원받기 전에는 영적으로 죽어 있었지만, 구원을 받을 때 다시 살아난다. 우리는 과거에 허물과 죄로 인하여 영적으로 죽어 있었다. 죄악의 쾌락 가운데 사는 사람들도 영적으로 죽어 있다. 그들은 누구든지 죄악의 쾌락 가운데서 살고 있다면 영적인 일에 대하여 죽어 있다. 아담의 죄는 그를 영적인 일들로부터 분리했다. 선과 악을 알고도 악을 택하는 사람들도 역시 영적인 일들로부터 분리된다. 하지만 구원받은 사람은 죽음 가운데서 살아나서 성령의 역사로 말미암아 영적인 일들에 대하여 깨어 있다. 따라서 죄에 대하여 죽은 우리는 예수님이 우리를 위해 해놓으신 일 때문에 새 생명 가운데서 의롭게 살아야 한다.

구원받지 못한 사람은 영적인 일에 대하여 죽어 있다. 구원받은 사람은 죄악된 일에 대하여 죽어 있다. 구원받은 자나 죄인이나 모두 몸이 죽는다. 하지만 구원받지 못한 사람은 몸이 죽으면 즉시 영원토록 거할 지옥에 들어가며 다가올 영원한 죽음에 들어간다. 성경을 잘 살펴보면 우리는 죽음이 무의식의 상태가 아니라는 것을 알 수 있다. 죽음은 단지 어떤 일에 대하여 활동할 수 없는 상태다.

구원받지 못한 사람은 하나님과 교통할 수 있는 영이 죽어 있어서 그들은 영적으로 죽어 있어서 하나님을 찾지 않고, 하나님께 영광을 돌리지도 않고, 오히려 하나님을 부인하고 영적인 것들을 미련하게 여기며 영적인 일에 대한 깨달음도 없다. 하나님 말씀을 듣고 성령께서 깨우쳐 주기 전에는 사람은 영적으로 죽어 있어서 구원을 받을 수 없고 하나님을 찾지도 않는다. 성경은 분명하게 말씀한다.

"육에 속한 사람은 하나님의 성령의 일들을 받지 아니하나니 이는 그것들이 그에게는 어리석게 보임이요, 또 그는 그것들을 알 수도 없나니 그러한 일은 영적으로 분별 되기 때문이라"(고전 2:14)

여기서 '육에 속한 사람'은 믿지 않는 사람이다. 그들은 자연인이며 하나님의 영적인 일들이 오히려 미련하게 본다. 성경은 '그에게는 어리석게 보임이요'라고 말씀한다. 그러나 구원받고 성령께서 우리의 마음에 들어오시면 어려운 성경 말씀도 이해되고 영적인 것들이 이해되기 시작한다.
'그러한 일은 영적으로 분별 되기 때문이라'

하나님의 영적인 것들은 사람의 눈으로 보는 것이 아니며 사람의 귀로 듣는 것도 아니며 인간적인 마음으로 생각해도 알 수 없다. 오히려 믿음의 눈으로 성령께서 역사하실 때 진리를 분별할 수 있고 볼 수 있다. 성경은 이 점을 명확하게 말씀한다.
"기록된 바 하나님이 자기를 사랑하는 자들을 위하여 예비하신 모든 것은 눈으로 보지 못하고 귀로 듣지 못하고 사람의 마음으로 생각하지도 못하였다 함과 같으니라 오직 하나님이 성령으로 이것을 우리에게 보이셨으니 성령은 모든 것 곧 하나님의 깊은 것까지도 통달하시느니라"(고전 2:9-10)

❷ 인간에게 육신의 죽음이 있다

영혼이 몸을 떠날 때 그 몸이 죽는 것이 육신의 죽음이다. 그때 몸은 더는 활동할 수 없으며 우리 몸은 원래 흙으로 지어졌기 때문에 몸이 죽으면 흙으로 돌아간다. 인간의 혼은 의식이 있다는 것이 성경의 진리다. 누가복음 16장에 나오는 부자는 죽어 몸이 무덤에 묻혔지만, 그의 혼은 지옥의 고통을 의식하고 있었으며 예수님을 믿는 것을 거절하였기 때문에 지금도 고통을 당하고 있다. 성경은 육신의 죽음에 대해 이렇게 말씀한다.
"한번 죽는 것은 사람에게 정해진 것이요 그 후에는 심판이 있으리니"(히 9:27)
인생을 무엇에 비유할 수 있는가? 인생은 나그넷길에 비유될 수 있다. 이 세상은 종착역이 아니라 그저 잠시 들려 가는 휴식처이며 인생 나그넷길은 사람이 과거라는 역을 출발하여 현실이라는 역을 거쳐 미래라는 종착역에 도착하면 인생이 끝난다. 여기서 탄생은 과거라는 역이며, 현실은 우리가 사는 역이며, 죽음은 미래의 종착역이다. 언제, 어떻게 이 미래의 종착역에 닿을지 모르는 것이 우리의 인생이다. 우리의 평생은 순식간에 지나가며 너무나 빨리 지나가기 때문에 인생은 너무나 짧고 허무하다. 성경은 이 점을 분명하게 말씀한다.

"그러므로 모든 육체는 풀과 같고 그 모든 영광은 풀의 꽃과 같으니 풀은 마르고 꽃은 떨어지되"(벧전 1:24)

모든 풀은 반드시 시들 때가 있는 것처럼 인생도 시들어 죽을 때가 있으며 사람이 아무리 건강하고 미모가 아름답다고 하더라도 그것은 영원히 지속되지 못하고 사라질 때가 있다. 따라서 성경은 인간의 모든 영광을 풀의 꽃에 비유한다. '풀은 마르고 꽃은 떨어지되' 아무리 아름답고 부드러운 피부라도 나이가 들면 쭈글쭈글해지고 탄력이 없고 주름살이 생기며 죽으면 썩어 버린다.

❸ 인생살이가 고달프다.

모든 사람은 오래 살지 못하고 빨리 죽으며 아주 짧은 삶을 살아도 그 인생 속에는 괴로움이 가득하다. 한시라도 편안한 날이 많지 않고 괴로움의 연속이기 때문에 성경은 이 점을 명확하게 말씀한다.

"여인에게서 태어난 사람은 생애가 짧고 걱정이 가득하며 그는 꽃과 같이 자라서 시들며 그림자 같이 지나가며 머물지 아니하거늘"(욥 14:1-2)

우리 인생은 그림자 같고, 풀과 같고, 안개와 같은 존재다. 안개는 작은 물방울로 되어 있어서 햇빛이 비치면 사라지며 우리는 잠깐 있다가 없어지는 제한된 인생이기 때문에 성경은 이 점을 분명하게 말씀한다.

"들으라 너희 중에 말하기를 오늘이나 내일이나 우리가 어떤 도시에 가서 거기서 일년을 머물며 장사하여 이익을 보리라 하는 자들아, 우리의 모든 날이 주의 분노 중에 지나가며 우리의 평생이 순식간에 다하였나이다 우리의 연수가 칠십이요 강건하면 팔십이라도 그 연수의 자랑은 수고와 슬픔뿐이요 신속히 가니 우리가 날아가

나이다"(약 4:13, 시 90:9-10)

우리 인생은 사는 날이 적고, 그림자같이 신속하고, 평생이 순간적으로 지나가는 존재이기 때문에 시편 기자는 인간의 죽음을 날아가는 화살에 비유했다. 어떤 사람이 화살을 가지고 목표물을 향해 쏘았을 때 화살을 쏘는 순간이 탄생이요, 날아가는 과정이 인생길이요, 목표물에 닿는 순간이 죽음이다. 우리는 죽음을 향해서 걸어가는 것도 아니요, 뛰어가는 것도 아니요, 날아간다. 우리 인생의 전체를 생각해 보면 세월과 시간이 어렸을 때는 기어가고, 청소년 때에는 걸어가고, 청년 때에는 뛰어가고, 늙었을 때는 날아가는 것을 느낄 수 있다. 어릴 때는 시간이 지나서 빨리 어른이 되고 싶지만 어른이 되면 하는 일 없이 세월만 보내고 있다는 생각이 든다. 그리고 세월이 얼마나 빠른지 날아가는 것과 같다.

❹ 인간은 언제 어떻게 죽을지 모른다.

우리는 내일 일을 모르며 언제, 어떻게 죽을지 모르기 때문에 어떤 사람들은 거창한 계획을 세워 놓고 그것을 실천해 보지도 못하고 죽는다. 내일 결혼식을 앞두고 죽는 사람, 새집을 사 놓고 죽는 사람, 좋은 회사를 시작하여 출근해 보지도 못하고 죽는 사람, 새 차를 사 놓고 타보지 못하고 죽는 사람, 좋은 가게를 얻어 장사를 시작해 보지도 못하고 죽는다. 성경은 그런 사람들을 이렇게 소개한다.

"들으라 너희 중에 말하기를 오늘이나 내일이나 우리가 어떤 도시에 가서 거기서 일 년을 머물며 장사하여 이익을 보리라 하는 자들아 내일 일을 너희가 알지 못하는도다 너희 생명이 무엇이냐 너희는 잠깐 보이다가 없어지는 안개니라"(약 4:13-14)

어떤 부자가 얼마나 농사를 잘 지었는지 몇 년 동안 먹어도 남을 만큼 곡식을 많이 쌓아 두고 즐거워했지만, 하나님은 그 부자에게 이렇게 말씀하셨다. "오늘 밤에 네가 죽는다면 이 예비한 모든 것이 무슨 유익이 있겠느냐?"
이것이 성경의 말씀이다.

"또 내가 내 영혼에게 이르되 영혼아 여러 해 쓸 물건을 많이 쌓아 두었으니 평안히 쉬고 먹고 마시고 즐거워하자 하리라 하되 하나님은 이르시되 어리석은 자여 오늘 밤에 네 영혼을 도로 찾으리니 그러면 네 준비한 것이 누구의 것이 되겠느냐 하셨으니"(눅 12:19-20)

우리는 언제, 어떻게 죽을지 모르기 때문에 사고로 죽을지, 병으로 죽을지, 나이가 들어 노화로 죽을지 모른다. 이 육신의 죽음에는 세 가지 원인이 있다. 그것은 사고와 병과 노화 현상이다.

첫째, 어떤 사람은 사고로 생을 마감한다.
아무리 건강하고 부유한 사람이라도 사고를 당하면 죽음을 모면할 도리가 없다. 모두 조심을 하면 사고를 면할 수 있다고 생각하지만 큰 비행기 사고나 큰 불이 났을 때는 개인의 조심과 관계없이 죽을 수도 있다. 세계 각처에서 대형 사고들이 얼마나 자주 일어나는가? 배가 침몰하고, 비행기가 추락하고, 가스가 폭발하고, 아파트가 무너지고, 열차가 전복되고, 큰 지진과 홍수가 일어나고 있다. 이처럼 지구상에는 끊임없는 사고가 자주 일어나서 많은 사람이 교통사고로 죽어가고 있다. 내가 조심해서 운전했지만, 상대방의 잘못으로 부딪치면 별도리 없이 죽을 수도 있다. 매년 그것이 세상에서 마지막으로 하는 운전이라는 것을 알지 못하고 자동차에 오르는 사람이 미국만도 4만 명이 넘는다.

둘째, 많은 사람은 질병으로 생을 마감한다.
죽음은 사정없이 냉정하게 인류의 발자취를 살피고 있다. 의학이나 안전조치가 죽음을 대항하여 싸움을 벌이고 있지만 결국에는 죽음이 승자가 된다. 인간의 오랜 과학적 투쟁의 결과 사람들은 그 수명을 몇 년 더 연장할 수 있었지만, 성경에서 말하는 인간의 평균 수명 70세를 넘지 못했다. 성경은 분명하게 선포한다.

"우리의 연수가 칠십이요 강건하면 팔십이라도 그 연수의 자랑은 수고와 슬픔뿐이요 신속히 가니 우리가 날아가나이다"(시 90:10)

대 도시에는 새롭게 지은 대형 병원들이 많이 들어서 그 병실에는 아픈 병자들이 가득 입원해 있지만, 요즘처럼 질병이 많을 때도 없다. 수많은 의학 기술과 기구들과 약들이 나오고 있지만, 여전히 질병으로 죽는 사람들이 많다. 각종 심장병은 한창 전성기에 있는 젊은 사람들의 생명을 앗아가며 암 역시 수천수만에 달하는 사람들의 몸에 고통을 불어넣고 있다.

셋째, 사람은 자신이 원하지 않아도 나이를 먹기 때문에 자연적으로 늙으면 죽는다.

인간이 육신의 죽음을 피할 수 있는 길이 있는가? 한 가지의 길이 있다면 구원받은 우리가 살아 있을 때 예수님이 재림하시면 육신의 죽음을 피할 수 있다. 우리가 살아있는 가운데 부활하여 주님을 만날 수 있기 때문이다. 다음 성경 말씀은 그 사실을 자세히 설명한다.

"형제들아 자는 자들에 관하여는 너희가 알지 못함을 우리가 원하지 아니하노니 이는 소망 없는 다른 이처럼 슬퍼하지 않게 하려 함이라 우리가 예수께서 죽으셨다가 다시 살아나심을 믿을진대 이와 같이 예수 안에서 자는 자들도 하나님이 그와 함께 데리고 오시리라 우리가 주의 말씀으로 너희에게 이것을 말하노니 주께서 강림하실 때까지 우리 살아 남아 있는 자도 자는 자보다 결코 앞서지 못하리라 주께서 호령과 천사장의 소리와 하나님의 나팔 소리로 친히 하늘로부터 강림하시리니 그리스도 안에서 죽은 자들이 먼저 일어나고 그 후에 우리 살아 남은 자들도 그들과 함께 구름 속으로 끌어 올려 공중에서 주를 영접하게 하시리니 그리하여 우리가 항상 주와 함께 있으리라 그러므로 이러한 말로 서로 위로하라"(살전 4:13-18)

❺ 죽음은 모든 사람에게 정해져 있다.

죽음은 모든 사람에게 정해진 사실이다. 죽음에 대한 싸움은 어린아이가 태어나는 순간부터 시작하여 어머니는 자녀의 생명을 보호하기 위해서 여러 해 동안 심혈을 기울인다. 어머니는 아이의 음식과 의복과 환경을 돌보고, 진료와 예방 접종을 시킨다. 이와 같은 어머니의 보살핌에도 불구하고 아이 중에 이미 죽어 간 아이들이 많다. 그러므로 죽음은 어린 아기를 포함하여 모든 사람에게 정해진 사실이다. 이 말은 사람으로 이 세상에 태어난 이상 죽음을 피할 수 있는 사람은 없다는 뜻이다. 필자는 두려움을 갖게 하려고 죽음을 말하는 것이 아니다.

이 죽음은 창조의 새벽부터 현재까지, 아니 세상 끝날까지 모든 인류가 경험해야 할 공통의 경험 죽음은 모든 사람에게 이미 예정되어 있어서 언제 죽느냐 하는 것이 문제다. 우리가 살아가는 중에 이런저런 약속을 하지만 이러한 약속은 소홀히 할 수도 있고 어길 수도 있지만 아무도 무시하거나 깰 수 없는 약속이 하나 있는데 우리는 반드시 한 번은 이 약속을 지킬 수 있으며, 꼭 지켜야 할 약속이 바로 죽음이라는 약속이다. 생명이 탄생하고 어린아이가 태어나면 우리는 기뻐한다. 하지만 생명이 가고 사람이 죽으면, 우리는 될 수 있는 대로 빨리 죽음에 대해서 잊으려고 한다. 많은 사람은 세상에 많은 생명이 태어나게 하려고 온갖 노력을 다하지만, 그와 같은 생명이 이 세상으로부터 사라져 가는 것을 망각한다. 따라서 인간은 죽음을 적절하게 준비하는 지혜가 필요하다.

한 나라에 왕을 즐겁게 해주는 광대가 있었다. 그 광대는 바보스러운 행동으로 왕을 즐겁게 해주었기 때문에 왕은 그 광대가 가장 바보스러운 존재라고 생각했다. 그러던 어느 날 왕은 광대에게 사명을 하나 맡긴다.

"너는 이 세상을 여행해 보고 너보다 더 바보스러운 사람을 찾아라. 그 사람을 만나면 나에게 데려오너라"

광대는 자기보다 더 바보인 사람을 찾기 위해서 여행을 떠났지만 많은 세월이 흘렀는데도 그 광대는 돌아오지 않았다. 어느 날 왕에게 큰 병이 들어 죽음이 다가오게 되었다. 그러자 왕은 빨리 그 광대를 찾아오라고 명령했는데 너무나 궁금해서 견딜 수가 없었다. 드디어 그 광대가 돌아와 왕 앞에 도착하자 왕은 광대에게 물었다.

"너보다 더 바보스러운 사람을 찾았느냐?"

광대는 찾지 못했다고 대답했지만, 광대는 왕이 곧 죽게 될 것을 알고 왕에게 질문했다.

"왕이여, 왕은 미지의 죽음의 여행을 시작하시려 하는데 그 여행을 떠날 준비를 하셨습니까?"

그러자 왕은 준비를 못 해서 두렵다고 고백하자 광대는 이제야 자기보다 더 바보스럽고 어리석은 사람을 찾았다고 말한다. 그 어리석은 자는 바로 왕이었다. 왜냐하면 죽음의 여행을 떠날 사람이 준비도 하지 않았기 때문이다.

❻ 당신은 죽음을 준비하였는가?

우리는 다른 모든 일에 대하여 준비하면서도 죽음에 대해서만큼은 준비하려 들지 않기 때문에 참으로 이상한 일이다. 우리는 교육을 위해서 준비하고, 사업, 출세, 회사의 취직, 결혼을 위해서 준비하며, 늙을 때를 위해서 준비한다. 우리는 모든 일을 위해서 준비하지만 죽는 순간을 위해서는 아무런 준비를 하지 않는다. 우리는 주위에서 일어나는 사건을 통하여 죽음이 사실이라는 것을 목격한다. 구급차의 요란스러운 사이렌 소리, 장례 등을 걸어 놓은 초상집, 우리가 가끔 지나치는 묘지들, 도시의 심한 교통을 뚫고 지나가는 영구차 등이 죽음이 언제 우리를 부르러 올지 모른다는 것을 우리에게 상기시킨다. 이 세상의 수많은 병원은 "한번 죽는 것은 사람에게 정하신 것이요"라고 말한다. 수많은 장의사도 우리를 만날 때마다 "한번 죽는 것은 사람에게 정하신 것이요"라고 말한다. 신문과 방송의 뉴스에서도 "한번 죽는 것은 사람에게 정하신 것이요"라고 말한다. 큰 대형 사고가 일어날 때도 "한번 죽는 것은 사람에게 정하신 것이요"라고 말한다. 교통사고가 일어날 때도 "한번 죽는 것은 사람에게 정하신 것이요"라고 말한다. 우리가 이러한 죽음의 사건을 직면할 때마다 마귀는 우리에게 속삭인다.

"다른 사람이 다 죽어도 너는 안 죽는다"

그 소리를 듣고 우리는 자신에게 속삭인다.

"그래, 나는 안 죽는다"

그러나 설교자들이 죽음의 사실을 증명하려고 시간을 허비하고 노력할 필요가 없다. 설교자가 노력하지 않아도 죽음은 사실이기 때문이다.

❼ 죽음은 사람을 구별하지 않는다.

죽음은 사람을 구별하지 않기 때문에 모든 사람을 같은 지위로 하락시킨다. 죽음은 만민을 차별 없이 대하며 왕의 궁전도 가난한 농부의 집을 방문하듯이 쉽게 접근한다. 대통령의 관저에도 죽음은 자기 집 안방 드나들듯 찾아간다. 죽음은 노인을 불러가기도 하며, 심지어 어머니 품속에 있는 갓난아기에게도 찾아간다. 죽음은 결혼식을 앞둔 사랑스러운 신부에게도 찾아간다. 죽음은 부자에게서 그 재물을 앗아가고, 가난한 사람에게서 그 누더기를 벗기어 버리며, 사람에게서 끓어오르는 탐심을 식혀버리고, 정욕의 불길을 죽여버린다. 모든 사람이 죽음을 도외시하고 모르는 체하려고 애를 쓰지만, 왕자든, 농부든, 바보든, 힘센 장사이든, 살인자든, 성자이든 간에 누구나 한번은 직면해야 하는 것이 죽음이다. 죽음은 나이도 상관하지 않고 야당이나 여당의 당파심도 없다. 정확한 시간은 아무도 모르지만, 우리는 죽음이 언제라도 찾아올 수 있는 불청객이라는 사실이다.

우리의 생명은 금방이라도 끊어질 것 같은 실에 매달려 있다. 무덤은 우리의 인생 노정에 한 발짝 걸음을 옮겨 놓을 적마다 그 어두컴컴한 입을 벌리고 있다. 죽음은 만인의 적으로 제왕이라도 할지라도 죽음의 칼 앞에는 굴복한다. 과학자나 의사들은 이 죽음이라는 괴물을 왕궁에서 멀리 떼어놓으려고 용감하게 싸우고 있지만, 수의를 몸에 걸친 공포의 군주는 몰래 호위망을 뚫고 곧마루에 나와 왕의 침실로 들어가서 음산한 외투로 군주를 덮쳐 버린다.

❽ 당신은 어디로 가고 있는가?

우리는 사실 죽음으로 나아가며 그 길을 가면서 가정과 사회에서 일하고 있다. 이 사실이 너무 심한 말로 느껴지는가? 하지만 우리가 하는 일 모두는 죽음으로 가는 길에서 하는 것과 같다. 잠을 자는 것도, 식사를 하는 것도, 공부를 하는 것도, 장사를 하는 것도, 심지어 사랑하는 것도, 죽음으로 가는 길에서 한다. 이것이 진실이다. 진실이 무엇인가? 진실은 매우 중요하고 절대로 변하지 않기 때문에 우리는 진실을 바로 알아야 한다. 사람이 한번 죽는 것은 진리요 사실이다. 중요한 것은, 구원받은 사람들은 죽은 다음에 아름다운 하늘나라에 들어가고 구원받지 못한 사람은 죽어서 지옥에 들어간다.

죽음은 결코 끝이 아니며 소멸도 아니다. 사실 우리 인간은 아무것도 소멸시킬 수 없다. 어떤 사람들은 쓰레기를 줄이려고 쓰레기 소각장에서 쓰레기를 태우지만, 쓰레기를 모두 없앨 수 있는가? 그럴 수 없는 것이 현실이다. 쓰레기를 불에 태우면 가스를 발생시켜서 공기를 오염시킬 뿐이며 그것은 하나도 없어진 것이 아니라 쓰레기를 다 태운 후에 타버린 재와 태울 때 나온 가스의 무게를 달아보면 처음의 쓰레기의 무게와 똑같다는 사실을 알게 될 것이다. 태워서 없애 버린 것이 아니고 단지 형태만 바꾸어 놓았다. 만일 냄비에 물을 계속 끓이면 물이 없어지고 다 소멸한 것처럼 보이지만 그것은 단지 수증기로 변해서 공기 중에 남아 있어서 이것이 바로 물의 순환이다. 물을 햇빛으로 데워서 수증기로 변하여 구름이 되어 올라가면 다시 비와 눈으로 변해서 다시 이 땅에 내려온다. 그래서 인간이 소멸시킬 수 있는 것은 하나도 없는 것처럼 인간의 죽음도 소멸이 아니며 인간의 영혼도 소멸할 수 없다. 그 영혼은 의식을 가진 채 영원토록 하나님의 축복 속에서 살게 되든지 아니면 저주받은 지옥에서 고통과 재앙 속에서 살게 된다. 따라서 인간은 죽음 때문에 위험하며 구원이 필요한 존재다.

5. 구원 – 인간의 지옥의 문제 해결

인간의 위험 세 가지 중에 마지막은 인간이 죽은 후에 심판을 받고 지옥에 들어가는 위험이다. 어떤 사람이 심판을 받는가? 성경은 단호하게 말씀한다. "한번 죽는 것은 사람에게 정해진 것이요 그 후에는 심판이 있으리니, 또 내가 보니 죽은 자들이 큰 자나 작은 자나 그 보좌 앞에 서 있는데 책들이 펴어 있고 또 다른 책이 펴졌으니 곧 생명책이라 죽은 자들이 자기 행위를 따라 책들에 기록된 대로 심판을 받으니"(히 9:27, 계 20:12)

여기 성경은 '죽은 사람이' 심판을 받는다고 말한다. 그러므로 인간은 구원받기 위해서 자신이 얼마나 위험한가를 알아야 한다. 자신이 죄 때문에 죽어서 심판을 받고 지옥에 들어간다는 사실을 알아야 한다. 그러면 지옥은 과연 어떤 곳인가?

❶ 지옥은 성경이 보여준다.

지옥에 관한 모든 것을 알려주는 유일한 출처는 성경이다. 성경을 떠나서는 인간이 지옥에 대해서 도저히 알 수 없다. 어떤 사람이 지옥을 체험하고 돌아와서 우리에게 말해 주는 것은 도저히 불가능하다. 그곳에서 이곳으로 올 수 있는 길은 없다. 지옥은 인간이 만들어 낸 이야기가 아니며 지옥은 분명히 존재하며 성경에서 말하는 문자 그대로의 장소로 지옥은 고통이 있는 곳, 어두운 곳, 슬피 울며 이를 가는 곳, 구더기도 죽지 않고 불도 꺼지지 아니하는 곳, 고난의 연기가 세세토록 올라가는 곳이라고 성경은 말한다. 성경에서 지옥을 얼마나 중요하게 다루는지 신약 성경은 27권이며 장수는 264장으로 되어 있는데, 그중에서 심판과 영원한 형벌의 장소에 관하여 234번이나 말씀한다. 성경은 하늘나라에 대해서보다도 지옥에 대해서 더 많이 말씀해서 만일 지옥이 없다면 성경은 하나님의 말씀이 아니며, 예수님도 우리의 구세주가 될 수 없는 것은 우리 예수께서 지옥에 대해서 말씀하셨기 때문이다. 성경은 지옥에 대해 분명하게 말씀한다.

"불러 이르되 아버지 아브라함이여 나를 긍휼히 여기사 나사로를 보내어 그 손가락 끝에 물을 찍어 내 혀를 서늘하게 하소서 내가 이 불꽃 가운데서 괴로워하나이다, 나는 너희에게 이르노니 형제에게 노하는 자마다 심판을 받게 되고 형제를 대하여 라가라 하는 자는 공회에 잡혀가게 되고 미련한 놈이라 하는 자는 지옥 불에 들어가게 되리라, 인자가 그 천사들을 보내리니 그들이 그 나라에서 모든 넘어지게 하는 것과 또 불법을 행하는 자들을 거두어 내어 풀무 불에 던져 넣으리니 거기서 울며 이를 갈게 되리라, 세상 끝에도 이러하리라 천사들이 와서 의인 중에서 악인을 갈라 내어 풀무 불에 던져 넣으리니 거기서 울며 이를 갈리라, 또 왼편에 있는 자들에게 이르시되 저주를 받은 자들아 나를 떠나 마귀와 그 사자들을 위하여 예비된 영원한 불에 들어가라, 손에 키를 들고 자기의 타작 마당을 정하게 하사 알곡은 모아 곳간에 들이고 쭉정이는 꺼지지 않는 불에 태우시리라, 하나님을 모르는 자들과 우리 주 예수의 복음에 복종하지 않는 자들에게 형벌을 내리시리니 이런 자들은 주의 얼굴과 그의 힘의 영광을 떠나 영원한 멸망의 형벌을 받으리로다, 그도 하나님의 진노의 포도주를 마시리니 그 진노의 잔에 섞인 것이 없이 부은 포도주라 거룩한 천사들 앞과 어린 양 앞에서 불과 유황으로 고난을 받으리니 그 고난의 연기가 세세토록 올라가리로다 짐승과 그의 우상에게 경배하고 그의 이름 표를 받는 자는 누구든지 밤낮 쉼을 얻지 못하리라 하더라, 사망과 음부도 불못에 던져지니 이것은 둘째 사망 곧 불못이라 누구든지 생명책에 기록되지 못한 자는 불못에 던져지더라, 만일 네 오른 눈이 너로 실족하게 하거든 빼어 내버리라 네 백체 중 하나가 없어지고 온 몸이 지옥에 던져지지 않는 것이 유익하며 또한 만일 네 오른손이 너로 실족하게 하거든 찍어 내버리라 네 백체 중 하나가 없어지고 온 몸이 지옥에 던져지지 않는 것이 유익하니라"(눅 16:24, 마 5:22, 13:41-42, 13:49-50, 25:41, 3:12, 살후 1:8-9, 계 14:10-11, 20:14-15, 마 5:29-30)

❷ 지옥은 힌놈의 계곡에 비유된다.

"그러나 두려워하는 자들과 믿지 아니하는 자들과 흉악한 자들과 살인자들과 음행하는 자들과 점술가들과 우상 숭배자들과 거짓말하는 모든 자들은 불과 유황으로 타는 못에 던져지리니 이것이 둘째 사망이라"(계 21:8)

여기 '불과 유황으로 타는 못'은 신약 성경의 원어인 헬라어로 '게헨나(Gehenna)'라고 부른다. 이 단어는 신약에서 하나님과 복음을 거절한 자들의 영원한 거처를 가리키는 말로, 예수님이 11번 사용하셨다. 야고보도 이 말을 사용하였다.
"혀는 곧 불이요 불의의 세계라 혀는 우리 지체 중에서 온 몸을 더럽히고 삶의 수레바퀴를 불사르나니 그 사르는 것이 지옥 불에서 나느니라"(약 3:6)
이 '게헨나'는 '힌놈의 계곡'이라는 히브리어에 그 어원을 두고 있으며 힌놈의 계곡은 예루살렘 밖에 있는데, 국가에 반역한 자들을 빠뜨리는 곳이다. 이 계곡의 특징은 불이 그곳에 계속 타오르는 것으로 많은 사람이 이것을 지옥의 완벽한 특징이라고 보았다. 바로 하나님을 거부하고 믿지 않는 자들이 거하는 곳이다. 예수님이 지옥이 없는데 힌놈 골짜기에서 지옥을 만들어 낸 것이 아니고 실제의 지옥을 그 당시 이스라엘 사람들이 가장 잘 이해하도록 힌놈 골짜기를 통해서 설명하셨다. 근본적으로 지옥은 하나님으로부터 분리된 상태이며, 둘째 사망으로서 모든 밝고, 즐겁고, 좋고, 행복하고, 의로운 실재로부터 영원히 분리되는 곳이다.

❸ 사탄은 지옥이 없다고 거짓말한다.

사탄은 에덴동산에서 처음 나타난 이래로 지금까지 사람들이 하나님의 말씀을 믿지 않도록 속이며 하나님의 말씀마다 도전한다. 창세기 초반부에서 사탄은 아담과 하와가 하나님의 말씀을 믿지 못하도록 유혹을 하였는데 오늘날에도 마찬가지다. 사탄은 "지옥은 없다"라고 주장하며, 지옥이란 단지 무덤일 뿐이며, 실제의 고통 같은 것은 없다고 거짓말한다. 때때로 사탄은 지옥에 있는 자들이 구원받을 다른 기회가 있다고 외치기도 한다. 예수님은 누구를 두려워하라고 했는가? 사랑과 친절을 설교하신 예수님은 분명하게 말씀하셨다.

"내가 내 친구 너희에게 말하노니 몸을 죽이고 그 후에는 능히 더 못하는 자들을 두려워하지 말라 마땅히 두려워할 자를 내가 너희에게 보이리니 곧 죽인 후에 또한 지옥에 던져 넣는 권세 있는 그를 두려워하라 내가 참으로 너희에게 이르노니 그를 두려워하라"(눅 12:4-5)

우리는 몸을 죽이겠다는 사람을 두려워하지만, 예수님은 우리의 몸을 죽이고 그다음에는 더는 다른 것을 할 수 없는 사람을 두려워하지 말고, 죽은 후에 지옥에 던져 넣는 권세를 가지신 하나님을 두려워하라고 말씀하셨다.

❹ 예수님이 지옥에 대해 경고하셨다.

예수님은 분명하게 말씀하셨다.

"만일 네 손이 너를 범죄하게 하거든 찍어버리라 장애인으로 영생에 들어가는 것이 두 손을 가지고 지옥 곧 꺼지지 않는 불에 들어가는 것보다 나으니라 만일 네 발이 너를 범죄하게 하거든 찍어버리라 다리 저는 자로 영생에 들어가는 것이 두 발을 가지고 지옥에 던져지는 것보다 나으니라 만일 네 눈이 너를 범죄하게 하거든 빼버리라 한 눈으로 하나님의 나라에 들어가는 것이 두 눈을 가지고 지옥에 던져지는 것보다 나으니라 거기에서는 구더기도 죽지 않고 불도 꺼지지 아니하느니라 사람마다 불로써 소금 치듯 함을 받으리라"(막 9:43-49)

예수님이 성경에서 지옥에 대해 이러한 말씀을 하신 목적이 무엇인가? 의도가 무엇인가? 지옥이 없는데 그냥 상징으로 말한 것인가? 예수님께서 하신 말씀을 어떻게 이해할 수 있는가? 성경을 잘 읽는 방법은 성경의 본문에서 하나님의 마음을 읽는 것이다. 과연 예수님은 어떤 마음으로 이 말씀을 하셨는가? 필자는 이 말씀을 주의 깊게 살펴보면서 예수님의 마음을 읽을 수 있었는데 예수님은 '지옥은 인간이 갈 곳이 못 된다'라고 말씀하신다. 어떠한 희생을 치르더라도 지옥만은 절대로 가지 말라고 말씀하신다. 손을 찍어버리고, 발을 찍어버리고, 눈을 빼 버리고 지옥에 가지 않을 수 있다면 그렇게 하라는 뜻이다. 지옥에서 견딜 수 있는 인간의 몸은 없어서 절대로 어떠한 희생을 치르더라도 '지옥만은 가지 말라'라고 말씀하신다.

이 말씀에서 예수님은 지옥은 '불이 꺼지지 않는 장소'라고 분명하게 말씀하신다. 사람들은 '지옥의 불이 문자 그대로 꺼지지 않는 불일까?'라고 의심하지만, 지옥의 불은 말씀하신 대로 꺼지지 않는 불인 이유는 그 불길에 영향을 받는 결과가 실제의 불의 결과와 같기 때문이다. 다음 구절은 이 점을 명확하게 뒷받침해준다.

"불러 이르되 아버지 아브라함이여 나를 긍휼히 여기사 나사로를 보내어 그 손가락 끝에 물을 찍어 내 혀를 서늘하게 하소서 내가 이 불꽃 가운데서 괴로워하나이다"(눅 16:24)

지옥이 실제의 불이 아니라면 왜 부자는 자신의 혀를 서늘하게 하려고 물을 요구했겠는가? 지옥은 벌레도 죽지 않는 이유는 성경은 지옥에서는 구더기도 죽지 않는다고 말하기 때문이다. 성경학자들은 '힌놈 골짜기'가 예수님이 영원한 지옥 불의 상징으로 사용하신 힌놈 계곡의 가장 낮은 곳이라고 믿었다. 이 계곡은 짐승의 사체가 버려진 습기 찬 곳이다. 시체 위에는 항상 벌레들이 기어 다녔고, 때때로 불이 그것들을 태우곤 하였다. 그래서 지옥은 사람도 영원히 죽지 않고 불도 영원히 꺼지지 않는 곳이다.

마태복음에서는 지옥을 '영영한 불과 영벌'이라고 말한다.
"또 왼편에 있는 자들에게 이르시되 저주를 받은 자들아 나를 떠나 마귀와 그 사자들을 위하여 예비된 영원한 불에 들어가라, 그들은 영벌에, 의인들은 영생에 들어가리라 하시니라"(마 25:41, 46)

사도 바울은 이러한 통찰을 나누고 있다.
"환난을 받는 너희에게는 우리와 함께 안식으로 갚으시는 것이 하나님의 공의시니 주 예수께서 자기의 능력의 천사들과 함께 하늘로부터 불꽃 가운데에 나타나실 때에 하나님을 모르는 자들과 우리 주 예수의 복음에 복종하지 않는 자들에게 형벌을 내리시리니 이런 자들은 주의 얼굴과 그의 힘의 영광을 떠나 영원한 멸망의 형벌을 받으리로다"(살후 1:7-9)

요한은 계시록에서 지옥은 밤낮 쉼을 얻지 못하고 고난을 세세토록 받아서 고난의 연기가 세세토록 올라간다고 말한다.
"그도 하나님의 진노의 포도주를 마시리니 그 진노의 잔에 섞인 것이 없이 부은 포도주라 거룩한 천사들 앞과 어린 양 앞에서 불과 유황으로 고난을 받으리니 그 고난의 연기가 세세토록 올라가리로다 짐승과 그의 우상에게 경배하고 그의 이름 표를 받는 자는 누구든지 밤낮 쉼을 얻지 못하리라 하더라"(계 14:10-11)

❺ 지옥은 영원한 고통의 장소다.

영원이란 시작과 끝이 없는 시간이기 때문에 지옥에 들어간 사람은 꺼지지 않는 불 속에서 영원히 지내야 한다. 사람들이 어떻게 지옥에서 지낼 수 있는가? 예수님은 누가복음 16장 19~31절에서 한 부자가 실제로 지옥에 들어가서 고통을 당하는 모습을 보여준다. 이것은 분명히 한 사람의 사생활과 그의 죽음과 죽음 후에 있는 생활에 대하여 말한 내용이다. 여기에 지옥에 대해 배울 수 있는 많은 진리가 있다.

❻ 사람이 죽으면 그 즉시 지옥에 들어간다.

사람이 죽으면 그 즉시 이 세상에서 저세상으로 가기 때문에 중간은 없고 더더욱 연옥도 없다. 그리스도인은 죽으면 즉시 세상을 떠나 하나님 앞으로 가게 된다. 사도 바울은 이 점을 명확하게 밝힌다.
"우리가 담대하여 원하는 바는 차라리 몸을 떠나 주와 함께 있는 그것이라"(고후 5:8)
반면에 구원받지 못한 사람은 죽으면 그 즉시 지옥으로 고통과 재앙으로 들어간다. 누가복음 16장에 나오는 나사로가 죽었을 때 그 즉시 천사들에게 받들려 아브라함의 품에 들어갔지만, 부자도 죽었을 때 그 즉시 음부에 들어갔다. "부자도 죽어 장사되매 저가 음부에서 고통 중에"(눅 16:22-23).
부자의 화려한 장례식도 자신에게는 아무런 도움이 될 수 없었다. 거지 나사로는 장사를 지냈다는 기록이 없어 아마 가마니에 둘둘 말아서 버렸는지도 모른다. 그러나 부자는 분명히 화려한 장례를 치렀겠지만 수많은 사람이 참여하고 화려한 장식에 아주 거창한 장례를 치렀겠지만, 그는 즉시 지옥과 고통으로 들어갔다.

❼ 죽음 후에도 모든 의식기능이 지속된다.

부자는 죽은 후에도 볼 수 있었고, 말할 수 있었고, 울 수도 있었고, 고통을 느낄 수 있었고, 기억할 수도 있었다. 아브라함은 그에게 이 세상에서 살아갈 때 있었던 모든 것을 기억하라고 말한다.
"아브라함이 이르되 얘 너는 살았을 때에 좋은 것을 받았고 나사로는 고난을 받았으니 이것을 기억하라 이제 그는 여기서 위로를 받고 너는 괴로움을 받느니라"(눅 16:25)
그는 과거에 전도를 거절했던 것이 기억나서 매우 후회스러울 것이다. 만일 어떤 사람이 지옥에 들어갔다면 그 사람도 여러 가지가 기억날 것이다. 그 사람 집과 가까운 곳에 교회가 있어서 언제라도 교회에 나가서 예수님을 믿을 수 있었다. 그 사람에게도 예수 믿는 친구가 있어서 그가 전도했을 때 거절했던 일이 생각날 것이다. 가까운 곳에 기독교 서점이 있어서 얼마든지 책이나 설교 테이프를 구매해서 믿을 수도 있었다. 혹시 그 사람 집에도 성경이 있어서 자세히 읽고 공부했더라면 구원받을 수 있었다는 점이 기억나서 더 괴로워할 수도 있다.

누가복음 16장에서 부자는 자기 집에 있는 형제들이 기억이 났다. 그래서 자기 집 앞에서 구걸했던 나사로를 다시 보내 자기 형제들에게 전도해서 고통 받는 지옥에 오지 않게 해달라고 아브라함에게 간청한다.
"이르되 그러면 아버지여 구하노니 나사로를 내 아버지의 집에 보내소서 내 형제 다섯이 있으니 그들에게 증언하게 하여 그들로 이 고통 받는 곳에 오지 않게 하소서"(눅 16:27-28)
사도행전 26장에 보면 아그립바 왕이 등장한다. 그는 그 당시에 복음을 가장 잘 전하였고, 성경에 능통했던 바울에게 복음을 전해 들었지만, 그는 복음을 듣고 마지막 결단의 시기에 예수님을 거절하고, 복음을 거절했다.
"왕께서는 이 일을 아시기로 내가 왕께 담대히 말하노니 이 일에 하나라도 아시지 못함이 없는 줄 믿나이다 이 일은 한쪽 구석에서 행한 것이 아니니이다 아그립바 왕이여 선지자를 믿으시나이까 믿으시는 줄 아나이다 아그립바가 바울에게 이르되 네가 적은 말로 나를 권하여 그리스도인이 되게 하려 하는도다 바울이 이르되 말이 적으나 많으나 당신뿐만 아니라 오늘 내 말을 듣는 모든 사람도 다 이렇게 결박된 것 외에는 나와 같이 되기를 하나님께 원하나이다 하니라"(행 26:26-29)
참으로 아그립바 왕은 거의 믿을 뻔했다. 바울은 자신이 어떻게 예수를 만나 구원받았는지, 열심히 간증하며 복음을 전했다. 지금 아그립바 왕은 지옥에서 바울의 전도 받던 때가 기억나서 괴로워할 것이다. 그리고 "나는 거의 믿을 뻔했는데 내가 왜 그때 거절했지"라고 후회하고 있을 것이다.

❽ 죽음 후에는 다시 기회가 없다.

이 부자는 지옥에 들어가서 한 가지 소원이 있었다. 목마름의 고통을 해결하기 위해서 물을 조금 구했다.

"불러 이르되 아버지 아브라함이여 나를 긍휼히 여기사 나사로를 보내어 그 손가락 끝에 물을 찍어 내 혀를 서늘하게 하소서 내가 이 불꽃 가운데서 괴로워하나이다 아브라함이 이르되 얘 너는 살았을 때에 좋은 것을 받았고 나사로는 고난을 받았으니 이것을 기억하라 이제 그는 여기서 위로를 받고 너는 괴로움을 받느니라"(눅 16:24-25)

손가락 끝에 물을 찍으면 물이 얼마나 되는가? 겨우 한두 방울의 물인데 얼마나 뜨겁고 갈증이 심하면 그렇게 작은 물을 요구했는가? 그는 불 가운데 있었다. 얼마나 비참하고 기가 막히는가? 그는 이 세상에 있을 때 날마다 호화로운 잔치를 벌이고 즐겼다.

"한 부자가 있어 자색 옷과 고운 베옷을 입고 날마다 호화롭게 즐기더라"(눅 16:19)

하지만 지옥에서는 물 한 방울도 먹지 못하고 구걸한다. 그는 이 세상에서 나사로를 배부르게 먹인 적이 있어서 그것을 생각하고 나사로를 보내어 물을 달라고 요구했을지도 모른다. 비록 이 세상에서 그가 나사로를 잘 보살펴 주었다 하더라도 소용이 없다. 지옥과 천국의 사이에는 큰 구렁이 끼어 있고 엄청난 간격이 있어서 갈 수도 건너올 수도 없다.

"그뿐 아니라 너희와 우리 사이에 큰 구렁텅이가 놓여 있어 여기서 너희에게 건너가고자 하되 갈 수 없고 거기서 우리에게 건너올 수도 없게 하였느니라"(눅 16:26)

그러면 누가 이 큰 구렁과 큰 간격을 만들었는가? 하나님이 아니다. 그 큰 간격을 만든 것은 인간이다. 인간이 처음부터 하나님과 인간 사이에 간격을 만들었다. 하나님은 사람들을 긍휼히 여기시고 다시 십자가를 통하여 인간이 하나님께 올 수 있는 길을 마련하셨고, 구원의 다리를 마련하셔서 건너올 수 있게 하셨지만, 세상에서 그 사랑을 거절했기 때문에 지금 지옥에 들어가는 것이다. 그 큰 구렁은 인간 스스로가 만든 것이다. 죽음 후에 제2의 기회란 없다. 사람이 죽은 후에 그 사람을 위한 화려한 장례 의식이 거행되고 유명한 목사나 신부가 그 장례 의식을 인도해도, 수많은 사람이 기도를 수없이 드려도,

엄청난 액수의 헌금을 드려도, 그 사람이 지옥에서 다시 천국으로 갈 수는 없다. 죽으면 더 이상의 기회는 없다. 오직 이 세상에서만 기회가 있다.

❾ 죽은 사람과 의사소통이 불가능하다.

죽은 후에 죽은 사람과 살아 있는 사람과의 사이에 의사소통은 불가능하다. 이 세상에는 점을 치는 무당들이 있다. 무당이 되려면 그들에게 신이 내려야 하고 자기 조상 중에 어떤 사람이 알려주기 때문에 사람의 일들을 척척 알아맞힌다고 장담한다. 그러나 거짓말이다. 죽은 사람과 살아 있는 사람 사이에 의사소통은 불가능하기 때문이다. 무당과 관계된 것은 귀신들의 장난이다. 인간이 죽어서 그 영혼이 귀신이 되는 것이 아니고 루시퍼가 타락하여 사탄이 될 때 함께 타락한 천사들이 귀신들이 되었다. 그들은 사람들을 자기 손아귀에 넣고 다스리려고 속인다. 분명히 이 부자는 고통받는 지옥에 있으면서 자기 형제들에게 이곳에 오지 말라고 말할 수 없었다. 아브라함은 나사로도 보낼 수 없다고 분명하게 말한다. 예수 믿는 전도는 죽은 자를 살려 보내서 그들이 전하는 것이 아니라 모세와 선지자들에게 들으라고 말한다. 여기서 말하는 '모세와 선지자'는 성경을 지칭하며 성경 말씀을 들어야 한다. 바로 오늘날의 교회와 구원받은 사람들의 전도를 통해서 성경 말씀을 들어야 한다. 단호한 말씀이 아닌가?

"이르되 그러면 아버지여 구하노니 나사로를 내 아버지의 집에 보내소서 내 형제 다섯이 있으니 그들에게 증언하게 하여 그들로 이 고통 받는 곳에 오지 않게 하소서 아브라함이 이르되 그들에게 모세와 선지자들이 있으니 그들에게 들을지니라 이르되 그렇지 아니하니이다 아버지 아브라함이여 만일 죽은 자에게서 그들에게 가는 자가 있으면 회개하리이다 이르되 모세와 선지자들에게 듣지 아니하면 비록 죽은 자 가운데서 살아나는 자가 있을지라도 권함을 받지 아니하리라 하였다 하시니라"(눅 16:27-31)

이 부자는 죽은 후 왜 지옥에 들어갔는가? 이 사람이 부자이기 때문에 지옥에 들어갔는가? 이 땅에서 날마다 호화로이 잔치하면서 불쌍한 이웃을 돌보지 않고 거지 나사로를 보살피지 않아서 지옥에 들어간 것인가? 이 부자가 지옥에 간 것은 그가 부자였다거나 가난해서가 아니고, 유식하거나 무식해서가 아니고, 현명하거나 우매해서도 아니고, 그가 스스로 말하는 것처럼 회개하지 않아서 그 무서운 지옥에 들어갔다. 그는 이렇게 말하고 있다.

"나는 회개하지 못해서 이곳에 왔습니다."

그는 나사로를 자기 집에 보내면 형제들이 회개하고 이 고통 받는 지옥에 오지 않을 것을 누구보다 잘 알고 있었다. 그는 이 사실을 지옥에 와서 철저하게 배웠다. 그가 무슨 말을 하는지 들어보라.

"이르되 그렇지 아니하니이다 아버지 아브라함이여 만일 죽은 자에게서 그들에게 가는 자가 있으면 회개하리이다"(눅 16:30)

❿ 지옥은 필요한 장소인가?

하나님은 사랑의 하나님이시다. 그 사랑의 하나님이 과연 지옥을 만들어 놓고 사람들을 그곳으로 보내시겠는가? 하지만 지옥은 필요하다. 세상에서도 우리는 준법자들과 범죄자들을 갈라놓는다. 우리는 법률을 지키는 사람들의 안전과 보호를 위해서 갈라놓는다. 만일 모든 교도소의 문들을 다 열어 놓는다면, 그래서 감금된 모든 죄수가 풀려 나온다면, 우리의 생명과 재산은 안전하게 보호되지 못할 것이다. 우리는 법을 지키는 시민들로부터 법을 어기는 자들을 분리하여 수용할 장소가 절대적으로 필요하다. 마찬가지로 지옥은 우주의 교도소로서 하나님의 법을 저버리고 하나님의 아들 예수님을 배척하고 복음을 거절한 자들이 구원받은 성도들로부터 분리되는 곳이다. 세상에서 우리는 정신 이상자들을 정신이 온전한 자들로부터 분리해 갈라놓는다. 만일 정신 이상자들을 분리하지 않는다면 우리의 생명은 위협받을 것이다. 마찬가지로 지옥은 우주의 정신 이상자들의 수용소다. 구원받고 예수님을 마음에 모시고 예수님의 인격과 성품을 본받는 성도들로부터 분리하는 곳이다.

세상에서 우리는 살아 있는 사람과 죽은 사람을 갈라놓는다. 아무리 사랑하는 사람이라도 죽으면 그 시체를 계속 방안에 둘 수는 없다. 만약 그대로 둔다면 방안은 불쾌하고 비위생적이어서 살아 있는 사람을 건강하고 안전하게 보호할 수 없다. 지옥은 우주의 공동묘지와 같다. 그곳은 죄와 허물로 죽은 자들을 그리스도 안에서 예수 믿고 구원받아 살아난 성도들에게서 분리해 놓는다. 하지만 이 모든 것은 하나님의 사랑을 거절한 죄 때문에 분리되어 지옥에 들어간다.

만일 사람이 하나님의 사랑을 거절한다면 그들에게 재앙이 내리고 두려움이 임할 때 하나님은 그들을 비웃을 것이다. 성경은 이 점을 분명하게 말씀한다.

"너희가 재앙을 만날 때에 내가 웃을 것이며 너희에게 두려움이 임할 때에 내가 비웃으리라 너희의 두려움이 광풍 같이 임하겠고 너희의 재앙이 폭풍 같이 이르겠고 너희에게 근심과 슬픔이 임하리니 그 때에 너희가 나를 부르리라 그래도 내가 대답하지 아니하겠고 부지런히 나를 찾으리라 그래도 나를 만나지 못하리니 대저 너희가 지식을 미워하며 여호와 경외하기를 즐거워하지 아니하며 나의 교훈을 받지 아니하고 나의 모든 책망을 업신여겼음이니라 그러므로 자기 행위의 열매를 먹으며 자기 꾀에 배부르리라"(잠 1:26-31)

참으로 하나님은 사랑의 하나님이시다. 그분이 참고 기다리시는 동안만 거절할 수 있다. 그러나 사랑으로 말씀하실 때 믿지 않으면 심판의 엄중한 꾸중을 들어야 한다. 하나님의 사랑을 거절한 사람은 나중에 아무리 부르짖고 구원을 요청해도, 하나님은 대답하시지 않고 만나 주지 않으신다. 결국 하나님을 부인했기 때문에 그 대가로 저주를 받았다.

⓫ 최후의 심판이 있다.

예수님은 구원의 선물을 거부한 사람들이 궁극적으로 받는 최후의 심판을 비유로 말씀하셨다.

"예수께서 그들 앞에 또 비유를 들어 이르시되 천국은 좋은 씨를 제 밭에 뿌린 사람과 같으니 사람들이 잘 때에 그 원수가 와서 곡식 가운데 가라지를 덧뿌리고 갔더니 싹이 나고 결실할 때 가라지도 보이거늘 집 주인의 종들이 와서 말하되 주여 밭에 좋은 씨를 뿌리지 아니하였나이까 그런데 가라지가 어디서 생겼나이까 주인이 이르되 원수가 이렇게 하였구나 종들이 말하되 그러면 우리가 가서 이것을 뽑기를 원하시나이까 주인이 이르되 가만 두라 가라지를 뽑다가 곡식까지 뽑을까 염려하노라 둘 다 추수 때까지 함께 자라게 두라 추수 때에 내가 추수꾼들에게 말하기를 가라지는 먼저 거두어 불사르게 단으로 묶고 곡식은 모아 내 곳간에 넣으라 하리라"(마 13:24-30)

이 비유는 밭에 좋은 씨를 뿌리는 비유이며, 씨를 뿌리는 자가 잠드는 동안 그의 적이 몰래 들어와 잡초를 뿌리고 갔다. 좋은 씨가 싹트고 자라는 동안 잡초도 함께 자란다. 이것을 발견한 종들은 잡초를 뽑아 버려야 한다고 주인에게 말하나 주인은 이렇게 말한다.

"주인이 이르되 가만 두라 가라지를 뽑다가 곡식까지 뽑을까 염려하노라 둘 다 추수 때까지 함께 자라게 두라 추수 때에 내가 추수꾼들에게 말하기를 가라지는 먼저 거두어 불사르게 단으로 묶고 곡식은 모아 내 곳간에 넣으라 하리라"(마 13:29-30)

예수님은 이 비유에 관해 설명하셨다.

"대답하여 이르시되 좋은 씨를 뿌리는 이는 인자요 밭은 세상이요 좋은 씨는 천국의 아들들이요 가라지는 악한 자의 아들들이요 가라지를 뿌린 원수는 마귀요 추수 때는 세상 끝이요 추수꾼은 천사들이니 그런즉 가라지를 거두어 불에 사르는 것 같이 세상 끝에도 그러하리라 인자가 그 천사들을 보내리니 그들이 그 나라에서 모든 넘어지게 하는 것과 또 불법을 행하는 자들을 거두어 내어 풀무 불에 던져 넣으리니 거기서 울며 이를 갈게 되리라 그 때에 의인들은 자기 아버지 나라에서 해와 같이 빛나리라 귀 있는 자는 들으라"(마 13:37-43)

이 비유에 등장하는 밭은 세상이고, 좋은 씨는 천국의 아들들이고, 잡초는 믿지 않는 사람들이다. 잡초를 뿌린 자는 마귀 사탄이고, 추수 때는 세상이 끝나는 날이며, 추수하는 자들은 하나님의 천사들이다. 잡초는 거두어 불에 사르는 것같이 세상 끝에도 그러하다고 말한다(마 13:40). 예수님은 그들의 마지막을 분명하게 설명하셨다.

"인자가 그 천사들을 보내리니 그들이 그 나라에서 모든 넘어지게 하는 것과 또 불법을 행하는 자들을 거두어 내어 풀무 불에 던져 넣으리니 거기서 울며 이를 갈게 되

리라"(마 13:41-42)

시기적으로 이 최후의 심판은 마지막 끝에 있다. 사탄과 적그리스도와 거짓 선지자가 이미 지옥 불 못에 던져진 후에 있다. 예수님이 최후의 심판을 담당하신다. 그분은 죄가 전혀 없는 분이기 때문에 공의로 심판을 하신다. 예수님은 자신이 심판자라는 사실을 말씀하신다.
"아버지께서 아무도 심판하지 아니하시고 심판을 다 아들에게 맡기셨으니"(요 5:22)

그분은 무엇으로 심판을 하시는가? 사도 요한은 예수 믿지 않고 죽은 자들이, 자신의 행위가 기록된 책들에 따라서 심판을 당한다고 말한다.
"또 내가 보니 죽은 자들이 큰 자나 작은 자나 그 보좌 앞에 서 있는데 책들이 펴 있고 또 다른 책이 펴졌으니 곧 생명책이라 죽은 자들이 자기 행위를 따라 책들에 기록된 대로 심판을 받으니"(계 20:12)

하나님은 믿지 않는 자들의 모든 행위를 책에 기록하셨다. 이 얼마나 단호한 말씀인가?

"하나님은 모든 행위와 모든 은밀한 일을 선악 간에 심판하시리라"(전 12:14)

이 심판의 때에 인간의 모든 행위가 기록된 책들이 펼쳐지게 된다. 믿지 않고 죽은 자들은 마치 영화를 보듯이 자기의 모든 행위를 보게 될 것이다.

세상의 법정에서도 범행의 증거로 카메라로 찍은 영상이 제출되고, 녹음기로 녹음한 내용이 제출되기도 한다. 끝까지 범행을 부인하다가 제출된 영상의 내용을 보고 자신의 범행이 드러나서 죄에 대한 대가를 치르는 일도 있다. 그 심판의 때에 예수 믿지 않은 사람들이 행했던 모든 은밀한 죄들이 드러나게 된다. 아버지는 자기 아내와 가족들 모르게 행한 악한 일들이 드러난다. 아내는 자기 남편 모르게 지었던 모든 죄들이 드러난다. 아들은 자기 부모와 친구들 모르게 지었던 죄들이 드러난다. 자기 자신도 잊고 있었던 모든 죄들이 드러난다. 자신이 지은 죄가 너무나 커서 자신도 놀라서 심판하시는 예수님께 아무런 말도 하지 못한다. 이때에는 믿지 않는 자들의 행동으로 지은 죄들만 드러나는 것이 아니고 말로 지은 죄들과 마음의 잘못된 모든 생각들과 뜻이 드러난다.

세상의 법정에서 고소하는 검사를 속인 죄도 변호하는 변호사를 속인 죄도 판결을 내리는 판사를 속인 죄도 다 드러난다. 살인하고도 확실한 증거가 없어서 죄의 대가를 치르지 않은 살인자의 죄도 드러난다. 부도덕한 아내가 남편 모르게 호텔에서 간음한 죄들도 드러난다. 어떤 죄라도 예수님의 불꽃 같은 눈을 속일 수는 없다. 예수님은 이 점을 분명하게 경고하신다.

"내가 너희에게 이르노니 사람이 무슨 무익한 말을 하든지 심판 날에 이에 대하여 심문을 받으리니"(마 12:36)

최후의 심판의 결과는 무엇인가?
이 심판에 참여한 사람들은 단 한 사람도 예외 없이 모두 다 지옥에 들어간다. 그러므로 인간은 성경적 구원을 받아야 한다.

우리는 지금까지 인간의 3가지 문제를 살펴보았다.
인간은 죄 때문에 위험하다. 죽음 때문에 위험하다.
지옥에 들어가기에 위험하다.
그렇다면 어떻게 인간의 세 가지 문제를 해결하고
성경적 구원을 받을 수 있는가?

9. 구령상담에서
   죄를 해결하는 원리

인간의 죄 문제를 어떻게 해결할 수 있는가? 죄를 해결하는 비결이 무엇이고, 방법이 무엇인가? 우리가 죄를 해결하려면 먼저 구원이 무엇인지 알아야 한다. 그렇다면 구원이란 무엇인가?
"구원이란 인간의 죄 문제를 해결하여 죄의 사함을 받고, 의인이 되고, 영생을 얻고, 하나님의 자녀가 되어 언제 죽어도 당당하게 천국에 들어갈 수 있는 것이다."
그러므로 구원이 이루어지려면 먼저 죄의 문제가 반드시 해결되어야 한다. 죄의 문제가 해결되어야 의인이 되고, 죄 문제가 해결되어야 영생을 얻고, 죄 문제가 해결되어야 하나님의 자녀가 되고, 죄 문제가 해결되어야 천국에 들어갈 수 있기 때문이다. 그래서 예수님이 태어나실 때 천사는 예수님의 이름을 예수라고 지으라고 했는데 예수 이름의 뜻은 죄에서 구원하는 자라는 의미다.
"아들을 낳으리니 이름을 예수라 하라 이는 그가 자기 백성을 그들의 죄에서 구원할 자이심이라 하니라"(마 1:21)

침례(세례) 요한의 아버지 사가랴가 예수님을 소개하면서도 예수님께서 '죄 사함으로 말미암는 구원을 알게 하리니'라고 소개하였다.
"주의 백성에게 그 죄 사함으로 말미암는 구원을 알게 하리니"(눅 1:77)
따라서 죄 문제를 해결하고 죄 사함을 받아야 구원을 받는다.

1. 결국 인간의 죄가 문제다.

인간의 죄를 해결해야 할 이유는 인간의 죄가 바로 문제이기 때문이다. 우리는 죄의 대가로 지옥에 들어가고, 죄로 말미암아 하나님께 갈 수 없고, 죄가 하나님과 사람이 사이를 갈라놓았기 때문이다. 결국 죄를 해결하지 않으면 죄인이고 죄인은 의인의 모임에 들어갈 수 없기 때문이다.

"죄의 삯은 사망이요, 모든 사람이 죄를 범하였으매 하나님의 영광에 이르지 못하더니, 그러므로 악인들은 심판을 견디지 못하며 죄인들이 의인들의 모임에 들지 못하리로다, 여호와의 손이 짧아 구원하지 못하심도 아니요 귀가 둔하여 듣지 못하심도 아니라 오직 너희 죄악이 너희와 너희 하나님 사이를 갈라 놓았고 너희 죄가 그의 얼굴을 가리어서 너희에게서 듣지 않으시게 함이니라"(롬 6:23, 3:23, 시 1:5, 사 59:1-2)

2. 죄인임을 시인해야 한다.

성경은 모든 사람이 죄를 범했다고 말하고, 의인은 하나도 없다고 말한다. 여기 모든 사람 속에는 당신도 포함되기에 바로 당신이 죄인이다. 성경에서 바로 당신이 죄인이라고 말씀하시는데 당신이 죄인이 아니라고 말하고 죄가 없다고 말하면 스스로 본인을 속이는 것이며, 하나님을 거짓말하는 분으로 만들기 때문에 죄인임을 시인해야 한다.
그리고 예수님은 의인이 아니라 죄인을 불러 회개시키러 오셨기 때문에 당신이 죄인이라는 사실을 인정하지 않으면 예수님과 아무런 관계가 없기에 죄인임을 시인해야 한다. 또한 예수님은 죄를 없애려고 오셨기 때문이다. 그러므로 당신의 죄를 해결하려면 당신이 죄인이라는 사실을 시인해야 한다. 성경에서도 죄를 시인하고 인정한 사람이 의롭다고 하심을 받는다고 말하고 있기 때문이다.

"모든 사람이 죄를 범하였으매 하나님의 영광에 이르지 못하더니, 만일 우리가 죄가 없다고 말하면 스스로 속이고 또 진리가 우리 속에 있지 아니할 것이요, 만일 우리가 범죄하지 아니하였다 하면 하나님을 거짓말하는 이로 만드는 것이니 또한 그의 말씀이 우리 속에 있지 아니하니라, 내가 의인을 부르러 온 것이 아니요 죄인을 불러 회개시키러 왔노라, 그가 우리 죄를 없애려고 나타나신 것을 너희가 아나니 그에게는 죄가 없느니라, 세리는 멀리 서서 감히 눈을 들어 하늘을 쳐다보지도 못하고 다만 가슴을 치며 이르되 하나님이여 불쌍히 여기소서 나는 죄인이로소이다 하였느니라 내가 너희에게 이르노니 이에 저 바리새인이 아니고 이 사람이 의롭다 하심을 받고 그의 집으로 내려갔느니라 무릇 자기를 높이는 자는 낮아지고 자기를 낮추는 자는 높아지리라 하시니라"(롬 3:23, 요일 1:8, 10, 눅 5:32, 요일 3:5, 눅 18:13-14)

3. 죄를 해결할 수 없는 잘못된 방법

인간의 죄의 문제를 해결하는 비결을 말하기 전에 먼저 죄를 해결할 수 없는 잘못된 방법이 무엇인지 알아야 한다. 죄를 해결할 수 없는 잘못된 방법은 인간의 방법과 구약의 방법과 율법의 의식과 제사법이다. 이것들을 한마디로 요약하면 <과정>이라고 말할 수 있다. 여기서 <과정>은 인간이 죄의 문제를 해결하려고 노력하는 것으로 사람이 태어나서 죽을 때까지 노력하는 것이요, 하나님의 뜻대로 살려고 계속 노력하는 것이요, 구원에 이르기 위해서 율법을 지키고 어떤 의식을 행하고, 구원에 이르기 위해서 선행을 실천하는 것이다. 또한 이단들의 방법으로 안식교에서는 온전한 성품 변화를 내세우고, 다른 이단들은 자신들의 새 시대의 구원자인 자칭 하나님이라는 구원자를 믿어야 구원받는다고 주장한다.

그렇다면 하나님의 말씀 성경은 어떻게 죄의 문제를 해결할 수 있다고 말하는가? 성경에서는 다른 구원자로는 구원을 받을 수 없다고 말하고, 온 천하에 다른 구원자를 주신 사실이 없다고 말한다. 예수님께서 친히 예수님 자신이 구원의 길이며, 예수님을 통하지 않고는 하나님 아버지께 갈 수 없다고 아주 분명하게 말씀하셨다.

"다른 이로써는 구원을 받을 수 없나니 천하 사람 중에 구원을 받을 만한 다른 이름을 우리에게 주신 일이 없음이라 하였더라, 예수께서 이르시되 내가 곧 길이요 진리요 생명이니 나로 말미암지 않고는 아버지께로 올 자가 없느니라"(행 4:12, 요 14:6) 예수님만이 유일한 구원자인 이유는 오직 예수님만 여자의 후손이기 때문이다. 이 세상의 모든 사람은 남자의 후손이고, 남자의 후손이라는 말은 아담의 후손으로 아담의 원죄를 물려받고 태어나기에 아담의 원죄가 유전되어 태어날 때부터 죄인이기 때문에 죄인은 다른 사람을 구원할 구원자가 될 자격이 없기 때문이다. 하지만 예수님은 여자의 후손으로 처녀인 마리아에게 성령으로 잉태되어 태어나셨기에 아담의 원죄가 유전되지 않아 태어날 때부터 죄가 없었고, 죄 없는 생애를 사셨기에 오직 유일하게 예수님만이 참된 구원자가 되시기 때문이다.

"때가 차매 하나님이 그 아들을 보내사 여자에게서 나게 하시고 율법 아래에 나게 하신 것은, 그가 우리 죄를 없애려고 나타나신 것을 너희가 아나니 그에게는 죄가 없느니라, 너희 중에 누가 나를 죄로 책잡겠느냐 내가 진리를 말하는데도 어찌하여 나를 믿지 아니하느냐, 우리에게 있는 대제사장은 우리의 연약함을 동정하지 못하실 이가 아니요 모든 일에 우리와 똑같이 시험을 받으신 이로되 죄는 없으시니라"(갈 4:4, 요일 3:5, 요 8:46, 히 4:15)

사실 구약시대에 인간의 죄를 일시적으로 해결하는 방법이 있었다. 그렇다면 구약에서는 인간의 죄를 어떻게 해결하였는가? 구약성경 레위기를 읽어보면 구약에서 죄를 해결하는 방법이 소개되어 있다.

① 한 사람이 죄를 범한다.
② 그 사람이 죄를 범한 사실을 깨닫는다.
③ 그 사람이 자신의 죄를 해결하기 위해 예물인 희생양을 가지고 온다.
④ 그 사람이 자신의 죄가 희생 양에게 전가되도록 그 희생의 머리에 안수한다.

⑤ 제사장이 그 사람을 위해 양을 잡아 속죄 제사를 하나님께 드린다.
⑥ 그 사람이 자신의 죄를 용서를 받는다.

이것이 구약 레위기에 등장하는 인간이 죄를 해결하는 방법이었다.
"만일 평민의 한 사람이 여호와의 계명 중 하나라도 부지중에 범하여 허물이 있었는데 그가 범한 죄를 누가 그에게 깨우쳐 주면 그는 흠 없는 암염소를 끌고 와서 그 범한 죄로 말미암아 그것을 예물로 삼아 그 속죄제물의 머리에 안수하고 그 제물을 번제물을 잡는 곳에서 잡을 것이요 제사장은 손가락으로 그 피를 찍어 번제단 뿔들에 바르고 그 피 전부를 제단 밑에 쏟고 그 모든 기름을 화목제물의 기름을 떼어낸 것 같이 떼어내 제단 위에서 불살라 여호와께 향기롭게 할지니 제사장이 그를 위하여 속죄한즉 그가 사함을 받으리라"(레 4:27-31)

하지만 구약의 죄를 해결하는 방법은 일시적인 방법이었다. 왜냐하면 단번에 죄의 문제를 해결할 수 없기에 사람들이 죄를 범할 때마다 그 죄를 해결하기 위해서 계속해서 속죄 제사를 시행해야 했기 때문이다. 그러므로 인간의 죄의 문제를 해결하는 방법은 <과정>이고 하나님의 죄의 문제를 해결하는 방법은 <단번>이다. 하지만 과정의 방법으로는 절대로 인간의 죄의 문제를 해결할 수 없기에 폐했다. 따라서 구약의 죄의 문제를 해결하는 방법은 실제가 아니고 그림자이며, 개혁할 때까지만 존재하는 것이며, 예수 십자가 복음을 비유적으로 보여준 비유다. 마치 아파트 모델 하우스처럼 진짜 아파트가 지어지면 모델 하우스는 반드시 없어진다. 그러므로 히브리서 기자는 구약의 속죄 제사는 우리의 죄를 온전하게 해결할 수 없다고 아주 확실하게 말한다.

❶ 구약의 속죄 제사는 온전하게 죄를 해결하지 못한다.
"율법은 장차 올 좋은 일의 그림자일 뿐이요 참 형상이 아니므로 해마다 늘 드리는 같은 제사로는 나아오는 자들을 언제나 온전하게 할 수 없느니라"(히 10:1)

❷ 구약의 속죄 제사는 온전히 죄 문제를 해결하지 못하기에 끝내지 못한다.

만약 구약의 방법이 죄를 해결하는 온전한 방법이라면 단번에 죄를 해결하고 정결하게 되어 끝냈을 것이다. 하지만 구약의 속죄 제사는 죄를 해결할 수 없기에 끝내지 못했다.

"그렇지 아니하면 섬기는 자들이 단번에 정결하게 되어 다시 죄를 깨닫는 일이 없으리니 어찌 제사 드리는 일을 그치지 아니하였으리요"(히 10:2)

❸ 구약의 짐승을 드리는 제사에서 짐승의 피가 죄를 해결하지 못한다.
"이는 황소와 염소의 피가 능히 죄를 없이 하지 못함이라"(히 10:4)

❹ 죄를 끝내지 못하니 속죄 제사를 서서 드리고, 자주 드리고, 늘 같은 제사를 반복해서 드리지만, 구약의 속죄 제사는 죄를 없애지 못한다.
"제사장마다 매일 서서 섬기며 자주 같은 제사를 드리되 이 제사는 언제나 죄를 없게 하지 못하거니와"(히 10:11)

❺ 구약의 속죄 제사는 하나님이 원하지 않은 방법이고, 기뻐하지 않는 방법이다.
"그러므로 주께서 세상에 임하실 때에 이르시되 하나님이 제사와 예물을 원하지 아니하시고 오직 나를 위하여 한 몸을 예비하셨도다 번제와 속죄제는 기뻐하지 아니하시나니, 위에 말씀하시기를 주께서는 제사와 예물과 번제와 속죄제는 원하지도 아니하고 기뻐하지도 아니하신다 하셨고 (이는 다 율법을 따라 드리는 것이라)"(히 10:5-6, 8)

구약의 속죄 제사를 하나님이 원하지 않고 기뻐하지 않는 이유는 하나님의 방법이 아니기 때문이다. 그래서 마지막에 <이는 다 율법을 따라 드리는 것이라>라고 말씀한다. 그래서 율법을 지켜서는 절대로 죄 문제를 해결할 수 없다.

❻ 결국 구약의 율법을 따라 죄를 해결하는 일시적인 방법은 하나님이 폐했다.
"그 후에 말씀하시기를 보시옵소서 내가 하나님의 뜻을 행하러 왔나이다 하셨으니 그 첫째 것을 폐하심은 둘째 것을 세우려 하심이라, 법조문으로 된 계명의 율법을 폐

하셨으니 이는 이 둘로 자기 안에서 한 새 사람을 지어 화평하게 하시고"(히 10:9, 엡 2:15)

4. 진짜 죄를 해결하는 비결

죄를 해결하는 구약의 방법은 하나님이 원하지도 않고 기뻐하지도 않아 폐했으니 인간에게는 더는 죄를 해결할 수 있는 소망이 없는가? 더는 죄의 문제를 해결할 비결이 없는가? 이제는 죄의 대가로 지옥에 가야 하는가? 감사하게도 죄를 해결할 수 있는 더 좋은 소망이 있고, 더 좋은 방법이 있다고 확실하게 말한다.

"전에 있던 계명은 연약하고 무익하므로 폐하고 <율법은 아무것도 온전하게 못할지라> 이에 더 좋은 소망이 생기니 이것으로 우리가 하나님께 가까이 가느니라"(히 7:18-19)

여기서 율법의 속죄 제사로는 아무것도 온전하게 죄를 해결할 수 없다고 아주 분명하게 말한다. 결국 율법은 연약하고 무익하므로 폐했다고 선포한다. 만약에 구약의 방법이 온전하고 그 방법으로 죄를 해결할 수 있었다면 둘째 것인 예수 십자가의 복음을 요구할 필요가 없었을 것이다.

"이 장막은 현재까지의 비유니 이에 따라 드리는 예물과 제사는 섬기는 자를 그 양심상 온전하게 할 수 없나니, 저 첫 언약이 무흠하였더라면 둘째 것을 요구할 일이 없었으려니와, 그렇지 아니하면 섬기는 자들이 단번에 정결하게 되어 다시 죄를 깨닫는 일이 없으리니 어찌 제사 드리는 일을 그치지 아니하였으리요"(히 9:9, 8:7, 10:2)

결국 구약의 방법은 죄를 해결하는데 언약하고 무익하여 폐했다. 그러나 감사하게도 더 좋은 소망이 생긴다고 분명하게 말한다. 그리고 <이것으로> 우리가 하나님께 가까이 가고 천국에 갈 수 있다고 말한다.

그러면 여기에 등장하는 <이것으로>라는 말은 무엇을 지칭하는가? 바로 예수님께서 십자가에서 이루신 완전한 복음을 지칭한다. 따라서 예수 십자가 복음으로 우리의 죄 문제를 해결하고 의인이 되어 하나님께 가까이 갈 수 있다. 그러므로 죄를 해결하는 하나님의 방법은 인간의 방법 과정이 아니라 단번에 과거와 현재와 미래의 죄까지 완전히 해결하고, 끝내버리는 것이다. 그렇다면 예수님께서 어떻게 단번에 죄의 문제를 해결하셨는가?

❶ **예수님께서는 좋은 일을 하시기 위해서 대제사장으로 오셨다.**
"그리스도께서는 장래 좋은 일의 대제사장으로 오사 손으로 짓지 아니한 것 곧 이 창조에 속하지 아니한 더 크고 온전한 장막으로 말미암아"(히 9:11)
여기서 <장래 좋은 일>은 예수 십자가의 복음으로 인간의 죄의 문제를 해결하시는 것이다.

❷ **예수님께서는 자기 피로 영원한 속죄를 이루셨다.**
"염소와 송아지의 피로 하지 아니하고 오직 자기의 피로 영원한 속죄를 이루사 단번에 성소에 들어가셨느니라"(히 9:12)

❸ **예수님께서는 자신의 몸을 단번에 제물로 드려 죄를 없애버리려고 나타나셨다.**
예수님은 하나님 아버지가 준비한 한 몸이시고, 한 번의 제사와 한 영원한 제사로 단번에 자신을 드려 죄의 문제를 단번에 해결하셨다.
"그리하면 그가 세상을 창조한 때부터 자주 고난을 받았어야 할 것이로되 이제 <자기를 단번에 제물로 드려> 죄를 없이 하시려고 세상 끝에 나타나셨느니라, 그러므로 주께서 세상에 임하실 때에 이르시되 하나님이 제사와 예물을 원하지 아니하시고 오직 나를 위하여 <한 몸>을 예비하셨도다, 오직 그리스도는 죄를 위하여 <한 영원한 제사를 드리시고> 하나님 우편에 앉으사, 그가 거룩하게 된 자들을 <한 번의 제사로 영원히 온전하게> 하셨느니라, 이 뜻을 따라 예수 그리스도의 <몸을 단번에

드리심으로> 말미암아 우리가 <거룩함을 얻었노라>"(히 9:26, 10:5, 12, 14, 10)

❹ 예수님께서 단번에 죄의 문제를 처리하심으로 우리의 죄를 없애버리셨고, 예수님의 피로 영원한 속죄를 이루셨고, 우리의 죄를 담당하셔서 우리의 죄를 맡아 처리하셨고, 예수님의 몸을 단번에 드리심으로 우리는 거룩함을 얻었으며, 한 번의 제사로 영원히 온전하게 하셨으며, 죄와 불법을 완전히 사하심으로 다시는 죄를 해결하려고 또 다른 제사를 드릴 필요가 없어졌다.

"그리하면 그가 세상을 창조한 때부터 자주 고난을 받았어야 할 것이로되 이제 자기를 단번에 제물로 드려 죄를 없이 하시려고 세상 끝에 나타나셨느니라, 염소와 송아지의 피로 하지 아니하고 오직 자기의 피로 영원한 속죄를 이루사 단번에 성소에 들어가셨느니라, 이와 같이 그리스도도 많은 사람의 죄를 담당하시려고 단번에 드리신 바 되셨고 구원에 이르게 하기 위하여 죄와 상관 없이 자기를 바라는 자들에게 두 번째 나타나시리라, 이 뜻을 따라 예수 그리스도의 몸을 단번에 드리심으로 말미암아 우리가 거룩함을 얻었노라, 그가 거룩하게 된 자들을 한 번의 제사로 영원히 온전하게 하셨느니라, 또 그들의 죄와 그들의 불법을 내가 다시 기억하지 아니하리라 하셨으니 이것들을 사하셨은즉 다시 죄를 위하여 제사 드릴 것이 없느니라"(히 9:26, 12, 28, 10:10, 14, 17-18)

5. 예수님께서 죄를 이미 단번에 다 해결하셨다.

지혜의 하나님은 인간의 죄 문제를 예수님을 통해서 단번에 다 해결하셨다. 죄 문제에 대한 유일한 해결책은 죄 없는 분이 하나님 앞에서 인간을 대신해서 죽어야 했다. 죄 없는 분이 인간의 정죄와 심판과 죽음을 대신 담당해야 한다. 하지만 이 세상에 죄 없는 사람이 있는가? 이 지구상에는 죄 없는 사람이 하나도 없는 이유는 성경이 모든 사람이 다 죄인이라고 선언했기 때문이다. 하지만 죄를 단번에 해결할 수 있는 유일한 방법이 하나 있다. 그것은 자기 자신의 몸에 온 인류의 죄를 다 짊어지실 만한 능력을 갖춘 유일한 분이 계시기 때문이다.

따라서 인간의 죄의 문제를 해결할 구원자는 온 우주 안에 하나님의 아들 예수님 외에는 아무도 없었다. 하나님의 아들만이 무한하신 중보자로서 모든 사람을 대신해서 단번에 돌아가심으로 인간의 죄의 문제를 해결하실 수가 있었다. 그래서 예수님께서 죄의 문제를 단번에 해결하기 위해 이 세상에 오셨다.

"미쁘다 모든 사람이 받을 만한 이 말이여 그리스도 예수께서 죄인을 구원하시려고 세상에 임하셨다 하였도다 죄인 중에 내가 괴수니라"(딤전 1:15)

이 말씀은 예수님께서 죄인을 구원하시기 위해서 이 세상에 오셨다고 선포한다. 여기에 나타난 '미쁘다'라는 말은 '믿음직하다, 아름답다, 확실하다, 신빙성 있다'라는 뜻이다. 그러면 어떤 말이 그렇게 믿음직하고, 확실하고, 신빙성 있는 말인가? 바로 <예수님이 죄인을 구원하시려고 세상에 임하셨다>라는 말이다. 이 말씀이 왜 그렇게 믿음직스러운가? 이 말씀의 반대개념을 생각해 보면 알 수 있다. 만약 예수님께서 하늘나라에서 이 땅에 오셔서 잘난 사람과 부자와 착한 일을 많이 한 사람과 외모가 잘생긴 사람과 키가 큰 사람과 건강한 사람 등 어떤 조건을 갖춘 사람들만 데려가기 위해서 오셨다면 누가 과연 천국에 들어갈 수 있겠는가? 그러나 <예수님은 죄인들을 구원하기 위해서 세상에 임하셨으니> 그 말이 그렇게 믿음직스럽고 확실하게 느껴져 <미쁘다 모든 사람이 받을 만한 이 말이여>라고 선포한 것이다. 그러므로 우리의 죄의 문제는 예수님을 통해서 해결할 수 있다. 이사야는 이 점을 명확하게 선포한다.

"우리는 다 양 같아서 그릇 행하여 각기 제 길로 갔거늘 여호와께서는 우리 모두의 죄악을 그에게 담당시키셨도다"(사 53:6)

하나님 아버지께서는 우리의 죄를 예수님에게 담당하게 하시므로 우리의 죄를 단번에 해결하셨다. 그러면 담당이란 무슨 뜻인가? 담당이란 "어떤 일을 책임지고 맡아 처리하는 것"을 뜻한다. 따라서 우리의 죄는 오직 예수님께서 책임지고 맡아서 처리해 주셨다. 오직 예수님께서 우리의 죄를 책임지고 맡아 처리하셨기에 오직 예수님만 우리를 구원하실 수 있다. 예수님께서 십자가에 죽으심으로 하나님의 공의와 사랑이 완전히 충족되었다. 죄는 반드시 벌해야 하지만 하나님은 자기 아들을 보내서 우리가 받아 마땅한 사망의 형벌을 우리 대신 받게 하심으로 예수님께서는 십자가 위에서 이렇게 외치셨다.
"제구시쯤에 예수께서 크게 소리 질러 이르시되 엘리 엘리 라마 사박다니 하시니 이는 곧 나의 하나님, 나의 하나님, 어찌하여 나를 버리셨나이까 하는 뜻이라"(마 27:46)

그분이 우리를 위해 자신의 아버지로부터 버림을 당하시고 끊어지셨다. 따라서 우리의 죄에 대한 형벌은 모두 예수님께서 받으셨다.

6. 예수님께서 죄를 해결하시려고 오셨다.

❶ 예수님께서 죄를 없이하려고 오셨다.

누가 과연 우리의 죄를 해결하는데 적합한 분인가? 죄가 없어야 한다. 그런데 우리 예수님께서는 죄가 없는 분이다. 그분이 이 세상에서 죄 없는 생애를 사셨기 때문이다. 하지만 그분은 죄를 짓도록 시험은 받으셨다. 그리고 예수님의 반대자들도 예수님에게서 죄를 찾지 못했기 때문에 예수님은 당당하게 그들에게 도전하셨다. 따라서 죄가 없으신 예수님이 우리의 죄를 없이하려고 오셨다.

"그가 우리 죄를 없애려고 나타나신 것을 너희가 아나니 그에게는 죄가 없느니라, 우리에게 있는 대제사장은 우리의 연약함을 동정하지 못하실 이가 아니요 모든 일에 우리와 똑같이 시험을 받으신 이로되 죄는 없으시니라, 너희 중에 누가 나를 죄로 책잡겠느냐 내가 진리를 말하는데도 어찌하여 나를 믿지 아니하느냐"(요일 3:5, 히 4:15, 요 8:46)

❷ **예수님께서 하나님의 뜻을 행하러 오셨다.**
하나님의 뜻은 과연 무엇인가? 인간이 자기 노력으로 해결하지 못하는 죄의 문제를 단번에 해결하는 것이 하나님의 뜻이다. 다음 말씀에 담긴 하나님의 메시지에 귀 기울여보라.

"이에 내가 말하기를 하나님이여 보시옵소서 두루마리 책에 나를 가리켜 기록된 것과 같이 하나님의 뜻을 행하러 왔나이다 하셨느니라, 그 후에 말씀하시기를 보시옵소서 내가 하나님의 뜻을 행하러 왔나이다 하셨으니 그 첫째 것을 폐하심은 둘째 것을 세우려 하심이라 이 뜻을 따라 예수 그리스도의 몸을 단번에 드리심으로 말미암아 우리가 거룩함을 얻었노라"(히 10:7, 9-10)

여기서 히브리서 기자는 예수님께서 하나님의 뜻을 행하기 위해서 오셨다고 말한다. 여기서 하나님의 뜻은 예수님이 온 인류의 죄를 십자가 속죄를 통하여 단번에 해결하시는 것이다. 그분은 하나님의 뜻대로 십자가에서 단번에 죽으심으로 말미암아 우리의 죄의 값을 다 치르셨기 때문에 그 사실을 믿는 사람은 거룩함을 얻었고, 죄의 문제는 이제 끝났다. 죄의 문제가 이미 끝났기 때문에 그분은 이제 쉬고 계신다. 마치 하나님이 창세기 1장에서 6일 동안 창조 사역을 마치시고 7일째 되는 날에 쉬신 것처럼, 예수님께서도 구속의 사역을 끝마치셨기 때문에 하늘나라 우편 보좌에서 쉬고 계신다는 것을 성경은 명확하게 말한다.
"오직 그리스도는 죄를 위하여 한 영원한 제사를 드리시고 하나님 우편에 앉으사"(히 10:12)

여기서 '앉아 계신다'라는 표현이 바로 '쉬다'라는 표현이다. 또한 여기 '한 영원한 제사'는 한 번에 끝내버리는 영원한 제사를 지칭한다.

죄를 완벽하게 처리하시고 끝내신 예수님을 이해하기 위해서 2008년 베이징 올림픽 야구 결승전 경기를 생각해 보자. 2008년 베이징 올림픽에서 가장 감동적인 경기는 한국 팀의 야구 결승 경기였다. 이 경기에서 한국 대표 팀이 승리했고 금메달을 목에 걸었다. 하지만 2008년 이후에 올림픽 경기 종목에서 야구 종목이 빠지게 되면서, 2008년 베이징 올림픽의 야구 경기가 마지막 경기가 되었다. 한국 대표 팀은 이러한 마지막 경기에서 쿠바와 겨루어 승리하여 영원히 역사에 기록되었다. 그런데 마지막 결승전을 쿠바와 싸우면서 9회 말까지의 경기가 무승부였다고 가정해 보자. 두 팀은 이제 연장전에 들어간다. 연장전에서는 1점을 먼저 내는 팀이 이긴다. 1점을 가장 쉽게 내는 방법은 끝내기 홈런을 치는 것이다. 이제 연장전에서 상대방이 먼저 공격했지만, 다행스럽게도 점수를 내지 못했다. 이제 공격하는 쪽이 바꾸어 한국 팀이 공격할 차례다. 그런데 한국 팀의 대타자가 나와서 단번에 홈런을 쳐서 경기가 끝나고 한국 팀은 우승하여 금메달을 따게 되었다. 이 얼마나 감격스러운 일인가? 이것은 가상의 이야기지만 마찬가지로 예수님께서는 하나님께서 보낸 대타자로서 죄의 문제에 대한 끝내기 홈런을 치러 오신 분이다. 단번에 인류의 죄의 문제를 해결하기 위해서 대타자로 하늘나라에서 오셨다.
"그 후에 말씀하시기를 보시옵소서 내가 하나님의 뜻을 행하러 왔나이다 하셨으니 그 첫째 것을 폐하심은 둘째 것을 세우려 하심이라 이 뜻을 따라 예수 그리스도의 몸을 단번에 드리심으로 말미암아 우리가 거룩함을 얻었노라"(히 10:9-10)

예수님께서는 타석에서 온 인류의 죄악이라는 공을 동쪽 끝에서 서쪽 끝으로 영원히 보이지 않도록 쳐서 보내 버렸다. 이제 우리의 죄의 문제는 완전히 처리되어 끝내버리셨다. 우리는 죄를 용서받기 위하여 다른 것을 할 필요가 없게 되었다. 단지 예수님께서 우리의 죄의 값을 이미 치르신 사실을 진실한 마음으로 믿고 받아들이면 된다. 이것이 성경의 선언이다.
"동이 서에서 먼 것 같이 우리의 죄과를 우리에게서 멀리 옮기셨으며"(시 103:12)
구약에서는 인간의 죄를 용서받기 위해서 아무리 제사를 많이 드려도 그 제사를 통해서는 완전하게 죄의 문제를 끝내지 못하기 때문에 성소 안에서 앉을 수가 없었다. 그래서 제사를 지내는 성소 안에는 절대로 의자가 없는데 죄의 문제를 끝낼 수 없기 때문이다. 하지만 예수님께서는 우리의 죄의 문제를 단번에 다 해결하시고 끝냈기 때문에 앉아 쉬고 계신다. 그래서 히브리서 10장 11절과 12절을 비교하면 재미있는 사실을 발견할 수 있다.
"제사장마다 매일 서서 섬기며 자주 같은 제사를 드리되 이 제사는 언제나 죄를 없게 하지 못하거니와"(히 10:11)

여기 11절은 매일 제사를 드리고, 자주 제사를 드리고, 제사 드리는 사람은 서 있다. 그러나 이 제사는 죄를 완벽하게 해결하지 못한다.
"오직 그리스도는 죄를 위하여 한 영원한 제사를 드리시고 하나님 우편에 앉으사"(히 10:12)

여기 12절에서는 예수님께서는 죄 문제를 단번에 끝내버리는 영원한 제사를 드리시고, 하나님 우편에 앉아 쉬고 계신다.
"그가 거룩하게 된 자들을 한 번의 제사로 영원히 온전하게 하셨느니라"(히 10:14)

이제 여기 14절에서는 예수님께서 자신의 한 제물로 죄의 문제를 영원히 온전하게 다 해결하셨다. 이제 완전하게 끝났기 때문에 다시는 제사를 드릴 필요가 없다고 선포한다. 이 얼마나 놀라운 선언인가?
"이것들을 사하셨은 즉 다시 죄를 위하여 제사 드릴 것이 없느니라"(히 10:18)

❸ 예수님께서 마귀의 일을 멸하려고 오셨다.

"죄를 짓는 자는 마귀에게 속하나니 마귀는 처음부터 범죄함이라 하나님의 아들이 나타나신 것은 마귀의 일을 멸하려 하심이라, 만일 우리의 복음이 가리었으면 망하는 자들에게 가리어진 것이라 그 중에 이 세상의 신이 믿지 아니하는 자들의 마음을 혼미하게 하여 그리스도의 영광의 복음의 광채가 비치지 못하게 함이니 그리스도는 하나님의 형상이니라"(요일 3:8, 고후 4:3-4)

여기서 '마귀의 일'은 우리를 속여서 죄를 범하게 만들고, 복음을 믿지 못하게 만들어서 결국 지옥으로 우리를 데려가는 것이다. 그리고 고린도후서 4장에서 '혼미'란 어리둥절하여 '복음을 깨닫지 못하게 하는 것'이다. 따라서 예수님께서 이러한 마귀의 일을 멸하고 우리를 천국으로 데려가기 위해서 오셨다.

❹ 예수님께서 잃은 자를 찾아 구원하기 위해서 오셨다.

"인자가 온 것은 잃어버린 자를 찾아 구원하려 함이니라"(눅 19:10)
예수님께서는 잃어버린 영혼인 삭개오를 구원하시고 아주 분명하게 말씀하셨다. 그렇다면 모든 사람이 잃어버린 존재라는 의미가 무엇인가? 모든 인간은 하나님의 창조 사역을 통하여 이 세상에 존재하게 되었기 때문에 하나님은 모든 인류를 낳아준 아버지가 되시기 때문이다. 성경에 보면 족보 이야기가 나오는데 누가복음 3장 23~38절은 그 족보의 끝이 하나님에게까지 올라간다.
"그 위는 에노스요 그 위는 셋이요 그 위는 아담이요 그 위는 하나님이시니라"(눅 3:38)

결국 하나님이 존재하시지 않았다면 인류는 이 세상에 존재할 수 없었다. 어떻게 보면 하나님 아버지는 모든 인류를 낳아준 아버지가 되신다. 하지만 이 세상의 모든 사람은 하나님 아버지를 몰라보고 하나님의 품을 떠나 자기 맘대로 살고 있어서 잃어버린 존재가 되었다. 그런데 예수님께서 잃어버린 인간들을 찾아 구원하시기 위해서 이 세상에 오셨다. 이제 우리의 죄의 문제는 예수님께서 다 해결하셨기 때문에 우리는 이것을 단지 믿음으로 받아들이면 된다.

7. 예수님께서 죄의 값을 다 치르셨다.

"예수께서 신 포도주를 받으신 후에 이르시되 다 이루었다 하시고 머리를 숙이니 영

혼이 떠나가시니라"(요 19:30)

예수님께서 숨을 거두시기 직전에 '다 이루었다'라고 외치셨다. 그분이 십자가 위에서 죽어 가시면서 외치셨던 그 한 마디는 참으로 의미 있는 선포였다. 그분은 이 한 마디를 통해서 유한한 인간으로서는 거의 이해할 수 없는 큰 성취를 이루셨다. 십자가에 못 박혀 돌아가심으로써, 자신의 피와 물을 다 쏟으시고 희생하심으로써 그분은 온 인류의 모든 죄의 값을 다 치르셨다. 예수님께서는 이 세상의 모든 죄를 위해서 돌아가셨다. 그분은 아담으로부터 시작하여 앞으로 태어날 인류의 마지막 사람까지 모든 사람의 모든 죄의 값을 다 치르셨다. '다 이루었다'라는 외침은 패배의 울부짖음 '나는 망했다'가 아니라 승리의 외침 '나는 완성했다'라는 외침이다. 예수님께서 이 외침을 통해서 인간의 구원을 위한 하나님의 영원하신 계획이 인간의 시간 역사 속에서 영원히 성취되었다는 것을 선포하셨다. 그분의 죽으심을 통해서 바로 당신의 죄는 하나님의 등 뒤로 던져졌다. 당신의 죄는 깊은 바다에 매장되었다. 당신의 모든 죄는 동쪽 끝에서 서쪽 끝으로 멀리 옮겨졌다. 당신의 죄는 빽빽한 구름의 사라짐같이 다 사라져 버렸다. 그분은 당신의 죄라는 엄청난 빚을 단번에 다 청산하셨다.

우리나라가 1998년 IMF 시대를 만났을 때, 빚을 지는 것이 얼마나 심각한 일인가를 절감할 수 있었다. 금 모으기 운동도 조금이나마 외채를 갚기 위해서였다. 우리나라가 빚을 지는 외채도 심각하지만, 개인이 엄청난 빚을 지고 파산하는 경우가 허다했다. 많은 사람은 빚을 갚기 위해서 큰 범죄를 저지르는 일도 있었다. 한나리 양 유괴범도 원인은 카드빚이라고 하며, 새마을 금고 강도도 카드빚 때문에 강도로 돌변한 것이었다. 아주 적은 빚이라도 사채업자들은 그 빚을 받아내기 위해서 사람들을 괴롭혀서 겨우 몇백만 원의 빚을 지고 그것을 갚지 못해 자살하는 예도 있었다. 또한 빚보증을 잘못 섰다가 낭패를 보는 경우도 많았다. 법원에 개인 파산을 신청한 한 여자는 평생 벌어도 갚을 수 없는 엄청난 액수의 빚을 졌기 때문에 파산신청을 했다. 이와 같은 빚 때문에 자살한 사람들이 한두 사람이 아니었다.

그런데 모든 빚을 단번에 탕감받을 기쁜 소식을 한번 생각해 보자. 어떤 여자가 엄청난 빚을 지고 있었다. 그녀는 평생을 벌어도 갚을 수 없는 엄청난 빚을 지고 있었다. 그러나 다행스럽게도 그러한 그녀를 사랑하는 한 남자가 있었다. 그 남자는 자신이 사랑하는 그녀가 빚 때문에 고통을 당하는 것을 알게 되었다. 그 남자는 그녀를 진실로 사랑하기에 순수한 동기로 빚을 모두 갚아 주고 청혼을 하였다. 그 여인은 그 청혼을 받아들이고 빚을 갚아 준 사실을 기쁜 마음으로 받아들이기만 하면 된다. 마찬가지로 예수님께서 우리를 사랑하시기 때문에 우리가 일평생 노력을 해도 갚을 수 없는 엄청난 죄의 빚을 십자가 위에서 단번에 대신 갚아 주셨다고 성경에서 말씀하셨다.

"그리스도께서도 단번에 죄를 위하여 죽으사 의인으로서 불의한 자를 대신하셨으니 이는 우리를 하나님 앞으로 인도하려 하심이라 육체로는 죽임을 당하시고 영으로는 살리심을 받으셨으니"(벧전 3:18)

예수님께서 우리를 사랑하셔서 우리의 모든 죄의 빚을 대신 갚아 주셨다. 그분이 우리를 사랑하셔서 우리의 모든 죄의 빚을 다 갚아 주셨기 때문에 이제 우리는 그 사실을 진심으로 믿기만 하면 죄의 대가로 지옥에 들어갈 이유가 없다. 우리의 죄의 값이 이미 처리된 것이 사실이며 진리다. 예수님께서 우리의 모든 죄의 빚을 치르시기 위해서 십자가에서 피 흘려 죽으시고 다시 살아난 사실을 진심으로 믿으면 우리도 모든 죄에서 해방될 수 있다.
이것을 육하원칙에 따라 정리하면 다음과 같다.

☞ 누가 : 예수께서
☞ 언제 : 약 2,000년 전에
☞ 어디서 : 갈보리 언덕 십자가 위에서
☞ 무엇을 : 우리의 모든 죄의 값을
☞ 무엇으로 : 예수의 피로
☞ 어떻게 : 단번에 다 치르셨다.
☞ 얼마만큼 : 우리의 과거, 현재, 미래의 모든 죄를

☞ 왜 : 우리를 거룩하게 하여 하늘나라에 들어가게 하려는 것이다.

예수님께서 우리가 지금까지 지은 죄만 용서하신 것이 아니라 과거, 현재, 미래의 모든 죄의 값을 단번에 다 치르셨다. 그러나 그 사실을 믿지 않으면 아무런 소용이 없다. 오직 믿기만 하면 우리가 이제는 죄인이 아니라 오히려 의인으로 인정해 주신다. 하나님의 자녀로 인정해 주신다. 그 조건은 믿음과 회개다. 당신이 하늘나라에 들어가는 것은 당신이 죄를 얼마나 많이 지었느냐, 아니면 죄를 짓지 않았느냐에 달린 것이 아니라 예수님께서 당신을 대신해서 죄의 값을 다 치르셨다는 사실을 믿고, 회개하고, 이 기쁜 소식을 진정으로 받아들였느냐, 거부했느냐에 달려 있다고 성경에서 명확하게 말씀한다.
"그를 믿는 자는 심판을 받지 아니하는 것이요 믿지 아니하는 자는 하나님 독생자의 이름을 믿지 아니하므로 벌써 심판을 받은 것이니라"(요 3:18)

결국 믿음은 곧 하늘나라요, 불신은 지옥이다. 하나님은 다른 것을 보시는 것이 아니라 당신의 믿음을 보시기 때문에 믿음과 불신의 결과는 이처럼 엄청난 차이가 있다.

8. 예수님께서 속량하심으로 죄를 해결하셨다.

우리가 구원을 받으려면 속량이 무엇인지 반드시 알아야 한다. 우리의 죄의 문제를 해결하고 의인이 되는 비결이 무엇인가? 예수님 안에 있는 속량이 바로 비결이다. 예수님 안에 있는 속량을 통해서 의롭게 되기 때문이다. 사도 바울은 로마서에서 의인 되는 비결을 소개하면서 속량이라는 용어를 사용했다. "그리스도 예수 안에 있는 속량으로 말미암아 하나님의 은혜로 값없이 의롭다고 하심을 얻은 자 되었느니라"(롬 3:24)

예수님께서 우리의 모든 죄를 해결하시기 위해서 자신의 목숨을 희생제물로 주심으로 우리를 속량하셨다. 속량이란 대가를 지불하심으로써 얻는 자유다. 속량이란 단어 속에는 매매의 개념이 내포되어 있다. 속량이라는 단어는 노예시장에서 노예 매매와 관련하여 종종 사용되었다. 예수님은 매매의 대가로 자신의 피를 대가로 치르셨다. 따라서 구원받은 우리는 이제는 죄와 마귀 사탄의 속박 아래서 노예로 살지 않는다.

예수님의 무죄하신 생애는 그분이 죄를 담당할만한 충분한 자격이 있으신 분임을 보여준다. 그분은 하나님의 손상된 의의 요구를 만족시키기 위해 죽으셨다. 그분은 죄인의 위치에서 죽으셨다. 구약에서의 속량은 피를 통한 하나님의 속죄 방법을 강조한다. 신약에서는 그 속량이 미치는 영향이나 결과를 강조한다. 속량의 몇 가지 정의가 있다.

❶ 속량은 손해를 입힌 대가로서의 배상이다.
❷ 속량은 구원 얻을 가치 없는 죄인들을 다시 하나님의 가족으로 흠이 없이, 점 없이 완전하게 받아들여지게 하려고 하나님의 독생자 예수님께서 죽음과 피를 흘려주신 것이다.
❸ 속량은 하나님과 사람 사이를 갈라놓았던 죄에 대한 보상으로 그리스도의 고난과 죽음과 피 흘림이다.
❹ 속량은 우리가 마귀와 죄에 얽매여 지옥에 들어갈 운명에 처해 있는데 그리스도께서 자기 죽음과 피를 흘려주셔서 우리를 해방해서 자유를 주신 것이다.

요한계시록에는 인봉한 책이 나오는데 그 인을 떼기에 합당한 예수님을 소개하면서 '예수님께서 각 족속과 방언과 백성과 나라 가운데에서 사람들을 피로 사서 하나님께 드리셨다'라고 말씀하신다.
"우리는 그리스도 안에서 그의 은혜의 풍성함을 따라 그의 피로 말미암아 속량 곧 죄사함을 받았느니라, 또 충성된 증인으로 죽은 자들 가운데에서 먼저 나시고 땅의 임금들의 머리가 되신 예수 그리스도로 말미암아 은혜와 평강이 너희에게 있기를 원하노라 우리를 사랑하사 그의 피로 우리 죄에서 우리를 해방하시고, 그들이 새 노래를 불러 이르되 두루마리를 가지시고 그 인봉을 떼기에 합당하시도다 일찍이 죽임을 당하사 각 족속과 방언과 백성과 나라 가운데에서 사람들을 피로 사서 하나님께 드리시고"(엡 1:7, 계 1:5, 5:9)

❺ 속량은 예수님께서 우리의 죗값을 치르고 마귀 사탄에게서 우리를 해방한 것이다.

우리가 죄에서 속량 된 것은 은이나 금 같은 어떤 물질적인 것으로 속량 된 것이 아니다. 바로 그리스도의 귀중한 보혈이 값으로 치러졌다고 성경에서 분명하게 말한다.

"너희가 알거니와 너희 조상이 물려 준 헛된 행실에서 대속함을 받은 것은 은이나 금 같이 없어질 것으로 된 것이 아니요 오직 흠 없고 점 없는 어린 양 같은 그리스도의 보배로운 피로 된 것이니라"(벧전 1:18-19)

❻ 속량은 율법에서 우리를 해방한 것이다.

우리는 마귀의 수중에서 속량을 받은 것뿐만 아니라, 율법의 수중에서도 속량을 받았다. 예수님의 죽음은 우리를 율법으로부터 해방해 주는 힘이 있다. 율법은 우리를 정죄하지만, 그리스도는 율법의 모든 요구를 채워 주셨다. 지상의 모든 금, 은, 보석으로 할 수 없는 것을 예수님의 죽으심으로 우리를 속량해 주셨다.

죄를 범한 사람과 거룩한 하나님과의 사이에 교제를 회복하기 위해서는 희생이 요구된다. 이 희생은 하나님에 의해 지정되어야 한다. 아담이 하나님과의 교제를 회복하기 위해서는 아담과 하와의 죄를 가리기 위하여 제물이 필요했다. 이러한 희생제물이 신약에서는 하나님의 어린양이신 예수님이셨다. 이 희생양이 우리를 위한 구원의 옷과 의의 옷을 입혀주기 위하여 죽임을 당하셨다. 이 외에 다른 희생은 필요 없다. 하나님은 모든 사람을 위한 희생제물로 예수님의 죽음만으로 충분히 만족하셨다. 예수님의 죽음은 하나님 아버지의 의로우신 요구를 만족시키셨다. 오직 무죄한 희생만이 그의 의로우신 요구를 만족시킬 수 있었다. 예수님은 자신의 피를 통하여 자신 안에서 거룩하신 하나님이 죄인을 만나실 수 있도록 약속된 장소를 제공하셨다. 예수님은 자기 죽음으로 죄인을 하나님과 화해시켰다. 화해란 그리스도의 죽음으로 말미암아 우리가 다시 영적인 자유를 찾은 것이다. 예수님만이 당신의 유일한 구원자가 되신다. 이제 예수 안에 있는 속량을 통해서 당신도 구원을 받을 수 있다.

9. 예수님께서 중보자로서 죄를 해결하셨다.

예수님은 우리의 중보자로서 우리를 구원하신다. 그분은 여러 면에서 모든 사람과 다르셨다. 그분은 무한하신 하나님이신 동시에 참된 인간이셨다(요 1:1, 14). 그분은 육체적인 아버지가 없었기 때문에 요셉은 수양아버지로서 그를 낳지 않고 기르기만 했다. 따라서 어머니 마리아는 요셉과 결혼하기 전에 성령으로 예수님을 잉태하였다. 예수님은 인류 역사에 있어 처녀의 몸에서 태어나신 유일한 분이셨다. 그분은 성령님을 그의 아버지로 삼고 처녀 어머니를 그의 어머니로 삼아 이 세상에 태어나셨다. 그분은 무한하신 하나님이신 동시에 참된 인간이셨다. 그분은 우리와 하나님 사이에 중보자가 되시기 위해서 무한하신 하나님이 인간의 몸을 입고 인간의 모습으로 이 땅에 오셨다. 따라서 그분만이 하나님과 사람을 이어 주실 수 있는 유일한 중보자가 되신다. 중보자는 양쪽 모두를 잘 알아야 한다. 그분은 하나님으로부터 나셨기 때문에 한 손을 위로 펼쳐서 거룩한 하나님을 잡으신다. 그분은 여자에게서 나셨기 때문에 다른 한 손을 아래로 벌려 버림받은 죄 많은 사람을 잡으신다. 그분만이 홀로 죄 많은 사람을 거룩하신 하나님 아버지께로 인도하신다고 성경에서 분명하게 말씀하셨다.
"예수께서 이르시되 내가 곧 길이요 진리요 생명이니 나로 말미암지 않고는 아버지께로 올 자가 없느니라"(요 14:6)

예수님은 태초에 말씀으로 계셨다(요 1:1). 그 말씀이신 하나님이 육신이 되어 우리 가운데 거하셨다(요 1:14). 그분은 완전하신 하나님이고 동시에 참된 인간이셨다. 그분은 육체를 가진 어머니에게서 태어나셨다. 그분은 한 가정에서 성장하셨고, 젊은 시절 작은 마을에서 목수로 보내셨다. 그분은 30세에 가르치는 일을 시작하여 집과 소유도 없이 이스라엘의 성과 촌을 두루 다니시며 가르치셨다. 그분은 몇몇 친구들을 불러 모으셨는데, 그중에는 어부들과 세금 걷는 이들도 있었다. 그분은 3년 동안 돌아다니시면서 병을 고치시고, 가르치시며, 사람들의 궁핍한 것을 채우셨다. 그분은 산에서 조용히 혼자 계시면서 자신의 아버지께 기도하시기를 좋아하셨다. 그분은 집에서 사람들과 함께 지내며 대화하는 것을 즐기셨다. 그분은 다양한 사람들과 친하게 지내셨다. 지식이 많은 바리새인부터 사회에서 멸시받는 도둑과 윤락녀들에 이르기까지 모든 사람과 가까이 지내셨다. 그분은 배고프고 목마른 것이 무엇인지 아셨다. 먹지 않으면 주리셨고(마 4:2), 육체적으로 오래 걸으셔서 피곤하셨으며(요 4:6), 하루를 고되게 일하시고는 주무셨다(막 4:38). 슬픔을 보면 인간으로서 눈물을 흘리셨으며(요 11:35), 성장 과정을 거치셨고(눅 2:52), 출생지와 호적까지 있었다(마 2:1).

예수님은 하나님이셨다. 그분은 문둥병자를 만져주셨고, 모든 종류의 병을 고쳐주셨다. 때로는 많은 증인이 보는 가운데서 죽은 사람을 다시 살리셨다. 그분은 귀신에게 귀신 들린 사람에게서 나가라고 명령하여 귀신 들린 사람에게 평안과 온전함을 되찾아 주셨다. 그분은 다른 사람을 섬기고 돕는 삶을 사셨다. 그분에게는 허물이 하나도 없으셨다. 그분은 사람들에게 실수하여 사과한 일이 전혀 없으셨다. 자신의 이익 추구나 시기, 불친절함도 없으셨다. 그분은 수시로 순수한 사랑을 보여주셨다. 그분이 화를 내신 일이 있었던 것은 사실이지만, 그 화는 정당하고 완전한 절제 가운데 이루어졌다. 그분이 화를 내신 것은 하나님의 집 성전이, 기도하는 집이 되기는커녕 착취와 탐욕의 집으로 사용되었기 때문이다. 그분을 심문했던 로마 총독 빌라도마저도 그분에게서 죄를 찾을 수 없었다.

예수님은 우리의 중보자로서 우리의 죗값을 치르시고 우리를 죄와 저주에서 해방하셨다.

"우리가 아직 죄인 되었을 때에 그리스도께서 우리를 위하여 죽으심으로 하나님께서 우리에 대한 자기의 사랑을 확증하셨느니라"(롬 5:8)

우리가 의인으로서 하나님을 위하여 많은 일을 할 때, 그분이 돌아가신 것이 아니라 우리가 아직 죄인 되었을 때 그분이 우리의 죗값을 치르셨다. 이 얼마나 순수한 사랑이며 조건 없는 사랑인가? 우리가 하나님 앞에 부족하고 허물투성이고, 하나님 앞에 원수 되었을 때(롬 5:10) 그분이 우리의 중보자로서 우리를 위해 죽으심으로 하나님은 우리에 대한 사랑을 확증하셨다고 사도 베드로가 명확하게 말한다.

"그리스도께서도 단번에 죄를 위하여 죽으사 의인으로서 불의한 자를 대신하셨으니 이는 우리를 하나님 앞으로 인도하려 하심이라 육체로는 죽임을 당하시고 영으로는 살리심을 받으셨으니"(벧전 3:18)

죄가 없는 분이 의롭지 못한 우리를 대신하셨다. 우리를 대신해서 십자가에 죽으셨으니 이것이 진정한 사랑이다. 예수님은 우리의 중보자로서 구원의 길이 되신다(요 14:6). 우리는 길 되시는 그분을 통해서 하나님께 나아갈 수 있다. 그 길은 휘장 가운데로 열어 놓으신 새롭고 산길(히 10:20)이다. 예수님은 우리 죄를 위하여 죽으시고 운명하시자 성전 안에 있던 휘장이 위로부터 아래까지 찢어졌다. 그 결과 우리는 우리의 중보자를 통해서 하나님 앞에 당당하게 나갈 수 있다. 그 휘장이 바로 예수님의 육체였다. 예수님의 육체가 우리 죄 때문에 찢겨 우리가 하나님께 나갈 수 있는 새로운 길, 살아있는 길이 열렸다. 예수님이 우리 죄를 위하여 죽으신 것이 성경의 핵심이요 하나님의 계획이라고 성경에서 명확하게 말한다.

"내가 받은 것을 먼저 너희에게 전하였노니 이는 성경대로 그리스도께서 우리 죄를 위하여 죽으시고 장사 지낸 바 되셨다가 성경대로 사흘 만에 다시 살아나사"(고전 15:3-4)

예수님은 자신이 우리의 죄를 용서할 수 있다고 선언하셨다. 한 중풍 병자를 향하여 그분은 모든 사람이 보는 가운데서 "네 죄사함을 받았느니라"(마

9:2)라고 선포하셨다. 그분은 오직 하나님이 하실 수 있는 일을 자신이 할 수 있다고 공공연하게 주장하셨다. 그분은 자신을 통해서만 하나님께 갈 수 있다고 분명하게 말씀하셨다.

"나로 말미암지 않고는 아버지께로 올 자가 없느니라"(요 14:6)

그분은 자신에게 오는 모든 자에게 평안을 주시겠다고 약속하셨다.
"평안을 너희에게 끼치노니 곧 나의 평안을 너희에게 주노라 내가 너희에게 주는 것은 세상이 주는 것과 같지 아니하니라 너희는 마음에 근심하지도 말고 두려워하지도 말라"(요 14:27)

우리의 중보자 되시는 그분을 아는 것은 하나님을 아는 것이다. 그분을 보는 것은 하나님을 보는 것이다. 그분을 믿는 것은 하나님을 믿는 것이다. 그분을 미워하는 것은 하나님을 미워하는 것이다. 그분을 공경하는 것은 하나님을 공경하는 것이다. 이 엄청난 말들은 반드시 진실이다. 그렇지 않다면 예수께서는 거짓말쟁이나 사기꾼 또는 미치광이가 되신다. 그러나 그의 완벽한 삶과 놀라운 가르침은 그가 지상에서 살았던 사람들 가운데 가장 경이로운 존재임을 증거한다. 그러므로 당신도 중보자 되시는 예수님을 통해서 구원을 받을 수 있다.

10. 예수님께서 자신의 보혈로 죄를 해결하셨다.

예수님이 우리의 죄를 대속하시기 위해서 자신의 피를 흘려주셨다. 성경은 피 흘림의 책이다. 성경에서 처음 등장하는 피 흘림의 사건은 창세기 3장에 등장한다. 인간이 죄를 범한 후 자신의 수치를 가리기 위해서 무화과나무 잎으로 치마를 만들어 입었지만, 소용이 없어서 하나님의 사랑을 보여주셨다.

"여호와 하나님이 아담과 그의 아내를 위하여 가죽옷을 지어 입히시니라"(창 3:21)
하나님이 가죽으로 옷을 만들어 입혀주셨는데 이 짐승의 가죽은 그 짐승을 죽여 피를 흘려야만 얻을 수 있었다. 창세기 4장에서도 하나님은 아벨의 피 있는 제사는 받아주셨고, 가인의 제사는 받아주시지 않으셨다. 노아가 드린 제사에도 피가 있었다. 창세기 22장에서 아브라함이 드린 제사에도 피가 있었다. 출애굽기 12장에서 하나님이 이스라엘 백성들을 애굽에서 구원하실 때도 피가 있었다.
"너희는 이스라엘 온 회중에게 말하여 이르라 이 달 열흘에 너희 각자가 어린 양을 잡을지니 각 가족대로 그 식구를 위하여 어린 양을 취하되"(출 12:3)

레위기에 나타난 제사인 번제와 화목제와 속죄제와 속건제에도 모두 피가 있었다. 이 피 흘림의 역사는 계속 이어져 예수님이 우리 죄를 대속하시기 위해서 십자가에 달려 피를 흘리신 갈보리 언덕까지 이어진다. 그래서 요한계시록은 상당히 분명하게 선포한다.
"또 충성된 증인으로 죽은 자들 가운데에서 먼저 나시고 땅의 임금들의 머리가 되신 예수 그리스도로 말미암아 은혜와 평강이 너희에게 있기를 원하노라 우리를 사랑하사 그의 피로 우리 죄에서 우리를 해방하시고"(계 1:5)

하나님은 이 피를 통하여 인간의 죄를 속하시겠다고 인간과 언약을 맺으셨다. 예수님이 언약을 성취하시기 위해서 피를 흘려주셨다고 예수께서 아주 분명하게 말씀하셨다.
"이것은 죄 사함을 얻게 하려고 많은 사람을 위하여 흘리는 바 나의 피 곧 언약의 피니라"(마 26:28)

예수님이 말씀하신 대로 우리를 위해서 물과 피를 다 흘리셨다.
"그 중 한 군인이 창으로 옆구리를 찌르니 곧 피와 물이 나오더라, 염소와 송아지의 피로 하지 아니하고 오직 자기의 피로 영원한 속죄를 이루사 단번에 성소에 들어가셨느니라"(요 19:34, 히 9:12)

그분은 이 말씀대로 단번에 속량을 이루어주셨다. '단번에'라는 의미는 '영원토록 단 한 번'이라는 뜻이다. 예수님이 자기 피로 영원토록 단 한 번에 속량을 이루어주셨기 때문에 우리도 단번에 죄의 용서함을 받는다. 단 한 번에 구원을 얻는다. 히브리서의 기자는 구약의 짐승의 피도 어느 정도 효력이 있어 정결하게 하고 거룩하게 했는데, 예수의 피가 성도들의 죄를 깨끗하게 해서 거룩한 하나님을 섬기게 하지 못하겠느냐고 반문한다.
"염소와 황소의 피와 및 암송아지의 재를 부정한 자에게 뿌려 그 육체를 정결하게 하여 거룩하게 하거든 하물며 영원하신 성령으로 말미암아 흠 없는 자기를 하나님께 드린 그리스도의 피가 어찌 너희 양심을 죽은 행실에서 깨끗하게 하고 살아 계신 하나님을 섬기게 하지 못하겠느냐"(히 9:13-14)
우리는 짐승의 피가 아닌 예수님의 피로 우리의 죄를 용서받는다. 예수님의 피는 우리를 하나님께로 더 가까이 나아가게 한다고 성경은 명확하게 말씀한다.
"이제는 전에 멀리 있던 너희가 그리스도 예수 안에서 그리스도의 피로 가까워졌느니라"(엡 2:13)

우리가 구원받기 전에 그리스도 밖에 있었고, 이스라엘 나라 밖의 사람이며, 약속의 언약들에 대하여 외인이요, 세상에서 소망도 없고 하나님도 없는 자들로 있을 때, 예수님이 십자가에서 보혈의 피를 흘려주셔서 우리가 하나님께 가까이 나아갈 수 있다.
예수님의 보혈은 우리를 모든 죄에서 깨끗하게 하실 수 있다고 성경은 분명하게 말한다.
"그가 빛 가운데 계신 것 같이 우리도 빛 가운데 행하면 우리가 서로 사귐이 있고 그 아들 예수의 피가 우리를 모든 죄에서 깨끗하게 하실 것이요"(요일 1:7)

여기에서 핵심은 '모든'이라는 말이다. 우리의 죄 일부가 아니고 모든 죄가 용서되었다. 당신이 말한 거짓말이나 지금까지 범했던 모든 더럽고 추잡한 행위, 당신의 위선이나 탐욕적인 생각이 모두 예수님의 죽음에 의해서 깨끗하게 되었다. 예수님이 귀한 보혈을 흘려주신 결과로 우리는 의롭게 되었다고 성경은 분명하게 말씀한다.
"그러면 이제 우리가 그의 피로 말미암아 의롭다고 하심을 받았으니 더욱 그로 말미암아 진노하심에서 구원을 받을 것이니"(롬 5:9)

예수님의 피는 하나님 앞에서 인간의 위치를 변화시켰다. 죄책감과 정죄로부터 해방감과 죄 사함을 통한 변화다. 우리는 예수의 피로 죄 사함을 받았다고 성경은 분명하게 말씀한다.
"우리는 그리스도 안에서 그의 은혜의 풍성함을 따라 그의 피로 말미암아 속량 곧 죄 사함을 받았느니라"(엡 1:7)
이 말씀에서 '곧'이라는 말은 앞과 뒤가 같다는 뜻이다. 즉 속량이 바로 죄 사함이다. 예수님의 속량으로 우리는 죄 사함을 받았다. 하나님께 용서받은 우리는 복역 기간을 치르고 풀려 나왔으나 시민으로서 누리는 권리를 박탈당한 죄수와는 다르다. 예수님의 피로 말미암아 죄 사함을 받은 우리는 완전한 시민권을 되찾았다.
예수님의 손과 발로부터 죄를 깨끗하게 하는 피가 흘러내렸다. 그분의 온몸도 피로 물들었다. 가시관 쓰신 이마에도 피가 흘러나왔다. 바로 그 피가 하나님과 화목할 수 있는 유일한 소망이 되는 보혈이라고 성경은 분명하게 말씀한다.

"그의 십자가의 피로 화평을 이루사 만물 곧 땅에 있는 것들이나 하늘에 있는 것들이 그로 말미암아 자기와 화목하게 되기를 기뻐하심이라"(골 1:20)
세계는 예수님의 십자가에서 평화를 발견하기 전에는 결코 평화를 발견하지 못한다. 우리가 십자가 밑에 나아가 믿음으로 그분을 만나기 전에는, 하나님과의 평화도, 양심의 평화도, 마음의 평화도, 영혼의 평화도 누릴 수 없으므로 예수님의 피 이 얼마나 놀라운 보혈인가?

11. 구약의 속죄함은 예수님의 속죄함을 보여주는 그림

❶ 예수님께서 죄를 용서하는 대제사장으로 오셨다.

"그리스도께서는 장래 좋은 일의 대제사장으로 오사 손으로 짓지 아니한 것 곧 이 창조에 속하지 아니한 더 크고 온전한 장막으로 말미암아"(히 9:11)
그분은 참 좋은 일을 하실 대제사장으로 오셨다.

❷ 예수님께서 멜기세덱의 반차를 따라 대제사장으로 오셨다.

레위 계통의 제사장들은 온전한 죄 사함을 얻게 할 수 없었다. 따라서 예수께서는 아론의 반차를 좇는 제사장이 아니라 멜기세덱의 반차를 좇는 별다른 제사장으로 오셨다고 성경은 분명하게 말씀한다.
"레위 계통의 제사 직분으로 말미암아 온전함을 얻을 수 있었으면 (백성이 그 아래에서 율법을 받았으니) 어찌하여 아론의 반차를 따르지 않고 멜기세덱의 반차를 따르는 다른 한 제사장을 세울 필요가 있느냐"(히 7:11)

여기에 등장하는 멜기세덱은 창세기 14장 17~24절에 등장하여 아브라함을 축복해 주셨고, 아브라함은 그에게 십일조를 드렸다. 그분은 의의 왕이요 평강의 왕이요 아비도 없고 어미도 없고 족보도 없고 시작한 날도 없고 생명의 끝도 없는 하나님의 아들과 방불하여 항상 있는 제사장이셨다(히 7:1-3). 예수님은 멜기세덱과 같은 별다른 제사장이셨다고 성경은 분명하게 말씀한다.
"멜기세덱과 같은 별다른 한 제사장이 일어난 것을 보니 더욱 분명하도다"(히 7:15)
예수께서는 멜기세덱의 반차를 좇는 영원한 제사장이셨다.
"그리로 앞서가신 예수께서 멜기세덱의 반차를 따라 영원히 대제사장이 되어 우리를 위하여 들어가셨느니라, 증언하기를 네가 영원히 멜기세덱의 반차를 따르는 제사장이라 하였도다"(히 6:20, 7:17)

❸ 예수님의 제사장 직분은 갈리지 않는다.

예수께서는 단 한 명밖에 없는 제사장이 되시기에 그분의 직분은 영원히 갈리지 않는다. 구약에서 레위 지파에 속한 제사장들이 그 수효가 많은 이유는 그들은 영원히 존재할 수 없기 때문이라고 성경에서 분명하게 선포한다.

"제사장 된 그들의 수효가 많은 것은 죽음으로 말미암아 항상 있지 못함이로되 예수는 영원히 계시므로 그 제사장 직분도 갈리지 아니하느니라"(히 7:23-24)

하지만 예수님은 영원히 존재하시는 하나님이시니 제사장 직분도 영원히 갈리지 않는다.

❹ **예수님께서 자신을 위해 제사를 드리지 않으신다.**
예수께서는 죄가 없는 분이기 때문이다. 구약의 레위 지파 제사장들은 먼저 자기를 위하여 제사를 드리고, 그다음 백성들을 위하여 제사를 드려야 했다고 성경은 명확하게 말한다.
"그는 저 대제사장들이 먼저 자기 죄를 위하고 다음에 백성의 죄를 위하여 날마다 제사 드리는 것과 같이 할 필요가 없으니 이는 그가 단번에 자기를 드려 이루셨음이라"(히 7:27)

❺ **예수님께서 우리를 구원하시기에 합당하시다.**
예수께서 우리에게 합당하신 이유는 그분이 대제사장으로서 자기를 힘입어 하나님께 나아가는 우리를 온전히 구원하시기 때문이다.
"그러므로 자기를 힘입어 하나님께 나아가는 자들을 온전히 구원하실 수 있으니 이는 그가 항상 살아 계셔서 그들을 위하여 간구하심이라 이러한 대제사장은 우리에게 합당하니 거룩하고 악이 없고 더러움이 없고 죄인에게서 떠나 계시고 하늘보다 높이 되신 이라"(히 7:25-26)

12. 구약의 속죄함을 뛰어넘는 예수님의 속죄함

❶ **직무 수행자** - 구약은 육체적 혈통에 근거한 레위 지파를 따라 된 제사장의 직분이다. 신약에서 예수님은 악이 없고 더러움이 없는 제사장이시다.
"이러한 대제사장은 우리에게 합당하니 거룩하고 악이 없고 더러움이 없고 죄인에

게서 떠나 계시고 하늘보다 높이 되신 이라"(히 7:26)

❷ **장소** - 구약은 하늘 성소의 모형과 그림자인 장막이지만 신약에서 예수님은 사람의 손으로 짓지 아니한 완전한 하늘의 성소에서 속죄함을 이루셨다.

"그리스도께서는 참 것의 그림자인 손으로 만든 성소에 들어가지 아니하시고 바로 그 하늘에 들어가사 이제 우리를 위하여 하나님 앞에 나타나시고, 그리스도께서는 장래 좋은 일의 대제사장으로 오사 손으로 짓지 아니한 것 곧 이 창조에 속하지 아니한 더 크고 온전한 장막으로 말미암아"(히 9:24, 11)

❸ **제물** - 구약은 염소와 송아지 피, 대리적인 피, 무수한 제물들이지만, 신약에서 예수님은 피와 몸으로 한 제물이 되셨다.

"염소와 송아지의 피로 하지 아니하고 오직 자기의 피로 영원한 속죄를 이루사 단번에 성소에 들어가셨느니라 염소와 황소의 피와 및 암송아지의 재를 부정한 자에게 뿌려 그 육체를 정결하게 하여 거룩하게 하거든, 그러므로 주께서 세상에 임하실 때에 이르시되 하나님이 제사와 예물을 원하지 아니하시고 오직 나를 위하여 한 몸을 예비하셨도다, 그가 거룩하게 된 자들을 한 번의 제사로 영원히 온전하게 하셨느니라"(히 9:12-13, 10:5, 14)

❹ **횟수** - 구약은 수많은 제사, 자주 드리는 제사, 같은 제사가 반복되고, 매일 드리는 제사지만 신약에서 예수님은 단번에 끝내버리는 제사를 드리셨다.

"대제사장이 해마다 다른 것의 피로써 성소에 들어가는 것 같이 자주 자기를 드리려고 아니하실지니, 제사장마다 매일 서서 섬기며 자주 같은 제사를 드리되 이 제사는 언제나 죄를 없게 하지 못하거니와, 그리하면 그가 세상을 창조한 때부터 자주 고난을 받았어야 할 것이로되 이제 자기를 단번에 제물로 드려 죄를 없이 하시려고 세상 끝에 나타나셨느니라, 오직 그리스도는 죄를 위하여 한 영원한 제사를 드리시고 하나님 우편에 앉으사"(히 9:25, 10:11, 9:26, 10:12)

❺ **자세** - 구약은 제사가 끝나지 않았기 때문에 성막 안에는 의자가 없어서 서 있

지만, 신약에서 예수님은 한 영원한 제사를 드리시고 하늘 보좌 우편에서 앉아 쉬고 계신다.

"제사장마다 매일 서서 섬기며 자주 같은 제사를 드리되 이 제사는 언제나 죄를 없게 하지 못하거니와 오직 그리스도는 죄를 위하여 한 영원한 제사를 드리시고 하나님 우편에 앉으사"(히 10:11-12)

❻ 결과 - 구약의 죄를 해결하는 방법은 모든 죄를 단번에 해결할 수 없어서 폐지하였지만, 신약에서 예수님의 방법은 우리의 모든 죄를 해결하고 거룩함을 얻어 영원히 온전케 되었다. 그 결과 우리는 다시는 제사를 드릴 필요가 없게 되었다.

"제사장마다 매일 서서 섬기며 자주 같은 제사를 드리되 이 제사는 언제나 죄를 없게 하지 못하거니와, 율법은 장차 올 좋은 일의 그림자일 뿐이요 참 형상이 아니므로 해마다 늘 드리는 같은 제사로는 나아오는 자들을 언제나 온전하게 할 수 없느니라 그렇지 아니하면 섬기는 자들이 단번에 정결하게 되어 다시 죄를 깨닫는 일이 없으리니 어찌 제사 드리는 일을 그치지 아니하였으리요, 이 뜻을 따라 예수 그리스도의 몸을 단번에 드리심으로 말미암아 우리가 거룩함을 얻었노라, 그가 거룩하게 된 자들을 한 번의 제사로 영원히 온전하게 하셨느니라, 이것들을 사하셨던 즉 다시 죄를 위하여 제사 드릴 것이 없느니라"(히 10:11, 1-2, 10, 14, 18)

이제 당신에게도 하나님께 나아갈 새로운 길과 살아있는 길이 열렸다. 예수님이 운명하시자 하나님께 나아갈 수 있도록 휘장이 위로부터 아래로 찢어져 새로운 길을 만드셨다.

"그러므로 형제들아 우리가 예수의 피를 힘입어 성소에 들어갈 담력을 얻었나니 그 길은 우리를 위하여 휘장 가운데로 열어 놓으신 새로운 살 길이요 휘장은 곧 그의 육체니라, 이에 성소 휘장이 위로부터 아래까지 찢어져 둘이 되니라, 예수께서 다시 크게 소리 지르시고 영혼이 떠나시니라 이에 성소 휘장이 위로부터 아래까지 찢어져 둘이 되고 땅이 진동하며 바위가 터지고"(히 10:19-20, 막 15:38, 마 27:50-51)

이제 당신도 구원의 길로 나아가 구원을 체험할 수 있다.

10. 구령상담에서 구원을 위한 믿음이란?

사도 바울은 하나님의 은혜에 의하여 믿음으로 말미암아 구원에 이른다고 밝히고 있다.

"너희는 그 은혜에 의하여 믿음으로 말미암아 구원을 받았으니 이것은 너희에게서 난 것이 아니요 하나님의 선물이라 행위에서 난 것이 아니니 이는 누구든지 자랑하지 못하게 함이라"(엡 2:8-9)

그러면 하나님의 은혜와 믿음 중에 무엇이 먼저인가? 물론 이것은 따로따로 이루어지는 것이 아니라 동시에 이루어지지만 그래도 굳이 우선순위를 따지자면 하나님의 은혜가 먼저다. 하나님의 은혜를 배제하고 인간의 선택과 믿음만을 강조할 때 진정한 구원은 이루어지지 않는다. 그러면 여기서 하나님의 은혜는 무엇인가? 성령 하나님께서 역사하셔서 우리의 죄를 깨닫게 하시고, 예수께서 우리의 죄를 십자가의 속죄를 통하여 처리해 주신 구원자라는 사실을 깨닫게 하시고, 그 사실을 믿게 하시는 것이다. 우리가 하나님을 믿는 것도 하나님의 선물이다. 그러므로 우리는 우리가 우리의 죄를 회개하고 예수 그리스도를 믿어야 하지만 또한 우리는 하나님께서 우리에게 죄를 깨닫게 하시고 예수님을 구원자로 계시해 주셔야 회개와 믿음이 가능하다.

그러므로 켄트 필폿은 <진실로 회심했는가?>에서 이 부분에 대해서 이렇게 정리했다.

"구원은 하나님께서 우리에게, 우리를 위해 이루시는 것이다. 하나님이 우리를 새롭게 낳으신다. 우리의 측면에서 보면, 우리가 선택한 것 같지만, 실제로 구원은 전적으로 하나님의 일이다. 구원이 오직 인간의 결단이나 선택의 문제라고 보면 구원의

은혜를 오해하는 것이고, 그것을 잘못 전하는 것이다"(P. 8)

따라서 당신이 구원을 받으려면 참된 믿음을 분별해야 한다. 그렇다면 믿음을 어떻게 분별하는가? 먼저 믿음이라는 뜻부터 살펴보자. 믿음이라는 뜻은 다양하다. 믿음은 신실하다. 신뢰한다. 의지한다. 충성한다. 진실하다. 의존한다. 맡긴다. 받아들인다. 순종한다는 뜻이다.

1. 일상생활의 믿음이란?

존 맥아더는 <구원이란 무엇인가?>에서 일상생활의 믿음에 관해 이야기한다(P. 57-58).
"우리는 수도꼭지가 안전하다고 믿고 그곳에서 나오는 물을 마신다. 브레이크가 잘 작동할 것이라고 믿으며 고속도로에서 자동차를 운전한다. 믿음으로 의사의 메스와 치과 의사의 천공기에 복종한다. 잡화상에 필름을 맡길 때는 사진이 제때 나올 것이라고 믿는다. 우리는 정부 지도자들이 기본적으로 청렴할 것이라고 믿는다. 이런 종류의 믿음의 능력은 인간의 본성이 본래 가진 것이다. 그러나 자연적인 믿음이 의지하는 대상은 반드시 신뢰할 만하지 않다. 사실 물은 오염될 수 있다. 브레이크도 작동이 안 될 수 있다. 의사가 실수를 할 수도 있다. 잡화상이 사진을 제때 인화하지 못할 수도 있다. 대통령이 공약 가운데 몇 가지를 이행하지 않을지도 모른다. 자연적인 믿음은 육체적 감각에 의존한다. 우리는 자신이나 다른 사람들이 보고 듣고 맛보고 느낄 수 있는 것만 믿으려는 경향이 있다. 물과 브레이크, 의사, 잡화상, 대통령을 신뢰할 때 우리는 우리의 감각과 인간적인 경험을 통해 이런 것들이 일반적으로 확신할 만한 가치가 있다고 여기기 때문에 신뢰한다."

우리는 일상적인 생활에서 어떤 대상에게 의뢰하는 경우가 있다. 우리는 건축회사에 건물을 짓는 일을 의뢰할 수 있다. 내가 아무리 돈을 많이 가지고 있어도 나 혼자서는 집을 지을 수 없기에 우리는 나라에서 인정하는 건축업 면

허가 있는 건축회사에서 건물 짓는 일을 의뢰한다. 만약 믿을 수 없다면 집 짓는 일을 의뢰하지 않을 것이다. 우리는 변호사에게 어떤 사건을 의뢰한다. 내가 억울한 일을 당했지만 나 혼자의 힘으로 재판에서 승소할 수 없으므로 국가에서 인정하는 변호사에게 일을 처리해 달라고 의뢰한다. 여기서도 믿을 수 없다면 사건을 의뢰하지 않는다. 우리는 의사에게도 병의 치료를 의뢰한다. 내가 큰 병에 걸렸을 때, 나의 병을 어느 병원에서 잘 고치는지 알아보고, 어느 의사가 내 병에 대한 전문가인지 알아보고, 그 의사에게 나의 병을 고쳐달라고 의뢰한다. 수술할 때 전적으로 의뢰한다는 표시로써 수술을 허락한다는 서명을 하고, 환자로서 마취 주사를 맞는다. 마취 주사를 맞는다는 것은 전적으로 의사에게 맡기겠다는 뜻이다. 만약 마취되지 않아서 환자가 의사에게 '이렇게 해달라, 저렇게 해달라'고 참견한다면 의사는 제대로 수술을 할 수 없을 것이다. 마취 주사를 맞고 온전히 의사에게 의탁하고 의뢰할 때 의사는 수술에 성공하여 병을 치료하게 된다. 이러한 일상생활의 믿음은 나의 구원과는 아무런 관계가 없는 믿음이다.

2. 구원 얻는 참된 믿음이란?

밀라드 에릭슨은 그의 저서 <구원론>에서 믿음의 의미를 설명했다(P. 168-171).
"믿음이란 그리스도의 약속들과 사역을 붙잡는 것이다. 믿음이란 복음의 핵심에 위치한다. 왜냐하면 그것은 우리가 하나님의 은혜를 받을 수 있도록 하는 매개물이라고 할 수 있기 때문이다. 히브리어는 믿음의 개념을 동사 형태로 표현한다. 아마도 그것은 바로 히브리인들이 믿음을 사람이 소유하는 것으로 이해하기보다는 사람이 행하는 그 무엇으로 여겼던 이유일 것이다. 그것은 소유하는 것이 아니라 행동하는 것이다, 그래서 믿음의 동사는 '아만'이다. 이 '아만'은 '라멕'이라는 전치사와 함께 사용되면 그것은 어떤 사람이나 대상을 확신 있게 의뢰하는 사상을 나타내며, 전치사 '베드'와 사용될 때는 한 증인에 대하여 동의하는 것을 뜻한다. 이 단어가 뜻하는 것은 긍정적으로 말해서 묶는 것 혹은 의지한다는 뜻으로 하나님 약속의 말씀에 마음을 묶는 것, 또 하나님의 능력과 신실성을 의지하는 것이다. 신약에서는 믿음을 표현해 주는 하나의 중요한 단어가 있다. '피스투오'라는 동사와 그와 같은 어원을 가진 명사 '피스티스'가 있다. 이 단어는 두 개의 기본적인 의미를 지닌다. 첫째, 어떤 사람이 말한 내용을 믿는 것, 특히 종교적인 내용의 진술을 진리로 받아들이는 것을 뜻한다. 둘째, 이것은 단순한 신념의 개념과는 달리 인격적인 신뢰를 뜻한다. '저에 대하여 모든 선지자도 증거하되 저를 믿는 사람들이 다 그 이름을 힘입어 죄 사함을 받는다 하였느니라'(행 10:43) 사도 요한은 예수의 이름을 믿는 것에 대해서 말한다. '영접하는 자 곧 그 이름을 믿는 자들에게는 하나님의 자녀가 되는 권세를 주셨으니'(요 1:12) 예수님의 이름을 믿는다는 것은 그를 인격적으로 신뢰함을 뜻하게 되는 것이다. 지금까지의 내용을 고려해 볼 때, 우리는 구원을 위해 필요한 믿음의 유형은 사실에 동의하는 요소와 인간을 신뢰하는 두 가지 요소가 모두 관련되어 있음을 알 수 있다."

❶ 구원을 위해서 그리스도만 전인격적으로 신뢰하는 믿음이다.

이 믿음은 구원을 위한 신뢰의 대상을 나에게서 그리스도께로 옮기는 믿음이다. 내가 선한 행위로 천국에 갈 수 없으므로 예수님이 나를 천국으로 인도하실 수 있는 분으로 인정하고 그분만을 신뢰하고 의뢰하는 것이다. 우리가 스스로 우리의 죄의 문제를 해결할 수 없으므로 이 구원 문제를 전적으로 예수님께 의뢰하는 것이다.

❷ 구원을 위해서 올바른 대상을 믿는다.

믿음의 시작은 단순히 하나님이 계신다는 것을 믿는 것이다.
"믿음이 없이는 하나님을 기쁘시게 하지 못하나니 하나님께 나아가는 자는 반드시 그가 계신 것과 또한 그가 자기를 찾는 자들에게 상 주시는 이심을 믿어야 할지니라"(히 11:6)
참된 믿음을 가지고 하나님께 나아가는 자는 반드시 하나님이 계신다는 것을 믿어야 한다. 그러나 하나님이 계신다는 것을 믿는 것만으로는 부족하다. 하나님이 계신다는 것을 믿는다면 이제는 하나님을 찾아야 한다.
"너희는 여호와를 만날 만한 때에 찾으라 가까이 계실 때에 그를 부르라"(사 55:6). 우리가 하나님을 간절히 찾고 부를 때 하나님께서 만나 주시고 우리를 살려 주시겠다고 약속하셨다. "너희가 전심으로 나를 찾고 찾으면 나를 만나리라, 여호와께서 이스라엘 족속에게 이르시기를 너희는 나를 찾으라 그리하면 살리라"(렘 29:13, 암 5:4)

❸ 예수 그리스도를 구세주와 삶의 주인으로 믿는다.
우리가 예수 그리스도를 영접할 때 하나님의 자녀가 되고 오직 하나님께로서 거듭난 자가 된다.
"영접하는 자 곧 그 이름을 믿는 자들에게는 하나님의 자녀가 되는 권세를 주셨으니 이는 혈통으로나 육정으로나 사람의 뜻으로 나지 아니하고 오직 하나님께로서 난 자들이니라"(요 1:12-13)

3. 하나님 약속을 그대로 믿는다.

존 맥아더는 그의 책 <구원이란 무엇인가>에서 참된 믿음을 이렇게 소개한다.
"믿음은 하나님의 약속을 현재시제로 바꾸어 놓는다. 다른 말로 하면 참된 믿음은 하나님의 말씀을 절대적으로 받아들인다. 믿음은 그 약속을 하신 분에 대한 초자연적인 확신, 의존이다. 믿음은 모호하고 부정확한 미래에 일어날지도 모를 무언가에 대한 불확실한 소망이 아니다. 믿음은 지금 이곳에 바라는 것들에 대한 확신을 가져오는 절대적인 신뢰. 믿음은 모호하거나 불확실한 것이 아니라 구체적이고 명확한 확신이다. 믿음은 미래의 실제성에 대한 현재의 확신이다. 믿음은 단순히 복음의 진리와 그리스도의 신뢰성에 대한 초자연적인 확신이다. 이 확실한 믿음은 분명 하나님이 우리 안에서 행하시는 역사다."(P. 55-57).

사도 바울은 믿음이 오는 경로를 소개한다.
"그러므로 믿음은 들음에서 나며 들음은 그리스도의 말씀으로 말미암았느니라"(롬 10:17)

구원을 얻는 믿음은 그리스도의 말씀을 듣는 것으로 시작된다. 아무리 공자의 말씀이 훌륭하다 하더라도 그것을 들어서는 믿음이 생기지 않는다. 믿음은 오직 하나님의 말씀을 통해서만 가능하다. 말씀에서 나온 것이 아니면 믿음이 아니다. 그러나 어떤 사람들은 하나님의 말씀이 아닌 다른 잘못된 믿음의 대상들을 의뢰한다. 인간의 신념이 그 대상이다. 우리는 신념과 올바른 믿음을 구분할 수 있어야 한다. 인간의 신념은 인간이 바라는 희망이다. 그 희망은 인간이 바랄 뿐이지 이루어지지 않을 수도 있다. 그러나 올바른 믿음은 반드시 이루어지는 소망이다. 그 결과를 하나님이 책임지고 보장하신다. 우리가 분명히 예수 그리스도를 믿으면 천국이 보장된다. 천국이 확실하게 이루어진다. 그러므로 올바른 믿음의 대상은 하나님과 그분의 기록된 말씀이다. 하나님의 말씀은 우리를 향한 약속의 말씀이다. 우리는 성경을 구약과 신약으로 분류한다. 여기서 구약은 이스라엘 백성들에게 주신 옛 약속이고 신약은 모든 믿는 자들에게 주신 새로운 약속이다. 믿음이란 하나님의 약속을 믿고 신뢰하는 것이다.

믿음이란 무엇인가? 하나님께서 약속하신 말씀은 반드시 그대로 이루어진다고 믿는 것이다. 누가 약속했는가? 약속하신 대상이 중요하다. 하나님이 약속하셨으니 하나님이 약속하신 것은 반드시 그대로 이루어진다고 믿고 받아들이는 것이다. 사도 바울은 믿음이 무엇인지 명확하게 말한다.
"그러므로 여러분이여 안심하라 나는 내게 말씀하신 그대로 되리라고 하나님을 믿노라"(행 27:25)

물론 이 말씀은 사도 바울이 죄수로 잡혀서 로마로 호송되다가 '유라굴로'라는 태풍을 만나 여러 날 동안 해와 별이 보이지 않고 구출될 가능성이 전혀 없는 바다 가운데서 말한 내용이다.

"얼마 안 되어 섬 가운데로부터 유라굴로라는 광풍이 크게 일어나니 배가 밀려 바람을 맞추어 갈 수 없어 가는 대로 두고 쫓겨가다가 가우다라는 작은 섬 아래로 지나 간신히 거루를 잡아 끌어 올리고 줄을 가지고 선체를 둘러 감고 스르디스에 걸릴까 두려워하여 연장을 내리고 그냥 쫓겨가더니 우리가 풍랑으로 심히 애쓰다가 이튿날 사공들이 짐을 바다에 풀어 버리고 사흘째 되는 날에 배의 기구를 그들의 손으로 내버리니라 여러 날 동안 해도 별도 보이지 아니하고 큰 풍랑이 그대로 있으매 구원의 여망마저 없어졌더라"(행 27:14-20)

하지만 하나님이 바울에게 나타나서 비록 배는 파선되지만 배 안에 있는 생명은 바울을 포함하여 모든 사람이 죽지 않는다고 약속하셨다. 바울은 하나님이 말씀하신 것을 그대로 믿었다. 이 얼마나 분명한 말씀인가? 하나님은 바울에게 분명하게 말씀하셨고, 바울은 분명하게 믿음으로 반응했다.
"내가 너희를 권하노니 이제는 안심하라 너희 중 아무도 생명에는 아무런 손상이 없겠고 오직 배뿐이리라 내가 속한 바 곧 내가 섬기는 하나님의 사자가 어제 밤에 내 곁에 서서 말하되 바울아 두려워하지 말라 네가 가이사 앞에 서야 하겠고 또 하나님께서 너와 함께 항해하는 자를 다 네게 주셨다 하였으니 그러므로 여러분이여 안심하라 나는 내게 말씀하신 그대로 되리라고 하나님을 믿노라"(행 27:22-25)

4. 예수님을 개인적으로 믿는다.

사도 바울은 하나님께서 바울 자신에게 말씀하신 그대로 되리라고 믿었다.

"나는 내게 말씀하신 그대로 되리라고"
이것이 바울의 믿음이었다. 그러므로 당신에게도 하나님께서 분명하게 말씀하신 내용이 있어야 한다. 만약에 하나님이 당신에게 말씀해 주신 내용이 없다면 믿을 수 없다. 하나님은 성경을 통해서 당신에게 명확하게 말씀하셨다.

"모든 인간은 죄인이다. 그 죄 때문에 지옥에 들어간다. 하나님이 당신을 사랑하셔서 예수 그리스도를 통하여 당신의 모든 죄의 값을 이미 다 지불하셨다. 그러므로 누구든지 그 사실을 믿고 회개하고 예수 그리스도를 영접하면 하나님의 자녀가 되어 언제 죽어도 하늘나라에 당당하게 들어갈 수 있다."

이것이 성경에서 당신에게 말씀하시는 약속의 말씀이다. 만약 당신이 어떤 사람의 인격을 믿지 못한다면 그 사람이 하는 약속도 믿지 못할 것이다. 당신은 하나님의 인격을 믿을 수 있는가? 당신이 하나님의 인격을 믿을 수 있다면 그분이 하신 약속의 말씀도 믿을 수 있다. 하나님은 약속을 어기는 인간이 아니시다. 하나님은 약속하신 것을 반드시 이행하신다. 성경은 약속의 책이다. 성경은 우리가 믿기만 하면 죄가 하나도 없는 의인으로 거듭날 수 있다고 약속한다. 우리가 구원을 받을 수 있다고 약속한다. 이 얼마나 확실한 말씀인가?

"하나님은 사람이 아니시니 거짓말을 하지 않으시고 인생이 아니시니 후회가 없으시도다 어찌 그 말씀하신 바를 행하지 않으시며 하신 말씀을 실행하지 않으시랴"(민 23:19)

11. 구령상담에서 생명 얻는 회개란?

우리가 구원받을 수 있는 기쁜 소식을 들었을 때 우리는 어떻게 반응해야 하는가? 예수님이 우리의 모든 죄를 십자가를 통해서 단번에 다 해결하셨다는 사실을 진정으로 믿는다면 우리는 우리의 죄를 회개해야 한다. 회개란 불신의 죄로부터 돌아서는 것이다. 하나님이 이렇게 나의 모든 죄의 값을 다 지불해 놓으셨는데 그 사실을 깨닫지 못해서 믿지 않고 내 마음대로 살았던 죄들로부터 돌이키는 것이다. 예수님이 이 세상에 오셔서 공적인 사역을 시작하실 때 제일 먼저 이렇게 말씀하셨다.
"이 때부터 예수께서 비로소 전파하여 이르시되 회개하라 천국이 가까이 왔느니라 하시더라"(마 4:17)

예수님은 우리를 회개시키러 오셨다. 성경은 이 점을 분명하게 말씀한다.
"내가 의인을 부르러 온 것이 아니요 죄인을 불러 회개시키러 왔노라"(눅 5:32)

예수님은 동정과 사랑의 마음을 가지고 오셨지만, 그분은 즉시 인간의 죄를 지적하셨다. 예수님은 사람들이 죄인 됨을 인정하고 그 악한 길에서 돌이키라고 요구하셨다. 예수님은 자기가 인간에게 사랑과 은혜와 자비를 베풀기 전에 회개가 선행해야 한다고 말씀하셨다. 그분은 죄를 간과하시지 않으셨다. 그분은 자기비판을 요구하셨고 완전히 180도 전향할 것을 요구하셨다. 회개는 하나님의 은혜를 받을 수 있도록 문을 여는 것과 같다. 마태복음 3장 1절부터 3절에서 요한은 광야에서 회개하라고 선포했다. 예수님의 제자들이 전한 내용도 회개하라는 말씀이다.
"제자들이 나가서 회개하라 전파하고"(막 6:12).

예수님이 세상을 떠나실 때 마지막으로 "죄 사함을 얻게 하는 회개를 전파하라"라고 명령하셨다.
"또 그의 이름으로 죄 사함을 받게 하는 회개가 예루살렘에서 시작하여 모든 족속에게 전파될 것이 기록되었으니 너희는 이 모든 일의 증인이라"(눅 24:47-48)

예수님이 세상을 떠나신 후에 오순절 날 성령이 임하고, 제자들이 사역을 시작할 때 제자 중 수제자였던 베드로는 '회개하라'라고 강하게 선포했다(행 2:38, 3:19). 신약에서 예수님 다음으로 사역을 많이 했던 사도 바울은 밀레도에서 에베소 지역의 사역자들에게 자신의 사역을 소개할 때 자신이 일평생 동안, 이 '회개'를 전파했다고 간증했다.

"바울이 밀레도에서 사람을 에베소로 보내어 교회 장로들을 청하니 오매 그들에게 말하되 아시아에 들어온 첫날부터 지금까지 내가 항상 여러분 가운데서 어떻게 행하였는지를 여러분도 아는 바니 곧 모든 겸손과 눈물이며 유대인의 간계로 말미암아 당한 시험을 참고 주를 섬긴 것과 유익한 것은 무엇이든지 공중 앞에서나 각 집에서나 거리낌이 없이 여러분에게 전하여 가르치고 유대인과 헬라인들에게 하나님께 대한 회개와 우리 주 예수 그리스도께 대한 믿음을 증언한 것이라 보라 이제 나는 성령에 매여 예루살렘으로 가는데 거기서 무슨 일을 당할는지 알지 못하노라"(행 20:17-22)

그는 아그립바 왕에게 자신은 이 '회개'를 전하다가 잡혀 왔다고 말한다.
"아그립바 왕이여 그러므로 하늘에서 보이신 것을 내가 거스르지 아니하고 먼저 다메섹과 예루살렘에 있는 사람과 유대 온 땅과 이방인에게까지 회개하고 하나님께로 돌아와서 회개에 합당한 일을 하라 전하므로 유대인들이 성전에서 나를 잡아 죽이고자 하였으나 하나님의 도우심을 받아 내가 오늘까지 서서 높고 낮은 사람 앞에서 증언하는 것은 선지자들과 모세가 반드시 되리라고 말한 것밖에 없으니"(행 26:19-22)

요나는 니느웨 사람들이 회개할 때까지 니느웨에서 회개의 말씀을 전파했다.

하나님은 에스겔을 통해서 회개를 호소했다.
"주 여호와의 말씀이니라 이스라엘 족속아 내가 너희 각 사람이 행한 대로 심판할지라 너희는 돌이켜 회개하고 모든 죄에서 떠날지어다 그리한즉 그것이 너희에게 죄악의 걸림돌이 되지 아니하리라"(겔 18:30)

1. 믿음과 가장 가까운 친구 회개

회개가 없는 믿음이 존재하지 않는 이유는 회개와 믿음은 항상 함께 일하기 때문이다. 회개란 불신자가 하나님께 돌아서는 것이요, 믿음이란 그리스도에게로 향하여 나아가게 한다. 회개와 믿음은 하나님의 같은 사건의 긍정적인 면과 부정적인 면이다. 회개는 믿음이 없이는 불완전하여 이루어질 수 없다. 우리가 그리스도를 믿을 때 우리는 우리의 죄를 깨닫게 되며 회개하게 된다. 사도 바울은 하나님에 대한 회개와 예수님에 대한 믿음을 전하였다. 예수께서는 회개하지 않으면 망하게 된다고 경고하셨다.
"너희에게 이르노니 아니라 너희도 만일 회개하지 아니하면 다 이처럼 망하리라"(눅 13:3)

밀라드 에릭슨은 그의 저서 <구원론>에서 회개의 의미를 이렇게 소개한다 (P. 163-167).
"회개를 표현해 주는 두 개의 히브리어 단어가 있다. 하나는 '나함'인데 이것은 '헐떡이다 한숨짓다 신음하다'의 의미를 나타내는 하나의 의성어이다. 이것은 후에 '애통하다 혹은 슬퍼하다'라는 뜻을 갖게 되었다. 흥미로운 것은 이 단어가 회개한다는 뜻으로 사용되는 곳에서 그 동사의 주어는 대개 인간이 아니라 하나님이라는 것이다. 주요한 실례를 창세기 6장 6절에서 찾아볼 수 있다. '땅 위에 사람 지으셨음을 한탄하사 마음에 근심하시고' 인간이 해야 하는 참된 회개의 형태는 '슙'이라는 단어에 의해서 좀 더 일반적으로 나타난다. 이것은 주님께로 돌아오라고 이스라엘에 외치는 선지자들의 부름 속에서 광범위하게 사용되고 있다. 이것은 죄를 버리고 하나님과의 교제 속으로 돌아가야 할 필요성을 강조한다. '내 이름으로 일컫는 내 백성이 그들의 악한 길에서 떠나 스스로 낮추고 기도하여 내 얼굴을 찾으면 내가 하늘에서 듣고 그들의 죄를 사하고 그들의 땅을 고칠지라'(대하 7:14) 신약에서는 회개에 대하여 사용되는 두 개의 주요한 용어들이 있다. 첫째, '메타멜로마이'는 구약의 '나함'과 같이 회개의 감정적인 요소를 강조하여 '후회하는 것'을 뜻한다. 잘못된 일을 행한 것에 대해 후회하는 마음을 가리킨다. 예수님께서는 두 아들의 비유에서 그 단어를 사용하신다. 첫째 아들에게 아버지가 포도원에 가서 일하라고 명령했을 때 그는 '대답하여 이르되 아버지 가겠나이다 하더니 가지 아니하고'(마 21:29) 둘째 아들에게 말하니 '둘째 아들에게 가서 또 그와 같이 말하니 대답하여 이르되 싫소이다 하였다가 그 후에 뉘우치고 갔으니'(마 21:30)라고 했다. 예수께서는 그가 말씀하고 있는 대상들인 대제사장들과 바리새인들을 첫째 아들로 비유했고 회개하는 죄인들을 둘째 아들로 비유하신 것이다. 회개를 나타내는 다른 중요한 신약의 용어는 '메타노에오'인데 그것은 문자 그대로 '어떤 것에 대하여 다르게 생각하거나 마음의 변화가 일어남'을 뜻한다. 요한의 설교 특징이 바로 그 단어로 요약된다. '회개하라 천국이 가까이 왔느니라 하였으니'(마 3:2) 그것은 초대교회의 설교에도 핵심적인 단어였다. 오순절에 베드로는 무리에게 다음과 같이 촉구했다. '베드로가 이르되 너희가 회개하여 각각 예수 그리스도의 이름으로 세례를 받고 죄 사함을 받으라 그리하면 성령의 선물을 받으리니'''행 2:38) 우리가 이 회개의 내용을 고찰해 볼 때 그것이 구원에 필요한 전제조건으로서의 중요한 요소인 사실을 간과할 수 없게 된다. 회개가 강조되는 여러 가지의 다양한 문맥들과 구절들을 보면 회개란 선택적인 것이 아니며 필수 불가결한 요소임을 분명히 알 수 있다. 여러 가지 다른 문화적 배경 속에 있는 사람들 모두가 회개하도록 촉구되었다는 사실은 그것이 몇몇 특별한 지역의 상황에 있는 사람들만을 위하여 의도된 소식이 아님을 깨닫게 한다. 그보다 회개란 기독교 복음의 핵심적 내용이다. 우리가 회개의 바른 성질을 이해하는 것은 중요한 일이다. 회개란 자신의 죄에 대해 거룩한 통회의 마음을 갖고 그것으로부터 돌아설 결심을 하는 것이다. 참된 회개란 하나님에 대하여 죄를 지어 그분에게 끼친 상처로 인하여 자신의 죄를 슬퍼하게 됨이다. 그런데 그 슬픔은 그 죄를 버리려는 진실한 소원이 동반되는 슬픔이다. 예수님을 그냥 믿고 은혜의 선물을 그냥 받아들이는 것만으로는 충분하지 않다. 그 인간의 내부에서의 참된 변화가 있어야만 한다는 것이다. 만일 깊이 있는 회개가 이루어지지 않으면 정말로 죄의 권세로부터 구원받은 사실에 대한 깨달음도 없게 될 것이다. 참된 헌신과 깊이 있는 믿음도 마찬가지로 없을 수 있다."

회개한다는 뜻은 "돌아서다. 버린다. 포기한다. 고백한다."라는 뜻이다. 죄인들은 모두가 멸망으로 인도하는 넓은 길로 나아간다. 그들은 하나님으로부터 더욱더 멀리 떠나고 있다. 그래서 하나님은 죄인들이 구원받아 당신께 오도록 부르고 계신다. 사람들은 교만과 패역 가운데 더욱더 죄 가운데로 깊이 빠져들고 있다. 하나님은 죄인이 죄를 미워하고 영생을 위해 하나님께 나아오기를 원하신다. 하나님은 사람들에게 회개하라고 명령하신다.
"알지 못하던 시대에는 하나님이 간과하셨거니와 이제는 어디든지 사람에게 다 명하사 회개하라 하셨으니"(행 17:30)

회개해야 하는 이유는 분명하다.
"이는 정하신 사람으로 하여금 천하를 공의로 심판할 날을 작정하시고 이에 그를 죽은 자 가운데서 다시 살리신 것으로 모든 사람에게 믿을 만한 증거를 주셨음이니라 하니라"(행 17:31)

솔로몬은 이렇게 충고하고 있다.
"자기의 죄를 숨기는 자는 형통하지 못하나 죄를 자복하고 버리는 자는 불쌍히 여김을 받으리라"(잠 28:13)

2. 죄를 시인하는 회개

회개란 예수님이 십자가의 속량 사건을 통해서 나의 모든 죄를 단번에 다 해결하시고 용서해 놓으셨지만, 그 사실을 깨닫지 못해서 믿지 않았던 불신의 죄를 시인하고 용서를 비는 것이다. 구원을 위한 회개는 불신의 죄로부터 돌이킨다. 하나님이 나를 창조해 주셨는데, 예수님이 나의 죄 때문에 십자가에 돌아가셨는데 그것을 믿지 않는 것이 얼마나 큰 죄인가? 그 사실을 깨닫지 못해 믿지 않고 내 마음대로 살아왔던 죄들을 시인하고 용서를 구하는 것이다. 만일 어떤 사람이 지옥에 들어간다면 그는 죄를 너무 많이 지어서 지옥에 가는 것이 아니라 예수께서 자신의 죄를 다 해결해 주셨다는 사실을 믿지 않고 회개하지 않았기 때문에 지옥에 들어간다. 회개가 너무나 중요하기 때문에 성경은 회개하는 장면을 소개한다.

"세리는 멀리 서서 감히 눈을 들어 하늘을 쳐다보지도 못하고 다만 가슴을 치며 이르되 하나님이여 불쌍히 여기소서 나는 죄인이로소이다 하였느니라, 내가 이르기를 내 허물을 여호와께 자복하리라 하고 주께 내 죄를 아뢰고 내 죄악을 숨기지 아니하였더니 곧 주께서 내 죄악을 사하셨나이다, 하나님이여 주의 인자를 따라 내게 은혜를 베푸시며 주의 많은 긍휼을 따라 내 죄악을 지워 주소서, 하나님께서 구하시는 제사는 상한 심령이라 하나님이여 상하고 통회하는 마음을 주께서 멸시하지 아니하시리이다"(눅 18:13, 시 32:5, 51:1, 17)

이처럼 회개는 자기의 죄를 시인하고 용서를 구하는 것이다.

3. 돌이키는 회개

"너는 그들에게 말하라 주 여호와의 말씀이니라 나의 삶을 두고 맹세하노니 나는 악인이 죽는 것을 기뻐하지 아니하고 악인이 그의 길에서 돌이켜 떠나 사는 것을 기뻐하노라 이스라엘 족속아 돌이키고 돌이키라 너희 악한 길에서 떠나라 어찌 죽고자 하느냐 하셨다 하라"(겔 33:11)

회개란 새로운 방향으로 뛰어드는 것이며 변화되는 것이다. 참된 변화는 마음에서부터 비롯된다. 변화에는 세 가지가 있다. 첫째는 사고의 패턴이 변한다. 마음이 변하니까 가치관이 변하고 생각이 달라진다. 둘째는 언어의 표현이 달라지고 말이 깨끗해진다. 셋째는 행동이 달라진다. 회개는 힘이 있는 말이며 행동의 언어다. 회개는 한 사람 안에서 완전한 혁명을 일으킨다. 성경에서 우리에게 죄를 회개하라고 요구할 때, 그것은 우리가 죄에서 돌아설 것을, 즉 죄로부터 정반대 방향으로 걸어가는 것을 요구하는 것이다.

4. 죄를 포기하는 회개

회개는 생활 가운데서 나를 포기하고 죄를 포기하는 것이다. 욥은 이렇게 회개했다.
"그러므로 내가 스스로 거두어들이고 티끌과 재 가운데에서 회개하나이다"(욥 42:6)
회개란 죄를 즐기지 않고 버리는 것이다. 우리가 죄를 좋아하고 품으면 하나님께서 싫어하시기 때문이다.
"내가 나의 마음에 죄악을 품었더라면 주께서 듣지 아니하시리라"(시 66:18)
죄를 좋아하고 죄를 즐기는 삶은 회개하지 않는 증거가 된다. 따라서 죄를 회개한 사람은 죄를 포기하고 버린다.

5. 태도의 변화인 회개

회개는 사람과 하나님에 대하여 태도를 바꾸게 된다. 우리가 구원받기 전에는 하나님을 섬기지 않고, 하나님께 감사치도 않고, 예배를 드리지도 않았었다. 성경은 이 점을 분명하게 말씀한다.
"하나님을 알되 하나님을 영화롭게도 아니하며 감사하지도 아니하고 오히려 그 생각이 허망하여지며 미련한 마음이 어두워졌나니 스스로 지혜 있다 하나 어리석게 되어 썩어지지 아니하는 하나님의 영광을 썩어질 사람과 새와 짐승과 기어다니는 동물 모양의 우상으로 바꾸었느니라, 그 때에 너희는 그리스도 밖에 있었고 이스라엘 나라 밖의 사람이라 약속의 언약들에 대하여는 외인이요 세상에서 소망이 없고 하나님도 없는 자이더니"(롬 1:21-23, 엡 2:12)

하지만 진정으로 회개하면 하나님을 예배하고 섬기며 하나님께 영광을 돌린다. 회개란 자기중심의 원리를 버리고 예수님과 그분의 뜻을 내 인생의 중심으로 삼고, 목표로 삼는 것이다. 예수 믿고 회개한 사람은 예수님을 구주로 삼는 것이며, 왕으로 삼는 것이며, 남편으로 모시고 살기로 마음 고쳐먹고 인생의 방향을 근본적으로 바꾸게 된다. 회개는 자동차 도로의 유턴 표시처럼 한 방향으로 가던 사람이 그 길이 잘못되었음을 알고 뒤로 돌아 정확하게 반대 방향으로 가게 된다. 인간이 처음에 하나님의 얼굴을 외면하고 태어났다가 참으로 회개할 때 하나님을 향해 올바로 돌아서게 된다. 하나님 없이 자기 인생의 주인이 되어 자기 마음대로 살아왔던 사람이 자신의 삶이 잘못되었음을 알고 이제 하나님 뜻대로 예수님을 인생의 주인으로 모시고 살겠다고 결단하는 것이다.

6. 지성과 감정과 의지를 동원한 회개

우리가 회개하려면 죄에 대한 깨달음이 있어야 한다. 이사야는 자신의 죄를 깨달았을 때 분명하게 고백했다.
"그 때에 내가 말하되 화로다 나여 망하게 되었도다 나는 입술이 부정한 사람이요 나는 입술이 부정한 백성 중에 거주하면서 만군의 여호와이신 왕을 뵈었음이로다 하였더라"(사 6:5)
욥은 자기가 죄인이라는 것을 깨달았을 때 분명하게 고백했다.
"나는 나를 원망한다."(욥 42:6)
베드로는 자신의 죄를 깨달았을 때 분명하게 고백했다.
"나는 죄인이로소이다"(눅 5:8)
바울은 자신이 죄인 됨을 생각하고 자신을 분명하게 고백했다.
"나는 죄인의 괴수니라"(딤전 1:15)
이러한 깨달음을 주시는 분은 성령님이다. 하나님의 뜻대로 하는 회개는 감정이 포함된다. 바울은 하나님의 뜻대로 하는 근심이 바로 성경에서 말하는 회개라고 소개한다.

"하나님의 뜻대로 하는 근심은 후회할 것이 없는 구원에 이르게 하는 회개를 이루는 것이요 세상 근심은 사망을 이루는 것이니라"(고후 7:10)
회개는 의지를 포함한다. 참된 회개는 의지에 와서 결판이 난다. 회개에는 죄를 포기하려는 각오해야 한다. 자신에 대한 태도, 죄에 대한 태도, 하나님에 대한 태도를 바꾸려는 각오와 결단이 필요하며 자신의 의지와 성격과 목적을 바꾸려는 각오해야 한다.

7. 회개하는 이유

우리가 회개해야 하는 이유는 회개가 구원의 방법이기 때문이다. 따라서 성경은 회개를 "구원에 이르게 하는 회개"(고후 7:10)로 소개한다. 회개는 하나님이 모든 사람에게 바라시는 소원이다.
"주의 약속은 어떤 이들이 더디다고 생각하는 것 같이 더딘 것이 아니라 오직 주께서는 너희를 대하여 오래 참으사 아무도 멸망하지 아니하고 다 회개하기에 이르기를 원하시느니라"(벧후 3:9)
우리는 진정으로 회개해야 영생을 얻게 된다.
"그들이 이 말을 듣고 잠잠하여 하나님께 영광을 돌려 이르되 그러면 하나님께서 이방인에게도 생명 얻는 회개를 주셨도다 하니라"(행 11:18)
우리가 진심으로 회개해야 죄 사함을 받을 수 있다.
"이스라엘에 회개함과 죄 사함을 주시려고 그를 오른손으로 높이사 임금과 구주로 삼으셨느니라"(행 5:31)
우리가 진심으로 회개해야 기쁨이 온다.
"그러므로 너희가 회개하고 돌이켜 너희 죄 없이 함을 받으라 이같이 하면 새롭게 되는 날이 주 앞으로부터 이를 것이요"(행 3:19)
하나님이 모든 인간에게 어디서든지 회개하라고 명령하셨다.
"알지 못하던 시대에는 하나님이 간과하셨거니와 이제는 어디든지 사람에게 다 명하사 회개하라 하셨으니"(행 17:30)

그러므로 우리는 회개해야 한다.

8. 회개의 방법

우리는 어떻게 참된 회개를 실행할 수 있을까? 회개는 즉각적으로 해야 하기에 회개는 갑자기 결심하는 순간에 온다. 그때 회개하도록 하나님이 힘을 주신다. 회개는 삶의 중도에서 인생의 경로를 결정한다. 회개에는 지, 정, 의가 포함되어 있다. 죄에 대한 바른 인식이 필요하다. 하나님 없이 내 마음대로 살던 삶이 얼마나 잘못된 삶인가를 알고 자신이 죄인임을 안타까워하는 것이다. 의지의 표현으로 돌아서는 것처럼 회개는 의지에 와서 결판이 난다.

누가복음 15장에서 집을 나간 탕자도 그저 앉아서 죄에 대한 가책을 느끼고 후회만 하는 것이 아니라 일어나서 돌아와 자신의 아버지께 자기가 지은 죄를 입으로 고백했다. 탕자는 피동적으로 죄에 대하여 주저주저한 것이 아니라 돼지 떼에 둘러싸여 그저 있던 자리에 앉아 있지 않고 일어나서 길을 떠났다. 탕자는 정확하게 반대 방향으로 발길을 돌려 아버지를 찾았으며 그 앞에서 자신을 낮추었다. 성경은 탕자가 아버지에게 돌아오기 전에 아버지께 어떻게 말할 것인지 미리 생각했다고 전한다.

"이에 스스로 돌이켜 이르되 내 아버지에게는 양식이 풍족한 품꾼이 얼마나 많은가 나는 여기서 주려 죽는구나 내가 일어나 아버지께 가서 이르기를 아버지 내가 하늘과 아버지께 죄를 지었사오니 지금부터는 아버지의 아들이라 일컬음을 감당하지 못하겠나이다 나를 품꾼의 하나로 보소서 하리라 하고 이에 일어나서 아버지께로 돌아가니라 아직도 거리가 먼데 아버지가 그를 보고 측은히 여겨 달려가 목을 안고 입을 맞추니"(눅 15:17-20)

탕자는 분명히 돌아와서 죄를 입으로 고백한다.
"아들이 이르되 아버지 내가 하늘과 아버지께 죄를 지었사오니 지금부터는 아버지의 아들이라 일컬음을 감당하지 못하겠나이다 하나"(눅 15:21)

예수님은 이 잃은 양의 비유와 잃은 드라크마의 비유와 탕자의 비유를 통하여 회개의 중요성을 분명하게 설명하셨다.

9. 생명 얻는 회개와 성화를 위한 회개

우리가 구원받기 위해서 죄를 얼마나 회개해야 할까? 지금까지 살아오면서 지은 죄들을 다 회개해야 할까? 지금까지 살아오면서 지은 죄가 생각나지 않아 다 회개하지 못하면 어떻게 하는가? 우리는 회개를 바르게 이해해야 한다. 따라서 회개는 생명을 얻는 회개와 성화를 위한 회개가 있다. 생명 얻는 회개는 어떻게 보면 일생에 있어서 구원받을 때 일회적으로 끝난다. 그러면 구원받은 성도는 그 이후에 짓는 죄를 어떻게 처리할까? 하나님의 자녀로서 아버지와 교제 회복을 위해서 자백한다(요일 1:9). 여기서 자백은 '동의한다'라는 뜻으로 성도가 죄를 범할 때 성령께서 그것을 지적해 주시면 "예 맞습니다. 내가 그 죄를 범했습니다."라고 동의하며 시인하는 것이다. 이 자백 속에는 자신이 범한 죄에 대하여 슬퍼하며 그 죄를 버리는 것까지도 포함된다. 이것이 자백 속에 포함된 성화를 위한 회개다.

회개는 생명을 얻는 회개와 성화를 위한 회개 두 가지가 있다. 많은 사람이 이 두 가지를 혼동하고 오해를 하지만 생명 얻는 회개는 구원받을 때 하는 단회적인 회개지만 성화를 위한 회개는 그리스도인의 삶 가운데 계속되는 반복적인 회개다. 생명 얻는 회개는 불신의 죄로부터 돌아서는 것이요, 성화를 위한 회개는 자백한 죄를 버리는 것이다.

우리는 회개를 잘 정리해야 한다. 너무나 중요하기 때문이다. '회개한다'라는 단어의 헬라어인 '메타노에오(Metanoeo)'는 신약 성경에서 전부 34회 사용되는데 많은 경우에 이 단어는 죄인이 예수 믿고 구원받을 때 하는 회개를 나타내기 위해 사용되었다(막 1:15; 행 2:38, 17:30, 26:20 등). 하지만 이 단어가 누가복음 17장 3~4절, 고린도후서 12장 21절, 요한계시록 2장 5-16절은 분명히 예수 믿고 구원받은 성도가 지은 죄를 회개할 때 사용되고 있음을 볼 수 있다. 물론 요한일서 1장 9절에서는 구원받은 사람이 자기 죄를 회개하는 것을 가리켜 자백하는 것이라고 했다. 죄인이 구원받을 때 한번 회개하고 구원받은 사람이 죄를 지었을 때도 역시 성화를 위한 회개를 한다.

10. 회개의 증거

우리가 진정으로 회개했다면 삶 속에 변화가 일어난다. 우리는 성경에서 진정으로 회개한 사람은 그가 하는 모든 일에 변화가 일어나는 것을 볼 수 있다. 성경에는 우리가 그리스도인이 된 후에 자기 마음대로 살아도 된다는 구절은 하나도 없다. 회개한 사람은 하나님과 분리된 삶으로부터, 하나님께 반항하는 삶으로부터 멀어진다. 이제는 예수 그리스도에 대한 믿음으로 그분을 전폭적으로 신뢰하고 확신하며 의존한다. 예수님께 순종하고 그분을 기쁘게 하고자 하는 순수한 마음이 없다면 정말 자신이 하나님의 자녀가 되었는지 의심할 필요가 있다.

12. 구령상담에서 영접이란? ✦✦✦

"영접하는 자 곧 그 이름을 믿는 자들에게는 하나님의 자녀가 되는 권세를 주셨으니 이는 혈통으로나 육정으로나 사람의 뜻으로 나지 아니하고 오직 하나님으로부터 난 자들이니라"(요 1:12-13)

만일 당신이 예수께서 이루신 십자가의 복음을 받아들이지 않는다면 당신은 죄와 허물로 죽어 있다. 그 결과 당신이 이 세상을 떠난다면 그 즉시 불 가운데 떨어져 영원토록 고통을 당하게 된다. 하나님은 당신이 이 죽음에서 구원받을 수 있는 길을 예비해 놓으셨다. 그리고 당신에게 그것을 믿고 받아들이라고 말씀하신다. 하나님은 당신이 오늘 구원받기를 원하신다.

만일 당신이 하나님 앞에서 당신의 죄를 자복하고 용서를 구하며 예수께서 이루신 복음을 믿고 예수 그리스도를 영접하면 하나님은 당신의 마음속에 성령을 보내주시고 당신이 하나님께 받아들여졌다는 사실과 당신의 모든 죄가 용서받았다는 사실을 확신시켜 주신다.

성경에서 말하는 구원이란 무엇인가? 죄의 문제를 해결하고 죄의 용서함을 받고 예수 그리스도를 인격적으로 만나는 것이다. 인간은 자기 스스로 죄의 문제를 해결할 수 없다. 하지만 예수께서 십자가에서 당신의 모든 죄의 값을 단번에 다 치르셨다. 당신이 그 사실을 전인격적으로 믿고 당신의 죄를 회개하고 예수 그리스도를 신뢰할 때 당신은 구원을 받을 수 있다.

당신이 예수께서 십자가에서 이루신 복음을 믿고 그분을 영접하는 것은 당신의 인생에서 가장 중요한 선택이다. 당신은 인생에서 여러 가지 많은 것들을 선택해왔다. 친구들을 선택하고, 학업을 선택하고, 직업을 선택하고, 배우자를 선택했지만, 이제 그 어떤 선택과도 비교할 수 없는 가장 중요한 선택이 바로 예수 그리스도를 선택하는 것이다. 당신이 오늘 이 자리에서 예수님을 믿고 영접하는 선택이야말로 가장 중요한 결정이다. 이 결정은 당신의 삶을 새로운 차원의 삶으로 인도한다. 이 결정은 당신의 미래를 행복한 삶으로 바꾸어 준다. 당신이 이 선택에 실패한다면 당신은 인생에서 가장 큰 실패를 하여 천국과 영원한 생명을 잃어버린다. 그러나 당신이 예수 그리스도께서 이루신 복음을 믿고 영접한다면 당신은 인생에서 가장 큰 성공을 거둔다.

영접이란 당신이 진실한 마음으로 예수께서 이루신 십자가 복음의 말씀을 받아들이는 것이다.

1. 영접은 예수 그리스도를 믿는 것

"영접하는 자 곧 그 이름을 믿는 자들에게는 하나님의 자녀가 되는 권세를 주셨으니"(요 1:12)

이 말씀을 보면 예수 그리스도를 믿는 것이 바로 영접이라는 사실을 보여준다. 이 말씀에서 '곧'이라는 말은 앞과 뒤가 같다는 뜻이다. 영접하는 자가 믿는 자요, 믿는 자가 영접하는 자라는 사실을 보여준다. 당신이 예수 그리스도를 영접하는 것은, 예수만이 당신을 죄에서 구원하실 수 있는 분으로 인정하는 것이다. 그리고 삶의 주인으로 영접하는 것은 예수께서 당신의 모든 죄를 값없이 용서해 주신 것을 기쁜 마음으로 받아들이고, 그동안 하나님 없이 살아온 삶을 회개하고 앞으로 주님 뜻대로 살기 위해서 예수 그리스도를 삶의 주인으로 영접하는 것이다.

당신이 예수 그리스도를 마음속에 영접할 때 당신의 죄를 대속하시고 부활하여 살아계시는 예수 그리스도를 실제로 만난다. 따라서 당신은 죄로부터 돌이키는 분명한 회개를 해야 한다.

그때 진정한 변화가 일어난다.

2. 영접은 삶의 주인으로 믿는 것

당신이 살아 계시고 참된 인격자이신 예수 그리스도를 영접하면 그분과 개별적으로 관계를 맺는다. 그때 당신에게 놀라운 일이 일어난다. 예수 그리스도는 당신의 마음속에 들어가시면 그분이 주인이 되시겠다고 요구하신다. 그분은 당신에게 완전한 복종을 요구하신다. 당신 삶의 전 영역에서 주인이 되기를 바라고 계신다. 당신의 가정생활과 사회생활과 직장생활, 당신의 모든 인간관계 가운데 그분이 당신의 주인이 되기를 바라신다. 물론 이 말은 예수께서 당신의 모든 것을 지배하시고 당신이 그분께 완전히 순종해야 구원을 받는다는 것은 아니다. 단지 그렇게 살기 위해서 주인으로 믿는 것이다. 하나님은 예수 그리스도를 주와 그리스도가 되게 하셨다.
"그런즉 이스라엘 온 집은 확실히 알지니 너희가 십자가에 못 박은 이 예수를 하나님이 주와 그리스도가 되게 하셨느니라 하니라"(행 2:36)

그뿐만 아니라 당신이 예수 그리스도를 주로 시인해야 구원을 받을 수 있다.
"네가 만일 네 입으로 예수를 주로 시인하며 또 하나님께서 그를 죽은 자 가운데서 살리신 것을 네 마음에 믿으면 구원을 받으리라 사람이 마음으로 믿어 의에 이르고 입으로 시인하여 구원에 이르느니라"(롬 10:9-10)

그러므로 당신은 기꺼이 예수님을 당신 삶의 주인과 인격의 주인으로 믿어야 한다. 나를 구원하시기 위해서 희생하신 예수 그리스도를 삶의 주인으로 일평생 섬기기 위해서 믿는 것이다. 물론 구원을 받자 그 즉시 주님께 순종하는 삶이 온전히 이루어진다고 말하는 것이 아니다. 그러나 예수께서 주가 되신 것은 그냥 얻어진 것이 아니다. 과연 예수께서 어떤 대가를 치르시고 그분이 주가 되셨는지 깊이 생각해야 한다. 바울은 예수께서 어떤 과정을 통해서 주가 되셨는지를 명확하게 소개한다.
"너희 안에 이 마음을 품으라 곧 그리스도 예수의 마음이니 그는 근본 하나님의 본체시나 하나님과 동등됨을 취할 것으로 여기지 아니하시고 오히려 자기를 비워 종의 형체를 가지사 사람들과 같이 되셨고 사람의 모양으로 나타나사 자기를 낮추시고 죽기까지 복종하셨으니 곧 십자가에 죽으심이라 이러므로 하나님이 그를 지극히 높여 모든 이름 위에 뛰어난 이름을 주사 하늘에 있는 자들과 땅에 있는 자들과 땅 아래에 있는 자들로 모든 무릎을 예수의 이름에 꿇게 하시고 모든 입으로 예수 그리스도를 주라 시인하여 하나님 아버지께 영광을 돌리게 하셨느니라"(빌 2:5-11) 이 말씀을 보면 예수께서 과거에 어떤 분이셨고, 십자가에서 어떤 일을 하셨으며, 그 결과 어떤 결과를 얻으셨는지를 명확하게 소개한다.

❶ 예수께서는 하나님이셨다.

여기서 '그는 근본 하나님의 본체시나'로 소개된다. 그분은 하나님으로서 조금도 부족함이 없으신 분이셨다. 바울은 다른 곳에서 그분을 이렇게 소개한다.

"그는 보이지 아니하는 하나님의 형상이시요 모든 피조물보다 먼저 나신 이시니 만물이 그에게서 창조되되 하늘과 땅에서 보이는 것들과 보이지 않는 것들과 혹은 왕권들이나 주권들이나 통치자들이나 권세들이나 만물이 다 그로 말미암고 그를 위하여 창조되었고 또한 그가 만물보다 먼저 계시고 만물이 그 안에 함께 섰느니라 그는 몸인 교회의 머리시라 그가 근본이시요 죽은 자들 가운데서 먼저 나신 이시니 이는 친히 만물의 으뜸이 되려 하심이요"(골 1:15-18)

❷ 예수께서 십자가에서 어떤 일을 하셨는지를 소개된다.

예수께서는 하나님 아버지의 뜻에 복종하여 십자가에서 죽으셨다. 이 일이 가능하기 위해서 예수께서는 하나님과 동등 됨을 포기하시고 자신을 낮추시고 낮고 천한 인간의 몸을 입으시고 이 세상에 내려오셨다. 예수께서 당신과 나를 위해 십자가에서 죽으셨기 때문에 당신과 나의 죄의 문제를 해결할 수 있다.

❸ 예수께서 어떤 결과를 얻으셨는가?

한마디로 말하면 모든 사람의 주가 되셨다. 예수께서 자신을 포기하시고 십자가에 죽으셨기 때문에 하나님 아버지께서 그분을 지극히 높게 하여 이 세상에서 가장 뛰어난 이름을 주셨는데 그 이름이 바로 '주'라는 이름이다. 결국에는 모든 사람이 그분을 '주'라 시인하여 하나님 아버지께 영광을 돌리게 하셨다. 그러므로 당신은 예수님을 당신 삶의 주인으로 믿고 영접하는 것이다. 성경에서 예수님을 주인으로 모신 사람들은 그분을 주인으로 모신다는 의미가 무엇인지 알고 있었다. 왜냐하면 그 당시에는 노예 제도와 종의 제도가 있었고, 또한 그 시대에는 로마 제국의 황제인 가이사 외에는 주인으로 부를 수 없었기 때문이다. 가이사 외에 다른 사람을 주인으로 부르면 유대교에서 출교를 당하고 죽음까지도 당하였다.

요한복음 1장 12절은 예수님을 주로 믿고 영접하라고 강조한다.
"영접하는 자 곧 그 이름을 믿는 자들에게는 하나님의 자녀가 되는 권세를 주셨으니"
당신이 예수께 모든 것을 의탁할 때만 완전해지고 충만해진다. 당신 생애의 중심부에 예수께서 계실 때만 당신은 비로소 바른 기능을 발휘할 수 있다.
당신은 예수님을 주인으로 믿어야 한다. '주'라는 의미의 헬라어 "쿠리오스"라는 단어는 신약 성경에서 600회 정도 기록되어 있다. 요한복음 20장 28절에서는 예수님의 열두 제자 중의 한 사람인 도마가 "나의 주"라고 고백했다.

그런데 성령의 역사가 없으면 예수님을 주로 고백할 수 없다.
"그러므로 내가 너희에게 알리노니 하나님의 영으로 말하는 자는 누구든지 예수를 저주할 자라 하지 아니하고 또 성령으로 아니하고는 누구든지 예수를 주시라 할 수 없느니라"(고전 12:3)

당신이 예수님을 구주와 삶의 주인으로 인정하고 믿는 것은 그분을 당신의 전 생애, 당신의 전 소유, 당신의 전 행위, 당신의 의지할 대상, 당신의 시간의 절대적 주권자이심을 고백하는 것이다. 예수 그리스도의 복음을 믿고 영접하는 것은 전깃불을 켜는 스위치와 같다. 당신이 예수 그리스도를 구주와 삶의 주인으로 믿고 영접하는 것은, 전깃불을 켜는 스위치를 찾은 것이다. 혹시 당신은 전깃불을 켜기 위하여 스위치를 찾아 어두운 방을 더듬어 헤매 본 적이 있는가? 그때 닥치는 대로 만져 보고, 그러다가 무엇이 얼굴에 부딪힐 수도 있다. 몇 발자국 움직이다가 휴지통을 발로 차기도 하고 가슴이 두근거리기도 한다.

그러다가 스위치를 발견하여 불을 켜면 비로소 모든 것이 안전해진 것이다. 마찬가지로 당신이 예수께서 이루신 십자가 복음을 통해서 그분을 믿고 만나면 모든 것이 안전해진다.

3. 영접은 예수님과 결혼하는 것

당신이 예수 그리스도의 복음을 믿고 구주와 주인으로 영접하는 것은 당신이 예수 그리스도와 결혼하는 것과 같다. 남자와 여자가 결혼할 때 그들은 서로가 새로운 관계에 들어간다. 그들은 서로 새로운 책임을 갖게 된다. 이처럼 당신이 예수 그리스도를 구주와 주인으로 믿고 영접할 때 그분께서도 당신을 받아들이신다. 그분은 풍족한 하나님으로서 당신을 받아들여 당신의 모든 것을 책임져 주신다. 그러나 당신도 그분을 영접했으면 그분에게 당신의 삶을 다스리시도록 맡겨야 한다. 영접이란 예수를 당신의 가장 중요한 분으로 믿고 받아들이는 것이다.

결혼도 서로의 상대가 지, 정, 의를 총동원하여 상대를 받아들이는 것이다.

❶ 지의 영역에서 상대 배우자를 자세히 알아야 한다.

❷ 정의 영역에서 상대 배우자를 사랑의 대상으로 느껴야 한다.

이 시점에서는 결혼이 아직 이루어지지 않았다. 어떤 사람 중에는 연애를 아주 오래 하다가 결혼한 사람도 있다. 이들의 경우 결혼하지 않았을 때도 오래 사귀다 보니 상대를 잘 알고, 사랑을 느끼고, 선물도 주고받으며, 굳은 결혼 약속을 했어도 이 시점에서 아직 결혼한 것은 아니다.

❸ **의지의 영역에서 의지의 결단을 통하여 결혼 서약을 하고 상대 배우자를 받아들여야 한다.**

신혼여행을 가서도 결혼 서약을 통하여 확실하게 받아들였기 때문에 상대 배우자에게 자신의 몸을 서로가 허락하는 것이다. 이때 비로소 부부가 된 것이며 부부처럼 느껴질 것이다.

마찬가지로 예수님을 지, 정, 의를 통하여 그분을 믿고 삶의 주인으로 받아들이는 것이다. 당신의 마음 가운데는 가장 중요한 마음의 왕좌가 있다. 만일 그 왕좌에 당신 자신이 앉아 있다면, 그래서 삶의 모든 일을 당신 마음대로 한다면 당신은 그리스도인이 될 수 없다. 영접이란 죄라는 미친 여인과 살던 사람이 예수라는 의와 사랑과 진리와 하나님 자신인 분과 결혼하는 것과 같다. 이제 당신은 이 순간에 예수께서 이루신 십자가의 복음을 진심으로 믿고 영접하겠는가? 당신이 구원의 복음을 듣고 믿어 예수님을 영접하기로 결단을 내렸다면 가장 좋은 선택을 했다. 당신이 예수께서 이루신 십자가의 복음을 믿고 예수님을 구주와 주인으로 영접하기로 결단을 내렸다면 조용히 혼자만의 시간을 가질 수 있는 장소를 찾아 하나님 앞에 무릎을 꿇어라. 예수님을 믿고 영접하는 것은 예수 그리스도를 전인격적으로 믿고 받아들이는 것이다. 지성과 감성과 의지를 동원해서 예수님을 마음으로 믿는 것이다. 그러므로 진실한 마음으로 예수 그리스도를 영접하라.

"주 예수님, 저는 죄인입니다. 예수님께서 이미 나의 모든 죄를 십자가 위에서 단번에 다 용서하신 것을 믿습니다. 제가 지금까지 예수께서 이루신 복음을 깨닫지 못하여 믿지 못하고 내 마음대로 살아오면서 많은 죄를 지었습니다. 나의 모든 죄가 다 용서되었음을 믿습니다. 이제 예수님을 나의 삶의 구주와 주인으로, 나의 하나님으로 영접합니다. 내 마음속에서 내 삶을 다스려 주시고 앞으로는 주님 뜻대로 살게 도와주십시오. 예수님 이름으로 기도합니다. 아멘."

예수님을 영접하는 것은 예수님의 복음을 믿고 받아들이는 것이다.

"나는 예수 그리스도께서 2천 년 전에 십자가 위에서 나의 모든 죄의 빚을 이미 다 갚아 주셨으며 내가 예수님을 믿으면 나에게 값없이 영생을 주신다는 사실을 깨달았습니다. 그러므로 나는 이제 내 모든 의심을 다 떨쳐 버리겠습니다. 이제는 나의 감각적인 어떤 체험을 믿으려 하지 않겠습니다. 바로 이 순간 이곳에서 나는 그리스도께서 나를 위하여 이루신 일, 약속하신 그 약속을 믿겠습니다. 그리스도를 나의 구주와 삶의 주인으로 영접하고, 나의 모든 죄를 다 용서하시고 나를 구원하시고 내게 영생을 주시는 복음의 말씀을 믿겠습니다. 예수님 이름으로 기도합니다."

"나는 예수께서 나 같은 불쌍한 죄인을 구원하시기 위하여 죽으신 것을 믿습니다. 그리스도께서 이미 나의 죗값을 치르신 것을 믿고 감사합니다. 바로 이 순간 나의 모든 죄를 이미 용서하신 것을 믿습니다. 내가 예수님을 의뢰하고 나의 구주와 주인으로 영접합니다. 예수님께 내 마음을 영원히 드립니다. 주님의 은혜로 그분이 나의 구주와 주인이 되심을 믿습니다. 이제 남은 일생을 예수 그리스도를 위한 생애로 살아갈 수 있도록 도와주십시오. 예수님 이름으로 기도합니다."

당신은 예수 그리스도를 영접하는 것이 무엇인지 잘 이해해야 한다. 예수께서 이루신 복음을 이해하지 못하고 영접 기도만 하면 모든 사람이 구원을 받는 것은 아니다. 만일 복음을 이해하지 못하고 복음을 깨닫지 못하고 형식적으로 영접 기도를 하면 그것이 당신을 구원으로 인도하는 것은 아니다. 그러므로 먼저 복음의 말씀을 온전히 이해하고 깨달아 믿어야 한다. 당신은 복음의 말씀을 믿고 받아들였는가? 당신은 예수께서 십자가에서 이루신 복음의 말씀을 믿어야 한다. 당신은 복음으로 구원을 받기 때문이다.
"내가 복음을 부끄러워하지 아니하노니 이 복음은 모든 믿는 자에게 구원을 주시는 하나님의 능력이 됨이라 먼저는 유대인에게요 그리고 헬라인에게로다"(롬 1:16) 복음 속에는 구원을 주시는 하나님의 능력이 들어 있다. 바울은 복음을 전하는 것을 부끄러워하지 않고 누구에게나 담대하게 전하였다. 바울은 고린도 교회 성도들에게 복음을 전하였다.

"형제들아 내가 너희에게 전한 복음을 너희에게 알게 하노니 이는 너희가 받은 것이요 또 그 가운데 선 것이라 너희가 만일 내가 전한 그 말을(복음의 말씀을) 굳게 지키고 헛되이 믿지 아니하였으면 그로 말미암아(복음으로 말미암아, 복음을 통해서) 구원을 받으리라 내가 받은 것을 먼저 너희에게 전하였노니 이는 성경대로 그리스도께서 우리 죄를 위하여 죽으시고"(고전 15:1-3)

우리는 여기서 구원 얻는 참된 믿음을 구별해야 한다. 장두만 박사는 「성침논단」의 논문에서 구원 얻는 참된 믿음이 무엇인지 설명했다(P. 22-23).
"참된 믿음은 우리가 구원자이신 예수 그리스도를 전인격적으로 신뢰하는 것이다. '전인격적'이라는 것은 지, 정, 의 전체를 모두 포함하는 개념이다. 어떤 사람이 예수 그리스도를 전인격적으로 믿으면 구원받게 되고, 그렇게 되면 그의 삶에 전인격적인 변화가 생긴다. 예수를 진심으로 믿으면 예수 믿기 전과 예수 믿은 후가 분명히 구별된다는 말이다."

만일 당신이 지금 예수 그리스도의 복음을 온전히 믿고 지, 정, 의를 통해서 전인격적으로 그분을 영접했다면, 그리고 당신의 믿음과 모든 고백이 진실이라면 당신은 예수님을 영접하였고 예수님은 당신 안에 들어오셨다. 그분은 자신이 말씀하신 것을 반드시 지키신다. 느낌을 의존하지 말고 하나님의 약속을 믿어라. 성경은 분명하게 말씀한다.
"하나님은 사람이 아니시니 거짓말을 하지 않으시고 인생이 아니시니 후회가 없으시도다 어찌 그 말씀하신 바를 행하지 않으시며 하신 말씀을 실행하지 않으시랴"(민 23:19)

4. 영접은 예수님과 연합하는 것

당신이 예수 그리스도를 영접했다면 당신은 그분과 하나가 된다. 당신이 그리스도와 하나가 된 것은 가장 영광스러운 일이다. 감히 큰 죄를 범한 당신이, 광대하시고 온 우주 만물을 창조하시고, 만왕의 왕이신 분과 하나가 되어 함께 살아간다는 것은 당신이 받은 가장 큰 축복이다. 사실 당신은 구원받기 전에 그리스도 밖에 있었다.
"그 때에 너희는 그리스도 밖에 있었고 이스라엘 나라 밖의 사람이라 약속의 언약들에 대하여는 외인이요 세상에서 소망이 없고 하나님도 없는 자이더니"(엡 2:12)
당신이 예수님을 믿고 구원받아서 그리스도 안에 들어오게 되었다.
"너희는 하나님으로부터 나서 그리스도 예수 안에 있고 예수는 하나님으로부터 나와서 우리에게 지혜와 의로움과 거룩함과 구원함이 되셨으니"(고전 1:30)
당신이 예수님을 믿고 영접하는 순간부터 당신은 예수님과 하나가 되어 예수님으로 더불어 살아간다. 그리스도와의 연합을 말해 주는 성경 구절들이 너무나 많이 있다. 누구든지 그리스도 안에 있으면 새로운 피조물이다. 하나님 아버지는 그리스도 안에서 하늘에 속한 모든 신령한 복을 주신다. 그리스도 안에서 당신에게 하나님의 은혜를 주셨다(고후 5:17, 엡 1:3-4, 고전 1:4-5). 예수 그리스도가 당신 안에 거하시는 것이 영광의 소망이요, 풍성한 삶의 비밀이다.
"하나님이 그들로 하여금 이 비밀의 영광이 이방인 가운데 얼마나 풍성한지를 알게 하려 하심이라 이 비밀은 너희 안에 계신 그리스도시니 곧 영광의 소망이니라"(골 1:27)

바울은 "오직 내 안에 그리스도께서 사신 것이라"(갈 2:20)고 선포하였다. 이제 당신이 그리스도와 연합되었기 때문에 예수님이 주시는 모든 축복을 누릴 수 있다. 예수님은 당신이 예수님과 하나로 연합되었다는 것을 포도나무 본체와 가지로 비유했다.
"내 안에 거하라 나도 너희 안에 거하리라 가지가 포도나무에 붙어 있지 아니하면 스스로 열매를 맺을 수 없음 같이 너희도 내 안에 있지 아니하면 그러하리라 나는 포도나무요 너희는 가지라 그가 내 안에, 내가 그 안에 거하면 사람이 열매를 많이 맺나니 나를 떠나서는 너희가 아무 것도 할 수 없음이라"(요 15:4-5)

당신의 그리스도와의 연합이 법적으로 이루어졌다. 당신은 그리스도에게로 합병되었으며 그리스도는 또한 당신과 합병되었다. 서로의 모든 자산은 이제 공동으로 소유하게 되었다. 그리스도와의 연합은 성령님에 따라서 이루어졌다.

5. 영접은 하나님의 기업을 물려받는 것

"자녀이면 또한 상속자 곧 하나님의 상속자요 그리스도와 함께 한 상속자니 우리가 그와 함께 영광을 받기 위하여 고난도 함께 받아야 할 것이니라"(롬 8:17)
여기서 '상속자'란 대를 이어 상속을 받는 아들이다. 당신은 하나님의 아들로서 상속을 받는다. 당신은 아들로서 하나님 나라의 모든 기업과 축복을 상속받는다. 당신은 이 세상에서 제일 큰 회사의 기업보다 더 큰 하나님 나라의 기업을 물려받는다.
"지금 내가 여러분을 주와 및 그 은혜의 말씀에 부탁하노니 그 말씀이 여러분을 능히 든든히 세우사 거룩하게 하심을 입은 모든 자 가운데 기업이 있게 하시리라"(행 20:32)

사도 바울은 성도가 받은 기업이 얼마나 영광스럽고 얼마나 풍성한지를 알게 해 달라고 기도했다.
"너희 마음의 눈을 밝히사 그의 부르심의 소망이 무엇이며 성도 안에서 그 기업의 영광의 풍성함이 무엇이며 그의 힘의 위력으로 역사하심을 따라 믿는 우리에게 베푸신 능력의 지극히 크심이 어떠한 것을 너희로 알게 하시기를 구하노라"(엡 1:18-19)

하나님은 당신을 거듭나게 해서 살아 있는 소망을 주셨다. 썩지 않고 더럽지 않고 쇠하지 않는 기업을 당신에게 주시려고 하늘에 간직하고 계신다.

"우리 주 예수 그리스도의 아버지 하나님을 찬송하리로다 그의 많으신 긍휼대로 예수 그리스도를 죽은 자 가운데서 부활하게 하심으로 말미암아 우리를 거듭나게 하사 산 소망이 있게 하시며 썩지 않고 더럽지 않고 쇠하지 아니하는 유업을 잇게 하시나니 곧 너희를 위하여 하늘에 간직하신 것이라"(벧전 1:3-4)

그러므로 예수 그리스도를 믿고 영접하는 것은 놀라운 축복이다.

13. 구령상담에서 구원의 다이아몬드

1. 칭의의 구원

칭의의 구원은 죄의 형벌로부터의 구원이다. 구원의 시제에서 이미 과거에 이루어진 구원이다. 칭의란 죄인이 예수 그리스도를 믿을 때 하나님께서 그를 의롭다고 인정하시며 선언하시는 하나님의 은혜로운 선포다. 칭의는 하나의 과정이 아니라 이미 정해진 법이다. 그리스도를 믿는 즉시, 우리 그리스도인은 하나님 앞에서 의인으로 서게 된다. 우리 자신의 노력이나 선행에 의한 것이 아니라 우리가 예수 그리스도를 믿을 때, 예수 그리스도의 공로로 우리가 의롭다고 하나님께서 선언하신다. 하나님은 우리를 보실 때, 십자가에서 완성된 그리스도의 의가 우리에게 덧입혀진 것으로 보신다. 우리는 오직 믿음으로 의롭다고 하심을 얻기 때문에 하나님 앞에서 개인적인 공로를 주장하지 않는다.

칭의는 절대로 변하지 않는다. 하나님께서 우리가 의롭다고 선언하셨기 때문에 죄 문제는 단번에 전부 해결되었다. 칭의는 죄의 문제를 영원히 해결해 놓은 것이다. 우리는 칭의 때문에 하나님 앞에 당당하게 설 수 있다. 우리는 칭의 때문에 이제는 죄인으로 취급당하지 않는다. 우리는 용서받은 죄인이 아니다. 하나님은 우리가 모든 죄를 용서받았기 때문에 우리를 죄가 하나도 없는 의인으로 인정해 주신다. 즉 예수 그리스도를 믿는 사람을 의인이라고 법적으로 선포하시는 하나님의 은혜로우신 선언이 칭의다. 칭의는 하나님의 법적인 선언이다.

"예수 안에 있는 속량으로 말미암아 하나님의 은혜로 값없이 의롭다고 하심을 얻은 자 되었느니라"(롬 3:24)

하나님은 우리가 죄인이었지만 우리가 예수 그리스도를 믿을 때, 우리를 의인이라고 인정해 주신다.

사도 바울은 이 점을 분명하게 선포한다.

"일을 아니할지라도 경건하지 아니한 자를 의롭다 하시는 이를 믿는 자에게는 그의 믿음을 의로 여기시나니 일한 것이 없이 하나님께 의로 여기심을 받는 사람의 복에 대하여 다윗이 말한 바 불법이 사함을 받고 죄가 가리어짐을 받는 사람들은 복이 있고 주께서 그 죄를 인정하지 아니하실 사람은 복이 있도다 함과 같으니라"(롬 4:5-8)

우리는 단지 믿음으로 의인이 되었다. 이는 사도들이 인정하는 내용이다.

"그러므로 사람이 의롭다고 하심을 얻는 것은 율법의 행위에 있지 않고 믿음으로 되는 줄 우리가 인정하노라, 일을 아니할지라도 경건하지 아니한 자를 의롭다 하시는 이를 믿는 자에게는 그의 믿음을 의로 여기시나니"(롬 3:28, 4:5)

우리는 예수 그리스도의 피로 이미 의인이 되었다.

"그러면 이제 우리가 그의 피로 말미암아 의롭다고 하심을 받았으니 더욱 그로 말미암아 진노하심에서 구원을 받을 것이니"(롬 5:9)

우리는 이제 절대로 정죄당하지 않는다. 하나님께서 우리가 의롭다고 판결을 내렸기 때문이다.

"누가 능히 하나님께서 택하신 자들을 고발하리요 의롭다 하신 이는 하나님이시니 누가 정죄하리요 죽으실 뿐 아니라 다시 살아나신 이는 그리스도 예수시니 그는 하나님 우편에 계신 자요 우리를 위하여 간구하시는 자시니라"(롬 8:33-34)

❶ 칭의는 의롭다고 선언한다.

"그리스도 예수 안에 있는 속량으로 말미암아 하나님의 은혜로 값없이 의롭다고 하심을 얻은 자 되었느니라"(롬 3:24)

의롭다고 인정을 받은 것은 하나님께서 의롭다고 칭해 주신 것이다. 그래서 '칭의'라고 부르며, 칭의의 반대는 정죄다. 칭의는 하나님께서 주권적으로 역사하시는 일로서 하나님께서 죄인이 의롭다고 선언하시는 것이다. 그때 정죄가 사라지고 죄책이 사라진다.
"그러므로 이제 그리스도 예수 안에 있는 자에게는 결코 정죄함이 없나니"(롬 8:1)

우리가 의롭다고 하심을 얻은 것은 예수님의 죽음에 근거해서 얻었다.
"우리가 아직 죄인 되었을 때 그리스도께서 우리를 위하여 죽으심으로 하나님께서 우리에 대한 자기의 사랑을 확증하셨느니라 그러면 이제 우리가 그의 피로 말미암아 의롭다고 하심을 받았으니 더욱 그로 말미암아 진노하심에서 구원을 받을 것이니"(롬 5:8-9)

하나님이 우리를 사랑하시고, 예수님이 십자가를 통하여 피를 흘려주셨기 때문에 그 피 때문에 의롭다고 함을 얻었다. 물론 우리가 믿었기 때문이다. 믿지 않았다면 의롭다고 함을 얻을 수 없다.
"의로 여기심을 받을 우리도 위함이니 곧 예수 우리 주를 죽은 자 가운데서 살리신 이를 믿는 자니라 예수는 우리가 죄를 범한 것 때문에 내줌이 되고 또한 우리를 의롭다 하시기 위하여 살아나셨느니라"(롬 4:24-25)

우리를 의롭다고 선언하신 분은 하나님이시다. 누구도 그것에 반대하거나, 그것을 무효로 하거나, 다시 재판하자고 소송을 제기할 수 없다. 감히 정죄할 수도 없다. 우리는 완벽하게 의인이 되었다.
"누가 능히 하나님께서 택하신 자들을 고발하리요 의롭다 하신 이는 하나님이시니 누가 정죄하리요 죽으실 뿐 아니라 다시 살아나신 이는 그리스도 예수시니 그는 하나님 우편에 계신 자요 우리를 위하여 간구하시는 자시니라"(롬 8:33-34)

하나님이 우리를 의인이라고 선언하였는데 누가 감히 하나님의 선언에 반대하겠는가? 우리를 하나님께서 하나님의 가족으로 받아들이셨는데 하나님이 택하신 우리를 누가 재판할 수 있겠는가? 하나님보다 능력이 많지 않고는 그 누구도 우리를 건드릴 수 없다. 칭의는 우리의 상태와 관계있는 것이 아니고 우리의 위치와 관계가 있다. 우리는 하나님을 떠나서는 인정될 수 없다.

칭의는 하나님 앞에서의 우리의 위치를 가리키는 것이다. 그리스도를 떠나서 우리는 아무런 위치도 주장할 수 없다. 그리스도를 떠나 있을 때는 우리는 죄인으로 정죄 될 뿐이다. 그러나 예수님이 십자가 위에서 이루신 복음을 믿고 그분을 받아들여서 우리는 무죄로 풀려나 의롭다고 하심을 얻게 되었다. 예수님이 친히 우리의 죄를 담당해 주셨기 때문이다.

❷ 칭의는 성화로 인도한다.
칭의와 성화는 매우 밀접하게 관련되어 있다.

존 맥아더는 그의 책 <구원이란 무엇인가>에서 칭의와 성화의 연결을 설명하기 위해서 칼뱅의 글을 인용한다(P. 135-136).
"그리스도는 의롭다고 하시는 모든 인간을 성화시킨다. 칭의와 성화의 축복은 영원히 나눌 수 없는 연결로 결합하여 있다. 예수님은 그분의 지혜로 비추시는 자들을 구속하신다. 그리고 구속하시는 자들을 의롭다고 하신다. 우리가 칭의와 성화를 구분하기는 하지만 둘 다 그리스도 안에서 구분함이 없이 함축되어 있다. 당신은 그리스도 안에서 칭의를 얻고 싶은가? 그렇다면 먼저 그리스도를 소유해야 한다. 그러나 그리스도의 성화에 동참하는 자가 되지 않고는 그리스도를 소유할 수 없다. 그리스도는 나눌 수 없기 때문이다. 그분은 칭의와 성화 둘 다를 베풀어 주신다. 다른 하나가 없이 어느 한 가지만 베풀어 주지는 않으신다. 따라서 우리에게 행위의 변화는 있지만, 행위로 의롭다고 하심을 얻는 것이 아님은 분명한 사실이다. 야고보는 참된 믿음으로 의롭다고 하심을 얻은 자들이 믿음의 공허한 외형이 아닌 순종과 선한 행위로 자신이 의롭다고 하심을 얻었음을 증명한다고 말하는 것이다. 한마디로 말하면, 야고보는 칭의의 방식에 대해 논하는 것이 아니라 믿는 자들의 칭의가 작용하게 되어 있다고 말한다. 야고보는 선한 행위가 없는 자라면 아무도 의롭게 되었다고 여기지 말아야 한다고 주장한다."

2. 성화의 구원

성화란 죄의 세력으로부터의 구원이다. 구원의 시제에서 현재 구원을 이루어 나간다. 성화는 우리의 일상생활에서 죄를 물리치고 승리함으로 거룩한 삶을 살아가는 것이다. 성화란 죄로부터 분리된 삶을 살아가는 과정이다. 우리는 성화를 이루기 위해서 신앙생활을 한다. 이미 칭의의 구원을 받은 사람은 현재의 생활 속에서 성화의 구원을 이루어야 한다.

밀라드 에릭슨은 그의 저서 <구원론>에서 성화의 성격을 설명하고 있다 (P. 219-222).
"성화란 믿는 자의 삶 속에서 그를 실제로 거룩하게 만드시는 하나님의 계속된 역사이다. '거룩하게'가 의미하는 것은 하나님과 같은 성품을 실제로 지니게 됨을 뜻한다. 성화란 그 사람의 도덕적인 상태가 하나님 앞에서의 그의 법적 신분에 일치하는 수준까지로 끌어올려지는 과정이다. 이것은 믿는 자 속에 새 생명이 주어지고 심기어지는 때인 거듭날 때 시작된 사역이 계속되는 과정이다. 특히 성화란 그리스도께서 이루신 구속 사역을 믿는 자의 삶에 적용하시는 성령의 사역이라고 할 수 있다. 성화라는 단어는 두 가지 기본적인 의미가 있는데 첫째는 어느 특정의 물체들이나 사람 또는 장소들의 외형적인 특성으로서의 거룩하다는 개념이다. 이것은 일반적이거나 세속적인 일들로부터 구별되고 분리되어 특별한 목적이나 사용을 위해 바쳐진 상태를 말한다. 둘째는 도덕적인 선함과 영적으로 성숙함을 뜻한다. 이것은 믿는 자가 단지 외적으로 분리됨만을 의미하는 것이 아니라 믿는 자가, 자신의 신분에 일치하는 삶을 살아감을 뜻한다. 그들은 순수하고 선한 삶을 살아야 한다. 우리의 신분은 거룩한 삶의 결과가 있어야만 한다. '그러므로 주 안에서 갇힌 내가 너희를 권하노니 너희가 부르심을 받은 일에 합당하게 행하여 모든 겸손과 온유로 하고 오래 참음으로 사랑 가운데서 서로 용납하고'(엡 4:1-2) 칭의란 한순간에 완성되는 순간적인 사건이지만 성화란 그 완성을 위해서는 전 생애가 요구되는 하나의 과정적 사건이다. 칭의란 하나의 법정적이고 선언적인 문제이나 성화란 그 사람의 상태와 성품이 실제로 변화되는 것이다."

김세윤 교수는 그의 저서 <구원이란 무엇인가>에서 성화의 필요성에 대해 이렇게 썼다(P. 103-104).

"이 그리스도인의 성화가 구원의 현재입니다. 구원의 현재는 이미 과거에 구원을 받은 우리가(믿음으로 의인이 되고 새로운 피조물이 된 우리가) 현재에 의인으로서(하나님의 아들로서, 하나님의 피조물로서) 자신을 재확인하는, 즉 이 세상의 가치를 따르지 않고 하나님 나라의 가치를 천명하고 고난을 받으며, 십자가에 죽은 '자기 주장하는 옛사람'이 실제로 죽어가는 과정입니다. 그와 동시에 부활로 새로워진 새 생명이 실재화 되어 가는 과정입니다. 그래서 그리스도의 거룩한 형상으로, 하나님의 형상으로 닮아가는 것이 구원의 현재입니다. 종말로 예수 그리스도가 다시 오실 때 이 성화의 과정 곧 십자가를 지고 옛사람이 죽어가며 새로운 사람이 날로 새롭게 되어 가는 과정이 종결지어질 것입니다. 그때 우리가 예수님의 부활에 완전히 참여하게 되고(롬 6:6), 우리가 하나님의 아들이요 마지막 아담인 예수님의 영광된 형상으로 완전히 변화될 것입니다. 이것이 영화입니다. 이것이 구원의 미래입니다."

성화는 구원받은 우리에게 필수적이다. 진정으로 구원받은 우리는 현재의 삶에서 행함으로 자신의 구원을 증명할 수 있어야 한다. 행함이 없는 믿음은 죽은 믿음이다. 성화는 칭의와 연결되어 있다.

존 맥아더는 그의 저서 <구원이란 무엇인가>에서 참된 칭의는 성화를 가져온다는 것을 증거로 제시하며, 도널드 그레이스 반 하우스의 글을 인용한다(P. 170).

"칭의가 성화는 아니지만, 칭의는 성화를 낳게 되어 있다. 거룩함은 그리스도인의 삶의 시금석이 되어야 한다. 그리스도가 자기 백성들을 죄에서 구원하기 위해 오셨다(마 1:21). 그들은 자신의 죄에 빠져 구원받지 못할 자들이었다. 그리고 죄 속에 묻혀 생을 마감할 자들이었다. 칭의와 성화는 몸과 머리처럼 불가분의 관계다. 어느 한쪽이 없는 다른 쪽을 가질 수는 없다. 하나님은 삶의 새로움과 분리된 불필요한 의를 주지 않으신다. 칭의는 성화와 무관하게 일어나지만, 칭의가 일어난 후에는 반드시 성화가 시작된다. "모든 사람으로 더불어 화평함과 거룩함을 쫓으라 이것이 없이는 아무도 주를 보지 못하리라."(히 12:14). 거룩함은 칭의가 끝나는 곳에서 시작한다. 그리고 거룩함이 시작하지 않는다면 우리에게는 칭의가 결코 시작되었다고 여길 권리가 없다."

우리는 무엇으로 거짓 믿음과 참된 믿음을 구별할 수 있는가? 그것은 참된 믿음이 가져오는 믿음의 행함이다. 행함은 믿는 자의 삶 속에 반드시 나타난다. 행함이 없는 믿음은 죽은 믿음이다.

존 맥아더는 그의 저서 <구원이란 무엇인가>에서 죽은 믿음에 관해 이야기한다(P. 229-230).

"야고보는 이제 가장 강력한 훈계를 한다. '아아 허탄한 사람이 행함이 없는 믿음이 헛것인 줄을 알고자 하느냐'(약 2:20) 야고보는 반대자를 '공허하고 결함이 있는' 이라는 뜻의 '허탄한 사람'이라고 부른다. 그런 사람은 공허하다. 살아 있는 믿음이 없기 때문이다. 믿는다는 그의 주장은 거짓이다. 그의 믿음은 가짜. 20절에 나오는 '믿음'과 '행함' 모두 헬라어로는 정관사가 붙어 있다. 그래서 '그 행함이 없는 그 믿음'이다. '헛것'이라는 것은 알게로 '메마르고 생산을 하지 못하는'이라는 뜻이다. 그 뜻은 구원에 대해 생산적이지 못하다는 것처럼 들린다. 죽은 정통성은 구원의 능력이 없다. 오히려 참되고 살아 있는 믿음을 방해하는 걸림돌이 될 수 있다. 그래서 야고보는 구원의 두 방식을 대조하고 있지 않다. 그는 두 종류의 믿음을 대조시키고 있다. 구원의 믿음과 구원하지 못하는 믿음이 그것이다."

이제 믿음의 행함과 율법의 행위를 비교해보라.
야고보 사도는 믿음의 행함을 강조한다.
"이로 보건대 사람이 행함으로 의롭다 하심을 받고 믿음으로만은 아니니라, 영혼 없는 몸이 죽은 것 같이 행함이 없는 믿음은 죽은 것이니라"(약 2:24, 26)
이 말씀을 보면 행함으로 의롭다고 함을 받고 믿음으로만 아니라고 말한다.
사도 바울이 로마서에서 강조한 것은 무엇인가?
"그런즉 자랑할 데가 어디냐 있을 수가 없느니라 무슨 법으로냐 행위로냐 아니라 오직 믿음의 법으로니라 그러므로 사람이 의롭다고 하심을 얻는 것은 율법의 행위에

있지 않고 믿음으로 되는 줄 우리가 인정하노라"(롬 3:27-28)

사도 바울은 여기서 사람이 의롭게 되는 것은 행위가 아니라 믿음으로 된다고 말한다. 어떻게 보면 야고보의 주장과 사도 바울의 주장이 서로 상치되는 것처럼 보인다. 한쪽은 행함을 강조하고 한쪽은 믿음을 강조한다. 당신은 이 말씀을 어떻게 이해하는가? 하나님의 말씀이 모순적인가? 이것을 해결하는 법은 간단하다. 율법의 행위와 믿음의 행함을 구분하면 해결된다. 사도 바울이 로마서에서 강조한 율법의 행위는 율법을 지켜서 구원받으려는 것을 말한다. 야고보가 강조한 믿음의 행함은 어떤 사람이 진정으로 구원을 받았기 때문에 진정한 믿음을 소유했다면 반드시 행함이 있어야 함을 강조한 것이다. 반드시 참된 믿음이 있으면 행함이 오는 것이다. 따라서 만약 행함이 없다면 그것은 잘못된 거짓 믿음이다. 로마서 말씀도 맞고 야고보서 말씀도 맞다. 성경을 보라. 어디에도 율법의 행함이라는 말은 나오지 않는다. 반드시 율법의 행위로 기록되어 있다. 그러므로 율법의 행위로는 구원을 받을 수 없다고 바울이 썼다.

"그런즉 자랑할 데가 어디냐 있을 수가 없느니라 무슨 법으로냐 행위로냐 아니라 오직 믿음의 법으로니라"(롬 3:27)

사도 바울이 인정한 것은 무엇인가?

"그러므로 사람이 의롭다고 하심을 얻는 것은 율법의 행위에 있지 않고 믿음으로 되는 줄 우리가 인정하노라"(롬 3:28)

야고보서 2장 21절부터 26절에 등장하는 두 인물은 진정한 믿음이 있었기 때문에 행동했던 사람들이다. 먼저 아브라함을 생각해 보라. 아브라함이 이삭을 제단에 드릴 때 보였던 행함은 자신이 이삭을 번제로 드려도 하나님이 다시 살려주실 것을 믿었기 때문에 믿음으로 이삭을 드렸다. 히브리서 기자는 이 사실을 명확하게 지적한다.

"아브라함은 시험을 받을 때에 믿음으로 이삭을 드렸으니 그는 약속들을 받은 자로되 그 외아들을 드렸느니라 그에게 이미 말씀하시기를 네 자손이라 칭할 자는 이삭으로 말미암으리라 하셨으니 그가 하나님이 능히 이삭을 죽은 자 가운데서 다시 살리실 줄로 생각한지라 비유컨대 그를 죽은 자 가운데서 도로 받은 것이니라"(히

11:17-19)

여기 18절에서 "이미 말씀하시기를"이라는 뜻은 하나님께서 아브라함에게 이삭을 통하여 수많은 바다의 모래처럼, 하늘의 별들처럼 자손을 많게 해주신다고 약속하셨으니까 이삭을 번제로 드려도 하나님은 자신이 하신 말씀을 책임지기 위해서 다시 이삭을 살리실 것을 믿었기 때문에 이삭을 드릴 수 있었다. 여기 19절에서 "아브라함이 하나님이 능히 이삭을 죽은 자 가운데서 다시 살리실 줄로 생각한지라"는 말씀은 아브라함이 하나님이 다시 살리실 것을 믿었다는 것을 보여준다. 아브라함의 행동은 진정한 믿음을 가지고 있었기 때문에 한 행동이었다.

이제 두 번째 인물 기생 라합을 생각해 보라. 그녀도 믿음이 있었기 때문에 한 행동이었다. 그녀는 오히려 율법의 행위로 보면 율법을 어긴 사람이다. 자기 나라 사람들이 다 죽으라고 정탐꾼을 숨겨주었고, 또 숨겨주지 않았다고 거짓말까지 했다. 그녀는 도덕적으로 옳지 않은 기생이었다. 그런데 성경은 그녀에게 행함으로 의롭다고 함을 받았다고 말한다.

"또 이처럼 기생 라합이 사자들을 접대하여 다른 길로 나가게 할 때에 행함으로 의롭다 하심을 받은 것이 아니냐"(약 2:25)

기생 라합은 하나님께서 이미 가나안 땅을 이스라엘 백성들에게 주셨다는 사실을 믿었기 때문에 한 행동이었다. 이것은 무엇을 말해 주는가? 우리가 진정으로 구원을 받았고 하나님을 믿는 사람이라면 행함이 있어야 한다. 그러므로 행함이 없는 믿음은 짝퉁 구원이다. 그리고 행함은 우리의 생활에서 성화를 이루는 현재의 구원이다. 칭의의 구원을 받았다면 반드시 삶 가운데서 죄로부터 분리된 삶을 살아 성화를 이루어야 한다.

3. 영화의 구원

영화란 죄의 존재로부터의 구원이다. 구원의 시제에서 미래에 이루어지는 구원으로서 마지막 단계에 이루어지는 구원이다. 이것은 예수님이 재림하실 때 우리 몸이 예수님의 몸과 같이 영화롭게 부활할 때 이루어진다. 이때 우리는 죄와 이별하게 되어 죄를 짓고 싶어도 죄를 지을 수 없게 된다. 우리의 구원이 영원히 완성되는 것이다. 우리는 영화로 우리의 구원을 완성하실 예수 그리스도를 기다리고 있다. 하늘에 계시는 예수 그리스도께서 오시면 그분이 우리의 낮은 몸을 영광스러운 몸으로 부활시켜 우리를 영화롭게 하신다.

"그러나 우리의 시민권은 하늘에 있는지라 거기로부터 구원하는 자 곧 주 예수 그리스도를 기다리노니"(빌 3:20)

영화는 빌립보서 3장 20절에 언급된 영광과 연관이 있다. 영광의 히브리어 '카보드'는 한 개인의 부와 화려함과 광채를 나타낸다. 이 단어가 하나님에 대하여 사용될 때 그것은 그분의 모든 본성의 위대하심을 말한다. 시편 기자는 하나님을 영광의 왕으로 소개한다.

"문들아 너희 머리를 들지어다 영원한 문들아 들릴지어다 영광의 왕이 들어가시리로다 영광의 왕이 누구시냐 강하고 능한 여호와시요 전쟁에 능한 여호와시로다 문들아 너희 머리를 들지어다 영원한 문들아 들릴지어다 영광의 왕이 들어가시리로다 영광의 왕이 누구시냐 만군의 여호와께서 곧 영광의 왕이시로다"(시 24:7-10)

신약의 헬라어 '독싸'는 밝음, 광채, 위대함, 명예 등의 의미를 지니고 있다. 여기서 우리는 영광이 구약에서 성부 하나님께로 돌려졌듯이 신약에서는 예수 그리스도에게로 돌려졌음을 발견한다.

❶ 예수님은 아버지의 영광으로 부활하셨고 영화롭게 되셨다.

"그러므로 우리가 그의 죽으심과 합하여 세례를 받음으로 그와 함께 장사되었나니 이는 아버지의 영광으로 말미암아 그리스도를 죽은 자 가운데서 살리심과 같이 우리로 또한 새 생명 가운데서 행하게 하려 함이라, 아브라함과 이삭과 야곱의 하나님 곧 우리 조상의 하나님이 그의 종 예수를 영화롭게 하셨느니라 너희가 그를 넘겨 주고 빌라도가 놓아 주기로 결의한 것을 너희가 그 앞에서 거부하였으니"(롬 6:4, 행 3:13)

❷ 예수님은 영광 가운데서 승천하셨다.

"크도다 경건의 비밀이여, 그렇지 않다 하는 이 없도다 그는 육신으로 나타난 바 되시고 영으로 의롭다고 하심을 받으시고 천사들에게 보이시고 만국에서 전파되시고 세상에서 믿은 바 되시고 영광 가운데서 올려지셨느니라"(딤전 3:16)

❸ 예수님은 큰 영광 가운데 이 땅에 재림하신다.
"그 때에 인자의 징조가 하늘에서 보이겠고 그 때에 땅의 모든 족속들이 통곡하며 그들이 인자가 구름을 타고 능력과 큰 영광으로 오는 것을 보리라, 인자가 자기 영광으로 모든 천사와 함께 올 때에 자기 영광의 보좌에 앉으리니"(마 24:30, 25:31)
이제 우리의 구원이 완성될 때 우리도 영광을 입고 영화롭게 된다. 시편 기자는 분명하게 선포한다.
"주의 교훈으로 나를 인도하시고 후에는 영광으로 나를 영접하시리니"(시 73:24)
우리는 앞으로 나타날 영광을 바라보고 현재의 어려움을 참고 이긴다.
"생각하건대 현재의 고난은 장차 우리에게 나타날 영광과 비교할 수 없도다, 우리가 잠시 받는 환난의 경한 것이 지극히 크고 영원한 영광의 중한 것을 우리에게 이루게 함이니"(롬 8:18, 고후 4:17)
사도 요한은 우리에게 세 가지 구원을 소개한다.
"보라 아버지께서 어떠한 사랑을 우리에게 베푸사 하나님의 자녀라 일컬음을 받게 하셨는가, 우리가 그러하도다 그러므로 세상이 우리를 알지 못함은 그를 알지 못함이라 사랑하는 자들아, 우리가 지금은 하나님의 자녀라 장래에 어떻게 될지는 아직 나타나지 아니하였으나 그가 나타나시면 우리가 그와 같을 줄을 아는 것은 그의 참 모습 그대로 볼 것이기 때문이니 주를 향하여 이 소망을 가진 자마다 그의 깨끗하심과 같이 자기를 깨끗하게 하느니라"(요일 3:1-3)

① 칭의의 구원을 소개한다.
하나님 아버지께서 사랑으로 우리를 하나님 자녀가 되게 하셨다. 우리가 지금은 하나님의 자녀이다. 이것이 바로 칭의의 구원이다.

② 영화의 구원을 소개한다.

이 영화의 구원은 아직 나타나지 않았다. 요한은 이 영화를 '장래에 어떻게 될 것은 아직 나타나지 않았으나 그가 나타내심이 되면 우리가 그분처럼 같이 부활한다.'라고 소개한다.

③ 3절에서 소개하는 성화의 구원이다.
영화 구원의 소망을 가진 자들은 그리스도처럼 자신을 깨끗하게 해야 한다고 도전한다. 자신을 깨끗하게 하는 삶이 바로 성화를 이루는 것이다. 사도 바울은 영화를 장차 나타낼 영광으로 소개한다.
"생각하건대 현재의 고난은 장차 우리에게 나타날 영광과 비교할 수 없도다"(롬 8:18)
영화의 구원도 우리 하나님께서 이루어주신다.
"능히 너희를 보호하사 거침이 없게 하시고 너희로 그 영광 앞에 흠이 없이 기쁨으로 서게 하실 이"(유 1:24)
하나님께서 우리를 불러 주시고, 의롭게 해주시고, 영화롭게 하신다.
"우리가 알거니와 하나님을 사랑하는 자 곧 그의 뜻대로 부르심을 입은 자들에게는 모든 것이 합력하여 선을 이루느니라 하나님이 미리 아신 자들을 또한 그 아들의 형상을 본받게 하려면 미리 정하셨으니 이는 그로 많은 형제 중에서 맏아들이 되게 하려 하심이니라 또 미리 정하신 그들을 또한 부르시고 부르신 그들을 또한 의롭다 하시고 의롭다 하신 그들을 또한 영화롭게 하셨느니라"(롬 8:28-30)
영화란 우리의 구원이 영원히 완성되어 예수님의 영광스러운 몸과 같은 몸으로 부활하여 새로운 환경에 들어가는 것이다.
"또 내가 새 하늘과 새 땅을 보니 처음 하늘과 처음 땅이 없어졌고 바다도 다시 있지 않더라 또 내가 보매 거룩한 성 새 예루살렘이 하나님으로부터 하늘에서 내려오니 그 준비한 것이 신부가 남편을 위하여 단장한 것 같더라 내가 들으니 보좌에서 큰 음성이 나서 이르되 보라 하나님의 장막이 사람들과 함께 있으매 하나님이 그들과 함께 계시리니 그들은 하나님의 백성이 되고 하나님은 친히 그들과 함께 계셔서 모든 눈물을 그 눈에서 닦아 주시니 다시는 사망이 없고 애통하는 것이나 곡하는 것이나 아픈 것이 다시 있지 아니하리니 처음 것들이 다 지나갔음이러라"(계 21:1-4)

우리가 거할 곳은 완벽한 환경으로 준비된다. 하나님의 영광이 임재하실 곳이기 때문에 그곳은 완벽한 곳이다. 이 땅에서 우리는 우리의 불완전함을 깨닫고 고통받거나 신음하는 때가 있었다. 그러나 우리는 분명한 영화의 소망이 있다. 이것은 더욱 좋은 것이 우리 앞에 놓여 있는 것이다. 우리는 하나님께서 우리에게 의도하셨던 모든 축복이 성취된 존재들이 된다. 그때 우리는 완성된 인간으로서 온전한 삶을 살게 되는 것이다. 이 얼마나 놀라운 구원의 완성인가?

4. 영원한 생명의 구원

우리가 구원을 받으면 하나님으로부터 영원한 생명을 얻는다. 그러므로 우리가 진정으로 구원을 받았다면 우리는 영생을 이미 얻었고 가지고 있다.
"하나님이 세상을 이처럼 사랑하사 독생자를 주셨으니 이는 그를 믿는 자마다 멸망하지 않고 영생을 얻게 하려 하심이라, 내가 진실로 진실로 너희에게 이르노니 내 말을 듣고 또 나 보내신 이를 믿는 자는 영생을 얻었고 심판에 이르지 아니하나니 사망에서 생명으로 옮겼느니라, 진실로 진실로 너희에게 이르노니 믿는 자는 영생을 가졌나니"(요 3:16, 5:24, 6:47)
예수님이 '진실로 진실로'라고 두 번이나 말씀했다면 얼마나 확실하겠는가? 우리가 분명히 예수님을 믿었기 때문에 이제 영생을 가졌다. 요한복음 5장 24절에서 영생을 얻는 조건은 듣는 것과 믿는 것이다. 우리가 구원을 위한 복음의 말씀을 듣고 그것을 믿었을 때 우리는 영생을 얻었고 심판을 받지 않으며 사망에서 생명으로 옮겨졌다. 사망 길의 끝이 지옥이요 생명 길의 끝이 천국이라면 지옥에서 천국으로 옮겨졌다. 사도 요한은 우리가 어떤 방법으로 영생을 얻게 되었는지 소개한다.
"또 증거는 이것이니 하나님이 우리에게 영생을 주신 것과 이 생명이 그의 아들 안에 있는 그것이니라 아들이 있는 자에게는 생명이 있고 하나님의 아들이 없는 자에게는 생명이 없느니라 내가 하나님 아들의 이름을 믿는 너희에게 이것을 쓰는 것은

너희로 하여금 너희에게 영생이 있음을 알게 하려 함이라"(요일 5:11-13)
처음에 영생은 예수님 안에 있었다. '이 생명이 그의 아들 안에 있는 그것이니라' 그런데 우리가 하나님의 아들인 예수님을 영접해서 모시고 있다면 우리는 영생을 가졌다. 그래서 요한은 '아들이 있는 자는 영생이 있고'라고 말하고 있다. 예수님은 우리 마음속에 생명을 가지고 들어오셨기 때문에 우리가 예수님을 영접했을 때 그분의 생명까지 받았다.

❶ 영생이란 무엇인가?

영생이란 영원히 죽지 않고 오래 사는 생명이다. 그러나 시간적인 개념으로만 영원히 죽지 않고 오래 사는 것은 아니다. 예수 믿지 않는 사람도 영원히 오래 살기 때문이다.

"그들은 영벌에, 의인들은 영생에 들어가리라 하시니라"(마 25:46)
여기서 '영벌'이란 영원한 형벌을 말한다. 믿지 않는 사람은 죽은 후에 심판이 있고 죄의 형벌로 지옥 불못에 들어가 세세토록 고통을 당하게 되는데 그것이 바로 영원한 형벌이다. 따라서 영생이란 시간적인 개념과 질적인 개념이 포함되어 구원받은 우리가 영생을 얻었기 때문에 영원히 오래 살되 행복하게 오래 살며, 풍성하게 오래 사는 것이다. 영생은 죽어서 이루어지는 것이 아니라 예수 믿고 구원을 얻는 순간부터 영생을 얻고, 영생을 얻는 순간부터 행복하고 풍성한 삶이 이루어진다. 그러므로 우리가 받은 영생은 풍성한 삶으로 나타난다.
"도둑이 오는 것은 도둑질하고 죽이고 멸망시키려는 것뿐이요 내가 온 것은 양으로 생명을 얻게 하고 더 풍성히 얻게 하려는 것이라 나는 선한 목자라 선한 목자는 양들을 위하여 목숨을 버리거니와"(요 10:10-11)
여기서 예수님은 양과 목자와의 관계를 먼저 설명하시면서 예수님 자신을 선한 목자로 소개하신다. 그래서 예수님은 "나는 선한 목자라 선한 목자는 양들을 위하여 목숨을 버리거니와" (요 10:11)라고 말씀하셨다. 그리고 우리 인간은 양으로 비유하셨다. 인간을 양으로 비유하는 것은 양은 다른 동물과는 달리 목자 없이는 살아갈 수 없는 존재이기 때문이다.

김남준 목사는 <기도 마스터>에서 인간을 양으로 비유한 이유를 정확하게 소개했다.

"그렇게 많은 동물 중에서 왜 하필이면 우리를 양에다 비유하셨는가? 이 세상의 모든 동물은 자기를 보호할 수 있는 기본적인 기능이 있다. 사자에게는 날카로운 이빨과 발톱이 있고, 얼룩말은 날카로운 이빨은 없지만, 부지런히 도망갈 수 있는 다리와 화나면 차버릴 수 있는 뒷발이 있다. 새는 날 수 있는 날개가 있고 카멜레온은 적으로부터 자신을 은폐할 수 있는 보호색을 만들어낼 수 있다. 또 스컹크는 악취를 내뿜어 자기를 보호하기도 한다. 그러나 양에게는 자기를 보호할 아무 장비도 없다. 뿔이 있다지만 사슴이라든지 염소처럼 한 번 받아서 상대를 크게 위협할 정도는 안 된다. 양의 입을 벌려 그의 이빨을 보라. 그것들은 마치 사람 치아와 흡사하며 또 초식을 위한 것이라서 씹기에는 좋지만, 고기 같은 것을 물어뜯을 수는 없게 되어 있는 그런 이빨이다. 다리는 짤막하고 살이 쪄서 빨리 도망가지도 못하고 물을 유난히 무서워해서 흐르는 물을 마시지도 못한다. 하나님께서 우리를 이런 동물에다 비유하시는 이유가 무엇인지 아는가? 우리는 '혼자서는 살 수 없도록' 만드신 피조물이기 때문이다. 하나님의 품 안에서 그분과 관계를 맺고 여호와만을 즐거워하면서 살아가도록 만들어진 피조물이라는 말씀이다."

그러므로 양은 반드시 목자의 인도를 받아야 하지만 그래도 양은 자기 길을 고집하며 자기 마음대로 하려는 경향이 있다. 마찬가지로 우리 인간도 하나님을 떠나서는 살아갈 수 없는 존재이다. 하나님을 떠나서는 결코 참된 행복을 누릴 수 없다. 우리는 참된 목자 되시는 하나님 안에 있을 때만 진정으로 행복한 삶을 살아갈 수 있다. 우리가 하나님을 떠나서 살 수 있다고 생각하는 것이 죄다.

요한복음 10장 10절에서 "무엇을 얻게 하고, 무엇을 얻게 하려는 것이라"라는 말이 강조되는데 이것은 예수님이 이 땅에 오신 목적과 의도와 계획을 설명해 준다.

예수께서 이 세상에 왜 오셨는가? 그분은 우리에게 영원한 생명과 풍성한 삶을 이루어주기 위해서 오셨다. 영생을 통해서 이루어지는 풍성한 삶은 예수 그리스도와의 관계 속에서 살아갈 때 오는 삶의 질이다. 그분은 누구에게도 쉬운 삶을 약속하지는 않으셨으나 풍성한 삶을 약속하셨다. 이 새로운 풍성한 삶은 지금 시작하여 영원까지 계속될 수 있다. 그분을 통해 우리는 이 땅에서 풍성한 삶을 즐길 수 있을 뿐 아니라 그것이 끝없이 지속되리라는 확신을 가질 수 있다. 기독교는 지루하지 않다. 삶을 가장 풍성하게 사는 방법이다. 기독교는 거짓말이 아니라 유일한 진리다. 기독교는 우리와 상관이 없는 것이 아니라 우리의 삶 전체를 바꾸어 놓을 수 있다. 이것이 우리를 향한 하나님의 계획이다. 우리가 하나님의 이러한 계획을 모르고 영생도 얻지 못하고 하나님이 주시는 풍성한 삶을 누리지 못한다면 참으로 슬픈 일이다.

❷ 풍성한 삶이란 무엇인가?

요한복음 10장 10절에서 "더 풍성히 얻게 하려는 것이라"라는 뜻은 무엇을 의미하는 것인가? 이 말씀의 문맥을 살펴보면 앞의 말을 받게 되어 있다.
"양으로 생명을 얻게 하고, 그 생명을 더 풍성히 얻게 하려는 것이라"라는 뜻이다. 영생이란 질적으로 행복하게, 풍성하게 오래 살아가는 것이다. 예수님이 이 땅에 오신 목적은 우리에게 영생을 주고, 인간의 모든 문제를 해결하여 풍성한 삶을 이루어주기 위해서 오셨다. 풍성한 삶이란 어떤 삶인가? 풍성한 삶은 다음 네 가지가 이루어지는 삶이다.

첫째, 풍성한 삶이란 예수 그리스도의 십자가 승리를 통하여 인간의 모든 문제를 해결하는 삶이다.

예수님은 우리 인생의 진정한 해방자로 오셨다. 우리의 죄와 저주와 가난과 불안과 공포와 스트레스와 질병과 죽음에서 해방해 참된 자유를 누리게 하려고 오셨다. 완전히 인간의 운명과 저주와 팔자를 고쳐주기 위해서 오셨다. 성경은 분명하게 말씀한다.
"주의 성령이 내게 임하셨으니 이는 가난한 자에게 복음을 전하게 하시려고 내게 기름을 부으시고 나를 보내사 포로 된 자에게 자유를, 눈먼 자에게 다시 보게 함을 전파하며 눌린 자를 자유롭게 하고 주의 은혜의 해를 전파하게 하려 하심이라 하였더라, 그리스도께서 우리를 위하여 저주를 받은 바 되사 율법의 저주에서 우리를 속량하셨으니 기록된 바 나무에 달린 자마다 저주 아래에 있는 자라 하였음이라 이는 그리스도 예수 안에서 아브라함의 복이 이방인에게 미치게 하고 또 우리로 하여금 믿음으로 말미암아 성령의 약속을 받게 하려 함이라"(눅 4:18-19, 갈 3:13-14)

예수님이 우리를 위해 저주를 받으셨기 때문에 우리는 저주에서 해방되었다. 결국 십자가는 우리를 저주에서 해방하고, 죄에서 해방하고, 가난에서 해방하고, 율법에서 해방하고, 질병에서 해방하고, 모든 문제를 해결한다. 우리는 아브라함의 축복을 받게 되었다. 아브라함 개인의 복, 가정의 복, 가문의 복, 민족의 복, 열방의 복을 이제 우리가 받는다. 왜냐하면 우리가 구원을 받으면 영적으로 아브라함의 후손이기 때문이다.

"그런즉 믿음으로 말미암은 자들은 아브라함의 자손인 줄 알지어다"(갈 3:7)

이것을 모르는 사람들이 많아서 '아브라함의 자손인 줄 알지어다'라고 선포한다. 이방인인 우리가 왜 아브라함의 복을 받아야 하는지 그 이유를 분명하게 밝히고 있다. 모든 이방인이 아브라함으로 인하여 복을 받을 것을 강조하고 있다.

"또 하나님이 이방을 믿음으로 말미암아 의로 정하실 것을 성경이 미리 알고 먼저 아브라함에게 복음을 전하되 모든 이방인이 너로 말미암아 복을 받으리라 하였느니라 그러므로 믿음으로 말미암은 자는 믿음이 있는 아브라함과 함께 복을 받느니라"(갈 3:8-9)

둘째, 풍성한 삶이란 하루하루의 삶이 의미 있고, 보람 있고, 가치 있는 삶이다.

하루 중에 한숨이나 쉬고, 삶이 고달프고 지겨워서 술이나 먹고, 싸우고 다투며, 속이고 미워하는 삶이 아니다. 욕심 때문에 남의 것을 도둑질하고 시기 질투하는 삶이 아니다. 보람된 삶이란 살맛 나는 인생이며, 누군가를 보살피고 사랑을 실천하며 상대방의 필요를 채워 주는 삶이다.

셋째, 풍성한 삶이란 인생의 목표와 목적이 뚜렷한 삶이다.

삶의 목적이 없어서 마지못해 그럭저럭 살아가는 무미건조한 삶이 아니라 삶의 목표가 분명하다. 우리의 삶을 어디에 투자해야 하는지를 바로 알고, 하나님을 믿고 섬기며, 하나님의 영광을 위해서 살아가는 것이다. 하나님을 기쁘게 하려고 모든 일을 행하는 것이다. 하나님께서 맡겨 주신 세계 비전 성취를 위해서 살아가는 것이다. 하나님의 뜻을 성취하는 삶을 살아가는 것이다.

넷째, 풍성한 삶이란 만족하고 기쁨이 넘치고 행복한 삶이다.
이것은 앞에 언급된 첫 번째, 두 번째, 세 번째가 차례차례 이루어질 때 당연히 만족하고 기쁨이 넘치고 삶이 행복한 것이다. 그래서 하루하루를 만족하며 불평하지 않고 모든 욕구가 충족된 삶이다. 예수님은 우리에게 이러한 풍성한 삶을 이루어주기 위해서 오셨다.

5. 영원히 안전한 구원

모든 그리스도인은 예수 그리스도께서 우리의 구원을 이루시고, 우리의 구원을 지키시고, 우리의 구원을 보존하신다는 사실을 정확하게 알아야 한다. 구원의 안전성을 위해 우리가 구원을 어떻게 받았는지 그것을 아는 것이 매우 중요하다. 당신은 구원을 어떻게 받았는가? 만일 당신이 당신 자신의 선행과 당신 자신의 의와 당신 자신의 도덕적인 행위를 통해서 구원을 받았다면 당신은 같은 방법으로 구원을 지키기 위해서 노력해야 한다. 만일 당신이 구원받기 위해서 당신의 힘이 아닌 하나님의 은혜와 십자가에 못 박히신 예수님의 공로로 구원을 받았다면 당신의 구원은 이제 예수 그리스도께서 지키신다. 사도 바울은 이 점을 분명하게 말했다.
"이로 말미암아 내가 또 이 고난을 받되 부끄러워하지 아니함은 내가 믿는 자를 내가 알고 또한 내가 의탁한 것을 그날까지 그가 능히 지키실 줄을 확신함이라"(딤후 1:12)
사도 바울은 예수님이 자기를 구원하셨으며, 마찬가지로 예수님이 자신의 구원을 지키신다고 선포하고 있다. 사도 바울은 구원에 대한 분명한 확신이 있었기 때문에 고린도 교회 성도들에게 이 점을 강조한다.

"주께서 너희를 우리 주 예수 그리스도의 날에 책망할 것이 없는 자로 끝까지 견고하게 하시리라"(고전 1:8)

예수님께서 우리를 구원해 주셨기 때문에 그분이 우리의 구원을 끝까지 견고케 지켜 주시는 것이다.

사도 베드로도 우리가 받은 구원은 영원히 안전하여 무너지지 않는다고 명확하게 선포한다.

"우리 주 예수 그리스도의 아버지 하나님을 찬송하리로다 그의 많으신 긍휼대로 예수 그리스도를 죽은 자 가운데서 부활하게 하심으로 말미암아 우리를 거듭나게 하사 산 소망이 있게 하시며 썩지 않고 더럽지 않고 쇠하지 아니하는 유업을 잇게 하시나니 곧 너희를 위하여 하늘에 간직하신 것이라 너희는 말세에 나타내기로 예비하신 구원을 얻기 위하여 믿음으로 말미암아 하나님의 능력으로 보호하심을 받았느니라"(벧전 1:3-5)

긍휼함이 많으신 우리 아버지 하나님께서 우리를 거듭나게 하시고 살아있는 참된 소망을 주셨다. 그분이 우리에게 기업을 주셨는데 그 기업은 강력하고 명확하고 영원히 썩지 않은 기업이다. 어떤 것에 의해서 오염되거나 더러워질 수 없는 기업이다. 어떠한 영향을 받게 되더라도 사라지지 않는 기업이다. 그러므로 우리가 받은 구원은 영원히 지속되는 구원이다.

예수님께서는 우리에게 영생을 주셨기 때문에 그분이 끝까지 책임져 주신다. 그분은 우리 자신의 노력으로 살아가도록 내버려 두시는 분이 아니다. 그분이 우리의 구원을 시작하셨기 때문에 우리의 구원이 완성되는 그 날까지 우리를 책임져 주신다. 우리가 부활하여 천국에 들어가 영생 복락을 누릴 때까지 그분이 우리의 구원을 완성하시는 것이다.

"너희 안에서 착한 일을 시작하신 이가 그리스도 예수의 날까지 이루실 줄을 우리는 확신하노라"(빌 1:6)

우리가 올바른 참된 구원을 받았기 때문에 하나님은 우리가 어떤 시험이나 장애물들로 말미암아 어려움을 겪게 될 때도 우리가 그것들을 잘 대처하여 극복해 나갈 수 있도록 우리를 위해서 기도해 주시고 도와주신다.

"남의 하인을 비판하는 너는 누구냐 그가 서 있는 것이나 넘어지는 것이 자기 주인에게 있으매 그가 세움을 받으리니 이는 그를 세우시는 권능이 주께 있음이라, 사람이 감당할 시험 밖에는 너희가 당한 것이 없나니 오직 하나님은 미쁘사 너희가 감당하지 못할 시험 당함을 허락하지 아니하시고 시험당할 즈음에 또한 피할 길을 내사 너희로 능히 감당하게 하시느니라"(롬 14:4, 고전 10:13)

예수님께서 당신의 모든 죄를 영원히 단번에 용서해 주셨다. 과거의 죄와 현재의 죄와 미래의 죄까지 모두 용서해 주셨다. 그러나 당신은 이 말씀에 대해 오해가 없어야 한다. 당신이 미래의 죄까지 용서받았기 때문에 당신이 앞으로 죄를 함부로 지어도 상관이 없다는 뜻이 아니기 때문이다. 만일 당신이 하나님의 자녀로서 세상에서 죄를 범하고 자백하지 않는다면 하나님은 당신을 징계하신다. 미워서 징계하시는 것이 아니라 당신을 사랑하시기 때문에 징계하신다.

히브리서 기자는 이 점을 명확하게 말했다.

"주께서 그 사랑하시는 자를 징계하시고 그가 받아들이시는 아들마다 채찍질하심이라 하였으니 너희가 참음은 징계를 받기 위함이라 하나님이 아들과 같이 너희를 대우하시나니 어찌 아버지가 징계하지 않는 아들이 있으리오 징계는 다 받는 것이거늘 너희에게 없으면 사생자요 친아들이 아니니라 또 우리 육신의 아버지가 우리를 징계하여도 공경하였거든 하물며 모든 영의 아버지께 더욱 복종하며 살려 하지 않겠느냐 그들은 잠시 자기의 뜻대로 우리를 징계하였거니와 오직 하나님은 우리의 유익을 위하여 그의 거룩하심에 참여하게 하시느니라 무릇 징계가 당시에는 즐거워 보이지 않고 슬퍼 보이나 후에 그로 말미암아 연단 받은 자들은 의와 평강의 열매를 맺느니라"(히 12:6-11)

당신이 죄를 계속범하고 회개하지 않음에도 불구하고 징계가 없다면 당신은 참된 아들이 아니라 사생아에 불과하다. 징계가 없다면 그 사람은 처음부터 구원받은 것이 아니다. 우리 주위에 믿음 생활을 하다가 지금은 신앙생활을 하지 않고 심지어는 다른 이방 종교를 믿는 사람들이 있는데 그들은 처음부터 구원받은 것이 아니다. 사도 요한은 이 문제에 대해 명확하게 말한다.
"그들이 우리에게서 나갔으나 우리에게 속하지 아니하였나니 만일 우리에게 속하였더라면 우리와 함께 거하였으려니와 그들이 나간 것은 다 우리에게 속하지 아니함을 나타내려 함이니라"(요일 2:19)

당신이 구원받은 사람으로서 죄를 범하면 하나님과의 관계에 문제가 생기고 고통을 받는다. 그러나 그 죄로 인해서 당신의 구원은 취소되지 않는다. 더욱이 예수님을 거짓말쟁이로 만들 수는 없다. 하나님은 당신을 그냥 죄 속에 버려두시는 분이 아니다. 징계를 통해 깨우쳐 주시므로 당신은 죄를 회개하고 하나님께 돌아올 수 있다.

❶ 하나님이 우리의 구원을 지키신다.

예수님은 분명하게 말씀하셨다.
"아버지께서 내게 주시는 자는 다 내게로 올 것이요 내게 오는 자는 내가 결코 내쫓지 아니하리라"(요 6:37)

하나님은 어떤 상황에서도 당신을 그분의 가족에서 내쫓지 않으신다. 예수님의 약속은 영원한 약속이다. 하나님은 한번 구원을 주셨다가 빼앗아 가는 분이 아니다. 그 어떤 사람도 당신의 구원을 취소할 수 없다. 하나님이 당신을 지키고 계시며, 하나님이 당신에게 영생을 주셨기 때문이다. 성경은 분명하게 약속하고 있다.

"내 양은 내 음성을 들으며 나는 그들을 알며 그들은 나를 따르느니라 내가 그들에게 영생을 주노니 영원히 멸망하지 아니할 것이요 또 그들을 내 손에서 빼앗을 자가 없느니라 그들을 주신 내 아버지는 만물보다 크시매 아무도 아버지 손에서 빼앗을 수 없느니라"(요 10:27-29)

이 말씀은 '구원의 영원한 안전성'을 잘 설명해 준다. 분명히 '영원히 멸망치 아니할 터이요'라고 선포하고 있다.

밀라드 에릭슨은 그의 저서 <구원론>에서 구원의 영원성에 대해 명확하게 말한다(P. 258).

"예수님은 여기서 구원의 확실한 보장을 강력하게 선언하신다. 예수님은 그의 양들이 배교하게 될 약간의 가능성도 절대적으로 배제하고 있다. 문자적으로 직역해 본다면 '그들은 절대로 조금도 멸망하지 않을 것이다.'라고 이렇게 말할 수 있을 것이다."

요한복음 10장 27절부터 29절에 '내 손'이라는 예수님의 손과 '아버지 손'이 나오는데, 이 두 손이 당신을 감싸고 보호하고 있으니 당신은 안전한 것이다. 예수님의 손에서와 아버지의 손에서 빼앗을 자가 없다고 선포한다. 누구도 당신의 구원을 빼앗지 못한다. 하나님은 모든 사람보다 크시고 능력이 많으신 분이시기 때문이다. 여기서 '만유보다 크시매'라는 말은 온 세상을 창조하신 하나님이시기 때문에 온 우주보다도, 온 세상보다 크신 하나님이라는 뜻이다. 누가 감히 그 크신 하나님에게서 당신을 빼앗아 갈 수 있겠는가? 사도 바울은 구원의 안전함을 분명하게 선포한다.

"또 미리 정하신 그들을 또한 부르시고 부르신 그들을 또한 의롭다고 하시고 의롭다고 하신 그들을 또한 영화롭게 하셨느니라 그런즉 이 일에 대하여 우리가 무슨 말 하리요 만일 하나님이 우리를 위하시면 누가 우리를 대적하리요"(롬 8:30-31)

하나님께서 당신을 불러 주셨고, 의롭다고 하셨고, 영화롭게 하셨다고 선포한다.

❷ 우리의 구원을 취소할 수 없다.

구원은 행위로 받는 것이 아니라 하나님의 은혜와 믿음으로 받는 선물이다. 구원은 하나님이 주신 선물이기 때문에 당신이 당신의 구원을 취소할 수 없다. 만약 당신이 어떤 일을 해서 의롭게 되었다면 예수님의 죽음은 헛된 죽음이 된다. 성경은 이 점을 명확하게 말한다.

"내가 하나님의 은혜를 폐하지 아니하노니 만일 의롭게 되는 것이 율법으로 말미암으면 그리스도께서 헛되이 죽으셨느니라"(갈 2:21)

당신이 선한 행실로 구원을 받을 수 있다면 예수님은 죽으실 필요가 없다. 당신의 선행으로 구원을 받을 수 없으므로 예수님이 당신의 죄를 위하여 죽으신 것이다. 당신이 하나님의 은혜로 구원을 받았기 때문에 그 구원을 지키기 위해서 어떤 일을 하지 않아도 된다. 하나님은 당신이 어떤 일을 하지 않는다고 구원을 취소시키는 분이 아니다. 그래서 당신이 당신의 구원을 취소할 수 없는 것이다. 그리스도인은 구원을 지키기 위하여 노력하는 것이 아니고 하나님의 은혜로 구원을 받았기 때문에 하나님의 사랑이 너무나 아주 고마워서 은혜에 보답하기 위하여 노력한다. 성경에서 선행을 실천하는 사람에게 상급을 약속하고 있어서 상급과 여러 가지 면류관들을 바라보고 열심을 품고 예수님을 섬기는 것이다.

❸ 그 어떤 것도 구원을 취소할 수 없다.

하나님도, 어떤 사람도, 당신 자신도, 구원을 취소할 수 없을 뿐 아니라 그 외 어떤 것도 당신의 구원을 취소할 수 없다. 요한복음 10장 28절부터 29절에는 예수님의 손과 아버지의 손이 소개되고 있지만, 로마서 8장 35절부터 39절은 예수님의 사랑과 아버지의 사랑이 소개된다. 어떤 것으로도 당신을 하나님 아버지의 사랑과 예수님의 사랑에서 끊을 수 없다고 선언한다.

"누가 우리를 그리스도의 사랑에서 끊으리오 환난이나 곤고나 박해나 기근이나 적신이나 위험이나 칼이랴 기록된 바 우리가 종일 주를 위하여 죽임을 당하게 되며 도살당할 양 같이 여김을 받았나이다 함과 같으니라 그러나 이 모든 일에 우리를 사랑하시는 이로 말미암아 우리가 넉넉히 이기느니라"(롬 8:35-37)

여기에 등장하는 환난, 곤고, 핍박, 기근, 적신, 위험, 칼은 모두 성도들이 당하는 어려운 일들이다. 이러한 어려움을 당한다고 당신이 받은 구원이 없어지지 않는다. 목에 칼을 들이댄다고 해서 구원받은 사실이 없어지지 않는다. 우리의 많은 믿음의 선배들은 어려운 시기에 신앙생활을 하다가 핍박을 당하였다. 고생도 수없이 하고 순교도 많이 당했다. 그러나 그 어떤 것으로도 성도들의 구원을 빼앗지는 못했다.

여기 등장하는 '적신'이란 벌거벗은 몸, 알몸을 지칭한다. 누가 예수 믿지 말라고 핍박하면서 몸에 있는 옷을 다 빼앗아도 그 마음속에 있는 예수님은 빼앗아 갈 수 없으며, 그 마음속에 있는 믿음을 빼앗지 못하고, 천국 소망도 빼앗지 못한다. 비록 도살장으로 끌려가는 양 같은 대우를 받아도 당신을 사랑해

주시는 예수님이 당신의 마음속에 계신다면 당신은 넉넉히 이길 수 있다. 당신을 사랑하시는 예수님이 있으시면 아무리 어려운 상황에서도 믿음으로 승리할 수 있다. 사도 바울은 당당하게 선포한다.

"나는 구원과 하나님의 사랑을 확신한다. 그 어떤 것도 나를 하나님의 사랑에서 끊을 수 없다."

당신의 구원을 취소할 수 없는 것들을 살펴보라.
사망 : 당신이 죽을 때도 구원이 취소되지 않는다.
생명 : 당신이 살아있는 동안 당신의 구원을 취소할 수 없다.
천사들 : 천사도 당신의 구원을 취소할 수 없다.
권세자들 : 정부도 당신의 구원을 취소할 수 없다.
능력 : 마귀 사탄도 당신의 구원을 취소할 수 없다.
현재 일 : 지금 일어나고 있는 어떤 일도 당신의 구원을 취소할 수 없다.
높음 : 당신보다 높은 그 어떤 것도 당신의 구원을 취소할 수 없다.
깊음 : 당신보다 낮은 그 어떤 것도 당신의 구원을 취소할 수 없다.
다른 아무 피조물이라도 그리스도 예수 안에 있는 하나님의 사랑에서 끊을 수 없다.

❹ 하나님과 우리와의 관계는 영원히 깨어지지 않는다.

당신은 당신의 육체적인 아버지로부터 태어났기 때문에 영원히 그분의 자녀이다. 당신이 고향을 떠나고 부모 곁을 멀리 떠나서 연락하지 않고 아버지와 아들이 아니라고 해도, 당신의 성을 바꾸어도, 늘 보지 않고 살아도, 소식을 듣지 못해도 그분이 당신 아버지라는 사실은 절대로 바뀌지 않는다. 하늘에 계신 당신의 영적 아버지도 마찬가지다. 당신이 영적인 출생을 통하여 하나님의 자녀가 되었기 때문이다.

당신이 출생했을 때 출생 신고를 하고 대한민국의 국민이 되었듯이 당신이 영적으로 출생해서 하늘나라 생명책에 이름이 기록되었으며 하나님의 성령에 의하여 출생 확인 도장을 받았다. 이 점은 성경이 선포하는 내용이다.

"그 안에서 너희도 진리의 말씀 곧 너희의 구원의 복음을 듣고 그 안에서 또한 믿어 약속의 성령으로 인치심을 받았으니"(엡 1:13)

우리는 하나님과 영원한 관계에 있다. 그 어떤 경우도 이 관계에서 끊어지지 않는다. 친히 하나님 아버지께서 우리를 보호하시기 때문이다.

존 맥아더는 그의 저서 <구원이란 무엇인가>에서 구원의 완성에 대해 이렇게 썼다(P. 280-281).

"다음은 모든 믿는 자가 받을 영원한 구원의 완성을 보증하는 선언이다. '너희는 말세에 나타내기로 예비하신 구원을 얻기 위하여 믿음으로 말미암아 하나님의 능력으로 보호하심을 받았느니라'(벧전 1:5) 여기 '말세에 나타내기로 예비하신 구원'이라는 구절은 우리의 온전하고 최종적인 구원을 말한다. 율법의 저주, 죄의 능력과 현존, 죄의 모든 부패와 더러움, 모든 유혹, 모든 슬픔, 모든 고통, 모든 죽음, 모든 형벌, 모든 심판, 모든 진노에서의 구원을 말한다. 하나님이 이미 우리 안에서 이 일을 시작하셨다. 그리고 그 일을 시작하신 분이 그 일을 온전히 이루실 것이다(빌 1:6). 우리는 다음 구절에 주목한다. '너희는, 믿음으로 말미암아 하나님의 능력으로 보호하심을 받았느니라, 능히 너희를 보호하사 거침이 없게 하시고 너희로 그 영광 앞에 흠이 없이 기쁨으로 서게 하실 이'(유 1:24) 우리는 전능하고 주권적이며 전지하시고 강력하신 하나님의 능력으로 보호하심을 받는다."

❺ 우리는 죄의 형벌에서 구원을 받았다.

당신은 이제 죄의 형벌과 죄의 결과로부터의 구원을 받았다. 로마서 6장 23절에서 언급된 대로 죄의 삯은 사망이다. 이 사망은 영원히 하나님으로부터 분리되어 지옥 가는 사망이지만 당신이 구원을 받았기 때문에 죄의 형벌이 없어지고 하나님의 무서운 진노에서 벗어나게 되었다(롬 1:18). 당신이 온전한 마음으로 예수님이 당신의 죄를 위하여 십자가에서 죽으시고 사흘 만에 부활하심으로 당신의 모든 죗값을 다 지불하셨다는 사실을 진심으로 믿고 죄를 회개하고 예수님을 당신의 구주로 영접했기 때문에 당신은 구원을 받았다. 성경은 이 점을 명확하게 말씀한다.

"네가 만일 네 입으로 예수를 주로 시인하며 또 하나님께서 그를 죽은 자 가운데서 살리신 것을 네 마음에 믿으면 구원을 받으리라 사람이 마음으로 믿어 의에 이르고 입으로 시인하여 구원에 이르느니라"(롬 10:9-10)
당신이 진실한 마음으로 믿었다면 의인이 되었으며 구원을 받았다고 약속하고 있다.

6. 죄 용서함의 구원

예수님이 당신을 대신해서 죽으시고 당신의 죗값을 다 치르셨다는 진리를 당신이 믿음으로 받아들였기 때문에 당신은 죄 사함을 받았다. 당신의 죄가 얼마나 용서되었는가? 예수님이 당신의 과거의 죄와 현재의 죄와 미래의 죄까지 단번에 모두 다 용서해 주셨다. 어떻게 미래의 죄까지 용서해 주실 수 있는가? 예수님이 온 인류의 죄를 단번에 다 용서하셨기 때문이다. 만약 미래의 죄를 용서받지 못했다면 예수님은 다시 죽어야 한다. 그래서 예수님은 단번에 죽으셨기 때문에 당신도 단번에 용서받는다. 성경은 다양하게 우리가 죄 사함을 받은 것을 말씀하고 있다.

"또 그들의 죄와 그들의 불법을 내가 다시 기억하지 아니하리라 하셨으니, 여호와께서 말씀하시되 오라 우리가 서로 변론하자 너희의 죄가 주홍 같을지라도 눈과 같이 희어질 것이요 진홍같이 붉을지라도 양털같이 희게 되리라, 동이 서에서 먼 것 같이 우리의 죄과를 우리에게서 멀리 옮기셨으며"(히 10:17, 사 1:18, 시 103:12)
성경은 당신의 죄를 이미 다 옮겼다고 말씀하신다. 당신의 죄는 하나님이 보실 수 없도록 하나님의 등 뒤로 던져 버렸다.
"보옵소서 내게 큰 고통을 더하신 것은 내게 평안을 주려 하심이라 주께서 내 영혼을 사랑하사 멸망의 구덩이에서 건지셨고 내 모든 죄를 주의 등 뒤에 던지셨나이다"(사 38:17)

당신의 죄를 보이지 않게 깊은 바다에 던졌다.
"다시 우리를 불쌍히 여기셔서 우리의 죄악을 발로 밟으시고 우리의 모든 죄를 깊은 바다에 던지시리이다"(미 7:19)

하나님은 당신의 죄를 다시는 기억하지도 않으신다.
"그들이 다시는 각기 이웃과 형제를 가리켜 이르기를 너는 여호와를 알라 하지 아니하리니 이는 작은 자로부터 큰 자까지 다 나를 알기 때문이라 내가 그들의 악행을 사하고 다시는 그 죄를 기억하지 아니하리라 여호와의 말씀이니라"(렘 31:34)
자신의 모든 죄가 다 사해진 사람은 기분이 얼마나 기쁘고 좋겠는가? 마치 하늘에 구름 한 점 없이 맑으면 매우 기분이 좋은 것처럼 하나님이 당신의 빽빽한 죄를 다 용서하셨으니 당신은 이제 기뻐할 수 있다.
"내가 네 허물을 빽빽한 구름 같이, 네 죄를 안개 같이 없이하였으니 너는 내게로 돌아오라 내가 너를 구속하였음이니라"(사 44:22)

하나님은 당신의 죄를 도말하셨다.
"나 곧 나는 나를 위하여 네 허물을 도말하는 자니 네 죄를 기억하지 아니하리라"(사 43:25)
짙은 안개와 같은 죄를, 빽빽한 구름 같은 죄를 예수님이 십자가를 통하여 모두 도말해 주셨다. 여기서 '도말'은 '바를 도'와 '지울 말'로서 완전히 발라서 드러나지 않게 하는 것이다.

하나님은 당신이 과거에 지은 죄를 간과하시겠다고 약속하셨다.
"이 예수를 하나님이 그의 피로써 믿음으로 말미암는 화목제물로 세우셨으니 이는 하나님께서 길이 참으시는 중에 전에 지은 죄를 간과하심으로 자기의 의로우심을 나타내려 하심이니"(롬 3:25)
이 말씀에서 '간과'란 허물을 대충 보아 넘기는 것이다. 깊이 관찰하지 않고 예사로 내버려 두는 것이다. 하나님은 예수님의 보혈 때문에 당신의 모든 죄를 묻지도 따지지도 않고 예수님 보혈의 공로로 용서해 주셨다. 하나님은 당신에게 죄가 있어도 죄를 죄로 여기지도 않으신다. 예수님의 보혈로 당신의 죄를 가리고 있기 때문이다. 죄가 있어도 죄가 없다고 인정해 주신다.

"일한 것이 없이 하나님께 의로 여기심을 받는 사람의 복에 대하여 다윗이 말한바 불법이 사함을 받고 죄가 가리어짐을 받는 사람들은 복이 있고 주께서 그 죄를 인정하지 아니하실 사람은 복이 있도다 함과 같으니라, 그 아들 안에서 우리가 속량 곧 죄 사함을 얻었도다"(롬 4:6-8, 골 1:14)

당신은 예수님 안에서 죄 사함을 받았다. 하나님은 당신의 죄를 용서해 주는 것을 즐기시는 분이시기 때문이다.

7. 거듭남의 구원

당신이 예수님을 당신의 구주로 의지하고 영접하는 순간 당신은 하나님의 자녀로 새롭게 태어났다. 이 거듭남은 과정이 아니라 순간적인 사건이다. 거듭남을 말하는 성경 구절들에서 발견하는 헬라어 동사 형태는 지속적인 행동이 아니라 순간적인 사건을 가리키는 부정 과거시제이거나 완성된 상태를 가리키는 완료시제이다(요 1:12-13, 고후 5:17, 엡 2:1, 벧전 1:13, 23).

거듭남은 한순간에 완성되는 사건이다.

거듭남은 초자연적인 성령님의 사역이다.

"육으로 난 것은 육이요 영으로 난 것은 영이니"(요 3:6)

구원이 성부 하나님에 의해서 계획되고 시작되었으며 실제적으로는 성자 예수님에 의하여 성취되었으나 그 구원을 믿는 자에게 적용하고 인류에 대한 하나님의 뜻을 성취한 분은 성령이셨다. 거듭남에 관한 주장은 외부의 도움과 완전한 변화를 받지 않고서는 인류에게서 총체적으로 참된 선한 것들을 기대할 수 없다는 사실을 선포하는 것이다. 하나님의 나라에 들어갈 수 있는 사람은 거듭난 사람이다.

"예수께서 대답하여 이르시되 진실로 진실로 네게 이르노니 사람이 거듭나지 아니하면 하나님의 나라를 볼 수 없느니라 니고데모가 이르되 사람이 늙으면 어떻게 날 수 있사옵나이까 두 번째 모태에 들어갔다가 날 수 있사옵나이까 예수께서 대답하시되 진실로 진실로 네게 이르노니 사람이 물과 성령으로 나지 아니하면 하나님의 나라에 들어갈 수 없느니라, 너희가 거듭난 것은 썩어질 씨로 된 것이 아니요 썩지 아니할 씨로 된 것이니 살아 있고 항상 있는 하나님의 말씀으로 되었느니라"(요 3:3-5, 벧전 1:23)

하나님의 말씀은 썩지 아니할 씨앗이기 때문에 반드시 결과가 있다. 하나님의 말씀은 살아있고 항상 있는 말씀이기 때문에 우리를 거듭나게 하는 좋은 도구가 된다. 여기서 '거듭남'이란 '다시 태어나는 것, 두 번 태어나는 것'이다. 죄인이 복음의 말씀을 듣고 새사람으로 태어나는 것이다. 새롭게 다시 태어났으니 새로운 삶을 살아간다.
"그런즉 누구든지 그리스도 안에 있으면 새로운 피조물이라 이전 것은 지나갔으니 보라 새 것이 되었도다"(고후 5:17)

당신이 새롭게 거듭나서 예수님 안에 들어갔으며 예수님은 당신에게 지혜와 의로움과 거룩함을 주셨다.
"너희는 하나님으로부터 나서 그리스도 예수 안에 있고 예수는 하나님으로부터 나와서 우리에게 지혜와 의로움과 거룩함과 구원함이 되셨으니"(고전 1:30)
당신이 새롭게 태어날 때 하늘나라의 생명책에 영적 출생 신고를 하였기 때문에 당신의 이름이 생명책에 기록되었다.

"이기는 자는 이처럼 흰 옷을 입을 것이요 내가 그 이름을 생명책에서 결코 지우지 아니하고 그 이름을 내 아버지 앞과 그의 천사들 앞에서 시인하리라"(계 3:5)
이처럼 예수님은 당신의 이름이 기록되었다고 아버지 하나님께 보여 드리고, 천사들에게도 보여 주신다. 당신의 이름이 생명책에 기록되었기 때문에 당신은 지옥에 들어가지 않는다.

누가 지옥에 들어가는가?

"누구든지 생명책에 기록되지 못한 자는 불못에 던져지더라"(계 20:15)
생명책에 기록되지 못한 사람이 지옥에 들어간다. 천국에 들어가는 사람이 누구인가? 사도 요한은 계시록 21장 1절부터 26절에서 하늘나라를 소개한 다음에 27절에서는 천국에 들어가는 사람을 소개하고 있다.
"무엇이든지 속된 것이나 가증한 일 또는 거짓말하는 자는 결코 그리로 들어가지 못하되 오직 어린 양의 생명책에 기록된 자들만 들어가리라"
생명책에 기록된 사람들이 하늘나라에 들어갈 수 있다. 언제 당신의 이름이 하늘나라 생명책에 기록되겠는가? 당신이 예수님을 영접하는 순간에 당신이 새사람으로 다시 태어나는 순간에 당신의 이름이 생명책에 기록되었다. 그 순간 하늘나라가 당신에게 보장되는 것이다.
"그러나 우리의 시민권은 하늘에 있는지라 거기로부터 구원하는 자 곧 주 예수 그리스도를 기다리노니"(빌 3:20)
당신은 하늘나라에서 살 수 있는 시민권을 받았다. 이 얼마나 놀라운 구원인가?

8. 하나님의 자녀가 되는 구원

세상에는 오직 두 부류의 가족이 있는데 그들은 하나님의 가족과 마귀 사탄의 가족이다. 예수님은 마귀의 자녀를 성경에서 소개했다.
"너희는 너희 아비 마귀에게서 났으니 너희 아비의 욕심대로 너희도 행하고자 하느니라 그는 처음부터 살인한 자요 진리가 그 속에 없으므로 진리에 서지 못하고 거짓을 말할 때마다 제 것으로 말하나니 이는 그가 거짓말쟁이요 거짓의 아비가 되었음이라"(요 8:44)
사탄은 불신자 안에서 역사하는 영이다(엡 2:2). 예수님을 구세주로 영접한 우리는 하나님의 가족이 되었다.
"영접하는 자 곧 그 이름을 믿는 자들에게는 하나님의 자녀가 되는 권세를 주셨으니 이는 혈통으로나 육정으로나 사람의 뜻으로 나지 아니하고 오직 하나님으로부

터 난 자들이니라"(요 1:12-13)

하나님은 당신이 하나님의 양자 됨의 축복을 받도록 계획하셨다.

"그 기쁘신 뜻대로 우리를 예정하사 예수 그리스도로 말미암아 자기의 아들들이 되게 하셨으니, 때가 차매 하나님이 그 아들을 보내사 여자에게서 나게 하시고 율법 아래에 나게 하신 것은 율법 아래에 있는 자들을 속량하시고 우리로 아들의 명분을 얻게 하려 하심이라"(엡 1:5, 갈 4:4-5)

결국 우리는 예수님을 통하여 아들의 명분을 얻었다. 하나님의 양자가 된 것은 먼저 신분이 바뀌어 우리가 하나님의 자녀가 되고 하나님과의 관계가 회복되었다.

당신은 하나님의 자녀요, 하나님은 하늘에 계신 당신의 아버지이시다. 이제 당신은 구원을 받았기 때문에 하나님께서는 이제는 당신을 죄인으로 취급하지 않으신다. 하나님은 당신의 좋은 아버지로서 자녀인 당신을 사랑하고 돌보신다(벧전 5:7). 하나님은 당신을 보호하시며(마 18:6), 당신의 필요를 채워 주시며(빌 4:19), 당신을 성령을 통하여 지도하고 가르치시며(요 14:26), 당신을 도와주시며(시 46:1), 당신이 무엇이든 할 수 있다고 격려하시며(빌 4:13), 당신을 징계하시며(히 12:5-11), 당신을 모든 말씀으로 먹이시며(마 4:4), 당신을 위한 계획을 세우셨다. 모든 상황을 통하여 예수님의 성품을 본받게 하는 것이다. 그분의 인격이 당신의 삶 가운데 나타나게 하는 것이다(롬 8:28-29).

하나님은 당신의 좋은 아버지로서 결코 당신에게 고의로 상처를 줄 어떤 일도 하지 않으신다. 때때로 오류를 범하는 세상의 아버지와는 달리 하나님은 당신을 인도하시는 데 있어서 절대로 실수가 없으시다. 이제 당신은 왕의 자녀로서 기도할 때 서슴없이 '아버지'라고 부르면서 기도할 수 있다.

"너희는 다시 무서워하는 종의 영을 받지 아니하고 양자의 영을 받았으므로 우리가 아빠 아버지라고 부르짖느니라 성령이 친히 우리의 영과 더불어 우리가 하나님의 자녀인 것을 증언하시나니"(롬 8:15-16)

우리가 하나님의 자녀가 된 것은 하나님 사랑의 결과요 놀라운 축복이다.
"보라 아버지께서 어떠한 사랑을 우리에게 베푸사 하나님의 자녀라 일컬음을 받게 하셨는가, 우리가 그러하도다. 그러므로 세상이 우리를 알지 못함은 그를 알지 못함이라"(요일 3:1)
우리는 하나님의 자녀가 되었기 때문에 하나님은 우리를 아들로 대우하시며 우리가 잘못할 때 사랑으로 징계하신다.
"또 아들들에게 권하는 것 같이 너희에게 권면하신 말씀도 잊었도다 일렀으되 내 아들아 주의 징계하심을 경히 여기지 말며 그에게 꾸지람을 받을 때에 낙심하지 말라 주께서 그 사랑하시는 자를 징계하시고 그가 받아들이시는 아들마다 채찍질하심이라 하였으니 너희가 참음은 징계를 받기 위함이라 하나님이 아들과 같이 너희를 대우하시나니 어찌 아버지가 징계하지 않는 아들이 있으리오 징계는 다 받는 것이거늘 너희에게 없으면 사생자요 친아들이 아니니라 또 우리 육신의 아버지가 우리를 징계하여도 공경하였거든 하물며 모든 영의 아버지께 더욱 복종하며 살려 하지 않겠느냐"(히 12:5-9)

우리는 하나님의 자녀로서 계속해서 하나님의 용서를 경험할 수 있다. 우리는 하나님과 화목되었다. 우리에게는 참된 자유가 있다. 우리는 하나님의 자녀로서 강요나 속박 감 때문에 복종하는 노예가 아니다.

"무릇 하나님의 영으로 인도함을 받는 사람은 곧 하나님의 아들이라 너희는 다시 무서워하는 종의 영을 받지 아니하고 양자의 영을 받았으므로 우리가 아빠 아버지라고 부르짖느니라 성령이 친히 우리의 영과 더불어 우리가 하나님의 자녀인 것을 증언하시나니"(롬 8:14-16)

이 얼마나 놀라운 구원의 축복인가?
그래서 우리는 구령상담전문가가 되어 구령상담목회를 해야 한다.